W0307447

L E   P O U L P E

LÉGITIME DÉFONCE

ISBN : 2-84219-118-8
ISSN : 1265-986X
© ÉDITIONS BALEINE 1998
Tous droits de reproduction, adaptation et traduction réservés pour tous pays.
Les personnages et les événements relatés dans ce roman sont fictifs. Toute ressemblance avec des personnes existant ou ayant existé serait purement fortuite.

LE POULPE

paul milan

LÉGITIME DÉFONCE

LE POULPE
ÉDITIONS BALEINE

À Nathalie
À Solange

1

Merde. Pourquoi j'ai pris ce flingue ? M'arrache la peau du bide. Pourrait me partir dans les couilles. M'arracher la bite… Être recousu, comme cet Américain castré par sa bonne femme, devenir une star du hard. Me faire sucer par trois meufs à la fois. Des seins et des culs partout, des levrettes, des enculades. Jouir sur leurs fesses, leurs seins. Payé pour… Cette conne de Jeanine qui veut pas me sucer. Dégueulasse, qu'elle dit. Conne. Sait pas ce qui est bon.

Putain qu'il est haut, ce mur. Rien pour s'accrocher. Saloperie de crépi, vais finir tout écorché. Manquerait plus que je me pète une jambe. Là, le sommet. Pas de verre brisé, pas d'alarme, sûrs d'eux, ces cons de bourges.

Bicoque de riches, pas une lumière. Les doigts dans le nez, qu'y disait, Ahmed. Fallait qu'il se fasse pincer dans ce supermarché, ce con. Pourrait m'aider maintenant. Son idée, son adresse. Des vieux trous du cul, partent tous les week-ends. Faudra partager. Pas de chien… Gazon rasé comme la chatte à Laetitia.

Fais chier, la porte ! Les vieux cons derrière leurs barricades. En guerre avec le monde entier. Normal, piquent tout le fric. L'avait raison, Jean-Bernard. Me faisait chier avec ses théories à la con. Prolétariat, guérilla urbaine… Pas si con. Tout le pouvoir aux friqués. Y crèveraient plutôt que d'en lâcher un peu. Cachent tout dans leurs coffres et leurs banques. Préfèrent laisser les autres crever de faim que de partager. Fumiers de capitalistes.

Seul prof sympa, Jean-Bernard. Me comprenait. M'écoutait. M'apprenait des tas de trucs qui sont pas dans les bouquins. La politique, la vie. Pas le mépris des autres trouducs du bahut. Connards qui voulaient que se venger. Engueulades, mauvaises notes, punitions. Répression qu'y disait, Jean-Bernard. Hey, teacher, leave the kids alone…

Crèvent quand même de trouille, les bourges, avec leur blindage. Assurés jusqu'au trou de balle. Vont encore faire du bénef avec de fausses déclarations. Le comble, je leur fais faire du fric. La justice pour eux. De ce côté, la porte-fenêtre de la véranda. Pas un chat. Merde, le bruit que ça fait, le verre. Rien ne bouge. En week-end, dans un hôtel de bourges, avec leur conscience de bourges et d'autres bourges à la con.

Ah, le tapis ! Baiser là-dessus avec Zara White. Grosse salope. Rêves de cuir. Branle trois mecs à la fois. Un dans chaque main, une pipe au troisième… On aurait pu l'emporter avec Ahmed, ce tapis. L'offrir aux vieux. Sauraient pas où le mettre, dans leur F3 pourri. Jamais su se démerder, trimé comme des cons pour cinquante ans de baffes et de misère. Pas comme ces vioques. Étouffés dans leur confort. Mais où y mettent le fric ? Toujours quelques milliers planqués quelque part, des bijoux, de l'argenterie. Putain de nom de dieu, c'est quoi cette lumière ?

– Tu bouges d'un millimètre et je t'éclate la tête.

Putain de Dieu. D'où y sort, ce gros con ? Canon scié. Y va tirer. Saloperie. Plonger ? Pas de meubles. Merde de merde, pissé dans mon froc. Fou furieux, le gros dans sa robe de chambre, tout rouge, excité. Ne pas bouger. Sourire.

– Ah, depuis le temps que je rêvais de ça. D'avoir une pourriture comme toi au bout du fusil. D'effacer le sourire de sa sale petite gueule. Je parie que t'es même pas suisse, hein ? Ils vous laissent passer comme des cafards, à la frontière. Et les flics vous ramènent gentiment lorsqu'ils vous pincent. Ils vous remercient presque, hein ? Et dire qu'on les paie pour nous protéger. Bouge pas, je te dis, ces trucs-là, ça part tout seul.

Merde, y va me crever, ce con. Vais mourir. Le froc plein de pisse. Merde, merde, merde.

– Tu pouvais pas mieux tomber, petit minable. Avec mes copains, tu vois, on a un gentil club, on se voit une fois par semaine, on se prépare pour accueillir des saloperies dans ton genre. On en a déjà descendu deux comme toi. Un pote a même failli descendre le bougnoule qu'il a trouvé dans son jardin. Mais c'est un grand sensible, il a pas osé l'achever. Moi, la sensiblerie, je connais pas...

– Qu'est-ce que c'est, Arthur ?

– Rien, va te recoucher, une petite affaire que je vais régler moi-même.

– Tu veux que j'appelle la police ?

– Surtout pas. Je l'appellerai moi-même, après…

– Après quoi ?

– Va te recoucher, je te dis. Arrête de me faire chier.

Même pas tourné la tête quand la vieille peau est sortie. Me lâche pas des yeux. Transpire autant que moi, grosse gueule de con. Vais crever. Fuck de merde. Ne pas bouger, ne pas partir dans les pommes.

– Tu vois, petit con, je leur dis, à mes copains, avec des chiens et des alarmes, vous aurez jamais l'occasion de faire un carton. J'avais raison. Rien ne remplace un bon fusil. À l'armée, j'étais champion de tir. Je pouvais te descendre un type à trois cents mètres. Mais je vais pas te laisser cette distance. Dix, vingt mètres au maximum. Pour que je voie ta tête, quand elle explosera.

Merde de merde de merde. Suis tombé sur le plus dingue des trous du cul. Facho de merde. Va le faire. Y jouit, le gros con…

– T'as pissé dans ton froc, petit merdeux. Regarde où tu mets tes sales pieds. T'as peur, hein ? T'es pas fier. Combien t'en as fait, de casses ? Combien de pauvres gens sans défense t'as volés ? T'as ça dans le sang, hein ? Le respect de la propriété, tu t'en fous. Tu sais même pas ce que c'est, la propriété. Travailler, c'est pas un mot de ta langue. Et d'abord, c'est quoi ta langue ? T'en as une ? Tu viens d'où ? Réponds, petit con !

– Chuis français.

– Tu vois que j’avais deviné. Frouze d’où ?

– Annemasse.

– Classique ! Cette frontière est une vraie passoire. Mais on a des amis. Des flics et des douaniers sont avec nous. On ne va plus se contenter de vous attendre. On va aller vous chercher. Et vous éliminer comme des lapins malfaisants. On a commencé à vous régler votre compte. Deux de tes petits copains, des négros. Bousillés. Net et sans bavure. Mais c’est qu’un début. C’est tes copains, hein, les négros et les bougnoules ?

– Quelques-uns…

– Tu vois que je devine tout. Vous êtes tellement semblables, vous les petits connards qui venez nous emmerder. C’est même plus une question de couleur. Surtout dans votre pays de merde. Tous mélangés. Des dégénérés. Une sous-race généralisée.

Fou furieux. Il a pas vu mon flingue. Toujours en joue. Gagner du temps.

J’voulais pas faire de mal, monsieur.

– Qu’est-ce que tu fous dans mon salon à trois heures du matin, alors ? Un pique-nique ?

– Je cherchais juste un peu d’argent. Du travail, je voudrais bien, mais y en a pas pour les jeunes.

– Tu parles ! T’as aucune envie de travailler. T’es qu’un sale petit cambrioleur. Mais t’es tombé sur plus fort que toi. Tu vas payer, petit con. Ah, ça, pour être jaloux, ils vont être jaloux, les copains…

Il rigole, ce connard. Il va me buter et il rit. Merde, il a une âme ou quoi ?

– Vous pouvez pas me descendre juste parce que je suis entré chez vous ?

– Et comment que je peux te descendre. Pour la justice, ça sera de la légitime défense. Tu entends, petit con. Lé-gi-ti-me défense. C'est du reste comme ça qu'on s'appelle. On a un très bon avocat, dans notre club. T'as cassé une vitre, tes empreintes sont partout, et j'imagine que t'es déjà fiché. Ce sera un vrai jeu d'enfant…

– Je vous rembourserai la casse, si vous voulez, j'irai même me livrer aux flics. On peut y aller ensemble…

– T'as peur, minable. T'as raison d'avoir peur. Car une occasion comme celle-là, je ne vais pas la rater. Maintenant, tu marches à reculons jusqu'à la porte-fenêtre. J'ai pas envie de salir mon beau tapis persan avec ton sang pourri, tu comprends ? On va faire ça dans le jardin, bien gentiment, entre nous. Au moindre geste, je te brûle la cervelle. Et il en restera si peu que tu ne pourras plus te demander quel calibre peut faire des dégâts comme ça. Allez, recule !

Rien sous la main. Pas le temps de sortir le flingue. Si seulement y glissait dans ses escaliers, avec ses pantoufles à la con. Gros salaud. La véranda, taillis autour. Dernière chance de s'arracher. Faut que j'essaie. Comment le distraire ? Gros yeux de bœuf fixés sur moi. Au passage de la porte. Plonger. Là, le seuil. Le tout pour le tout.

– Ah ah ! Tu veux du sport, tu l'auras, minable. Ça sera pas une exécution, mais une partie de chasse. Je connais ce jardin comme ma poche, tu m'entends. Cours aussi vite que tu veux, y a des murs tout autour. Le portail est verrouillé électriquement. On va s'amuser, petit con. T'es où ? Montre-toi si t'es un homme.

Putain mon épaule ! Fracassée. Il a pas tiré. Pas à l'abri, ici. Me voit pas, trouduc. Le flingue, vite. Merde, les mains en sang. Saloperie de gravier. S'arracher maintenant. Où ? Le gros arbre là-bas, meilleure protection. Y va me voir de la véranda. Tirer en l'air pour lui faire peur.

– Mais t'as un flingue, petit salaud ! Ça change tout ! C'est plus une chasse à l'homme, c'est la guerre. Je vais te trouer la peau, fripouille. T'auras même pas le temps de regretter d'être venu ici. T'en repartiras les pieds devant.

Vu trop de westerns, ce gros porc. Comment passer ce mur ? Trop simple pour lui, tir au pigeon. S'approcher, vers l'autre arbre, là-bas. Hop…

– Aaaaah !

Putain ça fait mal. Ma jambe. Aïe, bordel de merde. Ça brûle. Salopard, y m'a eu. Fuck de fuck de chier de merde, ça saigne. Se tirer d'ici…

– Je t'ai eu, hein, petit con ?

S'approche, le salaud. Bientôt dans mon viseur. Peux pas le louper. Viens encore un peu, trou du cul. Approche, approche… Me voit pas, le con. Grosse tête d'enfoiré de merde. Tu vas payer ça. Pas un bruit. Approche encore. J'vais pas te rater. Voilà. Là. Tiens pour ta sale gueule. Oh, putain ! En plein dans l'œil… Dégueulasse… Tu l'as bien mérité, gros porc, saloperie. Roule-toi par terre, crève, facho de merde. Tu l'as cherché. Merde, ça saigne, ça brûle. Se tirer d'ici à toute vitesse. Je peux encore marcher. Achever cette ordure avant ?

* * *

À peine les femmes avaient-elles déserté le salon qu'une épaisse fumée de cigare vint alourdir l'atmosphère. Au mur, une dizaine de fusils semblaient tendre leur crosse vers l'assemblée, méticuleusement ordonnés sur leur râtelier. Une énorme tête de sanglier, au-dessus d'une cheminée de marbre, fixait la salle de ses yeux de verre. En face, les cornes interminables d'un cerf touchaient presque le plafond. Les quatre hommes, le regard perdu dans les verres d'armagnac qu'ils agitaient de temps à autre, remâchaient leur colère en silence.

– On ne peut pas rester sans rien faire ! s'exclama soudain Jean Lamat, en frappant la table du poing.

– Personne n'a dit qu'on n'allait rien faire, rétorqua Bernard Vigand, un petit bonhomme trapu au regard vicieux.

– Le type qui a fait ça est encore dans le canton, reprit Lamat, en se tortillant dans un fauteuil trop vaste pour sa maigre carcasse. Il nous faut prendre les choses en main. Philippe, tu as appelé Jean-Michel ?

– Ouais. Il m'a faxé une copie du rapport, fit lentement Philippe Weiss, le propriétaire des lieux. C'est pas malin. Les fax, c'est pas sûr. S'ils se rendent compte qu'un officier de police s'amuse à sortir des pièces confidentielles, ça va chauffer. En plus, rien de plus facile que de me retrouver, avec le numéro du destinataire. Des rapports de police à un expert-comptable…

– Il n'a qu'à les faxer chez moi, dit Lamat. Un avocat, ça peut plus facilement s'expliquer…

– Qu'est-ce qu'il dit, ce rapport, coupa sèchement Pierre-Alain Sitto, la cinquantaine trop élégante, des traits d'acier.

Weiss se leva péniblement et poussa sa bedaine jusqu'à un petit coffre-fort, à même le mur. Il composa la combinaison et en sortit deux feuillets.

– Rien de vraiment neuf. Arthur a surpris le voleur dans son salon. Il était entré par la véranda, après avoir cassé un carreau. Michèle a pu décrire le type assez précisément, car elle est sortie voir ce qui se passait. Vingt-cinq ans environ, de race blanche, blond, cheveux courts, taille moyenne, mince. Baskets, jean, tee-shirt blanc et veste en jean. Le look de tous ces petits cons, le basané en moins. Mais Arthur a apparemment renvoyé Michèle dans sa chambre. Après, elle a entendu trois coups de feu. Toi aussi, non ?

– Oui, deux de pistolet, et l'autre du fusil d'Arthur, répondit Lamat, voisin de la propriété des Sarins. Je ne comprends pas qu'il ne l'ait pas descendu tout de suite…

– Michèle a appelé la police depuis la chambre. Quand elle est arrivée, Arthur était mort, une balle lui avait traversé l'œil et la boîte crânienne. Il avait encore son fusil à la main. Le type a été sérieusement blessé, il y avait des traces de sang dans la propriété et sur le mur. Sa bagnole a été retrouvée à vingt mètres de la maison. Volée aux Pâquis hier après-midi.

– Il n'a pas pu aller loin. Si ça se trouve, il est encore quelque part dans la région, reprit Sitto de son ton glacial. Si c'est un Français, il a une bonne douzaine de kilomètres à faire jusqu'à la frontière. Ça m'étonnerait qu'il se montre durant la journée dans cette campagne où tout le monde se connaît. Surtout s'il est blessé.

– Pierre-Alain a raison, fit Vigand. Il doit se cacher dans la région. Je prends le secteur de la frontière. Je vous jure que, si je le retrouve, je lui remplis la tête de grenaille. Toi, Jean, tu téléphones à tous nos amis des bleds du coin depuis ton bureau. Tu leur donnes la description du type. Qu'ils prennent leurs fusils de chasse et qu'ils patrouillent leurs zones respectives pendant tout le week-end. Pas d'autres flingues, ou alors des armes de poing bien dissimulées. Il y a des douaniers qui ne sont pas des nôtres. Et les flics rôdent dans la région. Philippe, tu restes en contact avec nos amis de la police et tu assures la permanence téléphonique. On va le retrouver. Et on vengera Arthur.

Dans le silence qui suivit, chacun anticipait le bonheur de décharger son fusil dans la tête du cambrioleur. Personne ne remettait en question le fait que Bernard Vigand ait, tout naturellement, pris la place d'Arthur à la tête de l'organisation. Ce cadre à la retraite avait la dimension d'un chef. Bien sûr, il y avait Pierre-Alain Sitto, le pur et dur. Mais Sitto n'était vraiment aimé de personne. Il n'avait pas la manière. Et Vigand avait tout de même grièvement blessé un Arabe qui tentait de s'introduire dans sa villa. Ce fait d'armes lui avait valu l'admiration générale. Seul Arthur lui avait reproché de ne pas avoir achevé l'intrus…

– Il nous faut aller plus loin, interrompit soudain Lamat.

– Qu'est-ce que tu veux dire ? demanda Weiss.

– Il nous faut passer au plan qu'on avait concocté avec Arthur. Nous lui devons ça. Nous ne pouvons plus attendre que cette pourriture vienne à nous. Qu'ils nous volent, qu'ils violent nos femmes, qu'ils nous tuent... Nous devons terroriser cette racaille et lui passer l'envie de venir faire leurs merdes chez nous.

– Commençons par venger Arthur, coupa à nouveau Sitto. Ce sera un bon exercice. Comme ça, nous verrons si nous sommes vraiment opérationnels.

***

Quel jour on est ? Dormi des plombes. Cette paille qui gratte, l'enfer. Et cette jambe. Saigne plus. Perdu des tonnes de sang. Risque d'infection, voir un toubib. Putain de bagnole qu'a pas voulu démarrer. Merde, plus la force de bouger la guibolle. Le look... futal plein de sang et de pisse. Y a personne dans cette ferme. Si, bagnole devant la porte. Le flingue. Toujours là. Faut que je bouffe. Attendre qu'y se tirent. Le merdier, le pétrin, bordel de merde. Tué ce type. N'a eu que ce qu'il méritait. Ce dingo voulait vraiment me descendre. Facile de buter un type. Petite pression sur la gâchette et pfuiii... Bon flingue.

Bagnole démarre. Le vieux avec des gosses. Sortir de cette grange. Me tiens à peine debout. Cacher le flingue. Putain qu'elle est loin, cette ferme.

Frapper poliment. Peut-être un autre dingue à l'intérieur, prêt à dégainer. Moi aussi.

– Mais qu'est-ce que…

– Bonjour madame, j'ai besoin d'aide, je suis blessé.

– Mais qu'est-ce qui vous est arrivé ?

– Je vous raconterai, mais faut m'aider…

– Entrez là. Asseyez-vous. Mais mon Dieu, vous êtes plein de sang.

– Vous avez du désinfectant ?

– Je reviens. Bougez pas. Je vais chercher la pharmacie.

Trop gentille, la meuf. Qu'est-ce qu'elle fout ? Du bruit. Méfiance. Peut-être une arme. Ne pas s'énerver. Trouver une histoire à raconter, vite !

– Voilà, ôtez votre pantalon. Mais vous êtes trempé. Je vais vous chercher une couverture.

– Non, il faut juste que je désinfecte la plaie.

– Quelle horreur ! Mais il vous manque un morceau de la cuisse !

– Ça fait horriblement mal.

– Ne bougez pas. J'ai fait un cours de secouriste. Mais il pue la pisse, votre pantalon !

– Un accident. J'ai perdu connaissance. J'ai dû me laisser aller quand j'étais dans les pommes.

– Serrez fort les dents. Je vais verser du désinfectant sur la plaie.

– Putain de putain de merde ! Ouh ! Excusez-moi, mais ça brûle…

– C'est que ça désinfecte. Tenez, lavez-vous la jambe avec ça. Je vais chercher une bande.

Pourquoi elle est si bonne, cette pouffiasse ?

Gagne du temps. Mari va revenir. Faut s'arracher d'ici. Merde. Où est mon futal ?

– Voilà. Je vous ai rapporté un jean de mon fils. Il a à peu près votre taille. Le vôtre est fichu, je l'ai mis à la poubelle. Toute la cuisse est déchirée et il puait tellement… Bougez pas. Je vais serrer un peu. Dites-moi si c'est trop. Voilà. Une agrafe et c'est fini. Ça va mieux ?

– Oui, merci.

– Mais il va falloir voir un médecin, vite. La plaie est énorme, faudra recoudre. Mais qu'est-ce qui vous est arrivé ?

– Merci beaucoup, madame. Ça va aller. Je faisais du stop, hier soir, sur la route de Douvaine. Un chauffard m'a frôlé à toute vitesse. Il m'a accroché avec sa bagnole. Je suis tombé dans le fossé et depuis je ne me souviens plus de rien. J'ai dû dormir jusqu'à maintenant. Mais je vais y aller. Je vous ai assez dérangée.

– Attendez. Mon mari va revenir. Il vous poussera en ville. Où est-ce que vous habitez ?

– À Genève. Non, je vais y aller. Y a des bus. Et je peux faire du stop sans problème.

– Le samedi, il n'y a pas grand monde sur la route. Et pas beaucoup de bus. Avec votre jambe…

– Ça ira. Je ne sais pas comment vous remercier. Vous auriez un morceau de pain ? Je n'ai rien mangé depuis hier soir.

– Pauvre garçon, je vais vous faire un sandwich.

Pauvre garçon, pauvre garçon ! Conne. Ne se rend pas compte qu'elle a un tueur dans la cuisine. Un vrai tueur, merde ! Première fois. Facile. L'avait cherché, ce gros porc. En plein dans l'œil… Heureusement que j'avais pris ce flingue. Recherché maintenant. Se tirer d'ici au plus vite. Le vieux est peut-être moins con que sa femme. Pas envie de tuer de nouveau. Mais où aller ?

– Voilà, c'est au fromage. Je n'ai plus de jambon. La route de Douvaine est à deux kilomètres, en suivant ce chemin. Vous pouvez marcher ?

– Ça va beaucoup mieux avec la bande. Je vous renverrai le jean. Merci beaucoup madame… ?

– Mühler. Ne vous en faites pas pour ça. Mon fils en a une vraie collection. Il ne porte que ça.

Du goût, le gamin. Mais où aller, maintenant ? Redescendre en ville, ou se tirer vers la frontière ? Trop dangereux, la frontière. Douane volante, tirent à vue, ces cons-là. Tout le monde au courant. Ne pas trop se montrer. Plutôt redescendre en ville. Aller se réfugier chez Jeanine, manger, dormir…

* * *

– Tu sais pas la meilleure ?

– Non, reprit Weiss, exaspéré après trois heures de permanence téléphonique tendue et silencieuse.

– La femme à Mühler, de la ferme de Bonvard, elle a soigné notre bonhomme, annonça triomphalement Vigand.

– Non ?

– Si, le gars a déboulé chez elle quand Mühler était parti faire des courses, tout à l'heure. Il a raconté qu'une voiture l'avait accroché alors qu'il faisait du stop. La Mühler vit sur une autre planète : elle ne savait rien de ce qui s'était passé cette nuit.

Elle lui a même fourgué un nouveau pantalon et un sandwich !

– Comment tu le sais ?

– Quand le père Mühler est rentré et qu'il a appris l'histoire, il a tout de suite fait le rapprochement avec ce qu'il avait entendu au bistrot de la Capite. Il a appelé les flics. Jean-Michel m'a appelé droit derrière, sur mon portable.

– T'as plus de détails ?

– Selon la mère Mühler, le gamin a une jambe salement amochée. Il ne peut pas aller très loin. On est vers Gy, en ce moment. On va tirer sur Corsier. Il doit encore être dans la région, ce petit con. On va l'avoir. Reste derrière ton téléphone. Jean patrouille la route de Douvaine au cas où il aurait en tête de redescendre sur Genève. Nous, on assure toute la zone frontière, avec dix véhicules. Il essaie peut-être de passer en France. Réunion vers huit heures chez toi ce soir, avec les deux autres. S'il y a du nouveau, tu as tous les numéros des portables ?

– Tu crois quoi ? lâcha Weiss avec toute la rage de ne pas pouvoir être de la partie. Sur la carte du canton, il se mit à imaginer le parcours du cambrioleur. Il avait dû s'enfuir tout droit en direction de la frontière, vers Meinier. En espérant passer une de ces douanes où il n'y a même plus de douaniers ! Quel pays, où on paie des impôts pour laisser le champ libre à toutes les racailles du monde, songea Philippe Weiss. Puis il ordonna à sa femme de faire à manger pour les mêmes personnes qu'à midi. Quand elle fit mine d'objecter, il leva un poing menaçant vers l'épouse qui s'en fut, la tête baissée, sans un mot, vers la cuisine.

* * *

Putain le bol, cette bonne femme. M'a encore refilé vingt balles et une bière. L'en existe plus des comme ça. Sympa et tout. Comme la vieille, mais la vieille, elle a rien à offrir... Ce con de vieux qui la tabasse. Se saoule la gueule tous les soirs et se défoule sur elle. Enculé de paternel. Ferait mieux de faire gaffe. Va se faire jeter de son boulot. Au chomedu, ça sera pire. La battra à longueur de journée. Les deux dans ce F3 pourri à journée faite. L'enfer.

Éviter la grand-route. Genève par là. Pas de bagnole. Cette jambe qui me fait mal. Un panneau pour Vandœuvres. Merde, retour sur les lieux du crime, comme dans les polars les plus cons. Là, un chemin... Putain ce qu'y a comme clebs par ici. Bien nourris. Mieux que nous. Gueulent comme des putois. Les endormir avec de la bidoche au chloroforme. Ou un flingue à fléchettes, comme dans les zoos... Toutes ces villas de bourges à casser. Du boulot à perpète. Le paradis, cette Suisse de gros tas de merde.

Une voiture. 4x4. Méfions-nous. Se planquer. Mais il accélère vers moi, ce con. Qu'est-ce que c'est ce flingue, par la fenêtre? Putain, c'est moi qu'il vise. Le muret, vite. Nom de Dieu, il m'a tiré dessus. Y freine. Y revient sur moi. Mais c'est pas les flics! Qui alors? Qu'est-ce qu'ils me veulent? Le flingue, vite. Le pare-brise. Là. Vlan! Bien l'bonjour de Michel, bande d'enculés!

Courir, courir, mais jusqu'où? Aïe, ma guibolle. Me fait mal. Merde de merde, c'était qui, ces trous du cul ? Des flics en civil ? Mais y m'ont tiré dessus sans sommations. Me suivent pas. La forêt là-bas. Qu'est-ce qui se passe, bordel de merde ?

* * *

Quand, à sept heures, le téléphone retentit, Philippe Weiss était au bord de la crise de nerfs. Trois fois déjà, il avait songé à sauter dans sa Land Rover avec son fusil, trois fois il s'était retenu. Discipline, il fallait de la discipline si on voulait avoir le dessus. Contrôler ses pulsions, comme disait Arthur. « Tu ne tires pas au hasard, en espérant toucher. Tu coinces d'abord le mec dans un endroit désert, tu ne lui poses aucune question, tu n'écoutes pas ce qu'il raconte. Ces rats ont toutes les excuses du monde. Tu vises lentement, entre les yeux, tu prends ton temps, tu presses la gâchette en savourant le spectacle. Si c'est un gosse, ne te laisse pas attendrir : c'est de la graine de salopard et vaut mieux prévenir que guérir... » Pauvre Arthur...

– Philippe ? On rapplique chez toi.

– Qu'est-ce qui se passe ?

– Jean a failli l'avoir, reprit Vigand. Il était avec Louis, qui l'a manqué de justesse avec son flingue de service. Il était sur un chemin près de Chougny. Mais il leur a bousillé le pare-brise et ils ont failli se foutre en l'air. Le salaud revient sur Genève. On a mis des mecs à tous les carrefours. Discret. Il peut pas s'en sortir. Appelle tous les autres et dis-leur qu'ils peuvent aller se coucher. Je passe chercher ma femme et on arrive.

– Et s'il passe à travers le filet ?

– C'est pour ça qu'il faut qu'on se voie. Demain,

côté campagne, on est parés. Mais sur la ville, beaucoup de nos amis sont en congé. Il faudrait qu'ils s'y mettent en civil, mais c'est plus compliqué.

* * *

Problème. Gros, gros problème, bordel de bordel de merde à la cul. Les flics à ma recherche et des connards qui me canardent. Nuit qui tombe. Tant mieux. À travers champs. Moins de risques. Des lumières, là-bas. Carrefour, mec tout seul. Qu'est-ce qu'il fout là, à cette heure ? Pas de bagnole. Bizarre. Putain cette jambe me fait mal. Voir un docteur. Baskets pleines de pisse et de sang. Dormir, reprendre des forces.

Un cabanon. Merde, cadenassé. Sont vraiment parano, ces Suisses ! Le montant lâche. Putain, c'est bien mieux rangé que ma chambre... Que des outils. Rien de confo. Ah si ! Le drap. Dormir, dormir et oublier, rêver à Tabata Cash. Ah, ma bite profond dans sa gorge... Qu'est-ce que je donnerais pour une mégapipe !

* * *

La campagne genevoise, de ce côté-ci du canton, ne s'était probablement jamais réveillée dans un dimanche matin aussi agité. Légitime Défense était partout depuis cinq heures, ses dirigeants ayant déclaré une mobilisation générale. Mais ses adhérents adoptaient le profil de chasseurs en reconnaissance. La police sillonnait la région de son côté. Quelques « amis » s'y trouvaient. Le fameux Jean-Michel avait pris un fidèle avec lui et avertissait les autres des rondes que les forces de l'ordre effectuaient.

Le ballet allait ainsi se poursuivre pendant des heures, sans heurts. À la mollesse de la police, perdue dans ces quartiers campagnards, s'opposait la hargne de Légitime Défense, assoiffée de vengeance. S'ils avaient été sur écoute, Bernard Vigand, Philippe Weiss, Pierre-Alain Sitto et les autres auraient effaré n'importe quel honnête homme. La haine se nourrissait de la haine, la rage se distillait par portable interposé, la tension enflait d'heure en heure. Une croisade, mâtinée de Ku Klux Klan et d'Inquisition…

Quelques habitants s'étonnèrent bien de ce remue-ménage. Mais ils le mirent, à juste titre, sur le compte du malheur qui avait frappé les Sarins et prirent l'air le plus neutre possible, de manière à ne pas y être mêlés d'une quelconque manière. Ils vaquèrent, comme à l'accoutumée, à leur sacro-sainte activité du dimanche, la préparation de leurs monstrueux et rutilants appareils à barbecue.

Au cœur de cette agitation, Michel dormait du sommeil de celui qui oublie, terriblement affaibli par sa blessure. Aucune star du porno, dans ses rêves, mais des coups de feu, des morts, du sang. Le jeune homme laissait parfois échapper, de sa bouche sèche, de vagues gémissements douloureux.

2

Sur la terrasse de l'hôtel du Rhône, Gabriel Lecouvreur dégustait avec un plaisir non dissimulé sa troisième tartine avec un double express. Ils ne savent pas faire de bière, ces Suisses, mais leur café, leur beurre et leur confiture... Ne lui manquaient que l'ambiance de son bar habituel et ses interminables disputes avec Gérard.

L'air avait tout de même ici, en pleine ville, l'avantage d'une pureté surprenante. Le Rhône s'écoulait majestueusement, juste au-delà des platanes qui lui faisaient face, et tout, du service au paysage, respirait le calme que procure une fortune bien au chaud dans des coffres inviolables. Un jour et une nuit encore à tuer, jusqu'à son retour dans les miasmes parisiens. Négligeant la luxueuse serviette aux armes de l'hôtel, Gabriel se pourléchait les doigts en parcourant la presse locale.

Le *Journal de Genève*, de toute évidence, n'aimait pas les faits divers. Une austérité toute calviniste figeait ses pages dans un gris désespérément factuel. D'interminables articles économiques, toutes les Bourses du monde, la politique étrangère, suisse et locale traitée au plomb. *Le Monde* bis, avec un peu plus de photos, songea Gabriel en se plongeant dans le supplément littéraire du week-end.

Du vrai journalisme pur et dur. De l'esprit, beaucoup d'esprit. Mais d'histoires croustillantes, de ces petits faits divers qui étaient, pour Gabriel, le miroir du monde, point. Pas la moindre amorce d'une anecdote révélatrice de la vie et de ses dysfonctionnements dans tout le journal... Se pourrait-il donc que ce pays, avec son calme luxueux et sa propreté légendaire, échappe au lot commun ?

Pourtant, à Gstaad, le Poulpe venait de démêler, à sa manière, une sombre histoire de prostituées de l'Est, exploitées comme des esclaves.

Plusieurs hôteliers locaux y étaient mêlés. Les clients étaient tous des habitués fortunés de la station, Suisses et étrangers, adeptes de frissons peu orthodoxes. Les filles n'osaient se rebeller : elles avaient toutes dépassé depuis longtemps la limite de leur visa de tourisme dans le pays et n'avaient pas les moyens de s'enfuir. La palette de leurs services avait ébahi Gabriel.

Les clients des prostituées avaient spontanément approché le Poulpe à la fin de l'affaire. Leur intermédiaire lui avait apporté une coquette somme en espèces suisses et trébuchantes contre le carnet d'adresses des proxénètes arrêtés. Et il lui avait promis un virement supplémentaire, à retirer cash dans une certaine banque genevoise, dès le lundi suivant. En toute discrétion. Gabriel aurait pu se payer l'hôtel du Rhône durant des mois.

Le Poulpe se délectait de l'image de ses liasses bien nettes, enfermées dans le coffre de sa chambre, au Savoy. Non qu'il portât un amour inconsidéré à l'argent. Il vivait de peu de chose, se contentant d'hôtels modestes et de bonne cuisine bourgeoise. Mais il pourrait consacrer une large partie de cette fortune à sa passion : la réfection de son Polikarpov, cet avion russe qu'il avait racheté dans un état déplorable et qui dévorait ses « gains » en pièces de rechange rares et prohibitives…

Raymond en ferait, une tête, quand il verrait la somme. Et il le traiterait une fois de plus de tête brûlée de vouloir retaper une épave pareille, sans même posséder de permis de voler… Le mécano ne comprenait rien à la nostalgie du Poulpe pour ce zinc ventru, presque disgracieux, qui avait rendu de fiers services aux Républicains lors de la guerre d'Espagne.

Agacé par la froideur du *Journal*, il passa au *Matin*. L'antithèse. Du sang, des scandales, du sexe. Des titres et des photographies qui dévoraient les trois quarts des pages. Un régal pour le voyeurisme paresseux du lecteur moyen, peu enclin à s'envoyer au réveil une indigestion de textes avec le café-croissant du matin.

Il se laissa d'abord distraire par la photo d'une somptueuse pin-up presque nue, alanguie dans une position qui en appelait aux plus sombres fantasmes masculins. En admirant les courbes généreuses de la fille, il eut un pincement au cœur pour Cheryl, son amante aussi belle qu'intermittente à Paris.

Une phrase de Lowry, lue la veille, résonna étrangement à ses oreilles : *« Tu es la tombe où vit l'amour enfoui. »* Peut-être n'était-ce pas une excellente idée que de se trimbaler *Au-dessous du volcan* pour l'accompagner dans ce pays de maisons de poupées. Peut-être devrait-il consacrer plus de temps à Cheryl…

Submergé par l'univers suffocant du Mexique et ses remords, il tourna brusquement la page, froissant quelque peu la pin-up au passage. *« Tué par le cambrioleur qu'il avait blessé. »* Les lettres démesurées barraient les six colonnes du quotidien. L'instinct de chasseur du Poulpe se réveilla, galvanisé. Il se plongea avec délectation dans l'article.

À trois heures du matin, dans la nuit de vendredi

à samedi, un cambrioleur avait été surpris par Arthur Sarins dans sa villa de Vandœuvres, l'un des villages favoris de la nomenklatura genevoise. Après un échange de coups de feu, l'intrus avait réussi à s'enfuir et monsieur Sarins avait été retrouvé dans son jardin, mort d'une balle dans la tête, un fusil à canon scié à la main.

Ce détail frappa Gabriel. Les Helvètes ont certes tous leur fusil d'assaut militaire chez eux, se rappelait-il d'une conversation qu'il avait eue – autour d'une médiocre Feldschlösschen – à Lausanne. Mais personne n'a apparemment l'idée ou le besoin de l'utiliser en temps de paix. Et la paix, la Suisse, ça la connaît. Alors, un canon scié dans une villa d'une des banlieues les plus chic de Genève…

Madame Sarins avait pu donner une description assez précise du cambrioleur : vingt-cinq ans environ, taille moyenne, mince, cheveux courts, blonds. Il était en baskets, vêtu d'un jean, d'un tee-shirt et d'une veste en denim. La femme de la victime s'était évanouie à la vue du cadavre de son mari.

Sa photo devait avoir été prise au moment de son retour à la douloureuse réalité, pensa Gabriel : une bourgeoise défaite et flasque, sans maquillage, dans une robe de chambre d'un goût innommable. Avec ces photographes branchés sur les fréquences de la police, il valait mieux dormir toutes les nuits en smoking, le slip propre et les ongles des pieds bien nets… Les photos de la propriété allaient avec la robe de chambre. Une grande villa accumulant tous les signes du plus parfait mauvais goût parvenu.

Les frontières avaient été immédiatement bouclées, poursuivait l'article. Mais l'assassin avait jusqu'ici déjoué la chasse à l'homme organisée par la police. De toute évidence, il avait été blessé dans l'échange de coups de feu avec monsieur Sarins. Du sang qui n'appartenait pas à la victime avait été retrouvé dans la propriété et sur le mur qui l'entoure.

Le Matin offrit un deuxième coup de fouet au flair en éveil du Poulpe. Un encadré donnait des détails sur la personnalité de la victime. Ancien membre éminent d'un mouvement ultranationaliste, monsieur Sarins était connu pour ses éclats virulents et publics contre les étrangers, les chômeurs, les drogués, les homosexuels. Il avait fini par en être exclu, ses déclarations outrancières portant ombrage à une organisation qui se cherchait une place dans l'arène politique.

Passionné d'armes à feu, cet officier décoré de l'armée suisse en possédait une vaste collection dans sa propriété de Vandœuvres. Il faisait du reste partie du club de tir local et était propriétaire, avec des amis, du plus grand stand privé du canton, dans la campagne genevoise.

Quelque chose clochait. Gabriel, titillé dans sa passion la plus irrésistible, hésita entre un deuxième double express et une bière. Un établissement de cette classe en avait certainement un choix où le Poulpe trouverait son bonheur. Il n'osa pourtant pas défier la solennité du garçon et le paisible entourage de ce dimanche matin : il remit la bière à plus tard.

Un vrai collectionneur d'armes ne s'intéresse guère à un canon scié, songea-t-il en sirotant avec délectation son deuxième café. Ni un tireur professionnel.

– Garçon ?
– Oui, monsieur.
– Vandœuvres, c'est loin ?
– Vous avez une voiture, monsieur ?
– Non.
– En taxi, à peu près vingt minutes. Je crois qu'il y a aussi une ligne de bus qui s'y rend, mais je ne sais pas laquelle. En plus, ils sont rares le dimanche, pour la campagne. Voulez-vous que je me renseigne ? Ou dois-je vous commander un taxi ?
– Merci. Je vais d'abord marcher un peu. Qu'est-ce que je vous dois ?
– Dix-neuf francs cinquante, monsieur.

Gabriel eut le souffle coupé. Levant les yeux sur la façade de marbre de l'établissement, il se dit qu'il avait été bien inspiré de descendre dans un hôtel plus modeste, près de la gare Cornavin. Quatre-vingts balles français ! Gérard ne le croirait pas. Gérard ne le croyait jamais. Gérard était l'incarnation la plus parfaite d'un esprit de contradiction acharné et jouissif. C'était l'un des attraits, et non des moindres, du Pied de Porc à la Sainte-Scolasse...

Il fallait pourtant bien que quelqu'un paie pour ce service de roi et ce paysage urbain où devaient vivre des milliers d'Heidi, d'Hänsel, de Gretel et autres personnages de contes de fées, songea le Poulpe. Et dans lequel un fusil à canon scié était aussi à sa place qu'un igloo au cœur du Sahara...

* * *

Le Jet d'eau le fascinait immanquablement. Ce jaillissement vers le ciel avait, en ce dimanche ensoleillé, une qualité particulière, un blanc immaculé qui retombait en un rideau lumineux et transparent dans la légère brise du matin, sur fond bleuté de Jura. Un triangle rectangle parfait, pensa Gabriel. La hauteur fois le carré de l'hypoténuse… Non, ce n'était pas ça.

Le chauffeur de taxi, remarquant son intérêt pour le «monument», interrompit sa réflexion géométrique en lui expliquant qu'au début, ce n'était qu'une vulgaire soupape de sécurité, située plus en aval, en ville. Le succès de ce premier jet d'eau, bien plus modeste, avait inspiré celui-ci. Les idées simples…

Les quais genevois défilaient dans leur splendeur printanière, aussi vite que les trentaines de centimes sur le taximètre. S'il trouvait un quelconque intérêt dans cette histoire, Gabriel devrait louer une voiture… À la hauteur du Port noir, «lieu historique» affirma péremptoirement le chauffeur sans préciser, le véhicule quitta le lac et s'enfonça dans une campagne taillée au cordeau, parsemée de villas opulentes.

Gabriel, d'instinct, faisait des repérages. Ils traversèrent le village de Cologny, puis, après quelques kilomètres, celui de Vandœuvres. La voiture s'arrêta à la sortie de l'agglomération, en face d'un imposant portail qui fermait un mur assez solide pour arrêter un panzer. La maison qu'il apercevait au loin, entre les barreaux, était bien celle du journal. Les annuaires téléphoniques mentaient rarement. Probablement moins encore en Suisse où on les trouvait, en parfait état, dans des cabines à appareillage blindé.

Le portail s'ouvrit sans peine, en grinçant légèrement. Gabriel tendit l'oreille, mais rien ne bougeait. Il fit quelques pas et s'arrêta près d'une tache sombre, au milieu de l'allée. Le sang de Sarins. Il fureta dans les bosquets environnants, finit par trouver des branches cassées, des traces de pas, et quelques rares traces de sang. L'autre…

Il considéra pendant un moment les distances, la façade pompeuse de la villa, et, après s'être assuré d'un large coup d'œil circulaire qu'il n'y avait personne dans la propriété, il se dirigea d'un pas décidé vers la porte d'entrée. Fermée à clef. Il fit le tour de la bâtisse et trouva sans peine les lieux de l'effraction. Il fit tourner délicatement la poignée intérieure. Toujours aucun mouvement.

La visite de la maison ne lui réserva aucune surprise. Un râtelier avec une remarquable collection de fusils de chasse et de guerre tenait tout un mur du salon. En face, dans une vitrine, une vingtaine de pistolets de tout calibre, soigneusement rangés. Dans un meuble en dessous, il trouva d'autres armes avec de nombreuses boîtes de munitions. Dans la bibliothèque adjacente, de la «littérature» franchement malsaine. Dans les tiroirs, des tracts et des pamphlets du même ordre. Toujours ce graphisme aléatoire, cette mauvaise impression, les mêmes slogans, la même violence crue… Gabriel eut une pensée pour cette attaque foireuse, en 1979, d'une librairie d'extrême gauche. Pour laquelle il avait durement payé.

À l'étage, rien de plus qu'un browning dans le tiroir de la table de nuit. Le canon scié devait avoir sa place à côté du lit, mais la police l'avait très certainement emporté. Le type avait dans sa maison de quoi soutenir seul un siège du type Waco, avec tout le FBI sur le dos…

* * *

Gabriel allait quitter les lieux lorsqu'il sentit la pression d'un cylindre froid dans son dos.

– Pas un geste ! siffla une voix suraiguë. Levez les bras bien haut.

Gabriel ne se fit pas prier. L'arme quitta son dos, l'homme s'éloignait. Gabriel se retourna très lentement, les bras toujours levés, pour rassurer son agresseur. Un type d'une cinquantaine d'années, en tenue sport chic flottant sur un corps trop maigre. Les traits étaient durs, mais ce qui fit peur au Poulpe, c'était l'abondante transpiration qui perlait sur son front et les tremblements qui agitaient sa main armée.

– Superbe, s'exclama le Poulpe en fixant le pistolet. Un Walther P38 ! En état de marche ?

La diversion alla droit au but. L'homme, surpris, quitta des yeux le Poulpe et inclina l'arme hors de sa trajectoire pour mieux la regarder. Il n'eut pas le temps d'éviter le pied qui lui arracha le Walther des mains et ne comprit que plus tard –en se rendant compte de la longueur inhabituelle des bras de Gabriel– comment il s'était pris un coup de poing dans la mâchoire inférieure à cette distance.

Le Poulpe plongea sur l'arme et, couché sur le côté, mit son agresseur en joue.

– Mais qu'est-ce que c'est que ces manières ? lança-t-il au type assis au beau milieu du salon.

– Qu'est-ce que vous foutez ici ? maugréa l'autre en se frottant le menton.

– Et vous ?

– Je suis le voisin d'Arthur Sarins. Ma femme m'a alerté que quelqu'un rôdait dans sa propriété.

– Oh, je vous dois des excuses alors, fit le Poulpe appelant au secours son imagination. Je suis un vieil ami d'Arthur et, de passage à Genève, j'ai appris cette terrible histoire, dans le journal. Je voulais présenter mes condoléances à sa femme, Michèle je crois… Oh, excusez-moi, mon nom est John Feld.

– Jean Lamat. Arthur était mon meilleur ami. Michèle est chez une amie, très ébranlée…

Le Poulpe décida, en un centième de seconde, de jouer le tout pour le tout.

– Voici votre arme. Excusez-moi encore. J'ai été terriblement choqué d'apprendre cette nouvelle dans le journal. Quinze ans que je ne l'avais pas vu, Arthur. Le comble, je pensais l'appeler aujourd'hui… Mais qu'est-ce qui est arrivé ?

– Personne n'arrive à comprendre, reprit Jean de sa voix désagréable. Arthur était le meilleur d'entre nous, le mieux préparé. À l'armée, il avait gagné toutes les médailles. C'était le meilleur tireur et le plus fin connaisseur d'armes du pays. Il menait ses hommes d'une main de fer. Personne ne rigolait. Je peux vous le dire, j'étais lieutenant dans sa compagnie, à l'armée. C'est là que nous nous sommes connus.

– Et l'assassin ?

– Nous avons failli le descendre hier, mais il a réussi à filer. Nous l'aurons, cette ordure. En ce moment même, en plus de la police, nous sommes une trentaine, bien armés, à couvrir toute la région, de Genève à la frontière. Nous nous étions organisés, vous comprenez. Nous avons presque tous été cambriolés, certains même plusieurs fois. La police et la justice ne leur font vraiment pas peur, à ces petits salauds. C'est un jeu d'enfant, pour eux, de sauter la frontière, de se faire une villa et de repasser de l'autre côté...

– Des bougnoules et des nègres ? demanda Gabriel, aussi naturellement qu'il lui était possible de le faire en empruntant ce registre.

– En général, reprit Jean sans ciller. Mais les Frouzes s'y mettent aussi. Oh, excusez-moi, à votre accent, vous êtes français...

– Oui, je suis né et j'ai vécu longtemps à Paris. Mais cette ville est infestée de métèques... Gabriel adorait les identités et les personnages d'emprunt, mais forcer certains traits demeurait douloureux. Londres a tous les avantages de Paris, poursuivit-il, mais on peut y vivre entre gentlemen, en ignorant totalement tous les Wogs et autres basanés qui y pullulent. Ils sont sagement parqués dans leurs enclos. Nous, nous avons nos pubs, nos magasins, nos clubs, nos écoles...

– Et qu'est-ce que vous faites dans la vie ? Une vague suspicion traînait encore dans la question de Jean. Le fait d'avoir été désarmé, tenta de se rassurer Gabriel.

– Je vends des armes. Sur les marchés internationaux. C'est du reste grâce aux armes que j'ai rencontré Arthur, une fois qu'il était de passage à Paris. Il était lié avec le patron de l'armurerie où je travaillais. Nous avons tout de suite sympathisé. Nous partagions les mêmes idées, avions les mêmes passions, malgré notre différence d'âge...

L'avantage du silence éternel des morts, pensa le Poulpe.

– Ah, je comprends, pour le Walther, s'exclama Jean. Les armes anciennes me passionnent. J'en ai toute une collection chez moi. Il est en parfait état de marche.

– Admirable. Puis-je le voir ? Oui, c'est bien ça. Fabriqué en 42, il a bien servi les Waffen SS !

– Ça vous dirait de vous joindre à notre partie de chasse ? demanda chaudement Jean, comme si, à l'évocation des nazis, un brusque dégel intérieur s'était produit.

– Je ne connais pas la région, et je ne voudrais pas vous gêner.

– Du tout. On n'est jamais trop pour lutter contre cette pègre. Je suis sûr que vous savez vous servir d'un flingue. Et après tout, c'est aussi votre ami que cette pourriture a descendu. Je vous emmène chez Philippe. Nous y déjeunerons avec Bernard et Pierre-Alain. Comme ça vous connaîtrez tout l'état-major de notre association.

* * *

Dans le 4x4, Jean expliqua de sa voix de cacochyme à Gabriel comment fonctionnait Légitime Défense. L'association, d'informelle au départ, s'était peu à peu structurée autour d'Arthur. Ça avait commencé par des rencontres amicales au club de tir, puis des invitations chez les uns et les autres, enfin par la construction du stand privé, du côté de Jussy, il y avait de cela quelques années. Gabriel dodelinait de la tête, en guise d'approbation, de manière à encourager le débit chevrotant et exalté de Jean.

– Ça s'est durci ces dernières années, poursuivit l'avocat. Avec une vague de cambriolages et surtout après l'agression qu'a subie la femme de Pierre-Alain. Arthur a alors commencé à exiger des entraînements plus réguliers. Puis il s'est mis à élaborer toutes sortes de plans : des ratonnades, des raids punitifs… Dernièrement, il avait mis au point tous les détails d'une vaste campagne d'intimidation.

– Armée ? s'enquit ingénument le Poulpe.

– Vous croyez quoi ? Qu'on se débarrasse de cette racaille avec des frondes à moineaux… ? Mais certains ont osé émettre des doutes à l'idée de tirer sur des types. Ça a mis Arthur dans un état second. Il a ordonné une session spéciale de tir pour le samedi suivant. Ce jour-là, c'était l'année dernière, deux des nôtres gardaient sévèrement l'entrée. À l'intérieur, deux nègres étaient bâillonnés et ligotés aux cibles.

– Non ? lâcha le Poulpe dont l'incrédulité n'était absolument pas feinte.

– Si. Jean-Michel, un ami qui est dans la police, et Arthur n'avaient eu qu'à les ramasser dans la rue. Il y a plein d'illégaux autour de la gare. Dès qu'ils en ont trouvé deux sans papiers, ils les ont embarqués avec le véhicule de fonction de Jean-Michel.

– Vous les avez butés ?

– Personne ne voulait le faire. Arthur, furieux, a traité tout le monde de poules mouillées, il a sorti son Beretta et vidé son chargeur sur le premier négro.

– Et personne ne s'est interposé ? Une fois de plus, le Poulpe oubliait son personnage et jura intérieurement.

– Ç'a été le silence total, reprit Lamat qui,

transporté par son histoire, n'avait pas remarqué le faux pas du Poulpe. Puis Pierre-Alain, le plus fou de la bande, s'est mis en position et a descendu le deuxième nègre d'un seul coup, droit dans le cœur.

Gabriel se tut quelques instants. Il avait une furieuse envie de vomir. Et d'étrangler ce type dont la voix tremblait d'excitation à l'évocation de ces « exploits ». Il devait se calmer. Il avait réussi à s'introduire de manière inespérée dans ce cercle de frappadingues. Il lui fallait poursuivre, son heure viendrait.

– Qu'est-ce que vous avez fait des corps ? demanda le Poulpe le plus naturellement possible.

– Arthur était un gros entrepreneur. Il les a fait couler dans le béton d'un pont d'autoroute qu'il construisait. Je pense, à chaque fois que j'y passe, à ces deux nègres qu'on ne retrouvera certainement jamais.

– Et personne n'a trahi ?

– L'omerta, à côté de notre code d'honneur, c'est de la rigolade, reprit fièrement Jean. Trois ou quatre adhérents ont décidé de quitter Légitime Défense après cette histoire. Arthur leur a simplement rappelé qu'ils étaient complices. Et des hommes morts si quoi que ce soit filtrait à l'extérieur. Jamais rien n'est sorti.

– Vous me faites une drôle de confiance pour me raconter ça...

– Vous êtes un homme d'honneur. Ça se voit. Et un ami d'Arthur. De toute façon, la sentence serait la même pour vous. Ici, à Paris ou à Londres.

– Vous avez les bras longs, suggéra insidieusement Gabriel.

– Nous avons surtout beaucoup de moyens. De quoi nous payer un tueur n'importe où dans le monde. Et la souplesse d'un petit groupe. Nous arrivons chez Philippe. Vous pourrez vous rendre compte par vous-même, conclut Jean Lamat de sa voix maladive.

* * *

L'accueil chez Philippe fut d'abord glacial. Mais le Poulpe réussit, en se faisant violence, à se glisser entièrement dans la peau de John Feld, à Genève pour un gros contrat d'armes.

– Votre ville possède de nombreux avantages pour ce genre de business, expliqua Gabriel d'une voix flatteuse : c'est une ville frontière, neutre, agréable et sûre, avec un aéroport international à ses portes, des services bancaires discrets et de premier ordre. Mes partenaires n'hésitent jamais à y venir. Par contre, Beyrouth, Damas ou Alger…

Il gagna progressivement l'auditoire. John Feld avait tout pour plaire aux hommes de Légitime Défense. Philippe Weiss fut le premier à montrer quelques signes de sympathie à Gabriel. Les commentaires appréciatifs du Poulpe sur l'impressionnante collection d'armes de son hôte y étaient certainement pour quelque chose.

Pierre-Alain Sitto, le seul à avoir suivi Arthur jusqu'au bout dans sa logique haineuse, gardait, lui, un visage d'acier. Il quitta soudain la pièce, puis revint un instant plus tard, quelque chose de mauvais et de triomphant dans les traits.

– Il n'y a pas plus de John Feld au Savoy que de Sitto au Vatican, lâcha-t-il froidement. En un seul mouvement accusateur, tous les yeux de la pièce se tournèrent vers le Poulpe.

– Vous n'allez pas croire qu'avec le business que je fais, je laisse des traces de mon passage partout où je vais... Le Poulpe s'épongea mentalement le front après ce miraculeux rétablissement. J'ai une dizaine d'identités différentes, poursuivit-il, avec tous les papiers et les cartes de crédit nécessaires. Je serais probablement déjà mort si je ne possédais pas ces couvertures. Vous êtes les seuls à savoir que je suis à Genève...

– Ah, j'aime mieux ça, lâcha Bernard Vigand.

– Pour le Savoy, je m'appelle Robert West. Vérifiez, si vous le voulez. Chambre 106.

– Non, non, fit Sitto d'une voix quelque peu radoucie.

– J'insiste, dit un peu pompeusement le Poulpe. Il ne peut y avoir aucune brèche dans la confiance que nous nous faisons. Je vous ai révélé mon identité, vous m'avez associé à votre lutte. Nous travaillons tous ensemble à la mémoire d'un ami commun.

Sitto perdit de sa superbe et ressortit. Quand il revint, quelques minutes plus tard, il hocha simplement la tête, le teint cireux, et daigna adresser un vague sourire de ses lèvres trop fines au Poulpe.

Durant le repas, en présence des femmes, aucun des convives ne quitta les conversations «civiles». Il était –étrangement, mais le plus naturellement du monde– question de bienfaisance, de parrainage d'événements culturels, du dernier opéra au Grand Théâtre, de «notre ami au Conseil d'Etat» plus qu'à son tour...

Le Poulpe, qui ne connaissait ni le Grand Théâtre ni le système politique du canton, mit à profit ce répit pour peaufiner son personnage. Quand les hommes s'enfermèrent à nouveau dans le salon, John Feld avait une vie entière et bien remplie derrière lui. Et il était membre à part entière de la chasse à l'homme lancée depuis quelque vingt-quatre heures.

Rien ne s'était passé en ce lumineux dimanche matin. Les patrouilles allaient se poursuivre jusqu'à ce qu'on retrouve l'assassin.

– On tire à vue, souligna Bernard Vigand. Ce salaud est armé et lui, il n'hésite pas. Il a descendu Arthur. John, vous n'avez pas d'arme ? Tenez, ce M38. Prenez-en soin. C'est mon Smith & Wesson favori, c'est ce que j'ai de plus discret. Je vous rappelle à tous qu'il y a beaucoup de flics dans la région. Rien de visible à part vos fusils de chasse. John, vous continuerez avec Jean. Rendez-vous ici même à dix-neuf heures ce soir. Bon après-midi et bonne chasse.

3

Putain de bordel de merde. Amoché, poursuivi, foutu. Assassin, moi ? Pas voulu. Pouvais pas faire autrement, y m'a pas laissé le choix, ce gros con. Et ces trous de balle qui me tirent dessus. M'ont pris pour un lièvre ou quoi ? Fait mal, cette guibolle de merde. Où chuis ? Soleil d'enfer dehors, passé midi, trop dormi. Pas de flics à l'horizon, prudence. Éviter les routes à tout prix. Trop de lumière.

Un chemin. Personne. J'arrive encore à marcher. Bon bandage, la mère Mühler. Lui envoyer des fleurs si je m'en tire… Jamais offert de fleurs à personne, même pas à Jeanine. Cette conne, mérite pas. Fille à papa, me cache de son milieu, de ses petits copains étudiants. Honte de moi, pouffiasse. Des bourges finis. Elle aussi.

Mais des seins plein les mains… Et ce cul… Aime bien que je la saute, la salope. Mais à la papy. Pas de fantaisies. Et toujours ces merdes de présés. Ras le cul. Si je m'en tire, me ferai la pute à Ahmed. Toujours prête. À tout. Pour tous. Pas chère. Grosse, mais bonne. Et sympa, avec ça.

Une voiture de flics. Merde. Dans le fossé. Pas vu. Ils me cherchent, les cons. Tournent sans se presser. Ont tout le temps, saloperies de merde. De mèche avec les gros porcs des villas. S'acharnent sur les petits et bouffent dans la main des grands. Tous maqués pour nous faire cracher dans leurs gamelles. Branleurs d'enculés.

Passée. Peinturlurée comme pour le carnaval, la bagnole. Visibles à des kils avec leurs gros feux à l'américaine. Jouent à Starsky et Hutch. Sûrs de leur puissance. Bande-mou. M'aurez pas.

* * *

– Nom de Dieu, il est là-bas, hurla soudain Jean Lamat de sa voix égrillarde.

– Où, demanda Gabriel qui avait sursauté sur le siège du Toyota.

– De l'autre côté du champ, là-bas. Vous le voyez ? Il nous a pas vus, éructa l'avocat d'un ton saccadé.

– Arrêtez la voiture, là sous les arbres, à l'écart, ordonna tranquillement le Poulpe. Je vais le contourner, vous avancez discrètement vers lui et on le prend en tenaille. Il n'a pas l'air d'aller bien vite.

Gabriel fit un large demi-cercle à pas de loup, M38 en main. Cette campagne est trop belle pour une chasse à l'homme, songea-t-il. Et pour qu'un gamin s'y fasse descendre par une bande d'excités. Les oiseaux pépient comme des malades dans une véritable débauche de senteurs, de couleurs et de sons printanière…

Sautant de bosquets d'arbres en murets, le Poulpe se trouva soudain juste à une dizaine de mètres du cambrioleur qui lui tournait le dos. De toute évidence, celui-ci avait repéré Lamat, mais n'avait pas entendu arriver Gabriel. Embusqué derrière un tas de bois, il se tenait prêt à tirer, jambes écartées, un pistolet à bout de bras, prenant appui sur une grosse bûche.

Gabriel contemplait la scène, fasciné. Lamat avançait au loin, prudemment, sans se rendre compte qu'il était dans la ligne de mire du type. Entre les remparts qu'il trouvait dans sa progression, il devenait une cible de plus en plus facile. Le cambrioleur ne bougeait pas d'un cil. Il attendait simplement, prêt.

* * *

Mais c'est pas vrai ! Le type du 4x4 d'hier ! Qu'est-ce qu'y me veut, celui-là. Fusil de chasse. Me cherche ou quoi ? Approche, connard. Tu vas prendre ce que tu mérites. Comme l'autre gros con. Encore trop loin. Bouge pas, Michel. Se concentrer, ne pas trembler… T'es dans la bonne direction, trou du cul. Avance encore, c'est bien. Encore un peu. Je vais t'envoyer un joli pruneau dans ta sale petite gueule de facho. Approche, approche…

* * *

Gabriel ne pouvait détacher son regard de l'étrange ballet qui se déroulait sous ses yeux. Il lui rappelait furieusement le festin d'un python auquel il avait assisté autrefois. Le jeune lapin ne s'était rendu compte de rien. Le serpent l'avait longuement considéré sous toutes les coutures, comme s'il le reniflait. Puis soudain, en une fraction de seconde, il l'avait saisi par les oreilles et étouffé de son corps, double boucle à l'étreinte mortelle striant la fourrure blanche.

Lamat avançait vers le cambrioleur, souvent à découvert, sa maigre carcasse pliée en deux. Vingt mètres, quinze mètres. Gabriel vit le chien du pistolet se relever lentement. Il porta son regard vers l'avocat qui quittait l'abri d'un arbre. La détonation retentit longuement dans la campagne, immédiatement suivie du bruissement d'un envol d'oiseaux. Jean Lamat resta quelques instants figé sur place, un trou noir au front, puis il s'écroula comme une marionnette à laquelle on aurait brusquement coupé tous les fils. Gabriel ne put réprimer un petit frisson de contentement…

– Pose ton arme, gentiment, à tes pieds. Pas de conneries. Je suis armé.

Le cambrioleur, encore sous le choc de son tir, obtempéra comme un automate. Gabriel bondit et se saisit de l'arme.

– Voilà qui est bien. Écoute. Je n'ai pas le temps

de tout t'expliquer ni d'entendre ton histoire. Tu vas faire exactement ce que je te dis. Tu vas reprendre ton flingue et te tirer d'ici dès que je te l'aurai rendu. Il y a une trentaine de cinglés en armes qui te recherchent dans toute cette partie du canton. Tu as tué leur chef, et maintenant un de leurs lieutenants. Ne va pas vers la frontière, c'est là qu'ils t'attendent. Descends en ville et planque-toi. Tu as quelqu'un là-bas ?

– Ma copine, Jeanine..., reprit Michel d'une voix saccadée.

Un gamin, se dit le Poulpe, en regardant l'effroi qui imprégnait les traits du jeune type. Dépassé par ses propres actions. Il se mettrait à pleurer si je lui parlais de sa mère...

– Si jamais, je suis à l'hôtel Savoy, près de la gare, chambre 106. Je vais faire diversion. Ils croient que je suis avec eux. Évite les routes. Ils se déplacent en bagnole. Il y a pas mal de flics aussi. Ta jambe, ça va ?

– Faut que je voie un docteur. Le salaud... Mais il voulait me descendre à bout portant, vous savez ?

– Je l'avais deviné. Tire-toi maintenant. Dépêche-toi. Tiens, ton arme, et essaie de ne plus t'en servir.

Michel détala sans demander son reste, clopinant à travers champs en direction de Genève.

* * *

– Quoi ? hurla Bernard Vigand.

– Jean s'est fait avoir, répétait calmement le Poulpe dans le combiné du téléphone mobile du Toyota. Il est mort. Envoyez-moi du renfort.

– Où êtes-vous ?

– Sur un chemin un peu à l'écart de la grand-route, juste après Vandœuvres. Il me semble avoir vu un panneau disant Bessinge à environ trois cents mètres. Et il y a une espèce de petit lac, tout près.

– Planquez toutes les armes. On a entendu la détonation jusqu'ici. Les policiers vont rappliquer. Je vous envoie Jean-Michel avant qu'ils n'arrivent. Vigand continuait à aboyer comme un caporal hystérique. Gabriel sentit un étrange mélange de peur et de rage dans cette voix.

Il avait à peine fini de dissimuler les armes sous une couverture, à l'arrière du véhicule de Lamat, qu'une voiture de police arriva en trombe. Bizarre qu'elle n'ait ni sirène ni feux tournants, se dit Gabriel. Un énorme bonhomme en surgit et s'avança en tendant la main vers le Poulpe.

– John Feld ? dit l'officier sur un ton qui tenait plutôt de l'affirmation que de la question.

– Oui.

– Bonjour, je suis Jean-Michel. Bernard m'a expliqué en deux mots. Il faut vous sortir d'ici. Louis, tu restes sur place. Tu n'as jamais vu notre ami. Tu appelles une ambulance avec le téléphone de Jean. Venez, monsieur Feld, ramassons les armes et filons. Nous prenons la voiture de Lamat. Je ne crois pas que vous teniez à être mêlé officiellement à ce meurtre.

– Exact, repartit le Poulpe. S'il y a quelqu'un dont il fallait se méfier dans cette bande, songea-t-il, c'était de cette grande brute. Apparences plus que trompeuses. Le type comprend tout et vite. Et il est drôlement efficace. Il ne m'a même pas donné son nom.

* * *

Putain, monde de cinglés ! C'est quoi ce type ? Ange gardien ? Les anges... Conneries de curetons qui se remplissent la panse gratos toute leur vie. Sans travailler. Pendant que d'autres crèvent la faim. Charité, tu parles. Sautent leurs servantes, ces culs-bénits. Et te disent qu'il faut pas baiser. Pervers. Profitent de la naïveté des gens.

Et les autres... ? « T'as descendu leur chef, et maintenant un de leurs lieutenants. » Une milice privée ou quoi ? Merde de merde de merde de fuck ! Manquait plus que ça. Déjà tous les flics de Genève, et maintenant ces fachos à la con. Armés en plus.

Je l'ai quand même eu, ce trouduc. Comme à l'exercice. Plus marrant sur des saloperies comme ça que sur les bouteilles vides. Cible mouvante, qu'y disaient à l'armée. Tué deux types. Ça fait bizarre. Ahmed va en faire, une gueule... D'abord s'arracher d'ici.

Un village. Cologny. Éviter le centre, là, un chemin. Putain de ventre qui gargouille. Faim. Des villas, encore des villas, toujours des villas... Du sang sur le futal. Chier, plaie rouverte, faut trouver un médecin. Doit en avoir dans ce coin de bourges...

Bingo ! Alfred Charan, médecine interne, reçoit sur rendez-vous. Tu parles que tu vas me recevoir, et sans rendez-vous. Dans le jardin derrière, des voix. Approcher discrètos. Le flingue. Merde la gonzesse… Classe ! L'autre aussi. Plus vieille. Mère et fille. Type friqué.

– Personne ne bouge !

– Qu'est-ce que vous voulez, jeune homme ?

– Vous êtes médecin ?

– Oui.

– Je suis blessé, j'ai besoin de soins.

– Baissez votre arme. Je ne vous soignerai pas sous la menace.

Putain, le cran du mec ! Bronche pas. Nanas effrayées. Faire confiance à ce vieux ?

– J'ai le devoir de soigner. Et je suis sous secret médical. Si vous baissez cette arme, j'oublierai que vous nous avez menacés.

– OK. Où est votre cabinet ?

– À l'intérieur. Suivez-moi.

– Vous, pas de bêtise, pas de téléphone. Vous continuez bien gentiment à boire votre thé sur vos chaises longues. Il ne lui arrivera rien si vous ne bougez pas.

Me taperais bien la jeune. Roulée comme Nikki Anderson. Chienne de Sweet Baby. La vieille mettable aussi. Expérience. Airs de salope bien conservée… De Dieu la villa ! Masques japonais et tout et tout. Piano à queue. Nikki ? La renverser là-dessus. Dégueu ces tableaux modernes. Valent sûrement une fortune. Mais à qui les fourguer ?

– Asseyez-vous là. C'est votre jambe, hein ? Baissez votre pantalon. Mais, vous avez déjà été soigné ?

– Ouais, mais ça s'est rouvert.

– Je vais enlever le pansement. Voilà. C'est une bonne blessure, mais rien de vraiment méchant. Elle est nette. Balle de fusil. C'est le muscle qui a pris. Je vais devoir vous poser quelques points de suture. Qui vous a fait ça ?

– Un type m'a tiré dessus.

– À Vandœuvres ?

– Arrêtez de poser des questions.

– Bien. Je vais d'abord désinfecter la plaie. Serrez bien les dents.

Trop gentil, doc. Me sens faible. Aïe, putain de merde…

* * *

– Combien de temps j'ai dormi ? Où est mon flingue ?

– Là, sur la table. Reprenez-le et cachez-le. Vous vous êtes évanoui quand j'ai désinfecté votre plaie. Depuis quand n'avez-vous pas mangé ?

– Presque rien depuis deux jours.

– Arielle ! Prépare un plateau avec le reste du poulet et un verre de rouge et apporte-le ici ! Il vous faut manger avant de repartir. Prendre des forces. Votre plaie se présente bien. J'ai posé des points qui s'en iront tout seuls. Vous devriez pouvoir marcher presque normalement.

Il gagne du temps. A appelé les flics pendant que j'étais dans les vaps. Trop aimable, ce docteur. L'air sincère en plus. Bon Samaritain de merde. Endort ma méfiance. Partir tout de suite.

– Vous n'avez rien à craindre. Si j'avais voulu, je ne vous aurais pas rendu votre arme et j'aurais appelé la police. Elle serait déjà là. Il y en a partout, avec l'histoire de Vandœuvres.

Logique. Mais pourquoi il fait ça, le bourge ?

Met en péril sa vie et celle de ses meufs. Putain, elle est encore plus belle debout que couchée. Ce cul, cette grosse bouche. Prendre ses fesses rebondies dans mes pognes, les écarter… Ouah. Arielle… Nikki serait mieux. Pulpeuse et tout. M'apporte à manger. Une sieste avec cette gonzesse…

– Merci. Pourquoi vous faites ça ?

– Je pense que vous êtes le cambrioleur de Vandœuvres dont tout le monde parle dans la région. Je ne porte vraiment pas dans mon cœur la bande à Sarins. Ils m'ont approché pour leur cercle de tir. Mais je n'aime pas les armes. Cela dit, je n'approuve pas que vous l'ayez tué.

– Je pouvais pas faire autrement. Il voulait me descendre dans son jardin, à bout portant. Il ne rêvait que de buter un type comme moi. J'ai dû me défendre, sinon c'était moi qui y passais.

– Je pensais que quelque chose comme ça s'était passé. Mangez, maintenant. Il va vous falloir partir. Je vous pousserais volontiers en ville, mais la région est quadrillée par la police. Vous voyez la vigne, là-bas. Vous prenez à travers champs dans sa direction. Vous continuez tout droit après et arriverez en ville. Vous y avez quelqu'un ?

– Oui, merci. Vous avez été vraiment cool. Je m'en souviendrai, si je m'en sors.

– Je n'ai fait que mon devoir. Ne pensez plus à ça. Occupez-vous de vous. Au revoir.

Ça existe encore, des bontés comme ça ? Merde, c'est pas croyable ! Un saint ce type ! Saint… encore une invention de cette Église de merde. Non, mais franchement, ce type, la crème de la crème. Avoir un père comme ça. Élevé dans le coton.

Bonnes manières, bonnes études. Argent de poche à la pelle. Des fringues classe…

Et une sœur comme Arielle, merde. Sous la main en permanence. Corps pareil, inceste garanti. Ces seins ronds, sous le tee-shirt. Et ce putain de cul moulé dans ce jean. Pourrais pas me retenir. La mettrais tous les jours, partout. Denise jamais voulu. Toucher, pas plus. Même pas une branlette. M'excitait, cette salope de frangine. Se déshabillait devant moi. Prenait des poses aguicheuses, se caressait la chatte en me regardant. Connasse. Préféré se faire mettre en cloque par un routier de passage. A dix-sept ans, cette conne… Et ce salaud de vieux qui l'a virée aussi sec. Inhumain, ce trou-du-cul. Connaît que les beignes et la bibine.

Devrais aller voir Denise. Studio de merde. Boulot de merde dans son supermarché de merde. Payée des clopes. Seule, avec son chiard. Vie de chienne. Aucune chance de s'en sortir. Pourrais lui refiler un peu de blé. D'abord m'en tirer.

* * *

Dans le salon de Philippe Weiss, l'heure n'était plus à l'anticipation joyeuse. Les armes trônaient sur la table, comme si la confortable pièce avait été transformée soudain en tente d'officiers en campagne. Tous les yeux étaient fixés sur le Poulpe.

– Il n'a pas voulu m'écouter, racontait Gabriel. J'ai suggéré de rester groupés et d'avancer droit sur lui. Mais il a voulu le prendre en tenaille et m'a envoyé sur le revers. Le type a dû remarquer Jean et revenir sur lui, parce que je n'avais pas fait la moitié du parcours que j'ai entendu le coup de feu. Je me suis précipité, arme au poing. Jean était étendu par terre, quasiment mort. Il a juste pu me demander, dans un dernier souffle, de le venger… Un peu trop mélo, se dit le Poulpe.

Mais l'assemblée dodelinait douloureusement de la tête. Seul Pierre-Alain Sitto restait figé dans sa froideur habituelle. Il rompit soudain le silence :

– Vous ne l'avez pas vu, vous ?

– Non, j'avais pris de la distance pour le contourner, répondit Gabriel. Après, j'ai tenté de porter secours à Jean. Le temps qu'il expire, je me suis relevé, mais il n'y avait plus personne. J'ai jugé plus utile de vous avertir. La police avait certainement entendu le coup de feu.

– Vous avez bien fait, coupa Bernard Vigand. Il est quatre heures. Comme il est blessé, il ne peut pas aller très vite. La chasse continue. Vous reprenez les patrouilles. John, vous êtes toujours des nôtres ?

– Plus que jamais, répondit le Poulpe, forçant quelque peu son enthousiasme. On ne va pas laisser ce petit salaud s'en tirer comme ça.

– Bien, vous venez avec moi. Philippe, tu continues à assurer la permanence.

– Non, reprit un peu trop énergiquement l'expert-comptable, quelqu'un d'autre peut le faire. Chacun son tour. Ça fait plus de vingt-quatre heures que je poireaute ici. Je dois me défouler. Je laisse mon bureau à qui le veut…

– D'accord, d'accord, fit Vigand, conciliant. Pierre-Alain, tu restes ici.

L'homme aux traits d'acier ne broncha pas. Tout son personnage semblait moulé dans la discipline, la sienne propre et celle de n'importe quelle autre autorité reconnue. Dommage pour eux de se passer de ce type, pensa Gabriel. Avec Jean-Michel, le flic, c'était l'un des meilleurs atouts de Légitime Défense.

Le petit groupe se leva brusquement. La tension était à son comble. Des années de rancœur et de haine contenues s'étaient libérées d'un seul coup, comme un furoncle trop mûr. La mort de Lamat avait décuplé la première explosion de rage. La vie de n'importe quel jeune homme en jean se baladant dans cette campagne genevoise ne valait maintenant pas plus qu'un peu de grenaille ou qu'une cartouche bien ciblée.

* * *

Merde, encore des flics. Prennent pas de congé le dimanche, ces cons-là. Plus que cinq cartouches. Se faire un flic... Chaise électrique assurée. Non, pas ici. Peine de mort en Suisse ? La chaise électrique, dégueulasse. Dans ce film à la con, *L'Amérique interdite*. Cerveau qui coule par le nez. Pas mort après la première décharge. Poison mieux. Tu sens rien. Ou les gaz... Putain, voir venir... Auschwitz. Salauds de Boches. Peut-être la prison à vie, ici. Plus confo qu'en France. Double meurtrier. Je plaide coupable, votre honneur. Ces trous du cul essayaient de me descendre. Légitime défense, votre honneur...

Aucune chance. Ma parole contre la leur. Rien du tout. Une merde, suis qu'une merde. Blessé, sale, vidé. Hôtel Savoy qu'il a dit ce type. Bizarre. Pourquoi y m'aide ? Me laisseraient pas entrer, ces cons d'employés. Protègent les riches qui les exploitent. Cirez-nous les pompes, lavez nos chiottes, faites le lit… Des nuls.

La vigne. Qu'est-ce qu'il a dit, le doc ? Tout droit. Putain, encore des chasseurs. Avec des jumelles. Dans ma direction. Merde, me visent. C'est le Vietnam, ici ! Eh ben, moi je suis Rambo. Derrière ce mur, vite, bordel de merde. Venez mes cocos. Lance-flammes serait bien. Barbecue humain avec ces sales fachos. Mais ils me cherchent. Viennent vers moi. Je vais pas encore tuer un type, merde. Têtes de cons. Prêts à tirer. Peux plus… Viser les jambes…

Je l'ai eu, je l'ai eu ! Bien ce flingue, bordel de nom de dieu de merde. Extra. Dans la jambe. Œil pour œil, jambe pour jambe, mon salaud ! Banzaï ! Allez vous faire foutre, sales fachos, sinon je vous troue tous…

* * *

Gabriel se fatiguait de la conversation de Bernard Vigand. Et le fait de devoir continuellement en rajouter pour maintenir la crédibilité de son personnage le faisait particulièrement souffrir. Ils avaient roulé durant une bonne heure, sur les routes d'une campagne riche et ordonnée. Ils avaient croisé des dizaines de véhicules « amis » et quelques voitures de police. Ils passaient et repassaient dans les mêmes endroits, remarqua le Poulpe avec son sens inné de l'orientation et de l'observation.

Vigand était en train de lui narrer de long en large ses exploits sexuels dans une boîte privée, « à l'étage », dans le quartier chaud des Pâquis, lorsque le téléphone de sa Range Rover retentit.

– Quoi ? Mais c'est pas vrai ! se mit-il à hurler dans le combiné. Vous êtes des amateurs ou quoi ? C'est pas Rambo, ce type. On arrive. Ce salopard a encore blessé un de nos hommes, fit-il en se retournant, livide, vers Gabriel. Une patrouille, juste après Cologny. Il descend sur Genève. Il va falloir ramener toute l'équipe aux portes de la ville, ne pas le laisser passer. Après, ce serait un jeu d'enfant pour lui de disparaître. Sortez-moi la liste de téléphones, là, dans la boîte à gants, et faites-moi les numéros. Les uns après les autres.

Le Poulpe dut à nouveau se faire violence. Jusqu'ici, il avait gardé un rôle d'observateur, ne se laissant pas impliquer. Maintenant, il commençait réellement à collaborer. Ne fût-ce que de manière anodine. Que faire pour retarder la meute assoiffée de sang ? se demanda-t-il en saisissant la liste. À court d'idées, il se mit à mémoriser méticuleusement les noms et les numéros de tous les correspondants de Vigand.

* * *

Attendre la nuit. Trop de gens. Stop impossible, tomberais sur ces miliciens de merde. Encore eux, tout à l'heure. Putain de merde. Tout le canton sur le dos. Ras le cul. Trouver un abri. Cabanon quelque part. Dormir un peu. Qu'est-ce que je donnerais pour une meuf. Arielle-Nikki. Doit sucer comme une ventouse, avec ses grosses lèvres. Tout avaler. Me mordiller le gland de ses petites dents blanches... M'a souri. Impressionnée. Le flingue. Draguer avec. Faudrait un fusil à pompe. Ou mitrailleuse, avec les cartouchières à travers la poitrine.

Schwarzenegger. Tomber toutes les minettes… Plus que quatre cartouches.

M'a bien soigné, le doc. Moins mal. Type bien. Comme l'autre, là, du Savoy. Pas d'ici. Dort à l'hôtel. Qu'est-ce qu'y fout dans cette nature ? Merde, dernière clope. Ah, une cabane… Ouverte en plus. Un peu de repos. Mérité. Deux morts, un blessé. Bonne chasse. Chaque cartouche dans le mille. Trois fachos en moins.

Arriver à Genève. Se planquer pendant quelques jours dans le studio de Jeanine. Se laver. Va faire la gueule, la conne. Veut jamais que je reste la nuit. Toujours à la va-vite. Comme toutes les autres. Viennent chez nous, au Macumba, dansent comme des tordues, bougent leur cul comme des putes, flattées qu'on les drague. Puis redeviennent suisses. Nous méprisent. Frontaliers. Presque des bicots. Veulent surtout pas montrer qu'elles couchent avec des étrangers. Salopes racistes.

Bien caché de la route ici. Se planquer un peu. Ces cons savent où chuis. Vont cerner la région. Retourner vers la frontière ? Dangereux aussi. Faudrait une bagnole. Toutes planquées dans des garages blindés, Mercedes et BM bourrées d'alarmes. Dormir un peu d'abord…

* * *

Bernard Vigand et le Poulpe avaient amené le patrouilleur blessé par le cambrioleur à l'hôpital cantonal. À la réception des urgences, Vigand avait dû remplir un long questionnaire sur le type. Gabriel songea qu'il lui fallait éviter à tout prix une blessure ou une maladie dans ce pays. Ce n'était pas ici la paperasse et la confusion qui caractérisent la France, mais bien plutôt une précision déroutante. Lui qui, depuis des années, évitait les adresses fixes et tout ce qui risquait de l'amener dans les arcanes de l'administration fut effaré que l'on demande le nom de jeune fille de la mère du blessé. Rigueur suisse. Il serait certainement bien plus difficile qu'en France de rester inexistant pour la bureaucratie locale...

Vigand devenait exaspérant. Chaque incident le rendait plus virulent. Alors qu'ils remontaient vers la campagne, son téléphone sonna à nouveau. Il se remit à hurler et ses éructations devinrent incompréhensibles. Gabriel laissa l'orage passer. Puis lui demanda doucement ce qui n'allait pas.

– C'est ce con de Philippe, lâcha Vigand, soudain brisé. Sa pétoire lui a explosé entre les pattes, ça lui a arraché la main et une partie du bras. Il est aussi blessé au visage. Peut-être qu'il perdra un œil. Des amateurs, de vrais amateurs ! Arthur avait raison.

– Mais qu'est-ce qui s'est passé ?

– Jean et Philippe avaient ça en commun. Ils adoraient les vieux flingues. Ils en faisaient une véritable compétition entre eux. Ils méprisaient les armes modernes. Philippe a emmené son vieux Savage. Il a cru voir le type dans la campagne et a tiré. Ça lui a sauté à la gueule. J'en ai marre, je suis fatigué. Deux morts et deux blessés. On ne peut pas continuer comme ça...

– On finira bien par l'avoir, fit Gabriel sur un ton qui se voulait rassurant. Il est aussi blessé, et il ne doit pas avoir des munitions infinies.

– Appelez Pierre-Alain et Jean-Michel, reprit Vigand. Nous dînerons chez moi. À vingt heures.

* * *

La gravité de la situation associa naturellement les femmes à la discussion. Mais elles évitaient toute question, se contentant d'offrir de la nourriture ou d'acquiescer aux éclats colériques de leurs maris. L'épouse de Vigand, replète et craintive, gardait les yeux rivés à son assiette ou aux plats. Celle de Pierre-Alain Sitto, aussi froide et élégante que son mari, regardait la scène d'un air absent, fumant cigarette sur cigarette.

En plus de ce compagnonnage avec des gens peu recommandables, Gabriel souffrait du manque de bière. Il n'en avait pas bu depuis vingt-quatre heures. Il aurait vraiment dû s'en taper une, sur la terrasse de l'hôtel du Rhône. Ces types ne buvaient que du vin. Et pas des moindres. Les râteliers de leurs caves devaient rivaliser avec ceux de leurs armes. Château-machin, domaine-chose, pétrus par-ci, yquem par-là. Dans un tel état de manque, Gabriel aurait même souri à une pisseuse Budweiser.

S'évadant des conversations guerrières, il se perdit dans une réflexion sur l'aspect rituel de cette boisson, sa place dans l'Histoire, les liens qu'elle créait entre les gens, les communautés qu'elle instaurait entre clients d'un même troquet. C'est vrai, c'était une affaire d'hommes, mais il y avait quelque chose de chaleureux dans ces sentiments tribaux qui pouvaient se dégager autour d'un demi…

N'y tenant plus, il surprit tout le monde en demandant soudain à madame Vigand si elle n'avait pas une bière. L'effroi du sacrilège se lisait sur les visages des hommes. Une bière, à l'heure des armagnacs, après un angélus 61, ouvert à la mémoire de Jean et d'Arthur !

– Excusez-moi, fit piteusement le Poulpe, mais je supporte mal le vin…

Madame Vigand accourut avec une Heineken et un verre. Mais un semblant de suspicion régnait à nouveau dans la pièce. John Feld était quasiment un traître au code de conduite de Légitime Défense. Ses membres avaient une telle harmonie de goûts et d'idées… Un buveur de bière y paraissait aussi incongru qu'un cornichon au vinaigre dans un saint-honoré.

Il fallait absolument briser le silence malsain qui s'était instauré après cet aveu. Gabriel relança la conversation sur le jeune homme.

– À mon avis, il ne passera pas entre nos lignes. Il sait que nous sommes à sa poursuite, il ne s'aventurera pas sur les routes. Il vaudrait mieux garder les champs, établir un véritable cordon entre la ville et la campagne. Le Poulpe pensait que le type était déjà à Genève.

– C'est ce que j'ai ordonné à nos hommes pour cette nuit, reprit Vigand. Mais s'il y a encore un seul blessé dans l'histoire, j'arrête les frais. On laissera la police le retrouver, et là, on lui réglera son compte. Pour les flics, ce salaud est maintenant l'ennemi public numéro un. Ils ont sa description. Les frontières sont bouclées. Il y aura beaucoup de monde dans la région demain. Je ne veux pas d'incident avec la police.

– Vous avez le dispositif policier pour demain ? demanda Gabriel.

– Oui, Jean-Michel me l'a faxé. Le voici.

– Je peux l'étudier ce soir ? À l'armée, j'étais le meilleur éclaireur. Avec une bonne carte du canton, je pourrai faire un plan pour nos hommes, pour qu'ils remplissent les mailles laissées par la police. Leurs dispositifs comportent toujours des failles. On dirait qu'ils font exprès de laisser une chance aux fugitifs. Je vous le rapporte demain matin. On continue, n'est-ce pas ? demanda innocemment le Poulpe.

– Je peux me libérer demain, lâcha froidement Sitto.

– Moi j'ai toutes mes journées, renchérit Vigand. Je suis à la retraite. Vous restez à Genève ?

– Je devais de toute façon tuer le temps ici jusqu'à mardi, une petite affaire bancaire à régler. Je suis libre de mon temps. J'avais bêtement prévu de visiter les musées… Un mensonge de plus – anodin celui-ci –, songea Gabriel qui avait une sainte horreur de ces antres de poussière et de vieilleries qui lui faisaient toujours une impression lugubre. Je serais très heureux de vous aider.

– Bien. Vous voulez dormir ici ?

– Non, c'est gentil, j'aimerais me changer et j'ai quelques coups de fil à donner.

– Sitto va vous ramener à l'hôtel. Je passerai vous prendre vers sept heures demain matin. N'oubliez pas de me rapporter le fax. Et votre plan !

– Sans problème, lança Gabriel sur un ton presque joyeux. On l'aura demain, s'il ne se fait pas descendre cette nuit ! J'espère qu'ils nous le laisseront… Décidément, pensa-t-il avec une pointe de dégoût, John Feld et Gabriel Lecouvreur ne font plus qu'un.

* * *

Sitto conduisait sa Porsche comme il causait : sèchement, par à-coups, à une vitesse démente. Gabriel avait casé tant bien que mal son immense carcasse dans le peu d'espace qu'il lui restait derrière les deux sièges baquets. Ses genoux touchaient presque son menton, et sa tête courbée heurtait le toit du véhicule à chacun des passages piétons, surélevés dans ces villages de campagne.

Sa position avait tout de même un avantage. Son regard plongeait directement et de biais dans le décolleté profond de madame Sitto et il ne pouvait s'empêcher d'admirer ce sein tombant voluptueusement comme une poire un peu mûre dont il apercevait jusqu'à la naissance du mamelon. La femme de Sitto devait s'en rendre compte, car elle faisait jouer en une délicieuse torture l'entrebâillement de son tailleur sous lequel, de toute évidence, elle ne portait rien.

Le Poulpe, les yeux fixés sur cette peau étrangement hâlée pour la saison, songea à Cheryl. Elle lui manquait. Il aurait tant aimé la retrouver à l'hôtel, s'abandonner tout entier à ses caresses expertes pour oublier ce monde de cinglés, pour sortir de ce rôle abominable qu'il devait tenir, pour effacer les images presque trop vraies qu'avait forgées dans son esprit le récit de Lamat. Ces Noirs exécutés de sang-froid pour avoir eu la malchance de se trouver, un beau jour, dans les parages de la gare Cornavin.

4

« Mais il pouvait sentir à présent, s'essayant au prélude, aux nostalgiques arpèges d'ouverture sur les sens de sa femme, l'image de la possession, comme cette porte de joyaux qu'avec désespoir le néophyte en quête de Yesod projette pour la millième fois sur les cieux pour permettre à son corps astral de passer, s'effacer, et lentement, inexorablement, celle d'une cantina, lorsque dans un silence et une paix de mort elle s'ouvre pour la première fois au matin, prendre sa place. »

Gabriel se sentait écrasé par l'œuvre de Lowry. Trop belle, trop riche, pleine de vapeurs de mescal… *Au-dessous du volcan* était décidément à lire à petites gorgées, un ouvrage fort comme les boissons du consul, où Histoire et histoires se mêlaient en un vertige d'alcoolique pour se fondre en un tout magistral. Même l'écriture semblait se dérober sans cesse sous les yeux du lecteur…

Le Poulpe rejeta le gros ouvrage sur le lit défait. Le mal-être du consul n'apaisait en rien le sien. Depuis qu'il était rentré, il se débattait avec sa conscience. N'avait-il pas souhaité la mort de Jean Lamat, rien fait pour l'éviter, quasiment jubilé lors de son exécution ? Cette sombre jouissance, Gabriel ne pouvait pas l'accepter.

Il tenta de trouver du réconfort dans le minibar de sa chambre. Des Cardinal locales, auxquelles il préféra une 1664. Normal, songea-t-il que le consul se détruise au mescal au pays des Coronas. Gabriel, lors d'un séjour mouvementé au Mexique, avait souffert de la légèreté des bières locales. Pour un peu, il se serait rabattu sur la tequila, qui semblait si bien se marier avec la chaleur et la volupté des filles locales…

Mais les fugues de ses pensées n'y pouvaient rien : sa mauvaise conscience revenait, comme une houle obstinée chargée d'odeurs nauséabondes. Il s'était réjoui d'un meurtre. Pis, il s'en était rendu complice en n'intervenant pas. Il est vrai que Lamat, excité comme il l'était, aurait descendu le gamin aussi sec, s'il l'avait pu. Mais ça ne justifiait en rien une délectation aussi perverse.

Gabriel Lecouvreur n'était ni un justicier ni un revanchard. Il allait, depuis sa base parisienne, d'histoire en histoire, avec ce don particulier pour s'immerger dans les aventures que méprisaient les beaux esprits et les faiseurs de ce monde. Il finissait presque toujours par y trouver son compte. En contentement «moral» ou en espèces prélevées aux «méchants».

Mais là, le plaisir qu'il avait naturellement éprouvé lors de l'élimination de Lamat rejoignait la haine de Légitime Défense. Une haine qui excluait quelque droit que ce soit, une haine qui ne connaissait que les lois du plus fort et du talion, une haine que seule la mort pouvait satisfaire. Toute la raison de Gabriel condamnait sans appel le doux frisson qu'il avait senti lors de l'exécution.

Il avait déjà eu, se souvint-il, un vague sentiment de satisfaction quand il avait lu dans le journal que cet Arthur avait été descendu. Il avait rêvé d'étrangler Lamat dans sa voiture. Il s'était, finalement, montré à plusieurs reprises aussi primaire que les disciples d'Arthur. Et ça ne lui ressemblait pas.

Pour chasser ces élans mortificateurs, il tenta d'appeler Cheryl. Son amante parisienne était encore sortie. Il ne lui en voulait en aucune manière. Sa vie à lui était faite d'absences, et leurs retrouvailles n'en étaient que plus épicées. Il lui laissa un message codé sur son répondeur, lui signifiant qu'il pourrait s'attarder quelques jours de plus à Genève.

Le Poulpe songea ensuite à ce type, planqué quelque part dans le canton, poursuivi par la police comme par ces fous de la gâchette. La poisse, tout de même, pensa Gabriel, que de tomber sur le chef d'une telle bande d'allumés. Et de devoir le descendre…

Que faire s'il déboulait à l'hôtel ? Il n'avait pas ici les moyens logistiques dont il disposait à Paris. Pas de fidèle Pedro pour lui refiler toutes les pièces d'identité dont il avait besoin. Pas d'appartement de Cheryl où se réfugier en cas d'extrême urgence. Pas de véritable connaissance du terrain, des moyens de transport, des planques. Mais le gamin lui avait dit qu'il avait une amie en ville. Il devait y être en ce moment, goûtant un repos du guerrier mérité.

Gabriel fit ensuite la liste des noms des hommes de Légitime Défense qu'il avait mémorisés. Il se souvenait d'une douzaine, mais n'était sûr que de deux ou trois numéros de téléphone. Mémoire vieillissante, songea-t-il avec amertume. En furetant dans sa chambre, il tomba sur l'annuaire téléphonique local dans sa table de nuit et il réussit à replacer tout le monde précisément. Belle palette de cadres et de dirigeants d'entreprise, remarqua le Poulpe.

Il s'attaqua alors au plan logistique de la police. Le fax portait, comme il l'avait espéré, la provenance et le numéro du destinataire, en haut des pages. Le Poulpe descendit à la réception et demanda à utiliser la photocopieuse. Il déclina l'offre d'une jolie employée au visage tout rond et tout sourires et insista pour faire les copies lui-même. Ces pièces à conviction – avec la fameuse liste – rejoignirent les liasses bien nettes de coupures helvétiques dans le safe individuel de sa chambre.

Il se mit finalement à étudier les mouvements prévus par les forces de l'ordre genevoises pour le lendemain. Rien de plus conventionnel. Il y avait, comme il s'y attendait, de nombreuses failles dans le dispositif. Manque d'effectifs, comme dans toutes les polices du monde démocratique... Gabriel pourrait facilement impressionner demain son nouveau cercle d'«amis». Il fit un sérieux travail de repérage sur la carte du canton, établit des barrages, disposa soigneusement les forces de Légitime Défense. Il avait la conscience tranquille, persuadé qu'il était que le cambrioleur était déjà en ville.

Ayant terminé son plan et éclusé les deux Kros et une bien faible Cardinal Draft du minibar, Gabriel Lecouvreur sentit une vague d'autoflagellation revenir sur lui. Il s'enfonça sous les draps et se replongea fermement dans *Au-dessous du volcan*.

«Il se renversa au fond de son siège. Ixtaccihuatl et Popocatepetl, image du mariage parfait, reposaient maintenant nets et beaux sur l'horizon au-dessous d'un ciel matinal, presque pur. Loin au-dessus de lui quelques nuages rares et blancs couraient

dans le vent après une lune pâle et bossue. Bois toute la matinée, lui disaient-ils, bois toute la journée. Voilà la vie !

À une hauteur énorme aussi, il nota quelques vautours en attente, plus gracieux que des aigles tandis qu'ils planaient là, tels des papiers brûlés flottant par-dessus un feu et que l'on voit soudain, lancés d'un souffle en l'air, se balancer.

L'ombre d'une immense lassitude se coulait sur lui... Fracas : le Consul fut précipité dans le sommeil. »

Gabriel aurait bien aimé en faire autant. Mais il n'avait pas la strychnine et le mescal du consul. Cette colère contre lui-même s'enflait à nouveau, profitant du moindre instant de relâchement de son esprit. Le Poulpe se releva, se rhabilla, saisit son veston informe et sortit dans l'air frais du soir. À deux pas de l'hôtel, il trouva son bonheur : un pub avec une vaste terrasse accueillante, qui faisait face à la gare.

Au bar, il n'eut que l'embarras du choix : des anglaises, des allemandes, des belges, des scandinaves… Toutes plus tentantes les unes que les autres. Beauté de la langue française, songea Gabriel, qui donne à la bière ce troublant féminin. Des blondes et des brunes. Comment les Allemands, par ailleurs admirables brasseurs, peuvent-ils l'affliger d'une telle neutralité ? Das Bier. Même les Espagnols ou les Italiens, qui n'y connaissent rien, la drapent de féminité…

Malgré le vaste choix européen du pub, Gabriel eut envie d'exotisme. Il s'offrit tout d'abord une Qingdao. Il avait lu quelque part que la ville du même nom était, avec ses environs, le seul morceau de territoire chinois que les Allemands, encore eux, avaient pu arracher, du temps des concessions. Ils y avaient trouvé une source d'eau cristalline et avaient appris aux locaux à faire ce qui était devenu la meilleure bière de Chine.

Même si elle surprenait les papilles du Poulpe, habituées à des breuvages plus locaux, la Qingdao lui fit un effet bénéfique. Installé confortablement à la terrasse, il se mit à observer les passants. Le quartier de la gare Cornavin était plutôt animé, même à cette heure tardive. Quarante pour cent d'étrangers dans une ville aussi paisible, remarqua Gabriel qui avait dévoré une intéressante brochure sur Genève à l'hôtel. On devrait ériger cette ville en modèle multiculturel…

Des Africaines en boubous, des Asiatiques dans leur costume de travail triste et standardisé, de nombreux Méditerranéens du nord comme du sud, des gros, des petits, des vieux, des jeunes, des ventripotents, des maigres, des putes, des hommes d'affaires, des riches, peu de pauvres, aucun mendiant… Le défilé distrayait agréablement le Poulpe, qui s'ingéniait à deviner quelle langue parlaient les passants. Jusqu'à ce qu'il songe que c'était ici même qu'Arthur et Jean-Michel avaient ramassé leurs deux «cibles». Que c'était dans ce milieu, lisse, propre et opulent, qu'était née Légitime Défense.

Et ils ne devaient pas être les seuls, même dans ce pays tranquille. La connerie humaine ne connaît décidément aucune frontière, se dit-il en optant, cette fois, pour une Kirin japonaise qu'il jugea beaucoup plus sévèrement que la Qingdao.

* * *

Ouououah ! Bien dormi. Faim. Chier, plus de clopes. Quelle heure ? Merde, fait nuit, faut y aller. Jeanine va pas m'ouvrir. Trouille, cette petite pouffiasse. Trois serrures sur la porte. Fermées à double tour. Suisse jusqu'au bout des ongles. Conne. Rien à voler. Que sa chatte qui a de la valeur. Voleur de culs. Pas monnayable, dommage…

M'a bien soigné, Charan. Type bien. Sens presque plus ma jambe. Pourrais faire des acrobaties avec sa fille. Tarzoon. Putain. Pourrais pas me retenir. En tout cas la première fois. Et ses lèvres. Pourrait tailler des pipes à un éléphant. Lui arracher ce p'tit tee-shirt. Lui bouffer les seins. Remonter les mains sous sa jupe. Cuisses solides, slip mouillé. Prête à l'emploi. La mère aussi. Helen Duval. Amsterdam interdit. Mêmes gros seins. Vraie pute de bourge…

Par où je vais. Merde, fait tout sombre. Des lumières, là-bas. La ville. Y arriver à tout prix. Putain de ruisseau de merde. Failli me faire une cheville. J'y vois rien. Campagne à la con. Charme champêtre, mon cul. Des bestioles, des puanteurs, pas de confort. Facile pour ces bourges. Emmènent leur luxe aux champs. Piscine, gazon, chaises longues et tout. Désinfecté, désodorisé. Connaissent rien. Mais font comme si, hypocrites. Comme les péouzes en ville. Les moyens en plus. Charan pas comme les autres. Bien, ce toubib.

Chier. Deux mecs. Y m'ont vu. Mais putain de merde, y zont des fusils. Milice de merde, abandonnent jamais ? Courir vers ce bosquet. Me suivent. Leur faire peur ? Plus beaucoup de cartouches.

Quatre. Plutôt les attendre. Deux, avec des munitions. Mieux vaut déguerpir. Merci pour la guibolle, Charan.

Merde, y décrochent pas. Se planquer là, derrière le talus. Approchent. Mais qu'est-ce qu'y foutent avec des fusils à pompe ? Salauds. Veulent me détruire. Passent. Pourrais faire un carton facile. Calme. Laisser passer. Voilà. Bien. Heureusement qu'y zont pas de chien. Aurais dû le descendre. Trois cartouches au moins. Pas envie. Chiens loin d'être cons. Gentils. Seulement la connerie de leurs maîtres qu'y trimbalent.

Plus envie de descendre des mecs. Score suffisant, merde. Aucune chance avec la justice. Gros bonnets, ces miliciens. Avec des amis. Fuck, shit. Juste un petit cambriolage. Les doigts dans le nez. Du fric suisse, de la belle argenterie, peut-être quelques bijoux. Le retiens, Ahmed. Toujours facile, pour lui. Se faire pincer par ces cons de vigiles de supermarché à piquer des vidéos ! Quel con ! Pourquoi je l'ai écouté ? Dans quoi je me suis fourré ?

Normal. Devais me défendre. M'aurait tué, le mec. Second aussi. Gueules de mercenaires. Trous-du-cul de fachos. Saloperie. Bien fait pour eux. Encore quatre cartouches. Quatre cons à refroidir. Seulement s'ils me cherchent... S'arracher vite fait.

Aller vers le lac. Suivre la berge, discrètos. Doit pas être loin. Sens d'ici. Avoir un hors-bord qui m'attend... Alerte à Malibu. Putes américaines à bord. Sculptées au silicone. Comme Jenna Jameson. Saurais pas où la baiser. Pas assez d'une bite pour s'en occuper. Comme la salope d'*Anal Freaks*.

Le lac, là-bas. Grand-route, illuminée comme

les Champs-Elysées. Merde. Voiture de flics. Passent sans regarder. Rien à foutre. Se branlent dans leur voiture. Harcèlent les putes pour se faire tailler des pipes à l'œil. Puis rentrent et battent leur femme. Tous les mêmes. Font des petits flics comme eux. À coups de baffes. Se multiplient comme des cafards. Frustrés de merde. La main dans la main avec les types que j'ai descendus. Pourriture généralisée.

Se méfier des bagnoles. Là. Putain ces gros blocs, pas facile de marcher. Remparts contre les vagues. Me baignerais bien. Pas possible avec cette guibolle. Les week-ends à Annecy. Au bord du lac. Vieux buvait moins. Sympa. Pique-nique de merde. Pas de fric. Sympa quand même. Les seins de Denise qui commençaient à pousser. Le petit bateau à piles, avec la cheminée noire. Coulé tout seul, ce con. J'avais pleuré. M'avait promis un autre, le vieux. Jamais acheté. Jamais tenu ses promesses. Sauf pour les beignes.

Putain, ils éteignent pas les lampadaires, sur cette rive. Trop de lumière, dans ce pays. Peur de la nuit. Peur des cambrioleurs. Peur de moi... Un bâtiment, des bateaux. Genève-Plage. Z'ont pas de mer, ces cons. Compensent. Nageurs d'eau douce. Jamais pensé à me faire un bateau. Sûrement pas de blé à bord. De l'alcool, peut-être. De la bouffe. Planque, au cas où. Mais y sont tous bâchés et cadenassés. Puent le fric et la trouille, ces voiliers.

Des gens, là, au bord de l'eau. Cheveux longs, babacools. Vingt ans de retard. Peace and love. De la merde. Gentils naïfs. Se foutent des fleurs dans le cul pour mieux se faire mettre. Baisés de tous les pays... Ça sent le shit. Zont peut-être une bagnole.

– Bonsoir.

– Salut.

– Excusez-moi, mais je faisais du stop et un con m'a lâché un peu plus haut. Vous ne rentrez pas sur Genève, par hasard ?

– Dans un moment. Assieds-toi là. Tu veux une taf ?

– Volontiers. Merci.

Putain, le bien que ça fait. Sympa. Les deux types complètement pétés, nanas mettables. Pas faire le con. Neutre. Pays de neutres. Se mêlent jamais des affaires des autres. Jamais d'histoires. Zévitent toutes les guerres. Pas con. À quoi ça sert, des pacifistes dans un pays neutre ?

– Super bon. Du libanais ?

– Non, t'es bien tombé. Ce soir on fête l'anniversaire d'Isabelle. C'est de l'Acapulco Gold de première. Tiens, t'as au moins dix tournées de retard. C'est quoi ton nom ?

– Merci. Michel, et vous ?

– Moi c'est Alain, lui Philippe, Anna, et voici la belle et froide Isabelle.

– Froide mon cul ! Tu penses qu'à ton shit, tu t'occupes de rien d'autre. Pété du soir au matin. Tu bandes même plus tellement t'es pété.

– Tu vas voir ce que je vais te foutre en rentrant. Ça m'a jamais empêché, tu sais bien, tu débloques complètement parce que t'apprécies pas le shit... Fais pas attention à elle, Michel. Elle est contrariée, mais d'habitude, elle est beaucoup plus cool.

Sympa la nana. Lui font son anniversaire et elle râle ! Lui ferais bien sa fête à celle-là... Gentil.

Neutre. Pas de bordel. Une 2CV pourrie là-bas. Pleine d'autocollants antinucléaires. Idéalistes. Sûrement leur bagnole.

– Allez, on rentre. Michel, fourgue-toi derrière, entre les bonnes femmes.

– Écoutez, j'ai pas mes papiers, chuis pas d'ici et j'ai remarqué qu'y avait plein de flics dans la région. Ça vous embêterait que je me mette dans le coffre ?

– Pas du tout, si tu trouves assez de place…

– Ça ira très bien.

– Tu vas où ?

– Aux Acacias, mais vous pouvez me laisser où vous voulez en ville.

– On te ramène, on a rien d'autre à foutre.

Putain le bol. Et pas de flics à l'horizon ! Reste à espérer que Jeanine est à la maison. Conne a pu aller dormir chez ses vieux. Où aller si elle est pas là ? Pas confo, le coffre…

– Tiens ! On a les flics au cul.

– Vous ne saviez pas que j'étais monté dans la bagnole, si jamais. Vous ne m'avez jamais vu. Je dirai que je me suis glissé dedans pendant que vous vous promeniez…

– Cool, mec. Baisse-toi le plus possible. Ils nous dépassent. Anna, souris aux agents. Bonjour les poulets. Gentils têtes-de-nœud, ils me sourient comme si j'étais un demeuré mental. Encore un petit sourire. Vous allez rester longtemps comme ça, à côté de moi ? Ça marche. Ils sont passés. Tu peux te détendre.

– Merci.

– Ça serait pas pour toi, tout ce bordel de flicaille ?

– Non, mais j'ai pas cessé d'en voir depuis la frontière.

– Ils sont assez cool ici. Te font la morale, te laissent souvent ton shit. Moins cons qu'en France. T'es français ?

– Ouais.

– Tu bosses à Genève ?

– Non, mais ma bonne femme vit aux Acacias. Le stop, depuis Evian, ça peut prendre des plombes. Sont de plus en plus cons, les automobilistes.

– Isabelle, roule un pétard plutôt que de faire la gueule.

– Roule-le toi-même, connard.

– C'est toi que je vais rouler, salope, tu vas voir…

– Je peux le faire, si vous voulez.

– Tiens, dans la blague à tabac, y a tout le matos. Fais gaffe à pas foutre le feu derrière. Y a un jerrican sur le côté.

Ultraconfiants, les babas. Et sympa. Où y crèchent ? Leur demander l'hospitalité. Sûrement des parents bourges, comme Jeanine. Rien à perdre.

– Dites, vous connaissez pas un coin où je peux me crasher. Je suis pas sûr que ma nana soit chez elle. Elle est peut-être chez ses vieux. Et ils m'aiment pas trop…

– On connaît ça. Mes vieux m'ont carrément foutu à la porte… Dans mon squat, près de l'hôpital, y a toute la place que tu veux. C'est un peu bordélique, mais tu peux dormir sans problème.

– Si ça dérange pas…
– À cette heure, ils doivent déjà tous roupiller à poings fermés. Pas de problème.
– C'est vraiment sympa…

* * *

Dans les vapeurs d'alcool et la faible clarté qui pénétrait dans la chambre, Gabriel découvrit avec stupeur le joli visage d'une jeune femme, à deux doigts du sien, sur l'oreiller. Puis, dans les lambeaux de mémoire qui lui revenaient, la soirée de la veille se reconstruisit peu à peu. Il en était revenu à des bières plus orthodoxes quand deux filles s'étaient assises à la table voisine. Grandes, blondes, quelque chose de trop sain. Elles parlaient une langue gutturale qui contrastait méchamment avec le grain de leur peau déjà hâlée et leurs yeux rieurs.

Le Poulpe, qui en était à sa cinquième bière – une trappiste ? – et se sentait seul, prit son courage à deux mains et proposa un verre aux deux jeunes femmes. Il fut surpris par l'acceptation franche et joviale de son offre. Elles vinrent carrément s'asseoir à sa table et se mirent à lui faire une conversation dans un français teinté d'un très fort accent.

Elles étaient suisses alémaniques, apprit le Poulpe, et avaient fini leur contrat de filles au pair. Elles avaient décidé de passer encore quelques semaines à Genève « pour s'amuser ». Elles aimaient beaucoup Paris et rêvaient d'y vivre. Oui, elles prendraient bien une deuxième bière. La même qu'avant.

L'une des filles avait très vite montré des signes de fatigue et signifié son envie de rentrer. L'autre, dans leur dialecte, semblait lui faire des reproches et la retenir. Le Poulpe avait observé l'échange sans arrière-pensées, avec le léger agacement de l'exclu. La première des jeunes femmes s'était soudain levée, s'était excusée, et les avait plantés là, sur la terrasse, avec un méchant clin d'œil à sa copine.

Le reste s'était passé de façon tellement spontanée que le Poulpe se demandait s'il n'avait pas rêvé. Mais non, la fille – Regula ? – dormait, là, tout près de lui, avec un souffle proche du ronflement. Après quelques bières, il lui avait proposé un dernier verre dans sa chambre. Regula – c'était bien ça – l'avait suivi avec enthousiasme. Elle l'avait passionnément embrassé dès le seuil passé. Elle avait jeté sa veste sur le fauteuil et s'était enfermée dans la salle de bains. Elle en était ressortie nue, comme un splendide animal.

C'est elle qui avait fait l'amour à son corps lesté de bières. Et il s'était laissé agréablement faire. Elle l'avait couvert de sa peau souple aux senteurs de noisette, elle l'avait déshabillé, l'avait couché, l'avait caressé et pris en elle. Elle avait nourri ses lèvres hésitantes de ses petits seins fermes et hâlés comme des pêches, labouré sa poitrine de ses ongles, ranimé sa virilité défaillante et épuisé son corps de sa jeunesse. Il s'était finalement écroulé dans le sommeil, ses membres trop longs éparpillés sur le lit, crucifié.

Gabriel lui sourit dans l'obscurité et lui caressa les cheveux. Regula – drôle de nom – dormait d'un sommeil béat, tout au bord du lit. Sa hanche rebondie se dessinait sous le drap. Ses seins semblaient se tendre vers le Poulpe, s'offrir à lui comme une nouvelle invitation. Il ressentit une vague de désir le submerger mais n'osa pas troubler le sommeil paisible de la jeune femme.

* * *

Dans l'immeuble couvert de tags, Michel cherchait le sommeil. Du lit de camp brinquebalant qu'on lui avait trouvé, il observait lui aussi un corps de femme. Celui d'Isabelle, qui dormait à côté d'Alain, sur un matelas jeté par terre. Le corps de la fille était un peu épais, mais égarait Michel de sa lourde sensualité. Une de ses cuisses pulpeuses dépassait négligemment du drap, tout comme ses grands seins d'une pâleur troublante.

Elle n'avait eu aucune pudeur face à Michel. Elle s'était lentement déshabillée, comme si elle mesurait ses effets, dans un coin de la grande pièce jonchée de meubles disparates, de bouteilles vides et de vieilles revues. Elle avait ôté un à un ses vêtements avec les gestes d'une strip-teaseuse dédaignant son public, les laissant tomber sur le sol, en une masse informe. Alain, lui, s'était effondré dans un sommeil profond avant même qu'elle ne commence.

Michel en avait presque eu mal aux yeux. Il s'était mordu les lèvres lorsque Isabelle avait relâché sa lourde poitrine de l'étreinte de son soutien-gorge. Sa respiration s'était emballée lorsqu'elle avait glissé deux doigts sous son slip et l'avait fait glisser langoureusement, dévoilant un sexe très noir sur la blancheur de sa peau. Il avait difficilement avalé sa salive lorsqu'elle s'était longuement étirée, faisant rebondir agressivement ses formes dans la semi-obscurité de la pièce.

Mais la fille ne lui avait lancé qu'un regard distant et s'était couchée dans toute la splendeur de sa nudité, en l'ignorant. Le fugitif était fou de désir en regardant ce corps maintenant endormi et offert. Il tentait en vain d'appeler le sommeil à la rescousse, fixant le plafond d'un regard implorant, mais il finissait toujours par se retourner vers cette chair trop sensuelle. Il appela à son secours les gros plans de ses films porno qui finirent par lui remplir la tête. Il se fit un long travelling avant sur la bouche de Lisa Ann engloutissant tout son sexe, puis finit par s'endormir au rythme d'un labour frénétique de Blake Mitchell sur une voiture ancienne, dans un remake très personnel du *Manoir de Paradise Beach.*

5

– Hum, tu t'en vas déjà, soupira Regula avec son accent inimitable. Elle s'étira avec volupté, faisant saillir ses jeunes seins, saisit le sexe du Poulpe d'une main soyeuse et le caressa paresseusement.

– J'ai un rendez-vous, je ne peux pas le repousser, répondit Gabriel en faisant un effort surhumain pour quitter le corps de la fille du regard. Mais je suis là ce soir. Appelle-moi si tu ne fais rien.

La jeune femme fit une moue enjouée et se retourna boudeusement dans le lit. Gabriel s'habilla en toute hâte, s'efforçant de penser à ce qui l'attendait, malgré les fesses rebondies et offertes.

– Commande-toi un p'tit déj quand t'en as envie. Et descends la clef à la réception. J'espère te revoir, fit le Poulpe en l'embrassant légèrement sur le dos. La fille ne bougea pas, il l'en remercia mentalement.

Il en était à sa deuxième tartine et sirotait son double express quand Vigand déboula tout excité. À sept heures précises.

– Bonjour, John, bien dormi ?

– Trop bien, et vous ?

– Pas tellement. Les gars m'ont réveillé au milieu de la nuit. Une de nos patrouilles l'a aperçu qui revenait sur Genève. Ils l'ont pris en chasse, mais ce petit salaud les a vus et a réussi à s'évanouir dans la nature. Apparemment, il est reparti vers la frontière. Vous êtes prêt ?

– Je finis mon petit déjeuner et je suis à vous. Vous prenez un café ?

– Pas le temps.

– OK, j'arrive, dit tristement le Poulpe, faisant le deuil de sa troisième tartine.

* * *

Déjà jour. Putain qu'elle est belle. Complètement découverte. Et l'autre con qui ronfle à côté. Lui sauterais bien dessus. Fait exprès de m'allumer, même en dormant. Bande comme un âne. Douloureux. Érection matinale. Rien à voir avec le cul, qu'y disent. J'aimerais les voir, avec une salope à poil comme ça. Allumeuse. Intouchable, la garce.

Me tirer d'ici avant qu'y se réveillent. Éviter les questions à la con. Jeanine. Lui sauter dessus. La niquer en pensant à cette salope. Ou à l'autre, Nikki. Merde, pense plus qu'à ça. Complètement allumé. En manque. Qu'est-ce qu'elle va prendre, l'autre conne !

Le flingue. Le laisser ici ? Non. Pièce à conviction de merde. Plutôt le balancer dans une poubelle. Ou à la flotte. Dans l'Arve, à côté de chez Jeanine. Ni vu ni connu. Noyé…

De Dieu le bordel, ce squat. Pue la pisse de chat. S'en foutent, les mecs. Libres. Pas de loyer. Pas de vieux pour les emmerder. Leur maison à eux. Taguent tout. Même le plafond. Violents, les grafs… Sombre. Escaliers casse-gueule. Le comble, tomber avec cette guitare amochée et se retrouver à l'hosto.

Putain qu'y fait beau. Trop de lumière. Se gaffer. Mon signalement partout. Plus facile ici qu'à la campagne. Traiteur. Pâté à un franc soixante. Encore dix balles suisses. Boire un café. Acheter des clopes. L'air de rien.

Merde, appeler un resto Le Socrate ! Patron de troquet qui joue les intellos. Ici, bouffe philosophique. Saloperie de philo au bac. Trucs bien, mais langue de merde. Thomisme, Platon… Tu parles des réalités de la vie. Feraient mieux de faire des cours sur la castagne, la dope et le chômage. Me souviens de rien, de ces études de merde… Mais Socrate, c'était la ciguë ! Tu fais ton testament avec le café, dans ce bistrot ?

* * *

Après trois heures de va-et-vient dans la campagne genevoise, Gabriel n'en pouvait plus. Il avait admiré, à l'aurore, les champs riants et soignés, les villages de maisons anciennes soigneusement retapées, les sous-bois où aucune brindille ne traînait.

Il avait même ri intérieurement des aigreurs de Vigand qui, comme un écho mauvais à ses émerveillements, semblaient s'étendre à l'ensemble de ce paysage. Les paysans qui ripolinaient la campagne avec les subventions des contribuables, en ne produisant que des surplus imbouffables. Les profs et autres jean-foutre trop payés qui rachetaient des demeures d'époque et qui les transformaient n'importe comment. La forêt qui ne servait plus que de terrain d'entraînement pour que les citadins y éliminent graisses et cholestérol.

Mais le Poulpe en avait maintenant sa claque. Il commençait à connaître ces petites routes par cœur. Elles lui faisaient l'impression d'un monde presque irréel, trop parfait, propret. Il aurait aimé voir un accroc, dans ces bordures régulières, un accident dans ce paysage monotone de beauté. Mais rien n'en brisait l'ordre dominant. La nature avait été mise au pas. Comme ces jardins japonais, se dit le Poulpe, où les arbres, les pierres, les ruisseaux, les mousses... sont soumis à l'esthétique de l'homme, quitte à maltraiter la nature. Il émanait, de cette campagne genevoise quelque chose d'étouffant qui rejoignait l'ambiance justicière de Légitime Défense.

Gabriel avait mémorisé les plaques minéralogiques et les voitures d'une dizaine d'«amis». Avec un de ces petits enregistreurs dont raffolent les journalistes dans sa poche intérieure, il avait réussi à enregistrer Vigand qui lui avait fièrement donné une deuxième version - en tout point conforme à celle de Lamat - de l'histoire des deux Noirs, au stand. Mais le rôle de John Feld lui pesait. Il n'avait qu'une envie : retourner se blottir contre le corps chaud et endormi de Regula. La prendre, doucement, mais avec un peu plus de conscience. Les griffures et quelques images –fort belles– de la jeune femme le chevauchant étaient tout ce qui lui restait.

* * *

Putain les manchettes. Tueur fou dans la campagne genevoise. Un cambrioleur tue à deux reprises. Deux morts et un blessé : folie meurtrière à Vandœuvres... Portrait-robot doit être partout. J'aurais dû descendre la vieille peau. A eu le temps de bien me voir, cette salope.

Ouvre, connasse, mais ouvre cette porte. Putain de merde. Pas là. En train de se branler à l'uni. Ou chez ses vieux. L'attendre ici ? Trop dangereux. Aller vers l'Arve. Se débarrasser du flingue.

* * *

Gabriel, prétextant un rendez-vous d'affaires, était redescendu à Genève à midi. Il ne tenait pas à un autre repas enfiévré avec cette bande d'allumés. Et de toute façon, Légitime Défense allait assister à l'enterrement d'Arthur. Le Poulpe avait failli accepter l'invitation de se joindre au groupe, se disant qu'il pourrait peut-être y faire de nouvelles connaissances. Mais il jeta finalement l'éponge. Il avait besoin de repos, de soigner sa gueule de bois, de sortir de la peau de John Feld. On pourrait le joindre dans l'après-midi à l'hôtel, avait-il finalement lâché à Vigand.

Il avait eu un pincement au cœur lorsqu'il avait trouvé la clef à la réception. Un autre quand il avait découvert, griffonné sur un morceau de papier, un numéro de téléphone avec une simple croix. Un baiser, en anglais... Étrange fille, se dit le Poulpe. Mélange explosif de fleur bleue et de spontanéité, de romantisme et de sexualité libérée. Il tenta de l'appeler sans succès.

Il vérifia l'enregistrement de Vigand et sourit : l'appareil avait parfaitement fonctionné. Les sarcasmes du bonhomme ne résonnaient que trop fort sur la bande... Il déposa la minicassette derrière la sécurité blindée de son safe. Il mit à jour sa liste en lui ajoutant les marques de voitures et les plaques minéralogiques dont il se souvenait. Probablement que les recoupements seraient nombreux. Il demanda par téléphone à la réception s'il existait un registre des numéros d'immatriculation des véhicules genevois. La réceptionniste, qu'il soupçonna d'être la jolie fille des photocopies, lui annonça fièrement qu'un exemplaire de l'an dernier était à sa disposition.

Ayant, avec l'annuaire téléphonique et le fameux registre, mis à jour sa liste qui comptait maintenant une quinzaine de noms certifiés, il s'ouvrit une Carlsberg – le meilleur choix du bar de l'hôtel, il faudrait qu'il s'approvisionne au pub dans la soirée – et s'allongea sur le lit. Il tenta de se replonger dans Malcolm Lowry.

« Yvonne, ou quelque simulacre d'elle tissé des fils du passé, travaillait au jardin apparemment vêtue, à cette faible distance, tout entière de soleil. » Le livre tomba sur le drap et le Poulpe glissa dans le sommeil. Dans sa tête, le corps lumineux de Regula finit par se confondre avec celui de Cheryl.

* * *

Agréables, ces berges. Pas un rat. Caché par les arbres. Bruit de l'eau couvre celui des bagnoles. Beaucoup d'eau, terreuse, fonte des neiges. Stations de ski vides. Villes désertes. Rien à piquer dans ces chalets de merde. Gens friqués qui laissent rien sur place. Cimetière à vieux meubles, vaisselle pourrie. Triste.

Le flingue. Personne en vue. Le jeter bien loin. Va peut-être se retrouver en France. Dans le Rhône. Non, trop lourd. Coulera à pic. Le lester d'un morceau de bois ? Trop visible. Allez, hop, merci p'tit flingue. Médaille pour services rendus…

Dans la merde. Jusqu'au cou. Faudrait repasser en France. Mais comment ? Frontières gardées. Fachos partout. Flics sur les dents. Se planquer quelques jours chez Jeanine. Va hurler, la conne. Va pas comprendre. Tout lui dire ? Capable de me dénoncer. Aurais dû garder le flingue. La menacer…

Assez de conneries comme ça. Juste se planquer. Attendre que ça passe, puis filer à Annemasse. Revoir les copains. Remercier ce con d'Ahmed. Aller chez les vieux. Se retaper avec la bonne bouffe de la mère. Ce con de vieux va encore m'engueuler. Payé tes études pour rien. Merdeux. Sais rien faire. Tu bouffes encore notre pain à ton âge. Pas capable de trouver un boulot. Tu traînes toujours avec ta sale bande ? Tes copains bougnoules et nègres ? C'est bien, leur influence. Tous des branleurs.

Y comprend foutre rien. Vieux con. A bossé toute sa vie pour se payer à boire. Tête bourrée d'idées à la con. Peine de mort, la France aux Français, raciste de merde… Pauvre vieille. Se traîner un type pareil. N'avait qu'à le quitter. Plutôt que de vivre toutes ces baffes. A dû en prendre des dizaines de milliers. Salaud.

Midi. Allez, essayer Jeanine. Se laver, se raser. Avec ses Bic de femme à la con. Bouffer, fumer. La sauter. La jambe bien. Pourrais l'écarteler sur la table et la prendre debout... Merde, des flics. M'ont pas vu. Se méfier.

Ouvre, conne, mais ouvre...

– Salut.

– Qu'est-ce que tu fous ici ? Mais dans quel état tu es ?

– Ferme la porte. T'as pas lu les journaux ?

– Non.

– Écoute. Reste calme. Chuis dans la merde. Jusqu'au cou. Tu dois m'aider.

– Mais qu'est-ce que t'as fait ? C'est quoi ce sang sur ton futal ?

– Donne-moi une bière et assieds-toi. T'as une clope ?

– Elles sont sur la table.

– Merci.

– T'as encore fait des conneries...

– Je l'ai pas cherché. Je me faisais une villa à Vandœuvres et le con de proprio m'a surpris.

– Bien fait pour ta gueule.

– Arrête tes salades. Il voulait me descendre dans son jardin, là, comme ça.

– Pas vrai ?

– Si. Mais attends. J'ai dû me défendre. Je l'ai buté...

– Quoi ?

– J'ai dû le flinguer. C'était ou lui ou moi.

– Mais t'es fou ! Et tu viens ici !

– Ferme-la. Écoute. Apparemment, je suis tombé sur une bande de cinglés et j'ai descendu leur chef. Ils se sont mis à ma poursuite. Avec les flics. J'ai dû en descendre un autre…

– Quoi ! T'as buté deux mecs et tu me dis ça comme ça !

– Mais arrête de gueuler, calme-toi ! Tu risques rien. Personne m'a vu venir ici. Je pouvais pas faire autrement. J'ai juste besoin que tu me laisses rester ici un jour ou deux, que ça se tasse.

– Pas question !

– Fais pas la conne, je t'emmerderai pas. Juste le temps que je me repose. Chuis blessé, le premier type m'a tiré dans la jambe. Regarde…

– Je veux rien voir. Fous le camp. Oublie-moi. Tu m'as jamais vue.

– Jeanine, sois sympa, les flics m'attendent, dans la rue. Mon portrait-robot est partout. Et cette bande de cinglés qui ne rêve que de me descendre.

– Eh bien, démerde-toi. Je serai pas complice de meurtre. T'as qu'à assumer. Merde. Mon père passe cet après-midi. Tu oublies que c'est un des avocats les plus en vue de Genève. Tu dois te barrer.

– Donne-moi au moins un peu de bouffe, laisse-moi juste me laver un peu…

– OK, mais tu me promets que tu fous le camp après et que tu m'oublies ?

– Promis juré.

– Je te fais des pâtes. Va te laver.

Pouffiasse. Vraie salope. Pas question de la toucher. De la faire changer d'avis. Sent bon, cette salle de bains. Savon, son parfum. Merde, petite bourge à la con. Pourrait bien m'aider. Aurais dû garder le flingue. Lui flanquer le canon dans la gueule… Attention au pansement. Mmm, cette eau chaude…

Devrais la violer. Aggraverais mon cas. « Un des avocats les plus en vue de Genève. » Connasse. Mais pour qui elle se prend ? Là, Bic de merde pour les meufs. Se rase pas la chatte. Sexe pourtant. Comme cette salope de Coralie. Adore ça. Cette pouffiasse, aime rien de ce que j'aime. Et me lâche quand j'ai le plus besoin d'elle. Salope de merde.

Putain ça fait du bien. Nouvel homme. Laver la tache sur le jean. Voilà. Pas terrible. Mieux qu'avant.

– C'est prêt.

– Merci mon cœur.

– Ne m'appelle pas comme ça ! Et ne me touche surtout pas avec tes sales pattes d'assassin !

– Merde, Jeanine, tu les aimais bien, mes pognes, quand je te pelotais.

– Ouais, vraiment fines, tes pognes.

– C'est pas ce que tu disais dans le champ, derrière le Macumba…

– J'ai tout oublié. Et je te conseille d'en faire autant. Dès que t'auras franchi cette porte.

– Tu vas pas me donner, hein ?

– Je te dis que j'ai tout oublié. Pour moi, t'as pas existé, t'existes pas, tu entends ? Je vais pas gâcher ma vie pour un assassin, quand même.

– Tu aimais bien que je te baise, non ?

– Tu m'as baisée, toi ? Ça alors, c'est bizarre, je m'en souviens pas.

– Arrête tes conneries. Tu couinais comme une fouine…

– C'est toi qui vas arrêter. Et tout de suite, sinon je te laisse pas finir ton assiette. Bouffe et tire-toi d'ici en vitesse. Je comprends même pas pourquoi je te cause. Je te connais pas. Pour moi, t'es vraiment plus rien. Moins que rien.

* * *

Qu'est-ce que c'est de se foutre avec des bourges. Salooope ! Faut pas jouer les riches, quand on est fauché. Qui déjà ? Chais plus. Ma faute. Pété plus haut que ma classe sociale de merde. Gauchos avaient décidément raison. Faut les prendre par la force. Demande gentiment et tu reçois que dalle. Travaille pour eux et tu te fais mettre. Guérilla urbaine. Seule solution. Les terroriser. J'aurais dû la violer, cette pute. L'humilier… M'a foutu dehors, pouffiasse de fille à papa. Mais pourquoi je me suis laissé faire, bordel de merde ? Quel con je fais.

Où aller ? Sur la berge, vers l'Arve. Tranquille. Attendre la nuit. Retourner au squat ? Zauront lu les manchettes, s'ils sont pas pétés du matin au soir. Merde, me ferais bien Isabelle. Pétrin de merde. Là, tranquille. Que des promeneurs avec leur chien. Se mettre dans les buissons, au bord de l'eau. Extra.

Type du Savoy ? Traverser la ville trop dangereux. Peut-être parti. À l'hôtel, bizarre. Qu'est-ce qu'y foutait avec les autres cons ? Aurait pu me descendre. M'a rendu mon flingue. Étrange, ce mec.

– Plus un geste !

Les flics. Meeeerde ! Foutu ! Fuck fuck fuck !

– Vos papiers ?

– Je les ai pas sur moi.
– Votre nom ?
– Michel Barne.
– Nationalité ?
– Française.
– Levez les mains bien haut et appuyez-vous contre cet arbre, jambes écartées. Fouille-le, Georges…
– Rien sur lui. C'est le portrait-robot tout craché. T'as eu un drôle de flair de regarder par-dessus ce parapet. On va être décorés…
– T'es le type de Vandœuvres, hein ?
– Je ne parlerai qu'en présence de mon avocat…
– Arrête tes conneries. Ça, c'est dans les films. Et ce que t'as pas vu, dans tes films, c'est comment on fait parler les muets, chez nous. Allez, viens ! On t'emmène au poste.

* * *

La sonnerie du téléphone labourait le crâne de Gabriel Lecouvreur. Émergeant du sommeil trop profond de ce début de sieste, il saisit rageusement le combiné.
– Ouais ? lâcha-t-il pâteusement.
– Ils l'ont eu ! hurla Vigand d'une voix déformée par la hargne.
– Qui ils ?
– Les flics ! Ils ont arrêté le type en ville !
– Mais je croyais qu'il était dans votre secteur, fit le Poulpe maintenant complètement réveillé.
– Nous aussi… Jean-Michel vient de m'appeler. Ils l'ont arrêté au bord de l'Arve, aux Acacias. Il n'avait plus son arme. Ils l'interrogent en ce moment

même au poste central. Mais ce petit salaud ne va pas s'en tirer comme ça. On tient conseil ce soir. Vous venez ?

– Bien sûr.

– Je viens vous chercher, à sept heures.

– Non, je vais louer une voiture. Je reste à Genève quelques jours encore. J'ai des choses à faire…

– Bien, vers sept heures chez moi, alors ? Vous retrouverez le chemin ?

– Sans problème. Mais je ne pourrai pas m'attarder. J'attends un téléphone important pour mes affaires à dix heures ce soir, à l'hôtel.

– Pas de problème, fit Vigand, en coupant la communication sans un au revoir.

S'il n'y avait qu'une seule petite chance qu'il revoie Regula, il n'allait pas la gâcher pour cette bande d'allumés, se dit le Poulpe en reprenant son sommeil là où il l'avait laissé.

* * *

Michel ne se fit pas trop prier pour raconter son histoire aux policiers. Au premier doigt cassé, il les insulta copieusement et leur dit qu'il allait porter plainte. Mais les agents lui rétorquèrent que c'étaient eux qui porteraient plainte. Il avait essayé de frapper un policier en fonction qui s'était défendu. Tout le commissariat en était témoin. Au deuxième doigt, il craqua complètement et se mit à pleurer. Longuement. Des bribes de phrases entrecoupaient ses sanglots.

Les agents tentèrent d'influencer sa déposition. Michel ne s'en rendit pas vraiment compte, mais il s'en tint obstinément à sa version des faits. Non, il n'avait pas tiré le premier. Non, le premier type n'avait pas tenté de se défendre mais l'avait agressé. Si, il avait essayé de lui parler. Non, le deuxième type était armé. Comment ça, une arme ? Je vous dis qu'il avait un fusil...

Les yeux toujours humides, il relut consciencieusement sa déposition. Il en corrigea même quelques détails. Les brutes de tout à l'heure se muèrent alors étrangement en nounous. Elles avaient eu l'ennemi public numéro un... Elles lui offrirent un café et un sandwich. Elles lui permirent même, exceptionnellement, de fumer une cigarette dans le commissariat. Puis une voiture de police l'emmena en préventive, dans le hurlement des sirènes.

* * *

Gabriel avait réémergé. Il craignait le pire pour cet enfoiré de gamin qui était allé se jeter dans les griffes de la police. Légitime Défense y avait trop d'amis, songea-t-il. Que faire maintenant ? Il tenta d'appeler Regula, en vain. Probablement en train de dorer ce corps admirable au bord du lac... Essayer Lowry ? *« Il se sentait cerné. Envolée, la malhonnête petite vision d'ordre. Au-dessus de sa demeure, par-dessus les spectres de l'incurie refusant à cette heure de se masquer, planaient les ailes tragiques de responsabilités intenables... »*

Gabriel laissa retomber l'ouvrage en soupirant. Décidément, *Au-dessous du volcan* n'appartenait pas à ce voyage. Ou trop, par d'étranges résonances, en creux. Il décida de se préparer mentalement à affronter le repas du soir avec quelques bières. Il descendit sur «sa» terrasse et s'offrit une Leffe. Il n'apprit rien de nouveau en parcourant la presse de ce lundi. Il se cala alors dans son siège et pensa avec un certain plaisir qu'il avait maintenant une longueur d'avance sur les journalistes. C'étaient eux, généralement, qui lui indiquaient où résidait l'aventure. Mais c'était lui qui, le plus souvent, façonnait leurs histoires dès qu'il y avait mis pied.

* * *

Pas mal, la piaule. Pourquoi tout seul ? Quatre lits. Télé. Grande fenêtre. Dur. Impression de liberté. Barreaux mieux. Tu sais où t'es. Cellule à Annemasse, comme dans les films. Flics aussi. Pas les doigts, comme ces cons de Suisses. Les poings sur la gueule. En tôle… Merde de merde de merde. Isolé.

Fait mal, cette main. Infirmier sympa, dans cette prison à la con. Y tapent et y soignent. Pays de la Croix-Rouge. Putain le mirador ! Mec dessus. Me regarde à la jumelle. Fuck off, espion de merde. M'allonger. Essayer de dormir. Offrent pas les putes, ici. Vu trop de meufs mettables. Sans rien pouvoir faire. Vais me faire un film. Avec Gabriella Bond et Laure Sainclair. Et toutes les autres garces. Et moi tout seul. Rocco Siffredi. Mettre cette salope de Céleste. Me faire sucer par Stefania Sartori. «Ne jamais dire jamais à Rocco»…

* * *

L'esprit de Gabriel allait de la distraction au dégoût. Il laissait son regard errer sur ces hommes en se demandant ce qu'il foutait là, dans cette villa qui ressemblait à s'y méprendre à celle de Weiss : des armes étalées sur les murs, des trophées de chasse, de gros fauteuils à franges, couleur or, une horloge comtoise pompeuse, de lourds meubles hésitant entre un Louis quelconque et le rustique campagnard.

La vie du jeune cambrioleur dépendait probablement de sa présence ici, se consola-t-il en se concentrant sur la scène. Il y avait là l'officier de police, Jean-Michel, dont il ignorait encore le nom. Armoire à glace aux traits bruts, mais, sous des sourcils épais et noirs, des yeux redoutables d'intelligence. Le Poulpe avait déjà appris à se méfier de lui.

Bernard Vigand trônait au bout de la table, engoncé dans son physique de baroudeur fatigué. Il compensait sa petite taille par un ton volontairement autoritaire. Il coupait sans cesse la parole à tout le monde sans que personne ne lui rende la pareille.

Pierre-Alain Sitto continuait d'affecter, avec sa froideur et son élégance, une indifférence totale à la discussion. Mais ses remarques glaciales tombaient à intervalle régulier, comme un couperet précis et infatigable. Un absent du week-end, Raymond Bourdin, propriétaire de boutiques renommées en ville, était le seul dont les rondeurs respiraient un peu de bonhomie. Mais son discours n'en était que plus retors et violent.

Gabriel remarqua, dans les volutes de la fumée ambiante, les bras velus et hâlés, les nuques bovines, les regards assassins. Des rednecks en col blanc, se dit-il en souriant intérieurement du jeu de mots et de couleurs. Mais les points communs étaient ailleurs. Dans les mots, dans les idées, dans une certaine vision de la société, dans la haine comme exutoire et panacée.

Les convives avaient haussé le ton depuis le départ des femmes. Vigand vociférait même, par moments. L'enterrement d'Arthur les avait visiblement ébranlés et ils tentaient tant bien que mal de le cacher.

– Des nouvelles de Philippe ? fit le Poulpe pour calmer le jeu.

– L'œil n'est pas touché, contrairement à ce que je croyais. Il a l'arcade toute suturée. Mais sa main, c'est une autre histoire. Il a déjà subi trois opérations. Le chirurgien ne pense pas qu'il puisse à nouveau s'en servir.

– Et l'autre ? insista Gabriel.

– Jean-Louis ? Il a eu le fémur fracassé par la balle. Mais il s'en remettra.

– En tout cas, nous avons fait la preuve de notre incapacité à nous battre, interrompit brutalement Sitto. Un gamin, seul, qui tient tête à toute notre belle organisation…

– On t'a peu vu, toi, rétorqua Jean-Michel.

– Arrêtez vos conneries, coupa Vigand.

– Qu'est-ce qu'on fait alors, demanda Bourdin avec impatience.

– Jorge fait toujours des extras à l'infirmerie de la prison ?

– Je crois, oui.

– Assure-t'en dès demain, reprit Vigand. Il peut nous être utile. Quoiqu'un empoisonnement serait un châtiment un peu trop doux pour cette saloperie.

– Et on remonterait vite à Jorge, plaça Sitto. Le directeur n'est pas avec nous.

– Ouais, mais on peut compter sur plusieurs employés.

– Je vous rappelle qu'aucun d'entre eux ne porte une arme, fit Sitto le rabat-joie.

– Ils pourraient organiser une évasion, fit Jean-Michel, avec un calme qui imposa immédiatement une attention générale. Quand ça se passe, ils nous avertissent et c'est nous qui intervenons. Je pourrais être à la sortie avec un ou deux copains et le descendre facilement, sans témoin. La prison est en pleine cambrousse…

– Bonne idée, dit Vigand. Mais ce salaud est futé. Il pourrait à nouveau nous échapper. Et nous devrions tout recommencer à zéro.

– En plus, il faudrait qu'il sache ce qu'il lui arrive. Je ne sais pas, moi, mais qu'il comprenne qu'il paie pour ce qu'il a fait. S'il se prend une balle dans la tête, il ne réalisera rien du tout… Il faudrait le faire crever à petit feu, cette ordure, lui arracher les ongles, lui griller toute la peau à coups de cigares, lui faire bouffer ses propres couilles, et envoyer son corps en petits morceaux à sa chienne de mère…

Bourdin s'étrangla presque de sa propre excitation. Un peu d'écume perlait aux coins de sa bouche. Le Poulpe dut se contenir. Mais il vit soudain l'occasion de retarder l'exécution du cambrioleur. Il força un vague sourire sur le visage de John Feld. « Raymond a raison », lâcha-t-il brusquement, installant un moment de silence dans l'assemblée.

Dans les visages tournés vers lui, le Poulpe crut

déceler à nouveau une vague suspicion, comme la dernière fois, lorsqu'il avait eu l'audace de demander une bière. Peut-être n'était-ce qu'une impression, le fait qu'il ne faisait vraiment pas partie de cette assemblée…

– À mon avis, reprit-il, s'il vous est possible de le sortir de prison, il ne faut pas le descendre sur place. Prenez votre temps, je ne sais pas, moi, emmenez-le dans un endroit sûr. Comme ça il n'aura aucune chance de vous échapper et vous aurez tout le temps de décider, calmement, du châtiment qu'il mérite. Loin des yeux de la police et des témoins.

– Ce serait plus sage, c'est vrai, fit Vigand. Jean-Michel, tu m'organises ça. Regarde sur qui on peut compter à la prison demain. Démerde-toi pour le faire sortir. Puise dans le compte ce qu'il te faut. Et emmène-le discrètement au stand. Tu le planques à la cave. John m'a donné une petite idée. En l'honneur d'Arthur et de Jean, on va faire un exercice de tir spécial, samedi prochain.

– Ouais, on pourrait le tuer à petit feu, reprit Bourdin, euphorique. Commencer par les pieds, puis monter…

– Du calme. Jean-Michel, je compte sur toi. Pas de gaffes, cette fois. Allez, bonne nuit. Demain sera une journée chargée. En plus, on a un autre enterrement… John. Vous serez encore des nôtres, samedi ?

– Je vous tiendrai au courant. Je ne sais pas encore comment vont aller mes affaires. Je vous appellerai… Le Poulpe sentait une vague de nausée monter en lui et remercia intérieurement Vigand d'avoir mis fin si tôt à la soirée.

* * *

Dans sa voiture de location, Gabriel tentait de mettre de l'ordre dans ses idées. Il avait bricolé dans l'urgence et probablement sauvé le jeune type d'un garrottage immédiat ou d'un empoisonnement discret. Mais il lui fallait maintenant trouver le moyen de le sortir du piège qu'il avait inspiré. À lui seul, il ne pourrait intervenir au stand. Ces fous s'y promenaient probablement tous avec leurs armes, chargées. C'était sûrement le lieu le plus dangereux du canton…

Incapable d'imaginer un plan, il se laissa charmer par la rade genevoise qui mêlait les feux du soleil couchant et les premiers néons colorés des rives. Il songea à Cheryl. Puis à Regula. Puis à une bière. Il accéléra…

À l'hôtel, il ne trouva pas sa clef à la réception. Il sourit et grimpa les escaliers quatre à quatre. Regula était étendue, nue, sur son lit, *Au-dessous du volcan* à la main.

– C'est vraiment dur à lire, lança-t-elle comme pour parer à tout reproche.

– C'est un chef-d'œuvre. Tous les chefs-d'œuvre demandent un peu d'efforts. Et ce n'est pas ta langue…

– Tu es fâché ? fit-elle ingénument.

– Pas du tout, répondit le Poulpe avec un sourire carnassier, en arrachant ses vêtements.

6

Gabriel décida de s'offrir un luxe qu'il se permettait rarement : un petit déjeuner au lit. À Paris, les chambres d'hôtel dans lesquelles il vivait n'invitaient guère à la langueur matinale. Et inévitablement, au réveil, il ressentait l'appel irrésistible du Pied de Porc à la Sainte-Scolasse et de l'infatigable esprit de contradiction de Gérard, le patron.

Mais dans cette chambre douillette et simple à la fois, le nez rempli des senteurs printanières de Regula, Gabriel se sentit soudain en vacances. En vacance des préoccupations de ses semblables, en vacance de Légitime Défense, en vacance de sa vie parisienne. Il n'avait même aucune envie de se pencher sur le sort de ce jeune cambrioleur qui l'avait préoccupé depuis dimanche. Le lit dévasté lui renvoyait, de la soirée de la veille, une image qui rassurait son machisme ordinaire. Un premier rayon de soleil filtrait à travers les rideaux. Et une indolence paradisiaque s'était emparée de son corps comme de son esprit…

Regula ouvrit des yeux rieurs et l'embrassa tendrement. Elle couvrit le grand corps dégingandé du Poulpe de la souplesse sensuelle du sien, langoureusement. « J'ai faim », lâcha-t-elle en lui saisissant délicatement le sexe entre les dents. Le manque de pudeur de la fille le désarçonnait quelque peu. Elle donnait aux caresses les plus érotiques une dimension ludique et franche. Aucun fatras moral dans la tête…

Elle n'avait hésité ou reculé devant rien, hier

soir. Magistrale et innocente à la fois, elle s'était montrée une partenaire d'une exceptionnelle sensualité. Elle avait joui dans des râles qui avaient certainement traversé trois ou quatre chambres voisines. Mais elle n'en avait cure. Quand, après coup, Gabriel avait gentiment plaisanté à ce sujet, elle l'avait regardé en haussant les épaules et lui avait dit, avec son plus bel accent, « c'est la vie, non ? ».

Gabriel avait alors été saisi d'un brin de nostalgie. Il vieillissait. Il n'avait plus la spontanéité des vingt ans de Regula. Il lui fallait maintenant admettre qu'avec l'âge, les choses tendaient irrémédiablement à se compliquer. Mais il y avait autre chose que, du haut de ses trente-huit ans, il regrettait un peu. Quand il avait l'âge de la fille, il était encore bien loin d'avoir son expérience…

– Qu'est-ce que tu veux manger ?

– Ils ont du birchermüssli ?

– Pardon ?

– Est-ce qu'il y a du birchermüssli sur la carte ?

– Du quoi ?

– Laisse-moi voir. Oui, là, tu vois, birchermüssli. C'est des flocons d'avoine et des fruits avec du lait. J'aimerais bien un café au lait aussi.

La téléphoniste ne broncha pas lorsqu'il prononça le mot tant bien que mal. Le service s'avéra prompt, efficace et discret. Comme tout dans ce pays, se dit le Poulpe. Par contre, la mélasse laiteuse que dévorait Regula à cuillerées d'ogre ne lui fit aucune sorte d'envie.

Il resta silencieux et songeur durant le repas. L'« affaire » s'emparait à nouveau de lui, au fur et à mesure qu'il grignotait ses tartines. Une vraie dépendance de camé, songea-t-il. Une accoutumance déraisonnable aux faits divers du matin aussi inéluctable que son besoin de double express au réveil.

Que faire maintenant ? Attendre qu'ils l'aient sorti de prison ? Pourvu qu'ils ne le descendent pas tout de suite. Il y avait l'enterrement de Lamat, cet après-midi. Peut-être devrait-il y faire un saut... Il n'avait pas fini sa troisième tartine que Regula se remit à taquiner son sexe. Décidément, Genève lui laissait rarement le temps d'achever son petit déjeuner tranquille. Il écarta le plateau et plongea sur la fille.

* * *

Michel, de son côté, prolongeait avec délice sa première nuit paisible depuis quatre jours. Quand il avait été pris, quelque chose s'était délié en lui. La tension, trop longtemps entretenue, s'était relâchée d'un seul coup. Certes, il avait été brutalisé au commissariat. Mais depuis, tout le monde l'avait traité avec certains égards. Dans la cour, lors de la promenade du soir, deux types lugubres étaient venus lui serrer la main, sans un mot. Les autres s'étaient tenus à l'écart. Particulièrement les nombreux toxicomanes, visiblement méprisés par le reste des prisonniers.

Il y avait, dans cette préventive, une palette incroyable de gens. Des gars en costard-cravate, dans leur coin, l'air profondément malheureux, incongrus dans ce milieu ; un type dans une espèce de camisole de force, l'air doux comme un agneau, souriant à tout le monde ; un petit gros rondouillard, l'air apeuré, fuyant tout contact. Des durs, des tendres, des perdus. Des avocats, des violeurs, des hommes d'affaires, des camés, des fous furieux.

Les deux gardiens qui l'avaient remis dans sa cellule s'étaient montrés presque déférents. Michel avait déjà séduit les «caïds» de la prison, lui avait avoué l'un des matons en ouvrant la lourde porte de sa cellule. «Tout se sait, ici, et tes exploits ont déjà fait le tour des prisonniers.» Puis il l'avait informé que la distribution de médics aurait lieu tout à l'heure. Au cas où il voudrait quelque chose pour dormir.

Mais Michel était vidé de toute envie, de tout besoin, de toute énergie. Sa fuite avait pris fin et il ne ressentait plus rien. Hébété, incapable de bouger, il avait tenté de regarder la télévision depuis son lit, ne songeant à rien, se laissant doucement abrutir par l'inanité des programmes. Puis il s'était enfoncé dans un profond sommeil, s'abandonnant au thriller pornographique dont il était le héros avec Maria Sanchez comme partenaire. Douze heures plus tard, il n'en était pas encore ressorti.

* * *

Le Poulpe tirait sur sa Gauloise, songeant pour la dix millionième fois qu'il devrait arrêter de fumer. Il caressait négligemment le corps de Regula, amoureusement blottie contre lui, assoupie. Cette fille était décidément étrange. Au-delà de son prénom, elle ne lui avait rien demandé. Il lui avait gentiment avoué son surnom, qui ne signifiait de toute apparence rien d'autre qu'une difficulté de prononciation pour la jeune femme.

Gabriel avait toujours rêvé de ce genre de relation où il n'aurait pas besoin de s'inventer des histoires ou de fausses identités. Mais là, soudainement, le manque de curiosité de la fille le déconcertait complètement. Elle avait des gestes tendres, amoureux même, mais tout semblait suspendu à l'immédiat, au présent. Elle ne lui avait presque rien dit d'elle non plus. Elle semblait simplement heureuse d'être là, de donner et de prendre avec la gourmandise de sa jeunesse. Elle aurait pu disparaître d'une minute à l'autre, comme elle était entrée dans sa vie.

Le téléphone le tira de ses rêveries.

– John ? fit la voix de Vigand.

– Ouais.

– C'est Bernard. Bonjour, je vous réveille ? La voix était presque gaie.

– Non, lâcha boudeusement le Poulpe, que cette intrusion de Légitime Défense dans son lit irritait.

– Je voulais juste vous dire que tout était prêt. On va récupérer cette pourriture en fin de journée. Vous venez à l'enterrement de Lamat ?

– C'est à quelle heure ?

– À quinze heures, à Saint-Georges.

– C'est loin ?

– Juste derrière la Jonction. Vous voulez que je vienne vous chercher ?

– Non, j'ai quelques affaires à régler. Je ne sais pas encore si je pourrai venir. Si jamais, je me débrouillerai.

– Bien. On va réceptionner le type à six heures ce soir, au stand. Vous voulez être de la partie ? La voix de Vigand vibrait maintenant de quelque chose de vicieux.

– Bien sûr. Si je ne viens pas à l'enterrement, je vous retrouve chez vous, disons vers cinq heures et demie ?

– Parfait. À tout à l'heure.

Regula simulait le sommeil, comme si la sonnerie du téléphone n'avait pas existé. Gabriel continuait de fumer, le regard au plafond, quand elle se jeta sur lui, risquant de mettre le feu aux draps.

* * *

La fille submergea le Poulpe d'invitations. Son amie et elle allaient essayer, à midi, l'Ange du Dix Vins à Carouge, le must gastronomico-sympa du moment. Puis elles passeraient l'après-midi aux Bains des Pâquis, l'endroit branché de la saison. Elles entendaient également découvrir le Bar du Nord à l'apéritif et finir la soirée à l'Usine…

Gabriel admira une fois de plus cet appétit d'expériences inédites et l'énergie que dégageait la jeune femme. Il lui demanda le chemin des Bains, tout en sachant déjà qu'il se rendrait plutôt à l'enterrement. Il fallait qu'il en apprenne plus sur Légitime Défense. Il lui manquait des noms, des pièces du puzzle, des preuves. Il proposa à la jeune femme, au cas où il ne pourrait pas la rejoindre, de la retrouver dans sa chambre quand elle le voudrait. « On verra », avait-elle lâché, cruellement énigmatique.

Gabriel prit un léger snack dans l'un des fast-foods qui jouxtent la gare Cornavin, remarquant au passage, pour la énième fois, l'uniformité et la médiocrité internationale de la nourriture de ce genre d'endroit. Clientèle en perpétuel renouvellement, songea-t-il, ils ne prennent aucun risque à servir de la merde. Comme dans les snacks du bord de mer ou de n'importe quel endroit touristique...

Puis il se dirigea, carte en main et à pied, vers Saint-Georges par des rues d'une propreté exemplaire. Il remarqua qu'il n'y avait pratiquement pas un mètre de macadam sans signalisation peinte sur le sol. Chaque véhicule avait sa présélection et rares étaient les changements de voie intempestifs. L'ordre et la discipline...

Il arriva à Saint-Georges avec un peu d'avance et en fit le tour. Les cimetières l'avaient toujours fasciné. Près de Gstaad, il avait été bouleversé par l'une de ces nécropoles : chaque tombe n'était ornée que de quelques géraniums et d'une simple croix, pareille à toutes les autres. Le nom et les dates qu'elles portaient, peints en blanc sur fond de bois chaleureusement verni, évitaient l'anonymat grandiloquent et absurde des cimetières de guerre. Le tout se fondait dans la majesté du paysage alpestre, en une parfaite égalité devant la mort.

À l'autre extrémité, se dit Gabriel, il y avait le baroque des tombes italiennes, avec leur tarabiscotage touchant au grotesque. Ou les monuments funéraires aussi monstrueux que temporaires qu'il avait vus autrefois à Taiwan, abritant provisoirement des morts qui voulaient être enterrés en Chine, une fois le pays repris aux communistes par les nationalistes...

À Saint-Georges, il trouva un peu de tout. À cette différence près que l'endroit était méticuleusement découpés en lots, séparés par des allées taillées au cordeau, et que les tombes, simples ou sophistiquées, entraient dans un alignement qui confinait à la maniaquerie. Le Père-Lachaise, à côté, faisait figure de véritable foutoir, pensa le Poulpe.

Il se dirigea vers la chapelle funéraire devant laquelle se pressaient déjà de nombreuses personnes. Bernard Vigand semblait officier aussi bien ici que dans son salon. Il serrait toutes les mains, dirigeait les gens vers leur place, recevait plus de marques de sympathie que la veuve. Beaucoup de beau linge, songea Gabriel en considérant les tailleurs et les costumes, alors que le chef de Légitime Défense se dirigeait vers lui.

– Ah, bonjour John. C'est gentil d'être venu.

– Je me sens un peu des vôtres, se força à répondre le Poulpe. Et puis, il est mort quasiment dans mes bras…

– Écoutez, je vais être peu disponible. Les civilités, vous comprenez ? Vous connaissez Louis Lartou ? Il travaille avec Basser, que vous avez rencontré chez moi.

– Oui, Louis était avec Jean-Michel lors du meurtre, fit Gabriel, jubilant intérieurement d'apprendre en une seule tirade deux noms qu'il désespérait de connaître.

– Bonjour, lâcha Lartou en lui tendant une main empressée.

– Louis va vous tenir compagnie pendant la cérémonie. Si je ne vous revois pas, nous nous retrouvons ce soir, OK ?

– D'accord, repartit le Poulpe avec une feinte chaleur.

La cérémonie lui parut interminable. Elle lui servit tout de même à s'assurer des noms des principaux adhérents de Légitime Défense. Ils étaient tous là, et, en retrait, Gabriel posait innocemment des questions à Louis qui était tout heureux de l'informer. En sus de la quinzaine de noms qu'il connaissait maintenant par cœur, le Poulpe en mémorisa cinq autres qu'il répéta mentalement une bonne dizaine de fois.

Le panégyrique qui fut servi au défunt ne lui apprit rien de plus. C'était l'image habituelle d'un bon mari, bon père de famille, bon travailleur, bon officier à l'armée, bon citoyen... Comme partout ailleurs. Un homme de bien, sauvagement assassiné par un voyou lors d'une promenade en campagne. L'innocence et la générosité fauchées injustement avant l'âge par ces criminels qui avaient la tâche un peu facile... Le Poulpe se demanda si l'officiant n'était pas membre de Légitime Défense. Mais Louis le détrompa.

Quand le nombreux public se leva pour le crématoire, il s'éclipsa en s'excusant auprès de l'agent. Il lui fallait absolument ingurgiter quelques bières pour soutenir les heures à venir, songea-t-il en franchissant la lourde grille du cimetière.

* * *

– Visite médicale.

– Comment visite médicale ? Je viens de voir l'infirmier qui m'a refait mon attelle...

– Je dois te faire une piqûre d'abord. Antibiotiques prescrits par le médecin. Puis après tu vas nous suivre sans faire d'histoires. T'as été sage jusqu'à maintenant, alors commence pas à foutre la merde.

Mais qu'est-ce qu'ils veulent, ces deux connards de matons ? Pas les mêmes qu'avant... Aïe, la piquouze. Assassin, ce con. Chaud... Ascenseur. Pas possible de se tirer. Caméras partout. Grilles. Clefs de contrôle. Pas d'armes. Trop dangereux. C'est quoi cet endroit ? Couloirs sombres, personne...

– Eh ! Mais c'est pas par là, l'infirmerie !

– Ta gueule, le médecin veut te voir dans son bureau pour vérifier ta jambe.

Dans les sous-sols, le bureau ? Merde, mais qu'est-ce qu'y radotent, ces cons ? Un piège, ou quoi ? Merde de merde...

– Voilà, là. Maintenant entre là-dedans. Bonne nuit.

Comment bonne nuit ? Chier, enfermé. Porte blindée. Fatigue, putain, zyeux qui se ferment tout seuls. Vois tout trouble. Qu'est-ce qu'y m'a foutu dans les veines, ce connard ?

* * *

« Et, en fait, s'il n'en avait pas été ainsi, il aurait encore fallu se souvenir des cliques, du snobisme, du génie jeté par la fenêtre, de la justice bafouée, du sérieux qu'on déculotte, des enfants monstrueux, en tweed, minaudant comme de vieilles femmes, trouvant leur seule signification dans une autre guerre. C'était comme si cette expérience de la mer, également exagérée par le temps, vous avait affligé de cette incompatibilité intérieure du marin qui ne peut jamais être heureux à terre. »

La phrase de Malcolm Lowry laissa Gabriel

songeur. N'était-il pas, lui, une sorte de marin de la terre ferme ? N'était-il pas possédé d'une incompatibilité intérieure qui l'empêchait de s'identifier à la société qui l'entourait ? N'avait-il pas fui, depuis des années, tout ce qui pouvait le rattacher d'une manière ou d'une autre à un lieu quelconque ?

Il vivait dans les hôtels, en changeait fréquemment, évitait tout contact avec l'administration, ne payait pas d'impôts ni de factures. Il n'avait, finalement, que trois points fixes dans sa vie : son amie Cheryl, le Pied de Porc à la Sainte-Scolasse, et l'aérodrome de Moisselles, dans le Val-d'Oise, où l'attendait son Polikarpov en réparation…

Sa fuite perpétuelle n'était-elle pas, en fin de compte, une preuve de son incapacité à s'engager ? Et à quoi servait une vie sans engagements ?… Gabriel se releva brusquement de son lit et plongea sur le pack de Dunkel Spezial qu'il avait déniché dans un magasin spécialisé, sur le chemin du retour. Depuis sa fréquentation assidue de Légitime Défense, il avait une fâcheuse tendance à l'autocritique et aux questions existentielles. Il lui fallait agir, ou il risquait de se laisser submerger par une solide dépression. Et une dépression n'était certainement pas la meilleure des armes contre cette bande de cinglés…

* * *

– Il est au stand, fit Vigand, radieux. Laissez votre voiture là. Je vous emmène.

– OK. Ils n'ont pas eu de problèmes pour le sortir ? demanda le Poulpe, tentant d'en savoir plus sur les complicités au sein de la prison.

– Non, ils l'ont descendu à la cave, endormi et

expédié par le camion de la lingerie. Ni vu ni connu. Il faut qu'on se dépêche. Ils sont tellement fous qu'ils sont capables de le lyncher sur place…

* * *

Michel était effectivement à demi mort lorsque Gabriel et Vigand arrivèrent au stand de tir. Les lèvres sanguinolentes et tuméfiées, les deux arcades sourcilières ouvertes, de méchants cernes noirâtres autour des yeux que l'on apercevait à peine. Les hommes de Légitime Défense s'étaient de toute évidence déjà fait la main sur le jeune homme dont la tête, couverte de sang et de crachats, reposait maintenant sur la poitrine.

– Vous êtes fiers de vous, hein ? cria Vigand à la vue du spectacle. Je vous avais dit de ne pas le toucher. Qui a fait ça ?

– C'est moi, fit froidement Sitto. Je n'ai pas pu me retenir. Je devais me défouler sur cette ordure.

– Moi aussi, lâcha Bourdin la tête basse.

– Comme ça vous ne vouliez pas en laisser pour les autres, imbéciles… Vous l'avez peut-être déjà tué. Va chercher de l'eau et essaie de le réveiller. La voix de Vigand confinait maintenant au hurlement d'une hyène.

Michel bougea légèrement la tête au contact de l'eau. Puis il leva des yeux hagards et incrédules vers l'assemblée qui l'entourait. Le Poulpe se mit en retrait, derrière Vigand, de peur que le jeune homme ne le reconnaisse et ne le trahisse. Malgré sa longue expérience, il avait rarement vu quelqu'un d'aussi violemment brutalisé. Sitto et Bourdin avaient du reste les poings en sang. Vigand essuya brutalement le visage de Michel, qui ne devait plus avoir les moyens de réaliser ce qui lui arrivait. Et il se mit à haranguer ses troupes.

– Le premier qui touche encore à ce morveux aura affaire à moi. Vous allez me le retaper. Le soigner, le laver et le nourrir. Plus une seule violence à son égard. Compris ?

L'assemblée hocha la tête en silence.

– Ça prendra le temps qu'il faudra. Mais je veux qu'il soit pleinement conscient de ce qui lui arrive quand on lui fera sa fête. Et ce sera une belle et longue fête, continua Vigand, un vague sourire s'esquissant sur ses lèvres. J'ai un plan pour ce salopard. On va sortir la grande cible. On va le crucifier dessus, à poil. Et on va se mesurer tranquillement, en prenant notre temps.

Un frisson parcourut la dizaine d'hommes qui, maintenant, affichaient de méchants sourires, les yeux brillant d'anticipation. Le Poulpe tentait tant bien que mal de se retenir de vomir, se forçant à opiner de la tête, adoptant des airs approbateurs. Le chef poursuivait, emporté par son plan, fier de son ingéniosité, et les membres de Légitime Défense buvaient ses paroles sans oser l'interrompre.

– Nous commencerons par un round au pistolet. Sans appui. Il s'agira de dire, avant de tirer, ce qu'on vise. Et de tirer au plus près sans le toucher. Les plus gonflés tenteront, par exemple, les couilles… Après, on passera aux fusils. De plus loin. Celui qui sera à plus de, disons, dix centimètres ou touchera cette pourriture, même une éraflure, sera éliminé. Et celui qui restera, à la fin, aura droit de lui éclater la tête avec l'arme qu'il voudra. Si c'est moi, je vous dis déjà que je décapiterai cette vermine avec mon Remington 870… Qu'est-ce que vous en dites ?

La petite troupe, qui se contenait difficilement, explosa à la question. Un brouhaha de cris et d'applaudissements emplit le sous-sol du stand, résonnant bruyamment sur le béton nu et froid des murs de la salle.

– Raymond et Pierre-Alain, reprit Vigand en imposant le silence, puisque vous vous êtes amusés sans nous, vous allez soigner cette petite merde jusqu'à ce qu'il soit en parfait état. Vous descendrez un matelas et rien d'autre. Pas de bouteilles, pas d'ustensiles en métal. Il bouffera et boira dans des trucs en plastique. Et vous organiserez des rondes de garde avec nos gars. Je veux deux types en permanence dans le stand, nuit et jour. Que personne ne s'approche, OK ? Vous me tiendrez au courant de son état. Et vous ne touchez pas à un cheveu de sa tête, c'est bien compris ?

Sitto approuva du chef, en silence, hautain, comme un gosse à qui on ne la fait pas. Bourdin lâcha un « oui » penaud. Vigand donna l'ordre à ses troupes de se disperser et ramena le Poulpe à sa voiture. Chemin faisant, il garda le silence, comme épuisé par une prestation où il avait joué, à quitte ou double, tout son prestige de chef.

Le Poulpe souffrait pour le gamin. Durant son retour à Genève, il essaya en vain de chasser l'image de ce visage torturé et hagard qui restait gravé trop précisément dans sa mémoire. Il avait de nouveau des envies de vengeance brutale et définitive contre les hommes de Légitime Défense… Au moins avait-il gagné un ou deux jours. Mais que faire maintenant ?

Pas question d'intervenir au stand. Toute forme d'héroïsme avec cette bande d'allumés serait suicidaire. Pas question non plus de jouer au plus fin avec Sitto. L'homme n'était pas de nature à gober les histoires que pouvait inventer le Poulpe, si géniales qu'elles puissent être.

Gabriel se jeta sur une Chimay, à sa terrasse favorite. Puis une Newcastle Brown qui convenait mieux à son humeur. Puis une Mort Subite, plus pour l'adéquation du nom avec la situation que par envie. Une idée lui vint, puis une seconde... Son cerveau, groggy de tant de haine, recommençait à fonctionner avec le plaisir que lui procurait la bière... Il ruminait encore son nouveau plan lorsqu'il rentra à l'hôtel. Ce n'est que lorsqu'il découvrit Regula, nue sur son lit, souriante et invitante, qu'il revint entièrement à la vie, à la chaleur, à l'amour. À tout ce qui, en fait, avait définitivement déserté Légitime Défense.

7

Gabriel se réveilla dans une forme éblouissante. Comme si cette fille lui insufflait toute la force de ses vingt ans. Regula dormait encore, un sourire sur les lèvres. Il lui griffonna un message de possible adieu – mais qu'elle essaie encore ce soir – et s'en fut discrètement jusqu'à la terrasse de l'hôtel du Rhône. C'était cher, mais c'était bon et l'endroit, par son calme, était propice à l'élaboration d'un plan.

Dans le doux soleil de fin de printemps et le luxe paisible de la terrasse, le Poulpe ne put s'empêcher de se plonger tout d'abord dans la presse locale. L'évasion du jeune type faisait les gros titres. Même le *Journal de Genève* en parlait, dans son style froid et désincarné. Le mystère, pour la presse, restait entier. Tout comme pour le directeur de la prison. Michel Barne – c'est donc ça, le nom du type – avait dû bénéficier de nombreuses complicités à l'intérieur de la prison : le système de vidéo-surveillance comme celui des clefs de contrôle, qui « signaient » chaque mouvement à l'intérieur de l'établissement, étaient tombés dans un inexplicable silence pendant dix minutes. Juste le temps que le prisonnier disparaisse.

Fort, très fort, songea Gabriel. Légitime Défense avait décidément beaucoup de ressources, même s'ils avaient été particulièrement maladroits dans leur chasse à l'homme. Il fallait que le Poulpe frappe aussi fort... Du téléphone portable, apporté sur un plateau d'argent par le garçon affable de l'autre jour, il appela Pedro, son infatigable pourvoyeur d'armes et d'identités. Il se fit envoyer par DHL les papiers d'un personnage dont son ami possédait la photo : un Poulpe moustachu, cheveux gominés et tirés en arrière, portant des lunettes médicales.

Son plan mûrissait presque trop vite, poussé par les débordements de son imagination et la caféine des doubles-express dont il dégustait la deuxième tasse. Il lui fallait avancer plus posément, se calmer. Mais il savait maintenant ce qu'il allait faire...

L'impatience le tenaillait. Il avait trop longtemps subi le discours et les actes de ces types. Il avait passé trop de temps dans la peau de John

Feld. Il décida de s'offrir encore une fois un peu de cet antidote, de ces moments de bonheur avec Regula, qui l'avaient certainement beaucoup aidé à supporter le poison que distillaient Vigand et ses hommes. Il abandonna généreusement vingt francs suisses sur la nappe finement brodée de l'hôtel du Rhône et reprit le chemin de son hôtel.

* * *

Fait froid. Mal partout. Putain ma gueule. Tout enflée, de Dieu, les lèvres... Mais qu'est-ce qui s'est passé ? Où chuis ? Bunker, pas de fenêtre. Tabassé. Les deux matons, pas la même pièce, plus grande...

– Ah ah, la petite ordure s'est réveillée.

– Où chuis ?

– Entre de très bonnes mains, mon coco. Des mains de fée, tu vas voir...

C'est qui ce con ? M'apporte à manger. Sale gueule de trouduc, gros lard.

– Moi c'est Raymond, le garde-chiourme. Je m'en passerais bien, car la seule envie que j'ai est de t'étrangler là, de mes mains, sur-le-champ. Je ne sais du reste pas ce qui m'a retenu hier soir, quand tu roupillais encore... Mais on a mieux à faire avec toi. On va s'amuser comme des fous. Et si tu crèves pas de trouille, on t'achèvera proprement.

– Mais on est où ?

– Tu es chez nous. Et tu vas payer très cher d'avoir assassiné deux de nos meilleurs amis.

Merde, les miliciens. « T'as descendu leur chef et maintenant un de leurs lieutenants »... Bande d'allumés qui me poursuivaient. M'ont sorti de prison, mais comment y zont fait ?

– Tu commences à comprendre, hein, petit con ? Ouais, t'es plus en prison, on t'a tiré de là avant qu'un avocat à la con te trouve toutes les excuses du monde. On va te crever, mais en beauté. Tu verras, on n'est pas trop mauvais, avec nos flingues. Ça pourrait durer des heures…

– Qu'est-ce que vous allez faire ?

– Juste t'utiliser comme cible. Tu verras, ça sera marrant. En plus, t'as tellement bien récupéré que tu profiteras du spectacle. Tu seras aux premières loges, ah, ah… Mange, maintenant, prends des forces. On veut pas que tu partes dans les pommes au premier coup de feu.

Putain mais y plaisante pas. Vont m'aligner comme un lapin. Personne pour m'aider. Il est où, le type de l'hôtel ? Merde de merde de merde ! Vais crever… Help ! Bordel de merde. Impossible de sortir. Porte blindée de saloperie de merde. C'est fini…

– Vous auriez pas une clope ?

– Tout ce que tu veux, petit con. Tiens, je te laisse le paquet. Voilà des allumettes. Tes cigarettes du condamné. Tu veux autre chose ?

– Non, laissez-moi tranquille…

* * *

À trois heures, Gabriel appela Vigand.

– Comment ça se présente ? dit-il d'un ton qu'il se forçait à rendre enjoué.

– Mieux que je ne le pensais. Le petit con mange et boit comme quatre, il se remet beaucoup plus vite que je ne l'espérais.

– Vous allez passer à votre plan ce soir ?

– Oui, je ne veux pas que ça traîne. Le garder

là-bas est dangereux. On a rendez-vous à six heures. Vous venez ? Je vous prêterai les armes que vous voudrez…

– Malheureusement j'ai un dîner d'affaires important, fit le Poulpe. Fixé à la dernière minute, un gros client de passage à Genève. Il n'est là que ce soir et je dois aller l'accueillir à l'aéroport. J'en aurai pour toute la soirée.

– C'est dommage, reprit Vigand d'une voix qui semblait réellement peinée. J'aurais bien aimé me mesurer à vous. Je parie que vous êtes un bon tireur.

– Je me défends, mais je manque un peu d'exercice. C'est vrai que ça m'aurait fait plaisir, fit le Poulpe avec une grimace. C'est donc définitif, c'est pour ce soir ?

– Je crains qu'on ne puisse plus renvoyer. Tout le monde est convoqué. Et j'ai de la peine à retenir mes troupes. Vous avez vu ce qu'ont fait Sitto et Bourdin. Incorrigibles.

– C'est normal… Je passerai chez vous demain, et vous me raconterez…

– Venez donc déjeuner, lança Vigand avec chaleur.

– OK, j'arriverai vers midi, merci, à bientôt.

– Au revoir, John.

Adieu, pensa avec une certaine satisfaction le Poulpe. Un adieu qu'il devait également signifier à Regula. Ce matin, il avait juste pu récupérer discrètement son premier mot, sans qu'elle ne s'en rende compte. Et il s'était reglissé dans le lit comme si de rien n'était et s'était doucement abruti en elle de tout son être. Mais maintenant, il lui fallait être clair. Mieux valait lui parler, se dit-il en saisissant le téléphone.

Il tomba sur son amie. Il se pouvait, lui expliqua-t-il, qu'il doive quitter Genève ce soir encore. Comme il se pouvait qu'il y reste. Il demanda à la fille de dire à Regula de passer à l'hôtel Cornavin, juste en face, où il descendrait éventuellement cette nuit, sous le nom de Phillip Jones. Dans ce cas, la réception serait avisée de lui remettre la clef. Qu'elle ne parle à personne de cette nouvelle adresse.

La sonnette de la porte lui évita les explications qu'il commençait à échafauder dans sa tête. Le garçon d'étage lui remit le pli DHL, attendant un pourboire avec cet art consommé de culpabiliser le client sans en avoir l'air. Gabriel trouva dans l'enveloppe exactement ce qu'il lui fallait. Il descendit à la réception, régla sa note, et s'en fut au supermarché voisin acheter du gel pour les cheveux. Pour le reste, il avait avec lui son traditionnel nécessaire de maquillage.

Il fit une courte halte à sa terrasse favorite, le temps de passer son plan en revue et d'avaler une délicieuse Urquell. Il se laissa distraire quelques minutes par le flot bigarré et international des passants, puis il remonta dans sa chambre, vida son coffre, boucla son maigre bagage. Il servit au passage un sourire appuyé à la charmante réceptionniste qui le lui renvoya généreusement. Un pays de jolies filles, décidément. Et volontaires avec ça…

En pénétrant dans l'hôtel Cornavin, il se heurta presque à une figurine grandeur nature de Tintin. Le réceptionniste lui rappela que, dans *L'Affaire*

Tournesol, c'était ici qu'était descendu le célèbre professeur… Dans sa chambre, il se fit patiemment le visage de Maurice Bernikov, l'homme de la carte d'identité qu'il avait reçue de Pedro. Quand il repassa devant la réception, le type du comptoir l'ignora comme s'il ne l'avait jamais vu.

Il se rendit au garage souterrain de la gare pour enfermer ses maigres possessions dans la voiture de location. Peut-être lui faudrait-il envisager une retraite hâtive ce soir, pensa-t-il… Malgré la confiance que lui inspiraient ce pays et les caméras vidéo du garage, il garda sur lui la petite fortune de son aventure à Gstaad.

* * *

Le Poulpe localisa sans peine l'hôtel de police. Quatre heures. Plus que deux heures jusqu'au début de cet «exercice» digne, à propos de Tintin, du lancer de couteaux du général Alcazar recyclé dans le spectacle… Dans quel épisode, déjà ?

S'il voulait une intervention à temps, il fallait agir maintenant, se dit Gabriel en se ressaisissant. Il entra d'un pas ferme dans le hall, avisa l'agent de service et l'attira dans un coin.

– Interpol, lâcha-t-il en montrant vaguement sa carte, je dois voir votre chef.

– C'est que…

– Je suis très pressé.

– Je vais voir.

Premier obstacle passé, se dit le Poulpe. Une minute plus tard, l'agent revint en lui faisant signe de le suivre. Ils pénétrèrent dans un bureau qui, de toute évidence, était celui d'un officier de police.

Allait-il devoir faire tous les échelons hiérarchiques ?

– Bonjour, Bernikov d'Interpol. Il me faut voir votre commandant au plus vite, fit le Poulpe en tendant la main vers l'occupant du bureau.

– C'est à quel sujet ? répondit l'officier froidement.

– Confidentiel. Je suis désolé, mais je ne peux que parler à votre chef.

– Il est en réunion avec son état-major en ce moment. Je ne peux le déranger qu'en cas d'extrême urgence.

– Je vous conseillerais tout de même de le faire. Ce que j'ai à lui dire est de la plus haute importance et vient de très haut.

L'officier, sous la menace voilée, perdit quelque peu de sa superbe et se saisit de son téléphone. Le Poulpe l'entendit maugréer quelques phrases hachées d'« Interpol ». Il reposa enfin le combiné en faisant un signe du menton à son agent.

Le plus dur restait maintenant à faire. Mais le Poulpe se sentait galvanisé par ses premiers succès. Trois étages plus haut, l'agent frappa doucement à une lourde porte que traversa pourtant un « entrez » agacé. Le commandant aurait été repéré par n'importe quel enfant de chœur. Trônant au milieu de ses hommes, il rendait naine toute l'assemblée tant l'autorité qui émanait de sa personne écrasait son état-major. À peine le Poulpe avait-il pénétré dans la salle, fixé par seize paires d'yeux, que sa voix tonna, profonde et puissante.

– J'espère que ceci est important.

– Bonjour. Désolé de vous déranger. C'est plus

qu'important… Maurice Bernikov. Voici ma carte.

– Qu'est-ce que c'est que ces balivernes d'Interpol ?

– En fait, je suis de la DST, à Paris, mais je travaille sur un dossier qui dépasse largement les frontières françaises. J'ai besoin de votre aide. Dans les plus brefs délais.

– De quoi s'agit-il ? fit le commandant en saisissant la carte d'une main qu'un boucher aurait enviée. Pourquoi n'êtes-vous pas passé par les canaux habituels ?

– Excusez-moi, mais j'aimerais d'abord vous en parler confidentiellement. Seul à seul.

– Je n'ai aucun secret pour mon état-major, reprit le chef en tapotant la carte bernikovienne du Poulpe sur son bureau. Le geste rendit Gabriel légèrement nerveux. Il avait une confiance illimitée en Pedro, mais là, Interpol, c'était gonflé. Il joua le tout pour le tout.

– Il se pourrait bien que vous puissiez en avoir après que je vous aurai raconté l'affaire sur laquelle je travaille…

– Écoutez, je n'ai pas de temps à perdre. Je vous donne trois minutes et, si vous vous moquez de moi, je vous jure que ça va chauffer. Vous tous, allez prendre l'air. Mais je vous veux de retour dans cinq minutes. Pas une de plus ni une de moins.

Gagné, exulta intérieurement le Poulpe, pendant que les officiers de l'état-major quittaient prestement le bureau. Maintenant le test.

– Si vous nous faites perdre notre temps, votre carrière est grillée, Monsieur… Bernikov.

– Connaissez-vous un certain Sarins ?

– C'est pas le type qui s'est fait descendre à Vandœuvres ? fit le commandant sans broncher.

– Si, mais le connaissiez-vous avant ?

– Non, mais je me souviens des histoires qu'il avait eues avec des groupements gauchistes et antiracistes à l'époque. Ses dérapages étaient dans les journaux locaux. À nouveau, aucun fléchissement de la voix. Soit le commandant était fait d'acier, soit il disait la vérité. S'il appartenait à Légitime Défense, le plan de Gabriel était de toute façon inutile. Il fallait tenter le tout pour le tout.

– Voilà. Je travaille depuis des mois sur des réseaux d'autodéfense en France. Des circuits bien organisés où circulent des armes totalement prohibées sur le continent. Ces types méprisent les gouvernements en place, la justice, la police. Ils ont leur propre loi, à l'image de ces groupes armés aux Etats-Unis. Là-bas, la législation sur les armes leur facilite la vie. Ici, ils sont déjà hors la loi avec leurs arsenaux. Mais ils ne se sont pas encore laissés aller à des actions aussi spectaculaires... D'après mes informations, ça ne saurait tarder.

– Que vient faire Sarins là dedans ? fit le commandant qui montra, pour la première fois, un semblant d'intérêt.

– Dans mon enquête, il est apparu comme le pilier genevois d'une organisation plus vaste. Il venait souvent à Paris. J'ai réussi à infiltrer leur groupe, ici à Genève, et ce que j'ai découvert n'est pas des plus flatteurs pour vous.

– Qu'est-ce que vous voulez dire ? La voix se renfrognait à nouveau.

– Vous avez un officier du nom de Basser ? Jean-Michel ?

– Oui, excellent élément.

– Eh bien, regardez. Voici des exemples de fax qu'il envoie à la bande à Sarins. Des rapports de police, des dispositifs, des pièces confidentielles. Tout leur arrive directement. Je suis désolé de vous dire que c'est l'un des cadres de Légitime Défense, comme ils se nomment eux-mêmes. Regardez les numéros en haut. Ils sortent de chez vous…

– Merde, c'est pas vrai…

– Si. Malheureusement, jc n'ai pas pu trouver d'autres complicités au sein de la police à part un agent du nom de Louis Lartou. Le Poulpe savourait la faille qu'il venait d'ouvrir dans le monolithisme du commandant. Vous comprenez, maintenant, poursuivit-il, pourquoi je ne voulais pas parler devant votre état-major.

– OK. Mais vous parliez de mon aide…

– Oui. Le cambriolage qui a mal tourné a mis toute cette bande sur pied de guerre. J'ai ici la liste avérée de ses principaux membres. La voici. Ils ont organisé, à votre insu, une véritable chasse à l'homme pour tuer le jeune type. De toute évidence, Sarins voulait déjà l'exécuter quand il l'a surpris dans sa villa. Le gamin a dû se défendre. La même chose s'est passée avec Jean Lamat, le deuxième type qui s'est fait descendre. J'étais présent mais je n'ai rien pu faire, je devais protéger ma couverture. Je sais que mon témoignage ne vaut rien, mais retenez quand même que Lamat était armé et que ses amis ont réussi à camoufler l'histoire. Basser était du reste sur les lieux, c'est lui qui a caché les armes.

– Basser, mais c'est pas vrai…, lâcha le commandant qui commençait à griffonner des notes.

– Attendez, vous ne connaissez pas le fin mot de l'histoire. Mais d'abord une anecdote, si je puis dire. Sarins et Basser, l'année dernière, ont ramassé deux types sans papiers près de la gare et les ont utilisés comme cibles vivantes. Vous trouverez l'histoire sur cette cassette, racontée par Bernard Vigand, l'homme qui a remplacé Sarins à la tête de l'organisation. Sarins a apparemment coulé les deux corps dans un pilier du pont d'autoroute qu'il construisait…

– Nom de Dieu, fit bruyamment le commandant, maintenant captivé.

– Ce n'est pas tout. L'évasion de Michel Barne a été organisée par Légitime Défense. Avec plusieurs complices à l'intérieur de la prison. Ils le tiennent maintenant dans leur stand de Jussy, au lieu-dit Les Creuses. Dans moins de deux heures, ils vont commencer à lui tirer dessus, sans le toucher. Ils nomment ça un « exercice spécial ». Le meilleur tireur aura le droit de le descendre après coup.

– Qu'est-ce que vous proposez ?

– La prudence. Ils sont tellement excités qu'ils pourraient se mettre à canarder n'importe qui. Il faudrait que vous emmeniez une vingtaine d'hommes sûrs avec vous et que vous les preniez par surprise. Le début de l'« exercice » est prévu pour six heures. À votre place, j'interviendrais un quart d'heure après. Pas une minute de plus, en tout cas.

– Des hommes sûrs… J'aurais certainement pris Basser dans l'équipe, fit le commandant, la voix cassée par ce qu'il venait d'apprendre.

– Si un seul de leurs complices soupçonne quoi que ce soit, tout est fichu. Vous devez les prendre en flagrant délit. À votre place, j'organiserais une sortie sans en dire le but. Dans la région mais assez loin pour ne pas éveiller des soupçons. Avec de bons tireurs, au cas où. Ils auront des gardes à l'entrée...

– Pourquoi n'êtes-vous pas venu me voir plus tôt ?

– J'étais infiltré dans le groupe et les suivais d'heure en heure. Ça aurait été dangereux pour moi. Ils n'auraient pas hésité une seconde à me descendre. Et puis hier encore, Michel Barne était entre vos mains, à la prison...

– Ces pourris sont partout. Mais on va leur faire cracher le nom de tous leurs complices. Six heures et quart, vous dites ? Bien. Cinq voitures, brigades spéciales. Je leur dirai que c'est un groupe de terroristes que nous allons cueillir. Le commandant avait repris possession de ses moyens et de sa grosse voix. Vous voulez être de la partie ? demanda-t-il à Gabriel.

– Non, ils me connaissent, c'est trop dangereux. Mais je vais vous demander une faveur.

– Dites toujours...

– J'aimerais interroger Michel Barne en tête à tête, si vous réussissez à le sortir de là. Quelques questions pour mon dossier. Je vous attendrai à la sortie de Gy, dans ma voiture, une Peugeot noire, plaques de location genevoises. J'aurai juste besoin d'une dizaine de minutes seul avec lui.

– C'est pas très malin comme rendez-vous, à cinq cents mètres de la frontière. Une voiture de location pourrait attirer l'attention des douaniers.

– C'est à un kilomètre du stand, reprit le Poulpe

qui nota au passage l'intelligence de son interlocuteur. Et je n'ai pas envie de traîner en Suisse une minute de plus après l'arrestation des cadres de Légitime Défense. Ils déduiront certainement que je les ai donnés. Je serai à Thonon une demi-heure après avoir interrogé le type.

– Comme vous voulez. Voici votre carte. Je me débrouillerai pour qu'on vous amène Barne discrètement. Je garde ces pièces…

– Bien sûr. Basser aura certainement beaucoup de choses à vous dire.

– N'enfoncez pas le couteau dans la plaie, fit le commandant, lui signifiant, d'un geste du menton, que l'entretien était terminé.

Le Poulpe n'insista pas. Il se fit broyer chaleureusement la main par le policier avant que de se retirer, habité par un immense soulagement.

* * *

Dans ce coup de poker, Gabriel avait réussi à lancer les dés. Restait maintenant à savoir comment les hommes de Légitime Défense réagiraient. Ils ne se laisseraient sûrement pas cueillir comme des novices. Auraient-ils le temps de descendre Barne ? Et si les flics l'amenaient jusqu'à Gy, parviendrait-il à le soustraire à leur attention et à l'emmener jusque sur le territoire français ?

À ce point de l'histoire, les questions ne servaient à rien. *Alea jacta est*, fit à haute voix le Poulpe en s'asseyant à une terrasse qui semblait tendre une chaise vers lui. Il dut faire avec une Tuborg, seule spécialité de la maison à côté de l'incontournable Cardinal à la pression…

* * *

– À poil !

– Quoi ?

– Fous-toi à poil, que je te dis.

– Mais pourquoi ?

– Tes couilles seront irrésistibles dans nos viseurs.

– Mais…

– Ta gueule ! Enlève tes frusques.

Putain de merde. Voilà. C'est fini. Tu vas crever, Michel. Et personne le saura. Maman, pardon. Les salauds, les salauds. J'ai peur…

– C'est bien. Tu peux garder ton pansement et ton attelle. Pour ce que ça te servira… Maintenant avance. Au moindre faux pas, je te crève. Monte les escaliers, là.

* * *

Le stand couvert de Légitime Défense avait de quoi impressionner, à plus forte raison un Michel tremblant autant de peur que de la fraîcheur de la soirée. Fermé et insonorisé sur tous les côtés, le hall d'exercice semblait tendre, de toute sa longueur, vers une grande cible blanche dont une grossière silhouette de buste occupait le centre, brisant les cercles concentriques.

Il y avait là une vingtaine d'hommes, comparant leurs armes. Ils en avaient tous plusieurs, du petit Aro-Tek de science-fiction au bon gros Mossberg à pompe. Sous les ricanements et les insultes, Michel fut amené vers la cible, tentant tant bien que mal de cacher sa nudité. On le hissa sur une table, de manière à ce que son buste et sa tête recouvrent avec exactitude la silhouette gris-vert imprimée sur le tissu. On lui tendit les bras en diagonale, attachant chacune des mains aux coins supérieurs de la cible. On lui écarta de même les jambes, liant ses pieds aux coins inférieurs.

Écartelé de la sorte, Michel n'eut pas le temps d'avoir des états d'âme sur sa nudité. Il vit avec effroi un premier homme se mettre de profil, assurer sa position, lever lentement son bras au bout duquel une arme pointait vers lui, à une trentaine de mètres. Il ferma les yeux, s'apprêtant instinctivement au choc. La balle lui frôla l'oreille dans un bruit assourdissant et il s'évanouit, pendant misérablement à ses liens. Il n'entendit pas l'acclamation d'admiration délirante de Légitime Défense pour le tireur.

L'eau froide le ramena violemment à la réalité. En s'ébrouant, il aperçut un deuxième type le viser, entre les jambes cette fois. La balle effleura sa cuisse dans un fracas insupportable. Hébété, il vit la troupe accourir vers lui et considérer sa jambe. Le tireur jeta rageusement son arme à terre. Michel n'y comprenait rien, son cœur battait une chamade endiablée, il allait repartir dans les pommes…

La troisième balle manqua son aisselle d'un cheveu. Cette fois, il perçut vaguement les applaudissements et les cris de l'assemblée. La quatrième se perdit dans les sacs de sable, derrière la cible. Avec un gros juron et une agitation assourdie. Mais quand la cinquième lui toucha le bras, Michel perdit à nouveau connaissance, d'effroi et de douleur.

8

Gabriel avait sous-estimé le commandant. À peine était-il sorti de son bureau que Müller avait convoqué un homme de confiance et Jean-Michel Basser, en service à ce moment-là. Il s'assura de la présence d'une secrétaire qui puisse enregistrer la conversation. Jean-Michel ne mit pas longtemps à craquer face aux menaces tonitruantes de son chef et aux preuves brandies sous son nez. Il confirma toutes les informations du Poulpe et lâcha les noms de ses complices dans la police ainsi qu'à la prison.

Müller fit neutraliser immédiatement la vingtaine d'hommes qui collaboraient avec Légitime Défense, leur interdisant tout contact avec l'extérieur. Il fit chercher à domicile les agents qui n'étaient pas en service. Les dégâts étaient moindres que ce qu'il avait imaginé et il s'en réjouit. Maintenant il pouvait tester, dans un exercice grandeur nature, les capacités de son groupe d'intervention.

Ayant mis hors d'état de nuire les «traîtres», il informa son état-major de l'affaire. Puis il convoqua les officiers de ses troupes spéciales. Genève était, dans ce rayon, plutôt bien équipée : la ville abritait un nombre impressionnant d'organisations internationales et recevait, chaque année, des dizaines de rencontres de chefs d'Etat souvent menacés.

* * *

À six heures et quart précises retentirent les premiers coups de feu. Gabriel, dans sa voiture, sourit de l'attention que le commandant avait portée à ses conseils. Mais il s'inquiéta de la tournure que prenaient les événements. Après une brève fusillade, pourtant, le silence retomba sur cette campagne ordonnée, juste entrecoupé d'injonctions nasillardes braillées dans un mégaphone.

* * *

La surprise avait joué en faveur des hommes de Müller. De vrais professionnels. Les gardes du stand avaient ouvert le feu sur les policiers, mais ils avaient été rapidement et proprement neutralisés par les tireurs d'élite. Les hommes de Légitime Défense comprirent que quelque chose de sérieux se passait à l'extérieur et quelques-uns d'entre eux accoururent, revolver au poing. Mais ils furent promptement désarmés sous la menace des fusils-mitrailleurs des policiers d'élite qui les accueillirent à la sortie. Le reste de la milice finit par comprendre et ils quittèrent un à un le hall, les mains sur la tête, les yeux fixés sur le sol.

Michel n'y comprenait plus rien. Nu, hébété sur sa cible, il était dans un profond état de choc. Les policiers mirent mille soins à le détacher, à soigner son bras blessé, à le réconforter. Ils lui ramenèrent ses vêtements qui étaient restés dans le sous-sol. Ils l'habillèrent lentement, sans heurts, avec des gestes d'infirmières. Ils lui servirent du café. Le jeune homme gardait les yeux fixés dans le vague, insensible et imperméable à tout ce remue-ménage.

* * *

Michel avait toujours ce regard vide lorsqu'un policier l'amena discrètement à la voiture de Gabriel.

Ce Müller est décidément un homme de parole, songea le Poulpe. Celui-ci fit asseoir le jeune cambrioleur à côté de lui, demanda à l'agent d'attendre à l'écart, et, ayant retiré ses lunettes et sa moustache, se mit à lui parler très lentement.

– C'est moi, rappelle-toi, celui que t'as vu lorsque tu as tué ce type, dans les champs.

Aucune réponse. Michel regardait bêtement le Poulpe, l'air totalement absent.

– Écoute, on peut se tirer d'ici et être en France dans trois minutes.

Toujours rien. Le jeune homme se mit à regarder les environs, l'air de se demander où il était.

– Je peux te sortir d'ici, merde, fit Gabriel, s'énervant quelque peu.

Michel le considéra comme un étranger dont il venait de prendre conscience de l'existence.

– J'ai soif, lâcha-t-il.

– Monsieur l'agent, cria le Poulpe par la fenêtre en remettant son déguisement, vous avez quelque chose à boire dans votre voiture ?

– Ouais. De l'eau.

– Vous pouvez me l'apporter ?

– J'arrive.

Le jeune cambrioleur but goulûment, à la bouteille.

– Tu te souviens de moi ? fit doucement le Poulpe.

– Chuis où ?

– Tu es sauvé. Rappelle-toi, je suis le type du Savoy. On t'a tiré de ce pétrin. Mais maintenant, il faut qu'on se tire d'ici. T'habites où ?

– Hein ?

– T'habites où ? hurla presque Gabriel qui savait que son temps était compté.

Mais Michel semblait retombé dans sa léthargie. Il regardait à nouveau par la fenêtre, absent. Le Poulpe décida en un instant qu'il lui fallait changer de stratégie.

– Écoute-moi bien. Essaie d'enregistrer ce que je te dis. Je voulais te faire traverser la frontière et te ramener chez toi. Mais dans l'état où tu es, ça ne peut pas aller. Je vais te remettre aux flics. Mais tu n'as rien à craindre. Je leur ai raconté toute l'histoire. Je vais m'occuper de te trouver le meilleur avocat de Genève. Je le paierai d'avance. Il te sortira de là très vite. Mais il faut que tu retournes vers les flics.

L'indifférence de Michel eut raison des dernières velléités du Poulpe. Il appela l'agent et lui remit Michel qui le suivit sans histoires. Il lui fallait maintenant songer à sa retraite. Seul avantage de cette tournure prise par les événements, il allait peut-être revoir Regula.

* * *

Sur le chemin du retour, en longeant à nouveau les splendeurs de la Rade au coucher du jour, Gabriel s'interrogea sur l'intérêt particulier qu'il portait à cette fille. Il avait connu des dizaines de femmes-enfants joueuses et jouissives. Il les avait oubliées presque aussi vite qu'il avait retrouvé les bras de Cheryl, « son » amie. Mais Regula, elle, n'entrait pas dans ce cadre-là. Par cette espèce de volontarisme presque silencieux, elle se dérobait à toute définition. Au-delà d'une présence écrasante, elle avait, se dit le Poulpe, un manque de relief, d'épaisseur. Il ne savait rien de son passé, de ses pensées, de son existence.

Une jolie fille au pair, suisse alémanique, gourmande de sexe et de vie. Un point c'est tout. Ni une amante d'un soir, ni une amie régulière. Peut-être était-ce lui qui n'était pas assez réceptif, se dit Gabriel, lui qui n'avait tout simplement pas laissé s'exprimer sa personnalité. Peut-être même que, plongé dans cette histoire de Légitime Défense, il n'avait fait qu'abuser des vingt ans de cette fille qui attendait tout autre chose de lui…

Gabriel chassa d'un geste rageur cette nouvelle vague d'autocritique et vitupéra contre ce pays qui, décidément, prêtait moins à l'évasion qu'à une introspection aussi minutieuse que ses montres et aussi sévère que son calvinisme.

* * *

Le Poulpe s'assit confortablement à sa terrasse, pour la dernière fois. Il avait sérieusement besoin de noyer dans quelques bières la tension qu'il avait vécue pendant les dernières heures. La soirée était douce, les passants indolents, le trafic paisible. Gabriel se fit un vaste circuit de dégustation qui l'amena de l'Autriche à l'Ecosse en passant par l'Alsace et l'Irlande.

Rasséréné, pensant à la somme rondelette qu'il allait pouvoir consacrer à son Polikarpov chéri, il grimpa les quelques marches de l'hôtel Cornavin et apprit avec délectation, dans son ivresse naissante, que « Madame » était déjà montée…

* * *

Gabriel commençait à s'habituer à ces réveils à côté de Regula. Il commandait maintenant le birchermüssli sans bégayer, appréciait ses petits déjeuners au lit tout comme les taquineries matinales de la fille qui le mettait inévitablement en appétit. Il était temps de partir. Et de se ressourcer dans ses antres parisiens.

Il lui restait encore deux affaires à régler. Cela valait bien une journée – et une nuit – supplémentaire à Genève... Il lui fallait récupérer le reste de l'argent de Gstaad et trouver un bon avocat pour Barne, comme il l'avait promis au jeune homme. Il se fit d'abord violence et réserva, devant Regula, une place sur le premier vol Swissair du lendemain pour Paris. La fille ne releva aucunement la chose et continua à se comporter comme si leur histoire était inscrite dans l'éternité.

Le Poulpe lui donna rendez-vous pour dîner, dans l'un des meilleurs restaurants de la ville dont il avait lu tout le bien dans le Michelin du Savoy. Il s'affubla d'une fausse barbe et d'épaisses lunettes de myope, ce qui fit rire son amie aux éclats. Sur sa veste, il enfila un vieux manteau de pluie et s'en fut à la banque. Au siège de l'établissement, il devait demander un certain André et lui dire qu'il venait de la part de Rémi de Gstaad.

André vint à lui dans le grand hall, lui serra la main et lui remit une petite serviette de cuir sans mot dire. Le Poulpe sortit prestement de la banque et sauta dans un taxi pour Cornavin. Personne, apparemment ne le suivait. Se pourrait-il que ces tordus jouent franc jeu ? Il s'engouffra en toute hâte dans la gare et se rendit aux toilettes publiques où, enfermé à double tour, il reprit son look habituel, enfermant son manteau et son déguisement dans un sac en plastique.

Toutes ces précautions semblèrent inutiles. Les gens de Gstaad étaient probablement des ordures, mais pas des assassins. Et à propos d'assassins, il lui fallait maintenant trouver un avocat. Il retourna dans sa chambre où flottait encore l'odeur irrésistible de Regula et il appela quelques journaux. Auprès des chroniqueurs judiciaires, il s'enquit des noms des juristes les plus en vue dans les affaires criminelles.

Un nom revint dans toutes les bouches : Nicolas Garnot, avocat au barreau de Genève. Le Poulpe réussit, en faisant miroiter des gains substantiels, à obtenir un rendez-vous avec le bonhomme pour l'après-midi même.

* * *

Le père de Jeanine ne savait rien de la relation de sa fille avec Michel Barne. Mais l'affaire l'intéressait au plus haut point. Alors, lorsque ce Marcel Almand l'avait appelé en disant qu'il était prêt à payer une grosse somme pour la défense du cambrioleur, il avait accepté sur-le-champ.

L'homme était à l'image de son bureau qui était, à son tour, à l'image de l'immeuble et de tout le quartier : sûr et discret, riche et tranquille, puissant et feutré.

– Voilà, je vous ai raconté toute l'histoire, fit le Poulpe. Je vous en garantis l'authenticité. Le chef de la police est au courant. Mais pour vous comme pour la justice, je n'ai jamais existé. On est d'accord ?

– Tout à fait, monsieur Almand. Mais où puis-je vous contacter ?

– Nulle part, puisque je n'existe pas. Ça va chercher dans les combien, ce genre de défense ?

– Le cas est complexe, mais je dirais quelques milliers de francs, tout au plus.

Gabriel ravala douloureusement sa salive, pensant aux pièces qu'il pourrait acquérir pour son Polikarpov avec cet argent.

– Quelques, ça veut dire quoi ?

– Disons dans les six mille, sans les frais.

– Voici deux, trois, quatre... huit mille francs. Ça devrait suffire, non ? fit Gabriel en multipliant mentalement la somme par quatre. Trente-deux mille balles...

– Amplement, monsieur Almand. Je vais vous faire faire un reçu.

– Mais puisque je vous dis que je n'existe pas ! s'emporta le Poulpe... Je ne peux que vous faire confiance. Qu'est-ce qu'on peut espérer, pour le cambrioleur ?

– Si l'officier de police avoue qu'il a dissimulé les armes, lors du deuxième assassinat, on devrait le tirer de prison très vite. Il s'agit, dans les deux cas, de légitime défense. Reste qu'il devra payer pour le port d'arme illégal et la tentative de cambriolage. Mais avec le bruit que va faire cette affaire de Jussy dans la presse, le jeune homme risque bien d'avoir toute la population derrière lui. Vous avez pris de ses nouvelles ?

– Oui, il récupère lentement. Mais il a été méchamment choqué. Je vous conseillerais d'attendre encore un ou deux jours avant de le voir...

– Très bien. Merci monsieur Almand. Je m'occupe de tout.

* * *

Dans le décor un peu suranné du Béarn, le Poulpe avait légèrement choqué un garçon parfaitement stylé en commandant une bière avec son foie de canard laqué en bigarade. Il avait doublé la mise avec le sauté gourmand de turbot à la coriandre et artichauts frits. Malgré la délicatesse et l'excellence de la nourriture, malgré l'humeur radieuse de Regula qui portait une robe étourdissante de sensualité, Gabriel était morose. Il ne comprenait pas ce qui lui arrivait. Ce n'était pas vraiment des sentiments, mais plutôt un véritable intérêt pour cette fille qui lui opposait un mur d'insouciance. Il n'osait pas lui en parler, de peur de paraître ridicule. Et Regula continuait à se montrer tour à tour cajoleuse, amoureuse, gaie, indépendante.

Elle ne lui posa aucune question sur son retour du lendemain. Elle ne lui demanda pas son adresse parisienne ni ne lui donna la sienne. Elle ne lui fit aucune promesse ni proposition pour les jours à venir. Pas d'adieu, pas d'au revoir. Qu'une splendide soirée de caresses, de chaleur, d'érotisme et de jouissances.

* * *

Si elle l'entendit se lever, très tôt le matin, elle ne fit pas mine de se réveiller. Il déposa un baiser sur son front et quitta la chambre sur la pointe des pieds.

* * *

Même *Libé* en parlait ! Leur correspondant en Suisse s'était fendu de deux colonnes sur le cambriolage qui avait abouti au démantèlement d'une bande de fanatiques de l'autodéfense. Les journaux suisses que le Poulpe avait dévorés dans l'avion en remplissaient des pages. Michel Barne avait déjà la sympathie des journalistes, et Légitime Défense récoltait une indignation générale. Mais aucun journal n'avait eu vent de la participation de Gabriel dans l'affaire. Müller et Garnot étaient restés discrets.

Dans le taxi qui l'emmenait au Pied de Porc à la Sainte-Scolasse, pour un vrai petit déjeuner – la lavasse du café Swissair dépassait presque en nullité celui d'Air France –, le Poulpe anticipait le plaisir de se disputer à nouveau avec Gérard. Comme il se réjouissait de retrouver les bras de Cheryl.

* * *

L'histoire genevoise déplut fortement à Gérard qui, bizarrement, refusa de la commenter avec le Poulpe. Pour le patron, le Poulpe ne pouvait qu'affabuler puisque, c'était bien connu, les Suisses, ça n'a jamais d'histoires... Gabriel appela alors Cheryl, mais le répondeur lui apprit qu'elle était partie en week-end prolongé à Cabourg. Doublement dépité, il descendit dans un petit hôtel, non loin du Pied de Porc et s'affala sur le lit, songeur.

Paris prolongeait désagréablement la morosité qui le tenaillait depuis la Suisse. Bah, demain sera un autre jour, songea-t-il sentencieusement, avec de nouveaux journaux, de nouveaux faits divers et de nouvelles aventures. Cheryl revenait après-demain, ce qui lui donnait le temps de faire un saut à l'aérodrome de Moisselles, pour admirer son avion et susciter les hochements de tête de Raymond... Il eut une vague de nostalgie pour Regula, mais la chassa prestement de son esprit en se saisissant du livre de Malcolm Lowry...

Deux heures plus tard, complètement transporté dans ce Mexique trop intense, il atteignait la fin de l'ouvrage.

« Soudain il hurla, et ce fut comme si ce hurlement était projeté d'un arbre à l'autre au retour des échos, puis comme si les arbres eux-mêmes s'approchaient, serrés l'un contre l'autre, se penchaient sur lui, pleins de pitié...

Quelqu'un jeta un chien mort après lui dans le ravin. »

Sur la dernière page trônaient encore ces phrases en espagnol et en majuscules :

¿LE GUSTA ESTE JARDIN
QUE ES SUYO ?
¡EVITE QUE SUS HIJOS LO DESTRUYAN !

Mais qu'est-ce qui pousse les enfants à détruire, si ce n'est les adultes ? se demanda le Poulpe en sombrant dans un sommeil réparateur.

À PARAÎTRE

Le Poulpe
108.Philippe Carrese - *Allons au fond de l'apathie*
109.Michel Boujut - *Les Jarnaqueurs*
110.Catherine Fradier - *Un poison nommé Rwanda*

Instantanés de Polar
112.Sylvie Granotier - *Courrier posthume*

Canaille/Revolver
111.Jean-Bernard Pouy - *À sec !*

Macno
1. Ayerdhal - *Consciences virtuelles*

Cet ouvrage a été imprimé
sur presse Cameron
par ***Bussière Camedan Imprimeries***
à Saint-Amand-Montrond (Cher)
en décembre 1997

– N° d'impression : 1/3532. –
Dépôt légal : janvier 1998.

Imprimé en France

W0307449

Ilaria Tuti

Née en 1976, Ilaria Tuti vit à Gemona del Friuli, au nord-est de l'Italie. Véritable phénomène dans son pays, *Sur le toit de l'enfer* (Robert Laffont, collection « La Bête noire », 2018), premier volet de sa série autour du commissaire Teresa Battaglia, lui a valu d'être surnommée par la presse italienne la « Donato Carrisi au féminin ». Elle a remporté le Prix Bête noire des libraires en 2019. Le second volet, *La Nymphe endormie*, a paru la même année chez Robert Laffont.

LA NYMPHE ENDORMIE

ÉGALEMENT CHEZ POCKET

SUR LE TOIT DE L'ENFER
LA NYMPHE ENDORMIE

ILARIA TUTI

LA NYMPHE ENDORMIE

Traduit de l'italien
par Johan-Frédérik Hel Guedj

LA BÊTE NOIRE
Robert Laffont

Titre original :
NINFA DORMIENTE

MIXTE
Papier issu de sources responsables
FSC® C003309

L'éditeur de cet ouvrage s'engage dans une démarche de certification FSC® qui contribue à la préservation des forêts pour les générations futures.

Pour en savoir plus :
www.editis.com/engagement-rse/

Le Code de la propriété intellectuelle n'autorisant, aux termes de l'article L. 122-5, 2° et 3° a, d'une part, que les « copies ou reproductions strictement réservées à l'usage privé du copiste et non destinées à une utilisation collective » et, d'autre part, que les analyses et les courtes citations dans un but d'exemple et d'illustration, « toute représentation ou reproduction intégrale ou partielle faite sans le consentement de l'auteur ou de ses ayants droit ou ayants cause est illicite » (art. L. 122-4).
Cette représentation ou reproduction, par quelque procédé que ce soit, constituerait donc une contrefaçon, sanctionnée par les articles L. 335-2 et suivants du Code de la propriété intellectuelle.

© Ilaria Tuti, 2019
Traduction française : © Éditions Robert Laffont, S.A.S., 2019
ISBN 978-2-266-31194-6
Dépôt légal : avril 2021

À Jasmine et Sarah.
À nos aïeules, aux femmes
d'aujourd'hui et de demain.
Et aux hommes
qui leur font honneur.

Tempus valet, volat, velat

« Je suis tout ce qui a été,
qui est et qui sera.
Et nul mortel n'a encore osé
soulever mon voile. »

Isis et Osiris, Plutarque

La fin

Teresa pense souvent à la mort. Pourtant, jamais elle n'aurait imaginé que la sienne surviendrait ainsi ; le seul fait de ne pas réussir à se souvenir de ce qui pourrait la sauver ne manque pas d'ironie.

Un incendie sur le point d'éclater, des victimes qui attendent d'être secourues et elle, figée sur place. Son mental l'a abandonnée.

La confusion plonge le dernier acte de la tragédie dans le grotesque, et des yeux implorants, comme deux calices emplis de terreur, la regardent faire la seule et unique chose dont elle est capable en cet instant : rien. Elle qui a vécu toute sa vie en guerrière périra en moins-que-rien, après avoir lâchement baissé les bras.

Guerrière... C'est un peu exagéré. Policière, à la limite. Une femme de soixante ans, malade, qui cherche à jouer les héroïnes alors qu'elle n'est même plus capable d'appeler les choses par leur nom.

Elle pourrait essayer de deviner. Dernièrement, il lui semble que c'est tout ce qu'il lui reste pour survivre : deviner la route à prendre, la direction où regarder, les mots à prononcer ou l'ombre dont il faut se méfier.

Elle doute même de son propre nom, alors comment pourrait-elle se souvenir de celui de l'assassin ? Pourtant, il est là, avec elle ou dans une autre pièce ; en tout cas, il est à l'intérieur de cette maison sur le point d'enflammer l'obscurité de la vallée. Tout ça parce que Teresa a osé défier le mystère engendré en son cœur, alors que les montagnes l'avaient protégé, enseveli au fond de ses précipices, parmi les ossements sacrés et les énergies ancestrales.

Teresa le sait, mais son esprit a oublié.

Parmi les victimes sur le point d'être sacrifiées sur le bûcher, qui est innocent et qui a eu la force d'arracher un cœur encore palpitant de la poitrine d'un homme ?

Qui dois-je sauver ?

Et puis il y a l'autre, qui la regarde comme le fils qu'elle n'a jamais eu. Son nom n'est encore que l'ébauche d'un murmure sur ses lèvres, mais une pulsion viscérale la lie à cet homme. Elle le ressent au fond de son ventre, une brûlure sur une cicatrice, une écume écarlate qui bouillonne dans ses veines.

Les murs semblent se resserrer sur elle. Ils sont parcourus de crépitements, comme les chuchotements qui la tourmentent depuis des jours et qui éclatent à présent aussi forts que des aboiements à ses oreilles : ils incarnent ses peurs les plus terribles.

Le nom de l'assassin. Le nom de l'assassin…

Face à la mort, elle ne songe à rien d'autre qu'à une devinette, entendue elle ne sait où, elle ne sait quand.

Un hurlement. Un cri inhumain l'arrache à sa torpeur, et la ramène au monde réel.

Puis, d'un coup, plus rien.

— Nous l'avons trouvé, l'entend-elle murmurer, comme s'il voulait garder ces mots-là pour eux deux ; il a les pupilles dilatées. Nous avons trouvé le Mal. Il est ici. Il nous attendait.

Il a égrené ces mots comme les perles d'un rosaire diabolique. Il lève l'index entre les cordes qui l'emprisonnent et le pointe vers un angle de la pièce où l'obscurité semble palpiter au rythme de leur peur.

— Nous l'avons trouvé. *Il n'est pas humain.*

Un autre cri, si fort que quelque chose en Teresa se brise.

À présent, elle se souvient de son nom. Mais le destin joue de nouveau avec les cartes de la vie et de la mort, de l'amour et de la haine, impitoyable comme seul sait l'être celui qui a l'éternité devant soi.

C'est en effet le moment de savoir jusqu'où elle est disposée à aller.

C'est le moment de savoir si, pour sauver un innocent, elle est prête à tuer Massimo Marini, l'homme qui la regarde comme le fils qu'elle n'a jamais eu, l'homme qui maintenant tremble comme si c'était un démon qu'il voyait danser dans l'obscurité.

Le commencement

La baguette d'hématite court sur la feuille. Elle dessine des arabesques qui prennent la forme de courbes connues et de vallons qui éclosent comme des lèvres. Elle trace des arrondis tendres et des lignes estompées. Un profil tout en finesse. De longs cheveux sombres. La blancheur de la peau est celle, lumineuse, du papier.

L'écarlate s'écoule, pénètre dans les replis des fibres, jusqu'à ne faire plus qu'un avec elles. Les doigts l'étalent d'une pression puissante, un élan de désespoir. Ils teintent et ils colorent. Ils veulent emprisonner l'image avant que la beauté ne s'évanouisse.

Les doigts tremblent, se tendent, caressent. Les yeux pleurent. Les larmes se mélangent au rouge, le diluent, et révèlent des tonalités pourpres inattendues.

Le cœur du monde a suspendu ses battements. Le bruissement des feuillages et le chant des oiseaux se taisent. Les pétales pâles des anémones sauvages ne frémissent pas au vent, et au crépuscule les étoiles paraissent éprouver de la pudeur à se montrer.

La montagne semble se pencher pour observer le miracle qui s'accomplit dans la vallée, au fond d'une gorge où la rivière au lit rocailleux repose en silence.

La *Nymphe endormie* prend forme sous les mains de l'artiste.

Elle naît, rouge de passion et d'amour.

1

Le soleil oblique sculptait le visage de Massimo Marini et s'insinuait entre les cils, allumant leur couleur châtain de reflets de flamme. Ses pas nerveux martelaient la rue cernée de jardins secrets, masqués aux regards par des murs aveugles. Les branches les plus hautes des magnolias s'échappaient de l'enceinte et déposaient des pétales charnus qui craquaient sous les semelles. C'était comme de fouler du pied un tapis de créatures mourantes.

L'après-midi printanier déclinait tranquillement, mais à la limite de son champ de vision, la noirceur tourmentée annonçait un bouleversement. L'air était chargé d'électricité, transmettant à l'inspecteur une nervosité contagieuse.

La galerie d'art La Cella était signalée par une plaque en cuivre, vissée au crépi irrégulier de l'édifice du XVIIe siècle. Le reflet de ses yeux sur le métal était aussi tordu que son humeur. Massimo abaissa les manches de sa chemise et enfila sa veste. Il sonna au portail, un déclic libéra la serrure avec un claquement. Il poussa le battant bosselé et entra.

La tiédeur dc la journée s'arrêta sur le pas de la porte. Dès le seuil passé, il se sentit enveloppé d'une fraîcheur humide.

Le dallage était à damier, noir et blanc, et un imposant escalier tournant de marbre veiné montait vers l'étage supérieur. La lumière pénétrait par les vitres situées plus en hauteur et se reflétait dans le lustre en verre de Murano, libérant des nuances d'émeraude qui se perdaient en dégradés vers la demi-obscurité du rez-de-chaussée. Il flottait un parfum de lys, qui rappelait à Massimo celui de l'encens – une église sombre, des litanies interminables et les regards sévères de son père quand il manifestait son impatience d'enfant. Il sentit battre ses tempes.

Dans le silence, la vibration de son portable lui parut faire irruption depuis un autre monde.

Il retira le téléphone de la poche intérieure de sa veste. L'appareil tremblait dans sa paume comme un cœur artificiel, plat et froid, et pourtant Massimo savait qu'à l'autre bout de cette ligne il y avait un cœur, un vrai, à l'intérieur duquel l'amour et la colère, l'illusion et la douleur se chamaillaient comme des bêtes au ventre vide et aux lèvres retroussées – sa dérobade les avait affamées. Ce numéro l'appelait avec insistance depuis quelques semaines déjà, plusieurs fois par jour.

Il ne répondit pas, et sa bouche se remplit d'un mélange répugnant de remords et de culpabilité. Il attendit la fin de l'appel, puis éteignit son portable. Il contourna l'escalier et descendit en vitesse les marches en fer forgé qui se déployaient vers le sous-sol en une spirale à motifs de sarments de lierre. Un brouhaha étouffé parvint à ses oreilles. Encore un couloir, faiblement éclairé par de petits spots encastrés dans les dalles, encore une porte en verre strié, puis la galerie.

Le plafond voûté aux briques rugueuses s'incurvait au-dessus d'un sol lisse en ardoise. Une bonne partie de l'enduit avait été grattée pour révéler la pierre d'origine. Chaque tache de lumière venait mourir sur l'une des œuvres exposées, la faisant surgir de la pénombre comme un joyau. Des sculptures en bronze, des vases en verre aux couleurs criardes étaient les protagonistes de cette avant-scène minimale et souterraine.

L'inspecteur suivit les murmures et aperçut quelques personnes attroupées dans la salle la plus vaste. Deux policiers en tenue étaient postés sur les côtés. Un peu plus loin, il reconnut Parisi et De Carli, en civil. Le premier, le teint mat, athlétique, était au téléphone. Le second, aussi maigre et dégingandé qu'un adolescent, le regardait parler, et intervenait de temps à autre dans la conversation. Ils faisaient partie de sa brigade, depuis qu'il avait demandé son transfert de la métropole vers un chef-lieu de province. Un changement de trajectoire grâce auquel il avait cru – espéré – retrouver la paix, une manière de tout recommencer de zéro. En réalité, s'il y avait trouvé bien plus que cela, la paix était restée une chimère crachant des flammes, qui le brûlaient dès qu'il essayait de s'en approcher.

Il les rejoignit et les salua d'un signe de tête.

— De quoi s'agit-il ? demanda-t-il à De Carli.

Son collègue remonta le jean qui flottait autour de sa taille.

— Va savoir. Ils ne nous ont encore rien dit.

— Alors pourquoi tu m'as appelé en insistant sur l'urgence ?

Parisi plaqua la main sur le micro de son portable et, d'un mouvement du menton, désigna le coin opposé de la salle.

— Parce qu'elle a besoin de nous. Et de toi aussi.

Le regard de Massimo fila en direction de la personne qui, ces derniers mois, avait transformé chaque instant de sa vie en enfer et qui pourtant, justement pour cette raison, l'avait ramené à la vie.

La première chose qu'il vit d'elle, ce furent ses pieds, entre les jambes de deux agents de police. Elle était chaussée d'une paire de baskets à semelles compensées. Il remarqua sa manière de balancer le poids de son corps d'un pied sur l'autre, et de soulever de temps à autre les talons pour étirer la pointe.

Elle est fatiguée, songea-t-il. Il avait beau ignorer quel motif avait amené la brigade à La Cella, il savait qu'elle serait la dernière à sortir d'ici.

Les policiers se déplacèrent et il la vit enfin en entier, entre la sculpture en bronze d'un cœur à moitié liquéfié et une installation d'ailes en plexiglas qui pendaient du plafond. Le cœur et l'âme, tout comme elle.

Et de la détermination, une force vitale qui donnait parfois l'impression d'écraser tout ce qui existait autour d'elle, mais qui avec lui, au contraire, le saisissait au tout dernier moment, le soulevait pour le porter vers les sommets.

Certes, elle ne manquait pas non plus d'un sérieux côté garce.

Son air un peu usé n'était pas seulement dû à ses soixante ans, mais aussi à un tourment intérieur qui, pour Massimo, n'avait pas encore de nom et trouvait apparemment un exutoire et un écho dans le cahier qu'elle tenait toujours serré entre ses mains. Dès qu'elle en avait l'occasion, elle le remplissait de notes, avec une énergie fiévreuse.

Il la rejoignit. Il remarqua le battement de cils, rien de plus, avec lequel elle enregistra sa présence. Elle ne s'était même pas retournée. Elle pinçait la branche de ses lunettes de lecture entre ses lèvres et croquait nerveusement un bonbon.

— J'espère qu'il est sans sucre, lui dit-il.

Elle le regarda enfin, pas plus d'une seconde.

— Tu crois vraiment que ce sont tes affaires ?

La voix était rauque, sèche. Avec une pointe d'amusement.

— Commissaire, vous êtes diabétique. Et vous êtes aussi une dame qui devrait…, murmura-t-il, en s'abstenant de prononcer le gros mot qui allait suivre.

C'était un jeu qu'il connaissait bien et dont il ne sortait presque jamais vainqueur.

Elle cessa de torturer ses lunettes.

— Ce n'est pas ton jour de congé, inspecteur ? demanda-t-elle en braquant sur lui ces maudits yeux, qui savaient voir bien en deçà de la surface.

Il lui sourit à moitié.

— Et vous, vous ne venez pas de terminer votre service ?

— Tant de zèle ne réussira pas à faire passer inaperçues tes récentes bévues, Marini.

Il ne s'aventura pas dans les pièges d'une repartie. Il l'observa tandis qu'elle reportait déjà son attention ailleurs : elle ne lui arrivait même pas à la poitrine, mais elle avait pris l'habitude de lui rouler sur l'ego comme un char d'assaut. Elle avait presque le double de son âge, et pourtant elle le vidait de son énergie bien avant de s'épuiser elle-même. Elle avait des manières d'être souvent brutales et le casque de sa chevelure, qui lui encadrait le visage, était d'un roux si artificiel que c'en était presque gênant – en tout cas, ça l'aurait été chez n'importe qui d'autre.

Le commissaire Teresa Battaglia était du genre à aboyer, mais certains juraient de l'avoir aussi déjà vue mordre.

— Alors, pourquoi sommes-nous ici ? Pourquoi tous ces mystères ? demanda-t-il pour la ramener sur un terrain où elle semblait courir plus vite que les autres : celui de la chasse.

Battaglia regardait droit devant comme s'il y avait quelqu'un en face d'elle, les yeux plissés, de brumeuses pensées prenant forme entre ses sourcils. Elle finit par lui répondre, et il comprit qu'elle scrutait une victime, dans sa tête. Face à face, cœur à cœur.

— Au singulier, pas au pluriel, inspecteur. Le mystère est toujours unique:

Le commissaire se mit à essuyer les verres de ses lunettes de lecture – c'était sa manie, chaque fois qu'elle réfléchissait, pour clarifier ses pensées.

— Qu'est-ce qui nous amènerait ici, sinon de percer le mystère d'un mort ?

2

— Il s'agit d'un décès ancien.

C'était ce que lui avait signifié Gardini, le substitut du procureur, à peine une heure auparavant, quand il l'avait priée de se présenter à La Cella. Rien que ces mots, suivis de quelques autres, que le commissaire Teresa Battaglia connaissait bien : « Je vous veux, vous et votre équipe. »

Un décès ancien. Elle s'était sentie soulagée : pas d'assassin en liberté auquel donner la chasse, pas de potentielles victimes à sauver, pas de tyrannie du temps qui s'écoule, où chaque minute compte. Rien que l'écho d'un événement lointain, ressurgi on ne savait comment de la poussière du passé.

Elle pouvait gérer. L'affaire ne lui échapperait pas des mains, et si jamais c'était le cas, personne n'en souffrirait, excepté son amour-propre.

Tu es une sotte de t'imaginer qu'ils ne se rendront pas compte de ce qui est en train de t'arriver.

Ce qui était en train de lui arriver portait un nom capable d'annihiler l'avenir et de le transformer en écran noir, mais Teresa refusait d'être prise de court par le mot inscrit dans le rapport d'expertise médicale, elle ne lui avait pas laissé la place d'envahir son monde. Elle l'enfermait là où se nichaient ses peurs les plus terrifiantes : au fond de son âme, et dans le journal intime qu'elle serrait entre ses mains. Sa mémoire de papier.

Dans ce contexte déjà compliqué, Massimo Marini constituait un problème supplémentaire. Il l'observait comme s'il avait flairé quelque chose, comme s'il était capable d'accéder à ses pensées. Elle avait du mal à le tenir à distance. C'était même le contraire, sa proximité commençait à lui sembler normale. Elle craignait que cela ne devienne une dangereuse habitude pour tous les deux, que celle de rechercher la compagnie de l'autre.

Gardini sortit d'une salle à l'accès interdit. Il paraissait agité, comme chaque fois qu'elle le croisait. Grand et maigre, il était toujours décoiffé et la cravate de travers, comme s'il venait de se faire cueillir par une rafale de vent. C'était un magistrat énergique, qui ne s'accordait jamais de répit. Son allure laissait entrevoir la précipitation dans laquelle il vivait, les mille choses qu'il se promettait sans cesse de réaliser ainsi que les perpétuels contretemps qui l'en empêchaient.

Il était accompagné d'un homme à l'air excentrique et au bronzage prononcé. Au vu de ses cheveux châtains, éclaircis par le soleil autour des oreilles et aux tempes, Teresa en conclut que le hâle de sa peau était lui aussi naturel, celui d'un homme qui pratique le sport en plein air. En tout cas, il avait quelque chose d'élégant, de raffiné, comme les vêtements qu'il portait, de coupe classique, aux couleurs voyantes. Original, mais avec beaucoup de goût.

Elle s'imaginait bien de qui il s'agissait. Elle ouvrit très vite son cahier et consulta ses dernières notes, sans y trouver la description de cet homme. Sa mémoire ne la trahissait pas : ils ne se connaissaient pas encore.

À peine Gardini la vit-il qu'il vint vers elle, en lui tendant la main. Ils étaient amis de longue date, mais dans le travail, leurs positions respectives étaient clairement établies.

— Commissaire, merci d'être venue. Je sais que je vous dérange à la fin de votre service, s'exclama-t-il en la saluant, et en prenant soin de la vouvoyer. Je vous présente Gianmaria Gortan, le propriétaire de la galerie. Monsieur Gortan, le commissaire Battaglia. Je compte lui confier l'enquête.

Elle esquissa un sourire fugace, puis elle tint à rétablir l'équilibre que Gardini, dans sa hâte, négligeait souvent.

— Mon bras droit, l'inspecteur Marini, ajouta-t-elle.

Il y eut un échange de poignées de main. Celle du marchand d'art, remarqua-t-elle, était moite. Une petite perte de contrôle de soi qui détonnait par rapport à l'image lisse et brillante qu'il offrait de lui.

— C'est M. Gortan qui nous a appelés, expliqua Gardini. Il s'agit d'une affaire particulière.

Il ne leur avait rien révélé, mais Battaglia avait consacré ces dernières minutes dans la galerie d'art à observer les hommes de la scientifique aller et venir dans la pièce qu'elle n'avait pas encore visitée. L'appareil reflex du photographe de l'identité judiciaire mitraillait sans relâche, et le flash lançait de puissants éclairs dans la pénombre. Si le décès était ancien, quelque chose ne cadrait pas, songea-t-elle. Ce déploiement de moyens et de personnel ne collait pas avec le tableau qu'elle s'était fait de la situation à son arrivée. Les morts réduits en poussière depuis longtemps n'intéressent pas grand monde. Il n'y a pas que le sang qui sèche avec le temps, l'empathie qu'inspirent la victime et la famille qui la pleure aussi. Dans ce genre d'affaires, la justice n'est pas pressée de brandir son épée.

— Quelqu'un est mort, là-dedans ? lança Marini, plus avide de détails qu'elle-même.

— Pas récemment. (Gardini soupira.) Venez. Je vais vous montrer.

Cette salle était un laboratoire. Il y avait là des instruments que Teresa n'avait encore jamais vus. Le métal d'un microscope digital scintillait sous les éclairs de flash. Elle reconnut un collègue de la section de la police judiciaire : il prélevait des échantillons sur les installations. C'étaient les hommes de Gardini.

— Ces appareils servent aux expertises d'authentification, expliqua le galeriste. Pour les datations et les évaluations. L'expert de la galerie analyse les œuvres qui nous sont confiées en consignation par les clients, ou parfois simplement par ceux qui veulent connaître la valeur sur le marché d'un objet qu'ils ont reçu en héritage ou trouvé dans une malle.

Elle ouvrit son cahier et nota rapidement le jour, l'heure, les circonstances. Surtout des noms, la description physique et le rôle de ceux qui l'accompagnaient. Ne pas reconnaître les gens, c'était son cauchemar le plus récurrent, sa crainte la plus lancinante. Elle se rendit compte que l'inspecteur essayait de lorgner sur ses notes, et elle tourna la page, griffonna un dessin obscène et le lui mit sous les yeux. Le jeune inspecteur devint pivoine et finit par prendre un peu ses distances.

Elle jeta un rapide regard circulaire. Tout semblait en ordre, un ordre presque maniaque. Comme elle s'en doutait, il n'y avait pas de restes momifiés qui pointaient d'un interstice dans le mur ou d'une cachette sous le dallage.

— Vous pensez que le mort se trouve sous une lentille de microscope ? lui chuchota à l'oreille Massimo, qui la suivait comme son ombre.

Elle le repoussa d'un petit coup de poing et se tourna vers le substitut du procureur, avec un regard interrogateur.

— Accordez-nous une minute, fit ce dernier aux hommes de la scientifique.

Les travaux s'interrompirent et la pièce se vida. Il ne restait qu'eux quatre, et une flaque de lumière, que Teresa finit par découvrir.

Gardini lui fit signe de s'approcher. Elle se déplaça d'à peine quelques pas. Quelque chose dans l'expression du substitut l'avait surprise : c'était de l'anxiété, mêlée d'un certain plaisir tout à fait inhabituel, eu égard aux circonstances. Elle suivit son regard.

Sur la table, il y avait un dessin. Sans cadre, couché sur le plan de travail en verre, il était maintenu aux quatre coins par des petits poids en métal. C'était le portrait d'une femme. À vue d'œil, il mesurait à peine plus d'une quarantaine de centimètres. Le papier avait l'air épais, presque ridé.

Elle abolit toute distance et se pencha pour mieux l'observer. Elle resta immobile devant l'image, sans que ses yeux réussissent à se dérober à ce contact. Elle savait qu'ils étaient écarquillés, non pas à cause de la pénombre, mais de ce qu'ils contemplaient.

L'art n'a pas besoin d'explications, se dit-elle, se remémorant les propos d'un vieux professeur de son lycée. Elle en avait la preuve devant elle. Elle chaussa ses lunettes de lecture qui pendaient à une chaînette sur sa poitrine et inclina le visage.

Le portrait donnait l'impression de jaillir du papier. Il possédait une plénitude, une tridimensionnalité bouleversante. C'était le visage d'une jeune femme, d'une grâce si singulière qu'elle vous prenait au dépourvu. Les yeux fermés, les longs cils baissés, effleurant les joues, les lèvres à peine entrouvertes. Elle avait un air exotique, mais indéfinissable. Les cheveux bruns encadraient un visage au teint lunaire et descendaient jusqu'à la poitrine, en cascades aux contours qui se perdaient jusqu'à se dissoudre vers les bords de la feuille.

C'était une beauté magnétique et douce, délicate et sauvage. Rouge et noir, comme la passion.

Elle dut faire un effort pour quitter ce visage du regard et examiner d'autres détails.

Sur le bord inférieur droit, il y avait une date, écrite d'une main tremblante : 20 avril 1945. Il manquait la signature.

Plus de soixante-dix années, calcula-t-elle, séparaient le geste qui avait tracé ces lignes de ses yeux qui s'en délectaient. Presque un siècle, et cependant le temps demeurait en suspens, réduit à néant. Ce portrait existait dans une autre dimension qu'eux, une dimension faite d'espace et d'émotions. C'était l'immortalité de l'art.

Par-dessus son épaule, Marini respirait à peine. Lui aussi était victime du sort que ce dessin semblait avoir jeté sur les quatre personnes présentes.

— Qui est-ce ? l'entendit-elle demander.

Elle ne lui fit pas remarquer l'ingénuité de sa question, parce que, quelques instants plus tôt, elle avait été sur le point de formuler la même. Massimo avait eu la même sensation que Teresa : celle de se trouver devant une créature de chair, d'os et d'âme.

— La *Nymphe endormie*, répondit le galeriste en contemplant lui aussi le dessin. On la croyait perdue on ne sait où, et en fait, elle a ressurgi au milieu de vieux papiers entassés dans un grenier. C'est du moins ce qu'a expliqué le petit-neveu de l'auteur de cette œuvre. En l'absence de signature, il l'a confiée à la galerie pour expertise à des fins d'authentification. Une simple formalité : le dessin est sans aucun doute de la main de son grand-oncle, Alessio Andrian.

Ce nom ne disait rien à Battaglia et elle ne comprenait pas pourquoi Gardini lui avait demandé de collaborer à l'enquête préliminaire. Sur quoi était-elle censée enquêter ?

— Vous soupçonnez un faux ? s'enquit-elle.

Gardini laissa échapper un sourire. Ce n'était pas un sourire amusé, elle le voyait bien. C'était surtout une manière de soulager la tension qui lui contractait les muscles du visage.

— J'ai bien peur que la question ne soit plus complexe, commissaire. L'expertise a fourni des résultats inattendus et… plutôt inquiétants. M. Gortan saura vous l'expliquer mieux que moi.

Elle se redressa. Toute l'ossature de son corps fatigué craqua.

— Inquiétants ? répéta-t-elle.

— L'expert analysait le papier et la couleur, pour effectuer une datation, commença le galeriste, afin de délivrer un certificat de conformité concernant la date indiquée sur le dessin et l'époque à laquelle on estime plus ou moins qu'il a été exécuté. L'œuvre a été créée avec un bâton de pierre noir et un autre d'hématite. L'hématite est de couleur rouge, c'est un matériau ferreux qui donne cette coloration expressive.

— Oui, je vois ce que c'est.

— Il y a encore quelques dizaines d'années, on se servait d'hématite pure. Aujourd'hui, on la mélange à de la cire, naturelle ou synthétique. Selon la présence plus ou moins marquée de cette cire, il est possible d'estimer si l'on est en présence d'une œuvre récente ou plus ancienne. Le problème, c'est que l'expert a découvert autre chose. Ne réussissant pas à comprendre ce que c'était, il a envoyé quelques échantillons de ce matériau à un laboratoire spécialisé pour des analyses plus approfondies.

— Et le résultat serait…

Ce fut le substitut Gardini qui répondit, en la fixant droit dans les yeux. La lumière du projecteur halogène marquait d'ombres creusées son visage décharné, lui conférant un air dramatique.

— Du sang, commissaire.

Il fallut quelques secondes à Teresa pour comprendre où il voulait en venir. Elle avait toujours cru que cet homme avait les pieds sur terre, mais maintenant, elle commençait à se dire qu'il laissait un peu trop libre cours à son imagination. Elle chercha le regard de Marini : il était déconcerté, lui aussi.

Elle se tourna de nouveau vers le substitut et s'efforça de choisir les mots les mieux adaptés, certaine qu'elle finirait par ne trouver que les plus directs – c'était dans sa nature.

— Substitut Gardini, dit-elle, il y a au moins un million de raisons pour lesquelles un peu de sang aurait pu se retrouver sur ce dessin. L'artiste a pu se couper et son sang s'est mélangé à la couleur. Il a pu connaître, lui ou quelqu'un d'autre, un épisode de saignement de nez. D'ordinaire, l'explication la plus simple est aussi la plus proche de la réalité.

Gardini se tut, mais sa manière de la scruter constituait une réponse en soi. Elle retira ses lunettes.

— Vous suspectez qu'on aurait tué quelqu'un pour réaliser ce dessin ? reprit-elle, avec dans le ton de sa voix une incrédulité qu'elle n'avait pas réussi à dissimuler.

Gardini ne cilla pas.

— Je ne le suspecte pas. J'en ai la certitude.

Elle regarda le portrait, ce visage pâle qui semblait respirer, d'une respiration infinie. Son dernier souffle. Le sommeil dont la Nymphe dormait serait-il celui de la mort ?

— Pourquoi ? lâcha-t-elle, sachant que la réponse de Gardini allait tuer toute éventuelle objection dans l'œuf. Elle le connaissait depuis trop longtemps, désormais, et savait que s'il affirmait en être certain, ce n'était pas à la légère.

Gardini appuya une hanche contre la table, les bras croisés.

— Nous ne parlons pas d'un peu de sang.

Elle sentit un fourmillement lui parcourir le visage, comme chaque fois qu'une mauvaise nouvelle était sur le point de tomber.

— De quelle quantité, alors ?

Il attrapa un rapport sur la table et le lui remit. Il lui laissa quelques secondes, le temps de le feuilleter.

— La *Nymphe endormie* est entièrement faite de sang, commissaire, lui assena-t-il. Les analyses ont également relevé la présence de tissus cardiaques humains sur ce papier.

Elle finit par comprendre, mais ce fut Gardini qui exprima à voix haute ce qu'elle pensait tout bas :

— Alessio Andrian l'a peint en trempant ses doigts dans le cœur d'un être humain.

Des tissus cardiaques humains. Des mains qui pénètrent dans un thorax et se maculent les doigts dans un cœur. L'image qui prit forme devant ses yeux était celle d'une fresque empreinte de folie.

— Monsieur Gortan, fit-elle en s'adressant au galeriste, pouvons-nous avoir la certitude raisonnable que l'auteur de cette œuvre est bien Alessio Andrian ?

— J'ai effectué moi-même une seconde expertise. La pièce est authentique, sans l'ombre d'un doute.

— Sur quoi basez-vous votre déduction ?

Gortan plissa les lèvres en un sourire, de ceux qu'on réserve aux profanes d'un art si noble qu'il impose de juger son ignorance inadmissible, que seule l'indulgence permet d'excuser. L'homme qu'elle avait devant elle, songea-t-elle, se considérait à tous égards comme le prêtre d'un culte ésotérique et élitiste, et il se comportait comme tel. Elle avait eu tort de se le représenter en simple marchand d'art.

— Qu'est-ce qui me rend certain de la paternité de cette œuvre ? répéta Gortan. Chaque détail. Le papier, la couleur, la graphie de la date, mais surtout le trait : la pression de la mine et l'angle, expliqua-t-il en agitant les mains avec des gestes élégants et en soulevant des nuages d'un parfum coûteux. Je dirais le goût entier de la composition, ce que j'appelle « la main de l'artiste ». C'est cela, sa véritable signature, et rien d'autre. Incomparable, indubitable. Ce tableau de la *Nymphe endormie* est bien d'Alessio Andrian.

Il n'y avait assurément aucun doute dans sa voix. Ses joues s'étaient enflammées d'un enthousiasme sincère.

— Je dois avouer que je ne connais pas l'artiste, et que je n'avais même jamais entendu parler de la *Nymphe endormie* avant ce jour, admit Teresa.

Le visage parfaitement rasé du galeriste frémit d'une ébauche de grimace, juste une ombre passagère, si fugace qu'elle crut s'être trompée.

— Cela ne m'étonne guère, commenta Gortan. Ne le prenez pas mal, Andrian n'est pas fait pour les masses, mais pour un cercle restreint et choisi d'experts. Pourtant, ceux qui ont eu la chance rare de contempler ses œuvres n'ont pu s'empêcher d'admirer son extraordinaire âme d'artiste.

Il finissait par piquer sa curiosité. Qui était donc cet Alessio Andrian ?

— Pourquoi évoquez-vous une « chance rare » ? s'étonna-t-elle.

Le regard de Gortan brillait, il s'était fait franchement séducteur. Cet homme se savait le gardien d'une histoire singulière, elle le sentait.

— Andrian a cessé de peindre en 1945, commissaire. À seulement vingt-trois ans. Ses œuvres sont numérotées de une à dix, expliqua-t-il. On dit que la *Nymphe endormie* serait la dernière, la onzième.

Elle remarqua qu'il se référait à la femme du tableau comme si elle existait vraiment.

— Pour la peindre, il s'est servi d'un modèle ? demanda-t-elle.

Gortan secoua la tête.

— Personne n'en sait rien.

— Peut-être s'est-il arrêté de peindre à cause de ce qui est arrivé quand il a créé cette pièce, suggéra Gardini.

— C'est vous qui pourrez nous le dire, non ? répliqua le galeriste.

Teresa ouvrit son cahier.

— Combien vaut cette œuvre, selon vous ?

— Avant la découverte de ce sang, trois cent… trois cent cinquante mille euros. Maintenant… qui peut le dire ? Peut-être carrément le double.

— Vous voulez dire qu'un détail macabre comme celui-ci suffit à faire monter la cote en flèche ? s'enquit Marini.

Gortan le considéra avec une sorte de commisération qui agaça Battaglia.

— Non, inspecteur. Je veux dire que la valeur d'une toile, comme celle de n'importe quelle autre œuvre d'art, provient aussi de son histoire, des vicissitudes humaines dont elle s'accompagne. Et l'histoire d'Alessio Andrian est unique, on ne peut y rester indifférent. Ce dernier élément qui vient de s'y ajouter ne fait pas exception.

Teresa s'arrêta d'écrire.

— Quelle histoire ? réagit-elle.

— Le neveu d'Andrian est à l'étranger pour son travail mais il sera de retour cette nuit, intervint Gardini. Nous le rencontrerons demain matin pour un entretien informel. Personne ne peut raconter cette histoire mieux que lui.

— Vu les circonstances, je souhaiterais la connaître tout de suite, insista-t-elle.

— Andrian combattait avec les partisans, reprit aussitôt le galeriste. Il a peint ses œuvres caché dans les montagnes, entre deux incursions des Allemands. À la fin de la guerre, ses compagnons n'ont pas réussi à le retrouver. Il était présumé mort.

— Et en réalité ?

— Il était arrivé en Yougoslavie, on ne sait comment. Une famille de Bovec a informé les Italiens, de l'autre côté de la frontière, qu'elle avait trouvé l'un des leurs dans le bois derrière leur maison. Il était si mal en point que les miliciens de Tito l'avaient cru mort. C'était Andrian. Deux semaines s'étaient écoulées depuis sa disparition. Personne n'a jamais su ce qui lui était arrivé.

— Ils ne lui ont pas posé la question ?

— Andrian n'a jamais pu le raconter.

— Il est mort ?

— Non, il est devenu fou. Il a cessé de peindre. Et il n'a plus parlé. Jamais.

Gortan se tut, mais ses propos se propagèrent en elle comme un écho.

— Il a emporté son secret dans la tombe, en conclut Marini.

— Pas vraiment, rectifia le substitut Gardini en cherchant le regard de Teresa. Andrian est encore vivant, mais il est réduit à l'état de légume, désormais âgé de quatre-vingt-treize ans.

Il marqua un instant de silence, avant de continuer, comme s'il voulait leur laisser le temps de se préparer à la suite.

— Il n'est pas malade, il ne l'a jamais été. S'il ne marche pas, c'est de par sa propre volonté. S'il ne parle pas, c'est de son propre chef. Depuis soixante-dix ans. Quoi qu'il lui soit arrivé après avoir peint la *Nymphe endormie*, il a décidé de mourir vivant. C'est une tombe qui respire.

3

L'enfant se réfugia dans le bois, la poitrine haletante, la respiration précipitée. Au-delà de la lisière de la forêt, il pouvait encore apercevoir le pré, ponctué de marguerites et de pissenlits. De temps à autre, une ombre passait en vitesse, voilait les couleurs, mais les nuages écumeux se dissolvaient rapidement.

Il tourna le dos à la lumière et s'enfonça dans la verdure odorante. Derrière lui, les appels se firent plus lointains.

Le bois l'accueillit en silence, et ce silence l'incita à ralentir le pas. C'était comme d'entrer dans un lieu sacré : la pénombre froide, les hauteurs vertigineuses des voûtes, l'odeur des résines libérées des écorces. Il éprouvait la sensation étrange d'être en présence d'une entité supérieure, qui voit tout.

Il grelottait, son T-shirt imprégné de sueur sous son sweat-shirt.

Il s'enfonça dans la cavité de racines et de feuillages, une cachette sûre où se retrancher. Il se cala le menton sur les genoux, s'apprêtant à une longue attente.

De temps en temps, il les entendait crier son nom. Si l'instinct l'incitait à répondre et à mettre fin à sa cruelle plaisanterie, il y avait autre chose qui le poussait à rester terré, un amour plein de rage.

Les voix de ses parents s'exclamaient chacune à leur tour, comme un chant épouvanté. Par instants, tel un interlude, l'appel de *l'autre* s'élevait au-dessus. Alors il tendait l'oreille, cherchait à comprendre quelles notes elle jouait, si c'étaient celles de l'indifférence qu'elle lui réservait ces derniers temps, ou si son absence soudaine l'avait secouée, renvoyée vers un passé où elle se souciait encore de lui.

L'autre, c'était sa sœur. Quelque chose s'était rompu entre eux quand elle avait commencé à grandir, à changer, et à présent, elle était la destinataire de sa rancœur.

Il voulait leur faire éprouver la peur de le perdre. Il désirait seulement se faire aimer, comme autrefois.

C'est pour cela qu'il avait décidé de disparaître. Il l'avait fait dans un silence offensé, en fouettant l'air à coups de bâton. Les pétales des fleurs étaient tombés, en même temps que ses larmes.

Il se rencogna encore un peu plus dans son refuge. Il arracha une fougère d'un geste hargneux et ses doigts réduisirent le petit rameau en miettes. Il fronça le nez, se rendant compte à cet instant qu'il pleurait de nouveau.

Un bruissement de feuillages au-dessus de sa tête le fit sursauter. Il se sécha aussitôt les yeux. Là-haut, dans le tréfonds de cette coupole couleur émeraude, quelque chose s'agita, puis redevint silencieux.

Ce qu'il avait raconté à sa sœur justement ce matin, pendant la randonnée, lui revint à l'esprit et il laissa échapper une lamentation.

Les vipères ne font pas leurs petits dans les arbres, se dit-il, pour se rassurer. C'était un mensonge, inventé pour effrayer sa sœur.

Il resta immobile.

En était-il vraiment sûr ? « Les vipères enfantent leurs petits sur les branches, pour les faire tomber sur les gens et ne pas se faire mordre. » Voilà ce qu'il avait raconté à sa sœur.

Il se leva d'un coup avec un cri, et la sensation que quelque chose s'était faufilé dans le col de son sweat-shirt. Il retira ce dernier avec des gestes fébriles et s'enfuit en courant.

Il voulait retourner à la maison, en sécurité. Il se moquait désormais de son orgueil froissé, de cet amour trahi. Il voulait les baisers de sa maman, l'éclat de rire de son père. Même elle, l'autre, ne lui semblait plus si hostile et si insupportable.

Il se sentit agrippé par des extrémités faites de ronces et de bourgeons que même le brouillard ne réussissait pas à retrancher. Elles le retenaient par les bras, elles lui enserraient les jambes. Les bois voulaient l'emprisonner dans cette obscurité, aussi humide qu'un souffle. Un souffle qu'il commençait à sentir sur lui.

Il scruta du regard la lumière du pré, mais ne vit rien d'autre que les ténèbres. Les arbres semblaient plus imposants et plus tortueux, et le sous-bois plus enchevêtré.

Il comprit qu'il s'était perdu. Le froid l'enveloppa. Il se rendit compte qu'il n'avait plus que son T-shirt sur le dos. Ses bras étaient déchirés par les griffures d'épines qui lui avaient entamé la peau. Son visage aussi le brûlait, comme après une journée sous un soleil estival.

— Maman, appela-t-il, très faiblement, comme pour ne pas réveiller l'être qui l'encerclait.

Il entendit alors le bruissement léger de la forêt. Tout autour, tout remuait. L'enfant ne pouvait pas le voir, seulement le percevoir. La forêt respirait, palpitait avec un cœur puissant, unique, obscur. C'était un battement souterrain, vibrant, auquel il répondit en accélérant le pas.

Il ouvrit grands les yeux. La nature résonnait de ses échos mystérieux qui lui pénétraient jusqu'à l'âme.

Il serra les poings et la douleur s'alluma comme un feu. Il leva une main : la paume était traversée d'une profonde entaille. Hypnotisé, il observa le sang qui gouttait avant d'être absorbé par la terre noire.

Un papillon, couleur des fleurs d'arnica que sa mère avait cueillies dans la matinée, se posa sur la blessure. Il battait des ailes paresseusement, installé sur la chair.

Quand il tenta de le toucher, le papillon s'enfuit, mais continua de danser dans l'air à côté de lui.

L'enfant le suivit. Il espérait que le papillon le guide vers la lumière.

Il atteignit l'endroit où les arbres étaient plus clairsemés. Le soleil transperçait le sous-bois de ses lames éblouissantes. Cela lui rappelait les illustrations d'un livre de contes. L'histoire de Hansel et Gretel et de la sorcière qui voulait les dévorer.

L'insecte se posa sur de petits bouts de bois que le temps avait dépouillés de leur écorce. Des gouttes de rosée brillaient sur les fils fragiles d'une toile d'araignée. L'enfant s'agenouilla et tendit le doigt pour que le papillon se pose dessus, mais l'insecte se déroba.

Le froid soudain qu'il ressentit venait cette fois de l'intérieur.

Ce n'étaient pas des brindilles, mais des os. Des ossements qui pointaient hors de terre. Une main squelettique affleurait à moitié du sol, couchée parmi les mousses et les fleurs.

L'enfant hurla et s'enfuit, avec, imprimée sur sa rétine, l'image du papillon qui se débattait, prisonnier de la toile d'araignée tissée entre ces brindilles qui autrefois avaient été des doigts.

Alors qu'il s'imaginait déjà rester pour toujours dans la forêt, empêtré comme le papillon dans sa toile pernicieuse, il entendit une voix l'appeler. Il leva les yeux. Sur une pente, la luminosité était plus intense et sur ce tapis de lumière les contours d'une silhouette connue se dessinèrent peu à peu.

Il répondit à cet appel avec la force du désespoir. Sa sœur le rejoignit à la hâte, les cheveux ébouriffés et le jean sali de terre à hauteur des genoux. Elle avait pleuré. Elle se laissa tomber devant lui et le serra fort, comme cela n'était plus arrivé depuis longtemps, comme avant que l'âge ne les sépare. L'enfant éclata en sanglots. Il ouvrit la bouche pour se libérer de la peur, mais aucun son n'en sortit. Il se retourna, chercha la direction d'où il était arrivé : la forêt semblait à présent partout identique, comme si elle s'était refermée sur elle-même.

Il ne parviendrait jamais à retrouver la main fantôme. Il serra les lèvres. Personne ne le croirait de toute façon. Il se laissa prendre par le bras et conduire vers la lumière.

Une dernière larme lui coula des yeux. Elle était pour le papillon.

S'il s'était su observé, il aurait pleuré sur son sort, sur la mort silencieuse à laquelle il venait d'échapper.

Parce que le *Tikô Wariö* ne peut éprouver de pitié, pas même pour les êtres sans défense. Il doit monter la garde.

4

Massimo ne rentra pas tout de suite chez lui. Il avait envie de marcher, de se laisser étourdir par le centre-ville, animé comme rarement. Le bourg s'était constellé de lumières, le brouhaha des habitants invitait à s'arrêter pour renifler cet air de légèreté. Les portiques de la piazza delle Erbe, la place des Herbes, foisonnaient de cette humanité dont il faisait encore partie quelque temps auparavant. Des trentenaires, comme lui. Il les voyait plaisanter, les observait flirter, un verre de vin à moitié vide dans une main et dans l'autre une cigarette (ou la main d'une femme). À des années-lumière de lui.

Il marchait sans but, regardait les vitrines étincelantes sans vraiment les voir. C'était sa propre image qu'il cherchait dans ces reflets. Il s'aperçut qu'il avait changé, et le résultat ne lui plaisait pas. Ce n'était pas lui. Il marchait et il aurait voulu courir. Il se taisait et aurait voulu hurler. Être ici et loin d'ici en même temps. Sa fuite était de celles qui le ramenaient sans cesse au point de départ.

Lâche, songea-t-il, mais il savait qu'il s'était pardonné ce défaut depuis longtemps. Ce n'était même pas le pire.

Il sortit son portable de sa poche et le ralluma. Il attendit avec une sensation de vide au ventre les notifications qui s'affichèrent à l'écran en cascade.

Elle l'avait appelé de nouveau. Elena n'envoyait jamais de textos : elle ne voulait pas se contenter de manifester son mépris en quelques lignes, elle voulait lui enfoncer ses paroles jusqu'à les lui faire exploser dans les oreilles. Elle voulait lui gifler le cœur avec sa voix.

Il laissa derrière lui la tentation d'un bonheur feint pour s'immerger dans le silence de rues plus tranquilles. Il tourna au coin d'une ruelle et faillit se heurter à un couple qui s'embrassait sous un lampadaire. Elle rit, et le garçon resserra son étreinte.

Massimo en ressentit une pointe d'amertume et détourna le regard. Elena et lui étaient comme cela, eux aussi, à une époque dont il ne réussissait plus à se souvenir, même si la logique lui soufflait qu'il ne s'était pas écoulé plus d'un an depuis ces journées-là, et certainement pas dix.

Ils avaient été comme ce couple, incapables de garder leurs mains éloignées.

Et puis il l'avait abandonnée, sans donner d'explications – parce que cela aurait signifié qu'il aurait dû s'en fournir également à lui-même, alors qu'il ne désirait qu'une chose : le silence. Il avait quitté Elena après avoir entendu ses dernières paroles, des mots d'amour. Il ne l'avait plus revue jusqu'à ces dernières semaines : quelques heures au cours desquelles il l'avait de nouveau aimée, et de nouveau abandonnée.

Il avait eu la mauvaise idée de rentrer chez lui pendant son congé.

Il en éprouvait de la colère, mais seulement envers lui-même. Pour ce qu'il ressentait. Pour ce qu'il ne ressentait pas. De s'être ainsi découvert si différent de ce qu'il aurait voulu être.

Il se retrouva en bas de chez lui sans même s'en être aperçu. Il leva les yeux vers l'immeuble. Les fenêtres du troisième étage étaient éteintes, comme les mégots de son enthousiasme. Il ignora l'ascenseur et gravit l'escalier. Ce soir-là, il n'avait même pas d'affaire sur laquelle travailler afin d'éviter de penser à elle. Tel qu'il voyait la chose, espérer résoudre le mystère de la *Nymphe endormie*, soixante-dix ans après, lui paraissait un peu optimiste.

Il arriva au palier de son appartement, mais s'immobilisa avant de poser le pied sur la dernière marche.

Il y avait une femme qui l'attendait. Assise sur une valise à roulettes, le dos appuyé contre la porte et les yeux fermés, elle semblait épuisée, mais elle avait aussi l'air tendu de celle qui s'est préparée à combattre. Elle était plus maigre que dans son souvenir, qui pourtant ne remontait pas à si loin : un court laps de temps qui semblait l'avoir consumée, comme si chacune de ses respirations était une morsure qu'elle s'infligeait à elle-même.

Non, ce n'est pas la faute du temps.

— Elena... ? s'écria-t-il.

Sa voix était faible, à peine plus qu'un souffle, mais les yeux d'Elena se braquèrent sur lui avec l'instantanéité d'un piège. Ils y restèrent, sans qu'elle ne dise rien, et la gêne pesa lourdement sur leurs corps soudain raidis. Puis elle se leva, avec un soupir qui pouvait tout signifier : fatigue ou irritation, soulagement ou peut-être remords.

Il ravala sa salive, non sans mal. Aucun mot n'aurait pu le sauver.

— Je ne sais pas quoi dire, murmura-t-il. Je…

Elle s'approcha. Il s'attendait à une gifle, et au contraire elle s'enfouit le visage au creux de son cou. Ce fut comme un coup de fouet à tous ses sens, un écrasement de sa volonté au contact de sa peau.

Il ouvrit la bouche, mais elle y posa les doigts. Ils étaient froids et ils tremblaient.

— Moi-même je ne sais quoi te dire, enfin comment te le dire, alors je vais être directe, souffla-t-elle. Je suis enceinte.

5

20 avril 1945. Ce qui s'est passé ce jour-là est un mystère qui dort depuis plus de soixante-dix ans.

Note : consulter les journaux de l'époque.

Demain, 8 h 30 : rencontre au parquet avec Raffaello Andrian, petit-neveu du peintre.

Jeune fille avec un chien arrêtée à l'angle entre la galerie et la place. A les cheveux bleus. Sensation étrange. Je l'ai déjà vue ?

Marini : a un secret qui le dévore.

Teresa referma son journal, la tête appuyée contre la fenêtre du bureau qu'elle partageait avec Marini. Elle avait regardé le jeune inspecteur s'éloigner à pied, jusqu'à ce qu'il disparaisse dans l'obscurité.

Il s'enfuit, s'était-elle dit. Ce garçon s'était réfugié dans une nouvelle existence, mais quelque chose continuait de le traquer. Ces dernières semaines, son corps même avait changé : plus sec, plus nerveux et plus à vif. Inquiet comme la bête qui s'agitait à l'intérieur. Par instants, elle réussissait à l'entrevoir. C'était une masse dense qui privait le regard de lumière, une silhouette postée exactement devant l'âme. Ils avaient une chose en commun, Massimo et elle : ils protégeaient farouchement leurs secrets.

Elle pinça les branches de ses lunettes entre ses lèvres, le regard fixé sur la nuit à peine sculptée çà et là par les lueurs des réverbères et les phares des voitures. Elle ne parvenait pas à se détacher de cette obscurité.

Sa main caressa distraitement sa joue, le bracelet rigide qu'elle portait au poignet tinta. C'était un simple anneau en argent, sur lequel elle avait fait graver quelques mots.

Ton nom est Teresa Battaglia.

Ensuite, il y avait le numéro de téléphone portable de son médecin traitant. Ni celui d'un mari, ni celui d'un fils ou d'un parent : ce message était pour elle, habituée qu'elle était à se sauver elle-même.

Elle baissa les stores et ce fut comme se secouer d'une torpeur qui usait le corps et les pensées.

Son bureau était un plan de travail luisant, avec un écran et un clavier. Ces derniers mois, il avait changé en même temps qu'elle, tandis qu'elle s'était adaptée à une vie qu'elle avait dû remodeler, et qui avait pris une forme nouvelle : plus méthodique, plus réfléchie, voire plus disciplinée.

Elle s'assit et posa son journal. Sous le clavier, elle récupéra la clé qui déverrouillait le classeur à tiroirs. Elle en ouvrit un et en inspecta le contenu.

Ce fut comme de libérer des papillons. Des dizaines de Post-it classés par numéro, comme des ailes de couleur qui bruissaient au toucher et portaient toutes des informations. Jaunes pour les messages liés au travail : ce qu'elle faisait ici, comment allumer un ordinateur, comment l'éteindre, comment se servir du téléphone et appeler un taxi, le nom de la personne qui partageait ce bureau avec elle… Vertes pour sa vie privée et les rituels auxquels la contraignait le diabète. Le numéro 1 commençait par un message inquiétant : regarde ton bracelet, était-il écrit.

Elle s'écrivait à elle-même, pour s'offrir une issue de secours au cas où elle oublierait complètement qui elle était. Elle n'était encore jamais arrivée au point d'expérimenter si cela serait vraiment utile ou non.

C'étaient des indices faits pour la guider dans un parcours quotidien qui, d'un instant à l'autre, aurait pu devenir inconnu et incompréhensible.

Les dernières lumières dans les bureaux de l'étage s'éteignaient une à une. Les voix des collègues qui descendaient l'escalier étaient un murmure qui s'éloignait, comme dans ses rêves.

Tout cela lui manquerait.

Elle respira profondément, s'efforça de se concentrer sur l'affaire Alessio Andrian et le tableau peint avec du sang. Demain, elle devait rencontrer le petit-neveu du peintre et, peut-être, obtenir quelques informations supplémentaires sur l'histoire qui avait porté cette *Nymphe endormie* jusqu'à elle.

Une autre affaire en attente d'être résolue, et d'autres mensonges en attente d'être prononcés. Cacher son état clinique équivalait à tromper tout le monde. Son équipe, qui lui était fidèle et croyait en son infaillibilité. Le préfet de police et Gardini, qui continuaient de lui confier les dossiers les plus complexes. Les victimes. Les familles des victimes.

Il lui fallait mettre fin à cette farce, avant d'atteindre le point de non-retour. La maladie qui, jour après jour, se repaissait de sa mémoire l'éloignerait très vite de tout ce qu'elle aimait. Battaglia avait pris sa décision depuis des semaines, mais quelque chose semblait la maintenir à son poste. Aujourd'hui encore, elle avait hésité devant la porte du préfet. Il lui avait ouvert, comme s'il savait qu'il la trouverait derrière.

— J'ai une nouvelle enquête pour toi, avait-il annoncé.

Avec son mystère opaque, la *Nymphe endormie* était venue suspendre l'inévitable, unique preuve d'un crime dont on ne savait même où il avait été commis. Sur la date, il était facile d'émettre une hypothèse : 20 avril 1945. Quelques jours avant la fin de la guerre.

Tout ce qu'elle avait, c'était un dessin macabre et magnifique, un sang anonyme qui ne mènerait nulle part et un vieillard incapable de rien comprendre, qui avait été résistant et qui peut-être, en temps de guerre, avait tué quelqu'un – probablement un ennemi sur lequel il s'était acharné.

Il a trempé les mains dans son cœur et il a dessiné la jeune fille, se répéta-t-elle. *Le sang est un puissant symbole. C'est la vie qui nous irrigue, nous guérit et nous transforme.*

Malgré la violence de l'acte, elle ne réussissait pas à voir dans tout ceci une volonté homicide. Elle y décelait au contraire une pulsion viscérale. Une passion poussée à l'extrême, là où danse la folie.

Elle savait bien pourquoi Gardini lui avait confié l'enquête préliminaire, à elle et à personne d'autre : il se fiait à son intuition.

— Tu as une affinité élective avec les morts, lui avait-il dit un jour.

Les morts avaient beaucoup à raconter sur leurs derniers instants de vie, mais cette fois Teresa n'avait pas d'yeux vitrés au fond desquels tenter de discerner l'ombre de l'assassin. Il n'y avait pas de mains qui avaient voulu repousser l'agresseur, lui opposer une ultime défense, en lui arrachant des indices. La Nymphe de sang dormait d'un sommeil d'où personne ne la réveillerait. Son secret reposait avec elle.

Elle rouvrit son journal et le feuilleta, en un rituel du soir désormais nécessaire. Elle surveillait son propre mental, pour déterminer si elle avait perdu quelque chose, et à quel degré.

Elle trouva l'énigme demeurée en suspens. Elle n'avait pas encore eu le temps d'y réfléchir. Elle avait remarqué que cet exercice était en mesure de la ramener dans le monde, quand elle sentait que quelque chose en elle se brouillait. Cette nécessité s'était transformée en une habitude plaisante.

La police doit faire irruption dans une maison pour arrêter un criminel. L'unique information dont elle dispose, c'est son nom : Adam.

À leur entrée dans les lieux, les policiers tombent sur un mécanicien, un pompier et un plombier qui jouent aux cartes.

Sans hésiter, ils arrêtent le mécanicien.

Pourquoi ?

Le journal lui échappa des mains et, avec un frottement, tomba sur le dallage. Elle se pencha et, non sans effort, tendit la main pour le récupérer sous son siège.

Elle se redressa en s'agrippant au rebord de la table, les pages tournèrent au hasard, avant de s'arrêter quelques jours plus tôt. Une note, rédigée de son écriture déliée, la cloua dans son siège.

Jeune fille aux cheveux bleus avec un chien assez vilain, à l'arrêt d'autobus, devant la préfecture. J'ai l'impression de l'avoir déjà vue, mais elle a filé en vitesse. Elle semblait agitée.

Teresa ne se rappelait ni l'épisode ni cette note, et pourtant, ce n'était pas ce trou noir minuscule et profond dans sa vie qui la perturbait. Encore la jeune fille aux cheveux bleus. Elle l'avait rencontrée au moins trois fois ces derniers temps, et dans des endroits différents.

D'instinct, son regard se dirigea vers la fenêtre, vers l'obscurité derrière les stores.

Coïncidence, se dit-elle. À moins que, là, dehors, quelque part, quelqu'un n'ait commencé de suivre ses pas.

6

La paix était descendue sur le bois. La famille était enfin repartie, emmenant avec elle l'enfant trop curieux. L'attente avait été longue : les étrangers s'étaient attardés jusqu'au coucher du soleil, trop proches d'un secret qui devait rester dissimulé, trop imprudents pour éprouver de la peur. Ils ne s'étaient pas rendu compte que quelqu'un les observait.

Ainsi, le soleil s'était abîmé derrière le cercle violacé des sommets et le crépuscule s'était ouvert à l'obscurité comme une fleur nocturne. La lumière de Vénus éclairait déjà l'ouest : son nom était Lucifer, étoile du matin, et son nom était Vêpres, étoile du soir. À cette période de l'année, elle apparaissait là-haut, entre deux crêtes, dans l'échancrure d'un delta bleu cobalt.

Sous sa lumière diaphane, les villages de la vallée reposaient, endormis. Le clocher de l'église pointait au-dessus du toit à bardeaux de mélèze et de la rose des vents en lieu et place de la croix.

Au-delà des prés, au-delà de la ligne d'horizon de la forêt, les pas se réduisaient à des bruissements étouffés dans le sous-bois et s'accompagnaient du chant d'une civette. Ils connaissaient le sentier que des yeux inexpérimentés n'auraient même pas entrevu, entre des genêts blancs et des lilas des bois. Le long du versant, ces pas s'étaient transformés en petits bonds, puis ils avaient trouvé la tombe.

La nuit parfumait et enveloppait la mort avec douceur. Désormais révélés, les os luisaient d'une blancheur lunaire sur fond de terre noire. Les corolles des fleurs maintenant refermées ornementaient ces restes qui affleuraient dans les profondeurs de la vallée. Les pluies printanières, presque torrentielles, avaient érodé le terrain et provoqué la découverte du secret dont la forêt était la gardienne.

— *Skrit kej*, murmura doucement une voix.

Garder un secret.

La figure protectrice du *Tikô Wariö* était de retour dans les bois de la vallée, comme dans les contes murmurés par les anciens autour du foyer. « Celui qui monte la garde » n'avait pas de visage, ni véritablement de corps. D'après la légende, le grand geôlier, le féroce gardien, se matérialisait devant quiconque l'appelait à l'aide.

Et quelqu'un, à cet instant, l'avait appelé.

— *Tikô Wariö. Tikô Bronô. Te k skriwa kej*, chantonnait la voix.

Des mains patientes se mirent à creuser, à recouvrir d'autres mains d'obscurité et de silence.

7

Teresa regardait le monde avec l'impression de ne plus en faire partie, comme si elle l'observait à travers de nouveaux yeux. Une peur nouvelle elle aussi l'avait maintenue éveillée toute la nuit. Elle se demandait si l'impression d'être suivie n'était pas un effet de la maladie. Phobie, paranoïa, obsession : était-ce ce qui lui resterait de son avenir, après qu'Alzheimer aura effacé toute émotion et tout souvenir ?

Elle avait été incapable de trouver une réponse à ses questionnements et la peur semblait s'être transformée en une boule de chair qui poussait en elle, déformant la perception qu'elle avait d'elle-même.

Les bureaux du parquet étaient encore déserts, les couloirs du tribunal avaient été lavés depuis peu. Le tic-tac d'une horloge scandait le silence de battements contractés.

Battaglia gardait les yeux fixés sur le cloître enfermé à l'intérieur du carré que formait cet édifice de la fin du XIXe siècle. Marini était en retard et son téléphone était muet. Quelque chose lui disait qu'il n'allait pas venir. Elle développait une sorte de sixième sens en ce qui le concernait, un instinct qui formait peut-être le prélude à une autre sensation plus définie. Elle savait qu'elle ne devrait pas penser à lui de la sorte : il n'était pas salutaire de se lier à quelqu'un, surtout maintenant qu'elle devait se préparer à renoncer à tout, à faire ses adieux et à disparaître.

Elle ferma les yeux un instant et ce fut comme de désavouer ses pensées, ses sentiments. Quand elle les rouvrit, quelques respirations plus tard, cette anxiété avait disparu et elle était redevenue commissaire.

Elle attendait de rencontrer le petit-neveu d'Alessio Andrian. C'était peut-être le seul à pouvoir l'aider à résoudre le mystère enfermé dans la trame du dessin.

La veille, le substitut du procureur avait défini l'entrevue comme une conversation informelle, mais elle savait qu'ils allaient soumettre le jeune Raffaello Andrian à un véritable interrogatoire en règle, même s'il n'était, pour le moment en tout cas, présent qu'en sa qualité de détenteur d'informations.

C'était lui qui avait retrouvé l'œuvre. Peut-être connaissait-il l'origine de ce dessin macabre et avait-il justement compté sur l'expertise menée par Gortan pour le vendre rapidement et en tirer une belle somme. Pouvait s'ajouter à cela la nécessité de se délester de la preuve indirecte d'un homicide commis soixante-dix ans plus tôt. Il ne s'était probablement pas attendu à ce que Gortan s'acquitte aussi bien de sa mission.

Des réflexions tirées d'un esprit habitué à sonder les ombres plutôt que la lumière, elle s'en rendait compte. Elle n'avait pas encore rencontré Raffaello Andrian, mais elle avait déjà commencé à en esquisser les possibles traits de caractère, le profil psychologique, les détails comportementaux qui, une fois la boucle bouclée, contribueraient à donner sens à l'ensemble. C'étaient les particularités imprévisibles qui l'intéressaient le plus, parce qu'elle savait qu'un crime, de quelque type qu'il soit, se commet toujours d'abord dans la tête, que ce soit sur un mode conscient ou inconscient.

Quelqu'un la salua, et elle se retourna, surprise – elle n'avait pas entendu le substitut du procureur arriver.

— Bonjour substitut Gardini, répondit-elle avec un sourire destiné à effacer toute trace d'hésitation. (Elle regarda derrière lui, à la recherche du préfet.) Tu es seul ?

— Paolo ne se sent pas bien, je viens de l'avoir au téléphone. Nous devrons procéder sans lui.

Elle repensa à l'e-mail qu'elle avait envoyé à Ambrosini la veille au soir. En quelques lignes délicates à écrire, elle lui avait demandé un « entretien ». Elle avait presque fini par se convaincre qu'elle parviendrait à lui confesser à peu près n'importe quoi, mais la vie semblait encore une fois lui accorder un peu de répit.

Elle se dirigea vers le bureau de Gardini – c'était là qu'aurait lieu le rendez-vous avec Raffaello Andrian.

— Le dossier te préoccupe ? demanda le substitut.

— Bien sûr, oui. Nous savons l'un et l'autre que cette enquête est impossible à résoudre.

Gardini s'arrêta. Il avait les bras chargés d'une pile de dossiers en désordre.

— Tu crois que c'est du temps perdu ?

Elle décida d'être directe.

— Si tu veux mon avis, c'est hors de notre portée. Sept décennies se sont écoulées depuis le crime et il est fort probable que tous les potentiels témoins soient morts, à présent. Nous ne savons même pas où se sont produits les faits…

Le tribunal commençait à s'animer, et Gardini reprit à voix basse :

— Le juge Crespi n'a pas l'intention de classer l'affaire, je te le signale à titre officieux. Il craint que cela ne finisse dans la presse. Si tel est le cas, et c'est probable, l'opinion publique exigera une réponse. Avant de commencer à envisager une possible prescription, il veut qu'on fasse le maximum pour découvrir ce qui a bien pu se passer.

— Ah, là-dessus, je n'avais aucun doute.

Le visage du substitut du procureur se détendit.

— Procédons étape par étape, proposa-t-il, il se peut que cela nous mène quelque part. En commençant par le petit-neveu d'Andrian. Il nous communiquera peut-être des éléments intéressants.

Teresa sortit son cahier de son sac à bandoulière.

— Et le peintre ? s'enquit-elle.

— Oublie. C'est un légume, je te l'ai dit. Concentre-toi sur le petit-neveu pour le moment.

Un jeune homme, l'air un peu perdu, était assis dans l'un des fauteuils de la salle d'attente, attenante au bureau. Le substitut du procureur l'appela par son nom, et il se leva d'un bond.

Gardini fit les présentations. Le ton se voulait amical, le sourire rassurant.

Raffaello Andrian ne correspondait pas à l'image que Teresa s'était imaginée. Il avait plus l'allure d'un étudiant en herbe que d'un homme ; il avait vingt-sept ans, mais en faisait à peine plus de vingt. Ses yeux bleus, immenses, avec une expression égarée, et ses mèches châtaines qui retombaient en désordre sur le front lui donnaient un air d'angelot, alors qu'elle s'était préparée à tenir tête à un parent de l'artiste roué et arriviste.

Ils s'installèrent dans le bureau. Gardini derrière sa table, qui évoquait plus un dépôt de vieux papiers qu'un poste de travail, et le commissaire Battaglia à côté du garçon. Elle savait qu'elle lui inspirait un mélange de crainte et de déférence, et les lieux jouaient en sa faveur. Elle avait d'emblée perçu le pouvoir qu'il lui conférait : les yeux apeurés de Raffaello fuyaient systématiquement l'examen auquel le soumettaient les siens, pour aller chercher le réconfort dans ceux, bienveillants, du substitut Gardini. Et pourtant, elle ne se croyait pas si effrayante. Elle masqua un sourire au moyen d'une grimace, et chaussa ses lunettes de lecture pour prendre des notes.

— Comme je vous l'ai indiqué au téléphone, monsieur Andrian, ceci n'est pas un interrogatoire, commença Gardini. Il n'y a ni suspects ni enquête. Nous voulons seulement savoir si vous seriez en mesure de nous fournir quelques renseignements utiles afin de reconstituer les événements.

— Si je le peux, volontiers.

La voix du jeune homme trahissait aussi, et plus que tout le reste, un personnage qui doutait de lui-même.

— À ce stade de l'enquête, et au vu de votre position de simple témoin, la présence d'un avocat n'est pas obligatoire, mais si vous avez changé d'avis, et si vous voulez…

— Non, je n'ai pas changé d'avis.

— Vous êtes son plus proche parent ? demanda le commissaire Battaglia.

— Oui, mon père et ma mère sont décédés et je suis fils unique. Je suis revenu vivre avec mon oncle depuis quatre ans.

— C'est vous qui vous occupez de lui ?

— Avec une aide-soignante qui habite chez nous. Mon oncle a besoin d'être assisté en permanence.

Elle le regarda par-dessus la monture de ses lunettes.

— Vous l'appelez votre oncle, mais en réalité c'est votre grand-oncle. Le frère de votre grand-père, précisa-t-elle.

— Oui… Excusez-moi.

— Pas de problème, c'était pour clarifier votre lien de parenté. (Elle continua d'écrire, puis s'interrompit de nouveau.) Vous avez été prévenu que les déclarations que vous ferez pourront être utilisées contre vous et que vous n'êtes pas obligé de répondre ?

— Oui, on me l'a mentionné.

— Je vous avertis également que si vous produisez des déclarations relatives à des faits concernant la responsabilité de tiers, vous devrez assumer le statut de témoin eu égard à ces faits.

— Oui, je comprends.

Raffaello Andrian réussit à peine à produire assez de souffle pour se faire entendre.

Elle le regarda droit dans les yeux et répéta ce préambule, afin que les conséquences lui apparaissent clairement.

— Cela signifie que tout ce que vous déclarerez pourra aussi être utilisé pour incriminer votre grand-oncle. Vous avez bien compris ?

Raffaello Andrian opina et Gardini lui tendit le feuillet où était imprimée la phrase rituelle, qu'il devait répéter. Le jeune homme prêta serment, en butant sur les mots à deux reprises.

— Bien, commençons, fit alors le commissaire. Un conseil, monsieur Andrian : soyez sincère. D'expérience, je peux vous affirmer que mentir sur un point, ou le taire, même si cela vous semble un détail négligeable, est une très mauvaise idée. D'ordinaire, les choses ne finissent jamais bien.

Il regarda Gardini, puis répondit :

— Je m'en rends compte.

— Première question : vous saviez que le portrait avait été peint avec du sang ?

— Non.

— Maintenant que vous le savez, avez-vous une idée de la personne à qui pouvait appartenir ce sang ?

— Non.

— Dans le passé, votre grand-oncle ne vous a jamais rien dit qui pourrait maintenant vous amener à le soupçonner d'avoir commis un crime ? Ou en tout cas un acte contraire à la loi ?

Raffaello Andrian finit par la regarder. Elle vit dans ses yeux une sorte d'incrédulité, comme si la question du commissaire était incorrecte, mais aussi ce qui lui sembla être de la peine.

— Je..., commença-t-il, comme s'il cherchait ses mots. En vingt-sept ans, je n'ai jamais entendu sa voix. Personne ne l'a entendue.

— Jamais ?

— Jamais.

Ces deux syllabes tombèrent comme un poids mort qui provoqua chez Teresa une série de questionnements, mais surtout d'images en écho. Un jeune homme qui décide de clouer son corps dans l'immobilité et de vouer ses lèvres au silence. Pour toujours, quoi qu'il arrive. Elle n'aurait pas cru cela possible.

C'est une tombe qui respire, avait dit Gardini.

— De quelle pathologie est-il atteint ? demanda-t-elle.

— Aucune. Aucun des spécialistes que la famille a consultés depuis des années n'a réussi à émettre de diagnostic.

— À votre connaissance, depuis combien de temps Alessio Andrian est-il dans cet état ?

— Depuis qu'on l'a retrouvé dans un bois juste derrière la frontière, le 9 mai 1945. À l'époque, c'était en territoire yougoslave, aujourd'hui, c'est la Slovénie. C'est ce que m'a raconté mon père.

— Presque vingt jours après avoir peint la *Nymphe endormie*, réfléchit Battaglia à voix haute, et personne n'a la moindre idée de ce qu'il a fait pendant ce laps de temps. Pouvez-vous m'en dire plus ?

— C'est une histoire que je connais bien. Mon père me l'a racontée comme s'il s'agissait d'un conte depuis ma plus tendre enfance, et il a continué jusqu'à peu de temps avant sa mort, mais je ne sais par où commencer.

— Par où vous voulez. Par exemple, d'où vient le nom du tableau ?

— C'est mon père qui l'appelait ainsi. Il jurait de l'avoir vu enfant, dans la chambre de son oncle. Alessio observait le portrait, l'un des rares moments où il semblait comprendre ce qui l'entourait. Mon père avait cru le voir remuer les lèvres en silence et il a affirmé avoir entendu ce nom se former dans son esprit. Le souvenir de la *Nymphe endormie* ne l'a plus abandonné. Elle l'avait ensorcelé, c'est ce qu'il répétait. Pourtant, le tableau avait disparu, et personne n'avait jamais réussi à remettre la main dessus dans la maison.

— Où était-il ?

— À l'intérieur d'une niche, dans le grenier. Je l'ai découvert en déplaçant un meuble dont je voulais me défaire.

— Par conséquent, en cette circonstance au moins, Alessio Andrian est sorti de sa chambre, sur ses deux jambes, pour aller cacher son tableau là-haut.

— Personne ne l'a vu faire.

— Et selon vous, pourquoi l'a-t-il fait ?

— Je l'ignore, mais apparemment, quand Alessio s'est rendu compte que mon père l'observait, il a fait une crise de nerfs terrible. Il s'est transformé en bête sauvage : il pestait, il éructait. Il a attrapé le premier objet qui lui tombait sous la main et l'a lancé contre les murs. Il a démoli sa chambre, fracassé les carreaux des fenêtres. Mon père en a été tellement impressionné qu'il n'a plus jamais mis les pieds dans cette chambre, et qu'il n'est plus jamais resté seul avec notre oncle. La *Nymphe endormie* a toujours hanté nos histoires de famille comme un fantôme. Mon père l'avait entrevue, mais personne ne pouvait être sûr de son existence. Plus tard, elle est devenue l'obsession des collectionneurs.

— Vous n'exagériez pas quand vous disiez que vous connaissiez bien cette histoire, observa Teresa.

Raffaello parut attristé.

— Certaines familles ont de grandes histoires d'amour ou d'aventures à raconter aux enfants ou aux parents qui se réunissent à l'occasion des fêtes. Il y en a tant d'autres qui n'ont qu'un passé de malheurs à distiller, comme si le chagrin était encore présent. Les Andrian ont la *Nymphe* et la folie de mon oncle.

— Alessio Andrian était résistant, affirma-t-elle, changeant de sujet.

— Dans la brigade Garibaldi, oui.

— Où était-il posté ?

— Dans le Carso, là-haut, dans les vallées plus au nord. Et puis, vers la fin de la guerre, dans le Canal del Ferro. Ils changeaient souvent d'emplacement, c'est ce qu'ont raconté ses camarades, d'abord à mon grand-père, puis à mon père. Ils vivaient dans les bois, ils se restauraient dans les villages, et ils repartaient.

Teresa et Gardini échangèrent un coup d'œil entendu. Ils tenaient peut-être un lieu, même si la zone était plutôt vaste.

Le Canal del Ferro était une vallée austère, sillonnée par une rivière et enserrée entre des montagnes aux flancs escarpés recouverts d'un maquis broussailleux ou traversés de gros rochers et de graviers. Les crêts saillants descendaient vers l'aval comme d'imposants décors de théâtre. C'était un paysage millénaire, qui devait son nom au commerce du fer et d'autres métaux entre l'Empire romain et les mines de Styrie et de Carinthie. Ce n'était pas une zone fortement peuplée. De rares villages ponctuaient la route nationale tracée le long de l'autoroute, jusqu'à la frontière avec l'Autriche.

C'était un point de départ, pensa le commissaire. Ils pouvaient exclure toute la région située plus au nord et, pour le moment, se concentrer sur l'entrée de la vallée. De l'autre côté de ces montagnes, c'était la Slovénie et le petit bourg de Bovec, où l'on avait retrouvé Alessio Andrian. Des cols et des sentiers pouvaient aussi y conduire un homme à pied.

Les éléments recueillis concordaient. À ce stade, pourtant, retrouver un témoin encore en vie susceptible de se souvenir d'un peintre partisan demeurait improbable. Ils pouvaient seulement espérer un témoignage indirect.

— Que pouvez-vous me dire de ce qui s'est passé lorsqu'on a retrouvé votre oncle ? demanda-t-elle.

La gorge de Raffaello Andrian se serra, il ravala sa salive avant de répondre.

— Une famille de Bovec l'a découvert dans un bois derrière leur maison. Affamé, dévoré par la fièvre. Peu de temps auparavant, les miliciens de Tito avaient procédé à une battue dans cette zone, mais ils l'avaient cru mort. Le bûcheron et sa femme l'ont ramené chez eux et l'ont soigné. Il est resté entre la vie et la mort pendant des jours. Ce sont ses camarades qui sont venus le récupérer.

Teresa sentit se réveiller en elle cet instinct qui lui avait souvent permis d'isoler les indices qui conduisaient à la résolution d'une affaire. Le regard soudainement assombri du jeune homme et son ton de voix, qui s'était fait plus aigu, avaient excité en elle une sorte de signal. L'air était saturé d'un soupçon de réticence : Raffaello Andrian parlait d'un sujet qu'il aurait voulu taire. Un sujet qui suscitait en lui de la gêne, même si son corps avait cherché à le dissimuler en regardant le commissaire dans les yeux.

— Pourquoi les titistes l'ont-ils cru mort ? demanda-t-elle.

Elle était tellement concentrée sur le garçon qu'elle aurait pu ressentir même la plus infime variation dans le rythme de sa respiration. Devant eux, Gardini était aussi figé qu'une statue.

— En raison de son état, je crois. Un état… grave.

— Au point de passer pour mort, avez-vous dit.

— C'est comme cela que la famille en parlait.

Encore ce tremblement dans la voix. C'était une brèche qui s'ouvrait.

— Au point de paraître mortellement blessé ? insista-t-elle.

Il y eut un temps de silence.

Elle savait que le processus mnésique n'est pas reproductif, mais reconstructif. Elle avait appris que pour se souvenir, le cerveau reconstruit ce qu'il a vécu. Et, en reconstruisant, l'esprit peut inconsciemment ajouter des béquilles, des éléments sans aucun rapport avec la vérité. Sous l'effet du stress, de la suggestion. Pour répondre à l'idée préconçue qu'une personne s'est créée d'une situation.

Tous ces aspects constituent le vice de forme des processus mnésiques, un déficit que le cerveau surmonte en créant de faux souvenirs.

Le souvenir n'est rien d'autre qu'un moment singulier de lucidité, enregistré dans l'esprit de manière incidente, entouré de tant d'autres qui sont flous.

Cela la fascinait, à cette période de sa vie plus que jamais.

— Au point de paraître mortellement blessé ? répéta-t-elle.

Le jeune homme répondit dans un murmure.

— Oui. Oui, au point de paraître mortellement blessé.

Elle se pencha vers lui.

— Je vous le demande une nouvelle fois : dans quel état a-t-on retrouvé votre grand-oncle ?

Le jeune homme baissa les yeux.

— Je ne peux pas décrire ce que je n'ai pas vu, murmura-t-il, mais je peux vous répéter ce que ses camarades ont rapporté à la famille.

— Je vous écoute.

— Les habitants de Bovec en étaient épouvantés.

Battaglia retira ses lunettes.

— Quelque chose chez lui les inquiétait, en déduisit-elle.

Le garçon releva les yeux. Ils étaient brillants.

— Ils le craignaient. Ils l'appelaient « le fils du diable ». Nu, roux, il leur apparaissait comme un démon qui venait de naître.

— Il paraissait mortellement blessé, mais il ne l'était pas, devina Teresa. Le sang qui le recouvrait n'était pas le sien.

— Non, ce n'était pas le sien.

Dans le silence qui suivit, Gardini lâcha un soupir ; c'était la tension qui se relâchait. Ils avaient obtenu plus qu'ils n'auraient pu espérer.

— Mon oncle est un homme bon, s'empressa d'ajouter Raffaello Andrian, comme pour rectifier la vérité qu'il venait d'avouer.

Battaglia aurait voulu le rassurer, mais elle n'était pas d'humeur à mentir. Même les braves gens peuvent se tromper. Même les braves gens peuvent tuer.

— J'ai une dernière question, reprit-elle. Vous rappelez-vous le nom d'un des camarades partisans de votre oncle ?

Le jeune homme fit non de la tête. Peu importe, elle était satisfaite de leur entretien.

— Ce sera tout pour moi, dit-elle à Gardini.

Le substitut du procureur acquiesça et s'adressa à Andrian.

— Si vous aviez l'intention de revendre la *Nymphe endormie*, je crains que vous n'ayez à vous armer de patience. La mise sous séquestre risque de durer un bout de temps.

Le regard du garçon s'enflamma.

— Jamais je ne vendrai ce tableau !

Battaglia fut frappée de tant de véhémence. Jusqu'à cet instant, il s'était montré docile, tel un enfant effarouché.

— Pardonnez-moi cette question, intervint-elle, mais pourquoi un tel attachement ?

Raffaello Andrian réussit à la défier du regard. Il semblait avoir puisé en lui un courage inédit.

— Mon oncle l'avait entre ses mains quand ils l'ont retrouvé. Il ne l'avait pas lâché, des journées entières, alors qu'il avait perdu connaissance. Je ne sais ce que ce dessin peut représenter pour lui, je ne sais quelle est sa signification, mais il y a une chose dont je suis sûr : moi non plus, je ne m'en déferai pas.

Tu ne le sais pas, mais tu en as l'intuition, songea-t-elle. Et elle avait la même.

Ce dessin était à la fois l'héritage d'un mystère et la clé susceptible de le résoudre.

8

Mai 1945

La forêt pleurait des larmes froides. La pluie filtrait du haut de la cime des arbres en gouttes rares et gonflées qui crépitaient lentement, çà et là, sur le feuillage du sous-bois avec un tapotement sourd. La nuit succédait à la nuit, là-dessous. Il n'y avait que de l'ombre depuis quelques jours.

Ou peut-être, pensa l'homme en progressant péniblement, l'obscurité puisait-elle son origine ailleurs. Elle avait surgi en lui comme un crépuscule brumeux.

Il se traînait depuis si longtemps qu'il n'avait plus de notion du temps. Un pied nu, l'autre enserré dans un gros soulier, il s'enfonçait dans le bois. Il sentait des frissons de fièvre le secouer jusque dans ses viscères et remonter jusqu'à le faire claquer des dents en une litanie funèbre.

Au-dessus de ce royaume chargé de fluides, une voûte sombre vibrait de bruissements et de cris d'alarme qui annonçaient le passage de l'intrus. C'étaient des stridulations qui diffusaient la peur, qui racontaient une histoire d'invasion : la sienne. Les bêtes gardaient leurs petits en sécurité et l'observaient, inquiètes et cachées. Elles flairaient le sang innocent dont il était couvert.

Du sang sur ses mains. Du sang sur son visage et ses habits.

L'eau ne le purifiait pas, elle le précipitait plus loin dans la profondeur de son corps. Il s'imaginait les gouttes pourpres pénétrant ses pores et se frayant un passage dans ses chairs comme des créatures affamées, avides de morceaux d'âme qui auraient survécu.

Ses pas lourds et las ralentirent, puis s'arrêtèrent. Son errance sans but l'avait conduit devant une muraille de ronces qui se ramifiaient dans les anfractuosités et s'agrippaient à la crête d'un noir de jais. Il leva le visage et ferma les yeux. C'était un bon endroit pour mourir. Il se laissa retomber. Ses genoux touchèrent la mousse, son flanc heurta la terre. Renversé sur le dos, l'homme attendit son dernier souffle une main sur le cœur, qui frappait les ténèbres de ses battements puissants. Après des jours de jeûne, il avait la peau sur les os, mais ce muscle, là, au fond de la poitrine, refusait encore de capituler.

Dans l'autre main, une force vibrante s'opposait à la mort : le rouleau de cuir qui protégeait le dessin lui donnait l'impression de lui brûler les doigts. La *Nymphe endormie* était née d'un ultime souffle vital qui peut-être l'avait frappée de malédiction, ou peut-être l'avait rendue sacrée.

Elle avait été son nord et son sud, l'étoile qui illuminait l'est chaque matin et qui accueillait le mystère de la nuit à l'ouest.

À présent, elle était morte et c'était à la mort qu'il s'en remettait.

Sa respiration se fit légère, les larmes se mélangèrent au sang. Les os fatigués trouvèrent enfin un soulagement. Des rigoles rouges s'écoulèrent entre ses lèvres comme un baiser.

Alors que toute chose de ce monde semblait perdue à jamais, et que le silence absolu se faisait en lui, la forêt lui répondit. Il pouvait la sentir ; c'était elle, la Nymphe, qui le lui avait appris.

Un crépitement fourmillait de branche en branche, le long des écorces et à l'intérieur. C'était une énergie invisible, un feu de verdure et une sève originelle qui luisait à travers le feuillage. Elle cliquetait comme des millions d'insectes sur la terre, sous son échine, et grimpait le long de ses membres exténués. Elle entrait en lui avec une armée de pattes minuscules destinées à le soutenir et annulait la fatigue en quelques coups d'aile puissants au-dessus de sa tête. Elle éloignait la fin.

— Non, implora-t-il, à bout. Laisse-moi mourir.

Le bois palpitait sous le fracas du vent, il se contractait et se dilatait comme un utérus de noirceur.

Il n'était pas seul, à l'intérieur. Il ne l'avait jamais été. Quelque chose d'immense et d'inconnu respirait avec lui. C'était une force qui semblait le gagner de sa contagion, qui ne lui permettait pas de s'éteindre.

Tandis qu'il aspirait à la mort, la forêt accouchait de sa renaissance.

Elle le renvoyait dans le monde, mais sans âme.

9

— Comment tu te sens ?

À la fin, ce fut Elena qui lui posa la question.

Elle était la plus forte d'eux deux, elle l'avait toujours été. Quand Massimo l'avait abandonnée – à deux reprises. Quand elle avait continué à le contacter sans jamais obtenir de réponse, pas même un signe de vie. Quand elle avait choisi de ne pas l'oublier, de le vouloir à nouveau dans sa vie à elle.

Elle était la seule à avoir le courage de ne pas baisser les bras.

Comment je me sens ? se demanda Massimo.

La réponse était : *Loin. Et seul.*

La réponse était : *Je ne peux pas. Quelle que soit la chose que tu attends de moi, je ne peux pas te l'offrir.*

— Bien, dit-il à la place. Et toi ? Ça va mieux ?

Elle hocha la tête, une tasse de tisane dans les mains. Elle y avait à peine trempé les lèvres, mais elle continuait de la tenir près de son visage, comme un rempart.

— Les élancements sont passés, dit-elle, tandis que sa main descendait sur son ventre.

Elle était nichée dans le canapé, pieds nus, décoiffée.

La nuit s'était écoulée et l'aube avait pointé sans que beaucoup de mots aient été prononcés. Ils s'étaient scrutés en silence, quand l'autre ne croyait pas être observé. Les cils se baissaient, se relevaient, les lèvres s'entrouvraient, mais restaient muettes. Parfois, c'étaient les murs qu'ils fixaient l'un et l'autre. Ils avaient réussi à échanger un peu mais ce peu avait toujours concerné les faits, jamais le cœur.

À la fin, la fatigue avait submergé Elena et le malaise l'avait emporté. Massimo n'avait su que faire, il ne savait même pas s'il avait le droit de la toucher.

— J'ai seulement besoin d'un peu de calme, avait-elle dit.

C'était l'unique chose que Massimo ne pouvait lui garantir. Sa main se tendit vers elle et il la serra finalement contre lui, le visage enfoui dans son cou, parce qu'il avait peur de la regarder dans les yeux et de ce qu'elle lirait dans les siens. Il fuyait, mais sa fuite était immobile.

Il la sentit s'abandonner et il éprouva une sorte de pitié envers elle, qui se rendait si facilement au tyran qu'il était devenu. Il l'aimait, pourtant ; mais entre eux, le vide avait pris la place de la complicité.

Le soleil entrait à présent par les stores baissés et l'illuminait. Elle semblait différente, pourtant il savait que ce changement n'était pas extérieur, mais plutôt en elle. Elle se projetait dans le futur proche, concentrée sur l'enfant qui croissait en elle. Elle avait déjà pris de l'élan pour faire le grand saut, tandis que lui se traînait loin derrière.

Un fourmillement corrosif lui parcourait le corps. Son regard se détacha de la tête d'Elena et il remarqua son portable, posé sur l'accoudoir du canapé.

Jusqu'à la nuit précédente, cela aurait été impensable, mais il avait complètement oublié d'aller travailler. Il avait déjà commencé à bouleverser sa vie. La vérité, c'était qu'il avait subi un choc, même s'il s'efforçait de paraître calme et rationnel.

Il attrapa son portable et l'alluma. Une série de vibrations lui signala l'arrivée d'une dizaine de notifications. Tous des messages envoyés par ses collègues. Le dernier émanait de De Carli.

Tu es mort ? Tu ferais aussi bien. À l'heure qu'il est, elle va vouloir ta tête.

Il y avait deux appels en absence du commissaire Battaglia. Il consulta l'heure : ils remontaient à une demi-heure.

Le rendez-vous chez le procureur.

— Merde…

Le juron retentit comme une lamentation. Elena s'écarta de lui et glissa à l'autre bout du canapé.

— Des problèmes ? demanda-t-elle.

Il fit une grimace.

— C'est un euphémisme, rétorqua-t-il sèchement, et il se rendit compte, mais trop tard, que ce ton de voix aurait pu la blesser.

Il la regarda et vit que c'était en effet le cas.

— J'ai carrément oublié d'aller au bureau, avoua-t-il. Tu te rends compte de l'effet que tu me fais ?

Elle se mordit la lèvre.

— J'aimerais être la cause de tant de troubles, répondit-elle, mais quelque chose me dit qu'il n'en est rien.

Il la prit par la main et la fit se lever.

— En effet, murmura-t-il.

C'était la vérité et le fait de l'admettre lui permit de se sentir mieux. Elle le regarda, avec un mélange de soulagement et de confusion.

— Alors *pourquoi ?* s'enquit-elle.

Massimo avait besoin de temps, mais au lieu de ça, tout semblait vouloir l'en priver.

— J'ai une situation à régler d'abord, fit-il. Si ça ne te dérange pas de rester seule deux heures…

— Ça ira très bien.

— Sûre ?

Elle opina.

Il l'emmena dans la chambre. Il attrapa quelques vêtements au vol dans l'armoire. Il ne pouvait simplement pas appeler Teresa Battaglia et lui annoncer qu'il n'irait pas travailler aujourd'hui. Elle aurait aussitôt flairé son secret, comme elle semblait le faire depuis des semaines, et elle n'aurait pas lâché prise, jusqu'à lui faire cracher la vérité. Massimo ne voulait pas lui mentir, mais il n'était pas non plus prêt à en parler. Il devait la retrouver, dissimuler au mieux, et trouver un moyen de rentrer chez lui dès que possible.

— Une affaire difficile ? demanda Elena.

— Assez.

Il alla dans la salle de bains et elle le suivit.

— Qui concerne ? insista-t-elle.

— Je pense qu'il y a certaines choses dont on ferait mieux d'éviter de parler.

Il se regarda dans le miroir et comprit qu'il ne pourrait pas se passer de prendre une douche, s'il voulait maintenir l'illusion avec le commissaire Battaglia. Sa nuit sans sommeil se lisait sur son visage.

— Allez, dis-moi.

— Un tableau.

Elle demeura interdite. Peut-être à cause de la rapidité de la réponse, peut-être parce qu'elle s'imaginait autre chose.

— C'est tout ?

Il retira son T-shirt.

— Le portrait d'une très belle femme. La *Nymphe endormie*, précisa-t-il.

Les lèvres d'Elena dessinèrent une moue.

— Belle comment ?

— Superbe.

Elle baissa les yeux.

— Tu n'es qu'un mufle. Après tout ce que tu as fait, dit-elle avec un coup d'œil à son ventre encore plat, tu ne devrais admirer que moi.

Le frisson d'irritation qu'il avait ressenti quelques instants auparavant s'empara à nouveau de lui, mais Massimo le refoula énergiquement. Quand il vit l'expression d'Elena, il se rendit compte qu'il était un livre ouvert.

— Reste, la retint-il, alors qu'elle faisait mine de sortir. « Après tout ce que j'ai fait », je doute de réussir à te scandaliser.

Il entra sous la douche et l'eau fusa sur tous ses embarras, sur tous ses troubles.

— Quoi qu'il en soit, il a soixante-dix ans, ajouta-t-il peu après, le visage sous le jet d'eau.

— Qui ?

— Le portrait. Tu peux te tranquilliser. Le modèle aurait au moins quatre-vingt-dix ans aujourd'hui.

— Idiot. Mais il a été volé ? Sur quoi dois-tu enquêter ?

Il hésita.

— Massimo ?

— Il a été peint avec du sang, répondit-il, capitulant dans l'instant, certain que de toute manière elle aurait insisté. (Il coupa l'eau, attrapa la serviette qu'elle lui tendit et se frictionna.) Nous connaissons l'auteur du tableau, mais pas l'origine du sang qui le compose. Le juge veut faire la lumière sur cette affaire. Du moins essayer, avant de classer le dossier.

— Mon Dieu, c'est horrible. Qui est le peintre ?

— Un vieux fou. Il ne parle plus, depuis des dizaines d'années. Il vit enfermé dans une chambre, dans la maison de son petit-neveu.

Le visage d'Elena s'assombrit.

— Quelle tristesse, souffla-t-elle. Que lui est-il arrivé ?

— C'est ce que nous devons découvrir.

Massimo s'habilla en vitesse et, en quelques minutes, fut prêt à sortir. À la porte, il hésita.

Elle ne l'avait pas quitté des yeux, les bras le long de son torse menu, et ses dents qui agaçaient ses lèvres. Une incisive était légèrement ébréchée à la pointe, le prix à payer pour des jeux un peu trop rudes, quand elle était enfant, et rendait à la perfection de son sourire une douceur humaine. Massimo était étonné chaque fois de voir que le miel châtain de ses taches de rousseur soit le même que celui de ses iris et de ses cheveux. S'il avait dû la comparer à une sensation, il aurait choisi celle de la poudre de cannelle entre les doigts : odorante, dorée, subtile.

En cet instant, il la voyait agitée. Elle ne savait pas quoi faire d'elle-même. Elle ne se sentait probablement pas à sa place.

Il prit une mèche de ses cheveux dans sa main et attira Elena à lui.

— Je reviens dès que possible et on se parlera. On se parlera vraiment, dit-il en s'efforçant de sourire. En attendant, installe-toi.

— Tu es sûr que je peux rester ?

— Tu dois rester.

Elle se tut, mais ce n'était pas de bonheur que ses lèvres se plissaient. C'était à cause de l'effort d'une énième réconciliation. Il la vit hésiter à son tour, attendre une chose qui ne vint pas.

Encore un compromis, songea Massimo. *Quand t'en lasseras-tu ?*

— S'il y a quoi que ce soit, tu m'appelles, ajouta-t-il. Si tu ne te sens pas bien, tu m'appelles tout de suite.

— D'accord.

Il la regarda lui faire au revoir d'un geste de la main, alors que la porte se fermait.

Son portable qui vibrait dans la poche intérieure de sa veste le ramena à des questions plus urgentes. L'écran affichait le nom de l'inspecteur De Carli : il l'avertissait que le commissaire Battaglia avait pris rendez-vous avec le médecin légiste chargé du dossier.

Parri a découvert une chose importante. Mme Battaglia est partie le rejoindre.

Je te laisse deviner quel nom le commissaire expectore comme un dragon crachant du feu. Exact, c'est le tien. Bravo !

Cours, si tu ne veux pas finir sur la table d'autopsie toi aussi.

10

L'institut médico-légal, au sous-sol du pavillon numéro 9 de l'hôpital civil, s'appelait l'Obitorio, la Morgue, mais pour Antonio Parri, qui le dirigeait, c'était tout autre chose.

Parri avait fait des restes que la mort laissait derrière elle son obsession et remplissait ces lieux d'une gaieté incompréhensible pour la plupart des gens, mais qui n'en était pas moins empreinte de compassion. Les corps immobiles enfermés dans des compartiments frigorifiques étaient pour lui de la vie sous une autre forme, gardiens de messages que, pour sa part, il était en mesure de déchiffrer.

Pour Teresa, ce lieu représentait une forme d'éternité, aussi brève qu'artificielle. C'était un jardin nocturne de fleurs pâles et froides, tranchées par le destin ou par une main malfaisante. Des fleurs qui ne fleurissaient plus. Il y avait dans cette attente une dimension de mélancolie et d'inachèvement. La perfection de la chair intacte était tellement plus éloignée de la beauté chaude et palpitante de la vie.

Ce fut avec appréhension qu'elle descendit dans ce souterrain composé de niches métalliques. Là-dessous, la mort restait comme suspendue : elle flottait dans l'air, elle pénétrait à chaque respiration.

Pourtant, ses pas se firent plus décidés et ses pensées moins tumultueuses, parce qu'aujourd'hui ce n'était pas le corps de la victime qui l'attendait ici.

Elle retrouva Parri dans son laboratoire. Il était penché sur sa table, s'appuyant des deux mains sur les bords du plan de travail en formica. Une lampe éclairait la *Nymphe endormie*. Antonio n'était pas occupé à l'analyser : il l'admirait. Il avait une expression enchantée, comme s'il avait devant lui une femme en chair et en os.

Elle comprenait cela. La *Nymphe endormie* ne laissait pas indifférent. Son histoire mystérieuse et atroce l'aimantait, exerçant sur elle une fascination inexpliquée, mais nullement inquiétante. Il y avait de la poésie dans ses traits, un lyrisme pour les yeux. La jeune fille du dessin dormait d'un sommeil pacifié, avec la solennité d'une princesse de l'Antiquité. La main du peintre avait été délicate, elle avait prêté à ses courbes un volume doux et harmonieux, toutefois ses traits étaient parcourus d'une passion subtile, qui soulignait le profil jusqu'à la gorge immaculée et dans le creux du cou.

On percevait l'élan. Il frémissait encore dans l'immobilité. C'était comme si la main d'Alessio Andrian avait tenu cette peau dans sa paume. Sur le papier, il avait saisi un instant d'extase, un abandon infini. Le regard de l'artiste semblait être celui d'un amant.

Elle se racla la gorge. Antonio s'en aperçut, il descendit ses lunettes plus bas sur son nez et sourit.

— Viens, viens, fit-il, l'invitant à entrer.

Parri était de petite taille et très maigre. Elle l'avait toujours vu vêtu d'un jean, d'une chemise et d'un pull léger, trop grand pour lui. La couleur et la matière du tissu changeaient, mais c'était cela son uniforme, auquel il ajoutait une blouse déboutonnée quand il était au travail.

Il avait des yeux d'un bleu si clair qu'il se dissolvait dans le blanc de la sclère dès que la lumière s'y reflétait. La pupille était un tout petit point noir au milieu de cette neige, qui vous fixait toujours avec attention. Il avait quelques années de plus que Teresa, et pourtant il possédait l'allure d'un jeune homme. Sa tignasse de cheveux blancs et lisses ne retirait rien à cette illusion. En fait, la touffe rebelle qui lui retombait toujours sur le front y ajoutait un air d'espièglerie.

— Qu'en penses-tu ? demanda-t-elle en s'avançant de quelques pas.

— Extraordinaire.

— Tu parles de l'œuvre ou de la fille ? fit-elle en riant.

— Des deux. Ne me dis pas que tu n'as pas pensé la même chose, toi aussi.

Le commissaire vint se placer derrière lui. Elle garda le silence quelques instants.

— Ce n'est qu'une image, observa-t-elle finalement. Des lignes, des couleurs, et pourtant…

— Et pourtant elle nous émeut.

— Depuis quand te laisses-tu influencer par une pièce à conviction ? le taquina-t-elle.

Il se tourna vers elle, les bras croisés.

— Et si je te disais que c'est bien davantage que cela ?

Elle haussa un sourcil.

— Mais encore ?

Un coup respectueux frappé à l'entrée les fit se retourner vers la porte ouverte. Le commissaire croisa un regard préoccupé, qui avait bien du mal à soutenir le sien.

— Eh bien, inspecteur Marini, s'écria-t-elle, j'avais perdu tout espoir de vous voir au travail aujourd'hui !

— Je vous demande pardon pour ce retard, commissaire.

Il s'approcha, saluant Parri d'un signe de tête. Il avait la mine du type qui savait qu'il n'avait aucune excuse. Elle s'était inquiétée pour lui, à tel point que, maintenant, se sachant soulagée, elle lui aurait flanqué des gifles.

Elle l'examina un peu mieux. Le bleu de la chemise et le hâle doré ne réussissaient pas à masquer la fatigue d'une nuit blanche. Et ce n'était certainement pas la fougue d'une rencontre amoureuse qui l'avait maintenu éveillé. Elle en était sûre, parce qu'il avait un regard perdu : il avait peur.

— Je t'ai appelé. Deux fois, répliqua-t-elle sèchement.

— Commissaire, j'ai eu un problème.

— Rien qu'un ? Le problème, c'est toi, si tu continues comme ça.

— Je…

— Plus tard, Massimo. (Elle l'interrompit, en se tournant vers Parri.) Le professeur Parri a de nouvelles informations qu'il était sur le point de me communiquer.

Le médecin légiste les regarda tour à tour. D'abord Battaglia, puis l'inspecteur, avant de revenir vers elle.

— On ne vous a jamais dit que vous faisiez un beau couple ? lança-t-il, l'air amusé.

— On avance, Antonio.

— Nous avons les résultats des premières analyses effectuées sur la Nymphe. Le sang ne correspond pas à celui d'Andrian. J'ai comparé les résultats avec ceux des derniers examens médicaux fournis par le petit-neveu : le groupe sanguin est différent.

Elle acquiesça.

— C'est une confirmation importante, même si je m'y attendais, admit-elle.

— Pour les tests génétiques, il faudra plus de temps, mais je peux déjà te donner une première indication à titre officieux.

Au ton satisfait sur lequel il lui annonçait cela, elle en déduisit qu'il devait s'agir d'une information fondamentale pour l'enquête.

— Le sang appartenait à unc fcmmc.

Les yeux de Teresa se détachèrent du visage du médecin légiste pour de nouveau scruter le dessin.

— Je ne crois pas que ce soit seulement un dessin, l'entendit-elle ajouter. Je crois que c'est le portrait de la victime. La *Nymphe endormie* a vraiment vécu, et elle est morte le 20 avril 1945.

— Hypothèse lourde de sens, mais dénuée de certitudes, murmura-t-elle, toutefois elle savait qu'elle se faisait l'avocate du diable.

Elle tentait de réfuter ses propres réflexions, pour en sonder la validité. Elle regarda Marini. Il pensait lui aussi que la Nymphe avait vraiment existé.

— C'est une hypothèse, certes, mais tu te sentirais de l'écarter ? demanda Parri.

Elle respira à fond.

— Cela change tout, fit-elle.

Cela donnait un nouvel élan à l'enquête, et cela transformait aussi sa manière d'aborder l'affaire. Elle avait désormais devant elle le visage d'une victime. Elle pouvait sentir son dernier souffle, la contempler tandis que la vie l'abandonnait.

Il l'a mortellement blessée et puis il l'a regardée s'éteindre tout en exécutant son portrait. Il a plongé les doigts dans son cœur.

Elle enfila un gant en latex et passa les doigts sur la Nymphe. Elle en éprouva un picotement à hauteur de la nuque.

La *Nymphe endormie* avait les yeux fermés, mais s'ils avaient été ouverts, Teresa savait ce qu'elle y aurait décelé : une ombre pesante, celle de la mort penchée sur la vie. Et elle savait aussi ce qu'auraient susurré ces lèvres, si le papier s'était fait peau.

Aide-moi.

Elle l'aurait aidée.

Trouve-moi.

Elle l'aurait trouvée.

Elle entendit Massimo s'approcher dans son dos.

— Un homicide en temps de guerre, souffla-t-elle. Elle a probablement disparu et le corps n'a jamais été retrouvé. Ou s'il a été retrouvé, on aura pensé à un acte de violence d'un soldat. Difficile de retrouver les traces d'une plainte à ce sujet. Les gens pensaient surtout à survivre, à se cacher des Allemands.

— On a en effet peu de chances de découvrir un dossier oublié sur une enquête jamais ouverte, convint-il. Tout cela serait dans un musée. Peut-être un article dans les journaux de l'époque ?

Elle recouvrit le cadre de son film protecteur et retira le gant.

— J'y ai pensé, répondit-elle, mais nous parlons d'une zone montagneuse faiblement peuplée, pas d'une ville. La tournure que prenait la guerre rendait les nazis encore plus mauvais, ils se préparaient à une retraite sanglante. Ils visaient les moindres ombres derrière les fenêtres des maisons. Je doute qu'un journaliste ait écrit un article à ce sujet. On disparaissait et on mourait tous les jours.

— Alors pourquoi crois-tu que le juge Crespi entende quand même faire la lumière là-dessus ? s'étonna Parri.

— Parce que l'auteur présumé de l'homicide est encore en vie et que c'est un peintre coté. Parce qu'il est devenu fou après avoir peint une œuvre avec le sang d'une victime inconnue. Et il s'avère justement que ce dessin est aussi sa plus belle œuvre, la plus convoitée. Dès que cela se saura, il y aura de quoi déchaîner la presse. Crespi n'a pas la latitude pour classer l'affaire, même s'il le voulait.

— Dès que le substitut du procureur a fait appel à toi, je me suis douté que c'était une affaire urgente, confirma Parri.

Teresa nettoya les verres de ses lunettes avec un coin de son T-shirt.

— Tu sais que Gardini croit beaucoup en mes intuitions, dit-elle. Quand il a une affaire qui ne débouche apparemment sur rien, c'est mon nom qui lui vient à l'esprit, celui de personne d'autre.

En réalité, ce n'était pas le mot « intuition » que le substitut du procureur employait lors de leurs entretiens en tête à tête. C'était une sorte d'empathie insondable que Gardini semblait admirer. Pour le commissaire Battaglia, les morts étaient comme une pulsation, ils devenaient les compagnons de ses nuits agitées. Ils la poussaient à ne jamais s'arrêter, à rechercher sans relâche une réponse à la fin qu'on leur avait infligée.

— Je dois parler au préfet, dit-elle à Marini. Tout de suite.

— Tu n'es pas au courant ? intervint Parri. (L'expression de son visage la glaça.) Paolo a eu un infarctus, Teresa. Il a été hospitalisé, ce matin.

11

À ce stade, Battaglia avait lu jusqu'à l'épuisement toutes les brochures et toutes les fiches d'information de la salle d'attente du service de cardiologie. Elle n'en avait pas retenu un mot, mais pour le moment, c'était le cadet de ses soucis.

Paolo Ambrosini n'était pas seulement son supérieur, c'était un ami. Un ami qu'elle avait risqué de perdre. Elle culpabilisait d'avoir sous-estimé son mal : Paolo n'était pas homme à manquer un rendez-vous sans un motif grave. Mais elle était trop centrée sur elle-même pour s'en rendre compte, songea-t-elle avec honte.

Ambrosini s'en était sorti, par pure chance. Ils l'avaient déjà transféré au service de soins intensifs.

— Un café ? proposa Marini.

— Non.

— De l'eau ?

— *Non.*

— Ma tête sur un plateau ?

Elle le regarda enfin.

— Pourquoi tu restes dans mes pattes ? lança-t-elle.

— Vous me surprenez. D'habitude, vous m'auriez sorti un truc du genre « lâche-moi les couilles ».

Elle marmonna un juron à mi-voix et fouilla dans son sac : elle cherchait un bonbon. Elle ne trouva qu'une dizaine de papiers d'emballage vides. Elle lança un autre juron.

Marini était assis à côté d'elle, il croisa les jambes et fit surgir de sa poche un sachet de gommes aux fruits. Il le lui agita sous les yeux, mais quand Teresa essaya de l'attraper, il retira la main.

Elle ferma les yeux.

— On peut savoir ce que tu veux ? demanda-t-elle.

— Votre pardon.

— Non mais tu t'entends parler ? Je ne suis pas ta mère. Ça fait combien de fois que je te le répète ?

— Vous ne m'avez même pas demandé pourquoi je suis arrivé en retard.

— Massimo Marini, j'ai cessé de me poser des questions sur toi dès ta première journée de travail.

— N'importe quoi. Vous ne me lâchez jamais la grappe.

Elle profita de son inattention passagère et saisit les bonbons.

— Alors, vous ne me posez pas la question ? insista-t-il.

— Pour quel motif, pour te contraindre à mentir à ta supérieure ?

Il se tut. Elle ouvrit le paquet et enfourna un bonbon dans sa bouche.

— Quelque chose te ronge de l'intérieur, inspecteur, constata-t-elle en mastiquant. Depuis des semaines. Quelque chose qui te rend nerveux et fuyant, qui te pousse à consulter ton portable un peu trop souvent alors que tu es en plein travail.

— Je n'ai jamais négligé mon travail.

— Excepté ce matin… Quelque chose qui vient probablement de ton passé et que tu n'as jamais résolu. Qui t'a fait fuir et te terrer ici, mais qui reste toujours présent.

Il ne répliqua pas.

— Alors, inspecteur, lui jeta le commissaire, provocante, tu as encore envie d'en parler ?

Il se leva d'un bond.

— Pourquoi ne parlons-nous pas de vous, commissaire ? répliqua-t-il.

— De moi ?

— De votre manière de tenir tout le monde à distance, comme si votre vie en dépendait. Et de votre caractère : odieux, si je peux me permettre. De la manière absolument pas professionnelle dont vous gérez la brigade, comme si chacun de nous vous appartenait en propre. Vous aussi, vous avez un secret, vous vous figurez que je ne m'en suis pas rendu compte ?

Face à tant de courage et tant de stupidité, elle resta incrédule.

— Ah, tu veux vraiment me provoquer ?

— Et votre journal intime ? Parlons un peu de cette manière compulsive que vous avez de tout noter dans ce maudit cahier. C'est quoi, ce que vous écrivez là-dedans, hein ?

Elle le laissa se défouler. Il était tellement tendu, tellement en colère qu'il semblait sur le point de fondre en larmes. Elle ne comprenait pas la cause de cette crise de rage, et contre qui elle était dirigée. Quand il se tut, elle lui répondit calmement.

— Qu'est-ce que j'écris ? J'écris à quel point tu peux être crétin, Marini.

Une infirmière sollicita leur attention en toussotant.

— Madame, dit-elle, le patient vous attend.

Le commissaire Battaglia regarda son ami, allongé dans son lit, la poitrine constellée de capteurs reliés à l'écran du monitoring. Le teint cireux, le visage froissé. Dans cette chemise d'hôpital, il avait l'air d'un vieillard.

Elle s'assit au chevet du lit, lui prit la main et il serra aussitôt la sienne.

— Teresa, Dieu merci, tu es là. Je dois te parler…

— Où voulais-tu que je sois ? N'empêche, tu aurais pu m'avertir, que tu avais l'intention de claquer. Tu sais que j'ai du mal à courir.

— Ce n'est pas grand-chose, mais ils veulent m'imposer des mois de rééducation. Des mois, tu entends ?

— Et tu vas obéir sagement. Le reste peut attendre.

Il lui fit signe de s'approcher.

— Je dois te parler d'une chose, lui glissa-t-il. Une nouvelle ressource. Tu dois la rencontrer cet après-midi. C'est important.

— Une ressource ? Un nouvel agent ?

— Non…

— Un collaborateur extérieur ?

— Pas exactement.

— Paolo, je ne comprends rien.

— Ce n'est pas une procédure vraiment régulière. Gardini en est informé, il t'expliquera tout.

Elle n'insista pas.

— Si ce n'est pas une procédure régulière, moi, ça me va, plaisanta-t-elle.

La main d'Ambrosini serra la sienne avec plus de force.

— Il y a autre chose, Teresa. Ils ont nommé mon suppléant.

Elle opina.

— Santi ? fit-elle, mentionnant le nom du sous-préfet.

— Non, ce n'est pas lui.

Sa façon de le dire, son regard soucieux, la mirent en alerte. C'était comme si elle le savait déjà, comme si elle s'attendait à ce retour, porteur à la fois d'une douleur et d'un souvenir ineffaçables. Elle sentit la peau de son visage se tendre sur ses os, son corps se dérober, prendre la fuite.

— Qui ? s'enquit-elle dans un souffle.

— Albert. Je suis navré, Teresa.

12

Albert Lona.

Quelques brèves syllabes que Battaglia ne s'était plus autorisée à prononcer, fût-ce mentalement, depuis ce qui lui semblait maintenant une éternité.

Elle pressa le pas dans les méandres de l'hôpital, en proie à la nausée, à peine consciente de la présence de Massimo derrière elle. Elle aurait voulu se libérer de lui, le charger d'une mission pour ne plus avoir à affronter son comportement inquisiteur, mais il lui fallait admettre qu'avec lui à ses côtés, elle se sentait plus en sécurité.

Elle ne pouvait plus conduire, de peur de causer un accident dans un moment de confusion. Même prendre les transports en commun, ou circuler seule en ville, pouvait devenir très risqué, tant pour elle que pour les autres, si elle perdait la raison. Elle détestait devoir l'admettre. Elle détestait dépendre de quelqu'un d'autre.

Et voilà qu'Albert refaisait irruption dans sa vie.

La nausée menaçait de se transformer en haut-le-cœur. Elle s'arrêta, respira un grand coup, mais l'air ambiant de ce service hospitalier, imprégné de désinfectant, ne lui réussissait pas. Elle sentait sa tête tourner, une sensation de vide lui remonter dans les jambes.

— Commissaire… ?

La voix de Marini était lointaine.

Elle ferma les yeux. Les rouvrit.

Les couloirs lui semblaient tous identiques. Elle n'avait aucune idée de la direction à prendre, elle ne savait plus par où elle était arrivée. Elle ne se souvenait pas de l'endroit où elle voulait aller.

Elle tourna sur elle-même, lentement, comme si elle voyait pour la première fois le monde qui l'entourait.

— Commissaire !

Elle leva la main et la vit trembler. Au poignet, le bracelet en argent scintillait, en lui soufflant son nom. Oui, elle s'en souvenait. C'était tout le reste qui avait perdu son sens. En même temps, des images bien trop nettes du passé s'étaient mises à l'atteindre, comme autant de gifles. Sa cicatrice au ventre, sous sa tenue légère, lui semblait se réveiller de sa léthargie et la brûler comme si elle était récente.

La sortie de secours réclamait son attention. Elle fonça droit dessus, l'ouvrit à deux mains, et se retrouva dans le parc qui entourait l'hôpital.

Le soleil, le parfum des fleurs de tilleul, le chant des grives, l'aidèrent à respirer. Elle fouilla dans son sac et en sortit son journal. Elle le feuilleta avec fébrilité, jusqu'à ce qu'elle trouve ce qu'elle cherchait.

Elle lut en se répétant les mots du bout des lèvres, à plusieurs reprises, comme un mantra.

— J'appelle quelqu'un, fit Marini.

Elle l'arrêta, une main sur le bras.

— « La police doit faire irruption dans une maison pour arrêter un criminel », lut-elle. « L'unique information dont elle dispose, c'est son nom : Adam. À leur entrée dans les lieux, les policiers tombent sur un mécanicien, un pompier et un plombier qui jouent aux cartes. Sans hésiter, ils arrêtent le mécanicien. Pourquoi ? »

Son collègue la regarda comme si elle était folle.

— Si vous vouliez m'effrayer, c'est gagné, dit-il.

Teresa se sentait obligée de se concentrer sur cette énigme, pour refermer le trou noir dans sa tête qui semblait vouloir les reléguer dans l'oubli, elle et ses souvenirs.

Maîtrise ta respiration. Domine le vide.

Elle agrippa le bras de Marini.

— Aïe !

— Pourquoi ? l'encouragea-t-elle à répondre, et c'était comme de s'aiguillonner elle-même. Pourquoi vont-ils droit vers lui ?

L'inspecteur leva les yeux au ciel.

— Je n'en sais rien ! Ils auront eu un autre indice.

— Aucun indice. Aucune information que je ne t'aie déjà donnée.

— Il avait un X tracé sur le front ? ironisa-t-il.

Elle relâcha son étreinte, fit quelques pas. Elle réfléchit, puis, avec un sourire, elle le regarda.

— Oui, justement, il avait un X tracé sur le front. Plus précisément, un X et un Y.

— Vous divaguez, là, vous vous en rendez compte ?

Elle éclata de rire.

— C'était le seul homme, Marini, voilà pourquoi ils l'ont reconnu aussitôt.

Il resta interdit.

Elle lui flanqua deux petits coups à l'épaule.

— Imaginer une femme émancipée, c'est franchement au-dessus de tes forces, hein ?

Le souvenir de leur première rencontre et de l'erreur qu'il avait commise excitait encore le sens de l'humour si caustique de Teresa.

Elle alla s'asseoir sur un banc. Il la rejoignit.

— Qu'est-ce qui s'est passé, là-dedans ? demanda-t-il au bout d'un moment, sans obtenir de réponse. J'ai cru comprendre que le préfet Ambrosini était dans un état grave. Je suis désolé, je sais que c'est un ami de longue date.

Elle redressa le dos. Son ami n'était pas si mal en point, mais si la crise qui lui avait grippé le mental, si le choc dû au retour inattendu d'un passé horrible pouvaient passer pour du chagrin, alors cela valait peut-être la peine d'induire le pauvre inspecteur Marini en erreur.

Elle hocha la tête.

— Ce serait inutile d'insister pour avoir des détails, je suppose, continua-t-il.

— À compter d'aujourd'hui, dit-elle, il y a un nouveau préfet, et ce n'est pas le sous-préfet Santi.

— Je suis au courant, oui. De Carli m'a dit que le préfet Lona voulait vous voir. Tout de suite.

Elle laissa échapper un rire qui n'avait rien de joyeux.

— Il est donc déjà là. Bon, j'aurais dû m'en douter, répliqua-t-elle, mais elle ne bougea pas.

Marini la scruta, puis il comprit.

— Oh, non. Ce regard ne me plaît pas du tout.

Elle se leva.

— J'ai bien peur que le préfet Lona ne doive attendre. Nous avons autre chose à faire.

— Que je sois sûr de comprendre : vous n'avez pas l'intention de vous présenter au nouveau préfet ?

— Non, pas pour le moment.

— Je peux savoir pour quel motif ? Ça me concerne, moi aussi, vous ne croyez pas ? Vous me demandez de ne pas tenir compte de l'ordre d'un supérieur.

— Nom de Dieu, s'emporta Battaglia. Massimo, ce que tu es casse-pieds !

Il se massa les tempes.

— Où avez-vous l'intention d'aller, maintenant ?

— Nous avons une affaire qui attend d'être résolue.

— Ah bon, alors il va nous falloir un sacré coup de bol. C'est une affaire impossible à résoudre, murmura-t-il, sur son ton mélodramatique.

Pour toute réponse, le commissaire enfourna une autre gomme aux fruits. Ça l'emmerdait de lui donner raison, mais elle avait pensé la même chose. Néanmoins, elle savait qu'il s'agissait d'une affaire tout aussi impossible à classer.

— Il est possible qu'on n'ait tué personne, continua Marini. Il a pu s'agir d'un accident.

Elle le regarda de travers.

— Et Andrian, pris d'une inspiration soudaine, mais manquant de couleurs, a cru bon, à la place, d'utiliser du sang. Mais oui, au fond, qui n'en aurait pas fait autant ? ironisa-t-elle.

— Vous ne croyez pas que ce soit possible ?

— Non, Massimo. Je ne crois pas. (Sa main moulina devant elle, comme si elle faisait tourner les rouages des déductions qui l'avaient menée à cette conclusion.) C'est le sang qui me le dit. Le sang qui a jailli d'un cœur. Existe-t-il symbolique plus puissante ?

— Personne ne vous a jamais dit que vous aviez des goûts macabres ?

Elle ne répondit rien.

— Vous croyez vraiment que nous en viendrons à bout ? insista l'inspecteur.

Elle feignit de réfléchir.

— Voilà qui ressemble à un défi, inspecteur. Mais puisque tu en parles, oui, je pense vraiment qu'on va s'y employer.

Il secoua la tête.

— Cela m'aurait surpris que vous ne le preniez pas personnellement.

— Le prendre personnellement, c'est ce qui me réussit le mieux.

— Je n'en doute pas, commissaire.

— L'une de tes rares certitudes, en somme. Debout. Nous allons voir la seule personne qui sait exactement ce qui s'est passé ce 20 avril 1945.

Marini ouvrit grands les yeux.

— Alessio Andrian ? Mais il est incapable de parler.

Battaglia grimaça.

— Tu n'arrêtes pas de me le répéter, mais je t'assure que ce détail ne m'a pas échappé.

— Je n'arrête pas de vous le répéter parce que vous insistez pour parler à quelqu'un qui n'est pas en mesure de vous répondre.

Elle songea à son insondable empathie. Aux lèvres fermées de la Nymphe.

— Même les morts ont plein de choses à dire, murmura-t-elle. Et, en général, je me débrouille pas mal pour les comprendre. Cet Andrian n'échappe pas à la règle.

13

La maison des Andrian était située à l'extérieur des murs d'enceinte d'une petite ville très ancienne qui se dressait au flanc des collines brodées de rangs de vignes, où les domaines viticoles alternaient avec des bosquets d'acacias odorants et de tilleuls centenaires. On disait que le premier de ces foyers d'habitation fut fondé par Jules César. La statue de l'empereur romain se dressait sur la place centrale. Le bronze de la cuirasse sculptée de muscles et le drapé de la tenue somptueuse de l'*imperator* étaient maculés de vert-de-gris ruisselant en fines coulures sur les genoux puissants, jusqu'aux lanières des *caligæ* qui ceignaient ses pieds et ses talons. Autour du monument, la pierre d'Istrie des archivoltes, des chapiteaux et des fenêtres géminées lisérées de spirales brillait dans la lumière intense de l'après-midi qui envahissait les bâtiments, vestiges de la domination lombarde qui succéda aux Romains.

Teresa avait la figure penchée à la vitre, l'air coiffait et décoiffait ses mèches rousses autour de son visage, et la voiture se faufilait dans les rues du centre historique.

Marini conduisait sans se presser, tenant le volant d'une seule main, silencieux lui aussi, mais sombre.

En fin de compte, ils avaient conclu un accord tacite : chacun avait cessé de pousser l'autre à avouer ce qui le perturbait. Elle se demandait jusqu'à quand elle pouvait espérer leurrer la personne avec laquelle elle passait le plus de temps.

Ils quittèrent le centre et traversèrent le pont du Diable, une arche de pierre tendue au-dessus d'un gouffre vertigineux. La légende racontait qu'il aurait été construit par Lucifer en personne au-dessus de la gorge creusée par la rivière. Pour prix du travail accompli, il aurait réclamé d'avoir une âme, se transformant ainsi en Satan.

La voiture grimpa une colline arborée, guidée par la voix monotone du GPS en bruit de fond. Le soleil était encore haut dans le ciel, mais le crépuscule enrichissait la lumière des tonalités plus saturées du couchant, alors même que le soir ne tomberait pas avant encore quelques heures. C'était un rayonnement plus doré, plus liquide. Les ombres étaient reléguées aux limites du champ visuel, mais elles étaient denses. Elles attendaient de pouvoir s'étendre sur le monde, chaque minute un peu plus que la précédente.

L'inspecteur baissa lui aussi sa vitre. L'air était tiède, mais quelques bouffées de brise soudaines étaient déjà porteuses d'un soupçon de fraîcheur qui picotait la peau. Cela respirait le soir, en lisière du bois.

La maison Andrian fit son apparition quelques virages plus loin, au sommet de la colline. C'était une bâtisse rurale ancienne, en moellons clairs et carrés, parfaitement conservée. Elle avait l'aspect d'un corps de ferme. Une rangée de vignes anciennes et noueuses courait tout le long de la façade et rejoignait une tonnelle de glycines qui abritait une table et quelques chaises en fer forgé. Même si ce n'étaient encore que des boutons, les fleurs violettes répandaient déjà dans l'atmosphère leur parfum poivré caractéristique. La cour au sol de gravier s'ouvrait en éventail devant la demeure. Un chien somnolent était couché à l'entrée. À l'arrivée de la voiture, il se contenta de dresser une oreille, mais la laissa retomber peu après.

Marini se gara et, l'espace d'un instant, ils contemplèrent tous les deux la maison.

Raffaello Andrian était l'héritier d'une propriété imposante, d'aspect faussement rustique. Ce qui dans le passé était un symbole de pauvreté et de labeur était désormais considéré par la plupart des gens comme un rêve immobilier.

Ils descendirent de voiture et regardèrent autour d'eux. Un peu plus loin, le long de la ligne de crête, où le vert du gazon tacheté de marguerites était interrompu par le miroitement d'un canal, un héron cendré prit son envol avec de lents battements d'ailes. Le silence de la campagne vibrait du vrombissement des abeilles, petits points dorés et infatigables entre les corolles ondoyantes.

— On sent le parfum du nectar qu'elles butinent, fit Marini en humant l'air.

— Le nectar n'a pas de parfum, poète, rectifia-t-elle.

Il la regarda, sceptique.

— Comment est-ce possible ?

— Un sacré problème pour les plantes, de rendre leur nectar attractif en l'absence de parfum. Elles l'ont résolu de façon assez ingénieuse : avec la caféine.

— La caféine ?

— Les abeilles en sont folles. C'est pour cette caféine qu'elles se donnent tant de mal. Mais quand les plantes décident qu'elles en ont assez de les avoir sur le dos, elles en produisent une quantité tellement élevée que cela finit par dégoûter les insectes. Fascinant, la perception qu'elles ont du monde, n'est-ce pas ?

— Soyez les bienvenus.

Ils se retournèrent et découvrirent le sourire timide de Raffaello Andrian. Le jeune homme enjamba le chien et se dirigea vers eux. Il s'essuya la main sur son jean avant de la leur tendre.

— Excusez-moi, je travaillais au grenier, dit-il.

— Encore du nettoyage ? s'enquit Battaglia.

— Oui, il y a beaucoup de choses à ranger. Personne n'y avait mis les pieds depuis des dizaines d'années.

— Ne me dites pas que vous avez trouvé un autre tableau, plaisanta-t-elle, non sans une note de sincère curiosité.

Cette repartie fit rire Raffaello.

— Non, commissaire. Pas d'autre tableau mystérieux. Entrons, je vous prie.

Le vestibule était un salon plongé dans la pénombre. De longs rideaux de dentelle ondoyaient aux fenêtres ouvertes et laissaient entrer la chaleur qui rayonnait de la pierre. Le parquet en cerisier était si lisse qu'il reflétait les meubles, qui devaient être vieux d'au moins un siècle. Ils étaient en bois massif, aux angles arrondis par l'usage, aux tablettes ponctuées de quelques trous minuscules de ver à bois. Un divan tapissé de chenille accueillait un couple de chats siamois. Les deux félins observèrent les invités avec suspicion. Eux aussi, ils avaient un air d'une autre époque.

Le maître de maison sembla deviner les pensées du commissaire.

— Ma famille vit ici depuis des générations, expliqua-t-il. D'abord des paysans, puis des commerçants. Mon grand-père a été le premier à travailler la terre dans le but de fonder une activité familiale. Il a construit son atelier à l'emplacement de l'ancien poulailler.

— Quel genre d'activité ? voulut savoir Teresa.

— Importation de bois, principalement de Slovénie et de Bosnie-Herzégovine.

— Et vous travaillez vous aussi dans l'entreprise familiale ?

— Oui.

— Et comment vous y sentez-vous ?

Elle lui avait posé la question d'instinct, à l'aune de la sympathie qu'elle éprouvait à son égard. Elle n'avait jamais compris comment il était possible de suivre les traces d'un autre dans le choix de son métier, un choix si personnel et si ardu.

— Je m'y sens bien, répondit le jeune homme. Depuis tout petit, je me suis vu exercer ce métier.

— Alors vous avez de la chance.

Raffaello Andrian sourit.

— Non, commissaire. Ce n'est pas de la chance. L'oncle Alessio a veillé sur nous.

Elle n'était pas certaine d'avoir bien compris.

Raffaello Andrian leur fit signe de les suivre dans une autre pièce, moins vaste que la précédente. Un petit salon intime, doté d'une cheminée qui abritait un vase en étain avec des roses, deux fauteuils et un guéridon sur lequel étaient empilés quelques livres. Mais le plus singulier, c'était ce qu'elle vit accroché aux murs.

Andrian leur désigna les cadres, six au total.

— Mon père et moi avons réussi à les récupérer. Pour les quatre restants, c'était impossible : des cotes trop élevées ou des propriétaires inflexibles.

— Ils avaient été perdus pendant la guerre ? s'enquit Marini.

— Non. L'oncle Alessio avait voulu les vendre pour aider son frère, qui crevait de faim et qui devait subvenir aux besoins d'une femme et d'un enfant en bas âge, mon père. Il jouissait d'une renommée importante, sans rien avoir fait pour la rechercher – il s'était déjà retiré du monde à l'époque.

— Comment se pouvait-il qu'il soit si connu ?

— Un soldat américain avait jeté un coup d'œil sur les dessins que les camarades d'Alessio avaient rapportés de leurs bivouacs en montagne. Dans le civil, ce GI était conservateur de musée et expert. Il a écrit pour une revue spécialisée un article sur ce « peintre partisan » et la folie que la guerre laissait en héritage. Des collectionneurs et des marchands d'art s'en sont aussitôt épris.

— Vous disiez que votre oncle avait l'intention de vendre ces tableaux pour aider sa famille. Or, d'après ce que j'ai compris, Alessio Andrian était déjà devenu fou quand on l'a retrouvé, observa-t-elle, un peu perdue.

— En effet. Il ne parlait pas et semblait ne plus rien entendre. Il ne voulait pas manger. Il était mort à l'intérieur, même s'il était guéri de sa fièvre cérébrale. Il survivait dans un autre monde, en quelque sorte, loin du nôtre. Mon grand-père m'a pourtant raconté qu'un jour, il avait trouvé l'un des tableaux dans la cuisine, emballé dans du papier journal. Quelqu'un l'avait préparé pour l'expédier quelque part, mais il n'y avait pas d'adresse sur le colis. Ma grand-mère n'en savait pas plus que lui et mon père était alors trop petit pour même le tenir dans ses mains. Ce ne pouvait être qu'Alessio, mais inutile de lui demander des explications, comme vous pouvez l'imaginer.

— Qu'a fait votre grand-père ?

— Il a remis le tableau à sa place.

— Et… ?

— Le lendemain matin, il l'a retrouvé sur la table, enveloppé dans du journal, et l'emballage maintenu avec de la ficelle. Avec quatre autres tableaux.

Battaglia avait du mal à y croire.

— Alessio Andrian avait préparé ces paquets dans la nuit ? demanda-t-elle.

Raffaello effleura un cadre de la main.

— Il a fait bien plus que cela, commissaire. En pleine nuit, mon grand-oncle est sorti de sa chambre, pour la première fois depuis cinq ans, pour enjoindre sa famille à vendre les tableaux, afin de s'extraire de la misère. Ce n'est pas de la chance que nous avons eue, je vous l'ai dit. C'était un acte d'amour : *son* amour.

Teresa ne savait que répondre à cela. Elle avait perçu l'émotion dans la voix du petit-neveu d'Andrian.

— Vous l'avez vu faire ? demanda-t-elle, pas certaine de vouloir remuer ainsi l'intimité de cette famille.

Le jeune homme acquiesça.

— Son frère l'a vu. Il l'a attendu toute la nuit, pendant que tous les autres dormaient. Ma grand-mère a trouvé son mari dans la cuisine, le lendemain matin : il pleurait, le visage contre les tableaux de nouveau emballés. Alessio, lui, était dans sa chambre, comme si rien ne s'était passé.

— Son frère et lui se sont parlé cette nuit-là ?

— Non. Et mon grand-père ne lui a plus rendu visite après ça. Il disait qu'il n'aurait pu le supporter, tant ce qu'il avait vu et entendu était… insoutenable, il disait qu'il ne voulait pas humilier son frère en posant les yeux sur lui.

Teresa était incapable de s'en tenir là.

— Qu'est-ce qu'il a vu ? Qu'est-ce qu'il a entendu ?

Raffaello Andrian se passa aussitôt la main sur les yeux.

— Imaginez un homme qui, depuis des années, ne marche plus et qui, depuis des années, ne parle plus. De sa propre volonté. Imaginez les efforts que cela a dû lui coûter pour seulement se tenir debout, sur des muscles désormais atrophiés, et réussir à accomplir le moindre mouvement. Sans parler de la frustration de mettre des heures à faire ce qu'une personne normale ferait en quelques minutes. Imaginez tout cet effort pour un seul motif : subvenir aux besoins de sa famille. Pour mon grand-père, le regarder aura été une vision à la fois déchirante et incroyablement émouvante.

Le commissaire ne répondit rien. Elle se sentait touchée par l'histoire du jeune homme et plus encore par l'émotion qui lui marquait les traits.

— Je vous abandonne quelques minutes, annonça-t-il. En attendant, vous pouvez jeter un œil aux tableaux, si vous le désirez, et puis je vous emmènerai voir mon oncle.

— Merci.

Elle le regarda disparaître dans le salon voisin. Elle était quasi certaine qu'il allait s'accorder un peu de temps pour surmonter l'émoi qui venait de le submerger.

— Il était au bord des larmes, glissa Marini à voix basse.

— Et nous allons lui laisser le temps de se ressaisir, murmura-t-elle.

Elle s'approcha des dessins. C'étaient des sujets classiques, des paysages pour la plupart, mais leur composition, leur conception très éloignée des canons de la perspective et du trait, avaient quelque chose d'incroyablement moderne. Comme la *Nymphe endormie*, les personnages semblaient tridimensionnels, tant la technique de l'estompage était raffinée. Il ne s'était servi de l'hématite pour aucun d'eux. Ils étaient dessinés au fusain et représentaient des scènes de la vie montagnarde. À part l'une de ces œuvres, qui attira son attention plus que toutes les autres.

C'était un récit de guerre. Les mots qui le dévoilaient étaient tous là, contenus dans ces signes tracés d'une main experte. Un jeune homme à peine pubère et deux enfants d'à peu près sept ou huit ans, un garçon et une fille, étaient cachés dans un sous-bois.

Le garçon tenait un fusil qui semblait lui sauter des mains, comme s'il venait à peine de tirer. Plus bas qu'eux, dans une perspective qui donnait une notion de profondeur, celle d'une vallée aux parois verticales, un soldat allemand, reconnaissable à son casque, assis en équilibre sur une charrette, tentait, en tirant sur les rênes, de maîtriser un cheval effrayé par la déflagration.

Les expressions des cinq personnages étaient stupéfiantes, si réalistes qu'ils semblaient tous jaillir du papier : la stupeur du jeune homme, la peur de l'enfant, la confusion du soldat et la panique du cheval, cabré sur ses postérieurs. Et puis la fillette, un peu à l'écart, les yeux écarquillés et les lèvres plissées.

Teresa chercha d'autres détails, comme une référence à un endroit précis, une date, un élément singulier qui puisse ancrer cette scène dans un lieu réel et un moment défini, mais il n'y avait que la signature : deux lettres A chétives qui s'entrecroisaient.

Elle passa de tableau en tableau et sonda chaque ligne, mais en vain. À la fin, elle dut capituler. Alessio Andrian ne leur avait pas facilité les choses ; il n'avait pas disséminé des indices qu'ils auraient pu suivre comme des miettes de pain. Elle se nota de faire examiner le dos des cadres.

Le silence de la fin d'après-midi fut rompu avec délicatesse par une note jouée au piano, dans une autre pièce du rez-de-chaussée. La musique, d'abord hésitante, comme les premières gouttes d'une averse estivale, gagna peu à peu en rythme et en intensité, jusqu'à remplir la maison d'une mélodie passionnée.

Battaglia se laissa guider dans le couloir par ces accords qui vibraient en spirales harmonieuses entre les étoffes et les boiseries de la demeure.

— Le pianiste n'est pas très exercé, fit remarquer Marini, mais elle l'ignora.

Elle arriva devant une petite pièce. Elle était si exiguë qu'elle ne pouvait contenir qu'un piano à queue, et la femme qui faisait danser ses doigts sur les touches. Elle avait la cinquantaine et devait être très grande. Ses cheveux étaient arrangés de curieuse façon, une coiffure qui faisait penser à une femme d'Europe de l'Est : la tresse blonde entourait la tête et se terminait en un gros chignon maintenu par un ruban. En revanche, la tenue était pratique et simple, une chemise blanche et un jean. La femme gardait les yeux fermés, le corps ondoyait au rythme de la musique.

— C'est Tanja, dit Raffaello Andrian derrière elle. Elle s'occupe de mon oncle depuis presque vingt ans. Sans elle, nous serions perdus.

— Nous n'avions pas l'intention de fouiner, toutes nos excuses, marmonna Marini, mal à l'aise.

— Aucun problème, vous êtes mes invités, le rassura Raffaello.

Battaglia se tourna vers la femme.

— Je ne suis pas experte, mais vous jouez très bien, la complimenta-t-elle.

— Tanja est diplômée du conservatoire de Zagreb. Dès qu'elle en a l'occasion, elle joue pour mon oncle. Elle affirme que cela lui plaît et qu'il faut combler ce silence.

Le commissaire sonda les yeux du jeune homme. Elle décida de se montrer directe avec lui.

— Vous parlez de votre grand-oncle avec affection, Raffaello. Et cette dame va même jusqu'à veiller à ce qu'il n'y ait pas que du silence autour de lui. Pardonnez-moi de paraître un peu brusque, mais votre oncle ne vous a jamais rendu toutes ces attentions. Vous m'avez d'ailleurs confié n'avoir jamais entendu sa voix.

— C'est vrai.

— Alors comment est-il possible que ce lien qui vous lie soit si intense ? Une relation qui n'a jamais été nourrie, jamais été entretenue, et malgré cela elle survit au silence et à l'absence ; plus que cela, elle semble plus forte que tout.

Raffaello Andrian lui sourit.

— Je ne peux vous l'expliquer, j'en suis même incapable. Mais j'espère qu'un jour vous réussirez à le comprendre par vous-même. Venez, il est temps que vous fassiez sa connaissance.

14

La chambre où Alessio Andrian avait passé les soixante-dix dernières années de sa vie n'était pas telle que Battaglia l'avait imaginée. Aucune odeur rance de mort en attente. Elle était aérée, lumineuse. Si colorée que la première chose qu'elle remarqua ne fut pas l'artiste, mais les centaines de photos fixées aux murs : on aurait cru que tous les endroits du monde s'étaient donné rendez-vous ici, pour le bonheur des yeux d'un vieil homme qui ne les voyait même pas.

Alessio Andrian était assis dans un fauteuil roulant et leur tournait le dos, le visage orienté vers l'ample baie vitrée qui donnait sur le bosquet de chênes et de prunelliers.

— J'ai beaucoup voyagé, expliqua le petit-neveu, à mi-voix. Ces photos, c'est moi qui les ai prises, je les accrochées ici pour qu'il puisse voir le monde à travers mes yeux. Pourtant, il n'y a jamais posé un regard, pas que je sache en tout cas. Tout ce qu'il a envie de contempler est là, dehors, dans ce bois. Quelle que soit la position dans laquelle il se trouve, assis ou dans son lit, de jour comme de nuit, ses yeux cherchent toujours la fenêtre. Parfois, ils semblent la transpercer.

Le commissaire hésita. Elle ne savait comment se comporter avec cette créature inerte et silencieuse.

— Mon oncle, il y a une visite pour toi, annonça Raffaello en faisant signe aux deux visiteurs de s'avancer.

Le commissaire s'approcha de quelques pas.

— Monsieur Andrian, je m'appelle Teresa Battaglia, dit-elle.

Elle était là pour regarder le suspect dans les yeux et pour écouter ce que son instinct lui suggérerait. Elle contourna le fauteuil et s'apprêtait à découvrir un regard infirme et absent, voilé par le temps. Or, ce qu'elle vit était l'exact opposé et, sur le moment, elle en fut déstabilisée.

Ce n'était pas le regard éteint d'un vieillard à l'esprit malade. Les yeux d'Alessio Andrian étaient deux braises ardentes, deux aimants sertis dans un visage maigre, comme s'il observait effectivement quelque chose à la lisière du bois, qu'il était le seul à être capable d'entrevoir. Ce n'était pas un regard vide, et encore moins bienveillant. C'était un regard féroce.

— Monsieur Andrian ? répéta-t-elle un peu plus fort, pour tester sa réaction, fût-ce un simple frisson.

L'homme ne remua pas un cil, même pas par réflexe.

Elle l'étudia. C'était un corps fort, celui qui s'obstinait à s'enfermer ici. C'était l'impression qu'il donnait en tout cas, malgré la maigreur extrême. Comme si les muscles s'étaient desséchés sur lui, et comme si la peau les avait suivis. Ce n'était pas une chair molle, vaincue par la gravité, mais une sorte d'enveloppe durcie.

Le pyjama pendait à des épaules larges et droites. Les mains appuyées sur les accoudoirs étaient grandes, aux doigts longs et harmonieux. Il portait une bague à l'annulaire de la main gauche : un jonc de fer, de pauvre facture, avec deux A gravés à la main, entrecroisés. C'étaient des doigts d'artiste. Des doigts qui pourtant avaient tué.

Alessio Andrian avait dû être grand et athlétique. Il aurait été facile pour l'homme qu'il était d'avoir le dessus sur une jeune fille d'allure éthérée comme la *Nymphe endormie*. Les cheveux étaient encore abondants, blancs et soigneusement coiffés, une raie sur le côté.

Elle s'imagina Tanja tracer cette raie avec un peigne. Enfiler les pieds blancs du vieillard dans ses pantoufles de feutre et les disposer sur le repose-pieds du fauteuil roulant, tandis que les yeux d'Andrian restaient toujours fixés sur les bois. Maussades, comme ceux d'une âme rendue mauvaise par de noires pensées.

Ils prennent soin de lui, et Andrian les ignore. Toujours, et depuis une éternité.

Elle s'accroupit non sans mal à côté de l'homme. Derrière eux, encore sur le seuil, Raffaello n'avait pas prononcé un mot. Marini était resté dans le fond, mais elle savait que, comme à son habitude, pas un détail de ce qu'elle faisait ne lui échappait. Il apprenait, chaque jour un peu plus, l'art plein de compassion de voir l'invisible.

— Nous avons découvert de quoi est faite la *Nymphe endormie*, commença-t-elle par dire. Votre secret a été dévoilé. À qui est ce sang ?

Elle ne s'attendait pas à une réponse. Le silence qui suivit ne l'étonna donc pas. Elle visait autre chose : de menus signes qui lui permettraient de deviner s'il subsistait quelqu'un dans ce corps, et pas seulement un esprit bloqué en un certain point du passé, désormais vidé de toute pulsion excepté celle de respirer.

— C'est celui de la jeune fille dont ce dessin est le portrait ? C'est son sang, n'est-ce pas ?

Alessio Andrian battit des paupières, pour la première fois depuis qu'elle l'observait. Un réflexe naturel.

— Je crois que vous l'avez tuée, monsieur Andrian. Par jalousie, peut-être. Ou parce que vous vouliez la soumettre à des violences. Vous autres, vous restiez dans les montagnes pendant des semaines, voire des mois. Qui sait ce qui vous passait par la tête alors ? continua-t-elle.

— Commissaire, cela me semble tout à fait déplacé, protesta le petit-neveu, mais elle l'ignora.

Si elle voulait obtenir une réaction, elle ne devait pas avoir d'hésitations.

— Vous ne croyez pas que le moment est venu de vous libérer de ce poids ? poursuivit-elle.

Rien. Même pas un petit sursaut. Alors elle sortit de son sac une photo qu'elle posa sur les genoux du vieil homme.

— Voilà votre Nymphe, dit-elle. (Elle lui prit la main et la posa sur la photo.) Comment s'appelait-elle ? Vous vous souvenez ? Qui sait ce qu'a pu penser sa famille, en ne la voyant pas revenir. Combien elle a souffert. Est-elle morte tout de suite ou après une lente agonie ? Vous êtes resté pour la regarder ?

Elle essaya de se placer sur la trajectoire de son regard.

— Vous avez peint ce tableau avec le sang de son cœur ?

— Commissaire ! réagit Raffaello.

Elle plongea ses yeux dans ceux, noirs, profonds, d'Alessio Andrian et elle se sentit sombrer. Il lui sembla qu'il lui rendait son regard, mais il n'en était rien. Elle eut la sensation qu'il la transperçait comme si elle était incorporelle, pour aller se fixer sur les bois derrière elle.

— Commissaire, c'est inutile. Nous avons essayé, depuis des années. Il ne vous répondra pas.

Raffaello Andrian s'était exprimé sans animosité. C'était quelqu'un de bien, qui éprouvait une sincère affection pour ce parent si mystérieux et hostile. Elle hocha la tête, tout en se relevant.

Elle s'était fait des illusions.

Elle allait récupérer la photo, mais quelque chose opposa une résistance. Ce quelque chose, c'était la main d'Andrian.

Sa paume pesait sur la photo, avec une telle force qu'elle ne réussit pas à la lui enlever.

C'était le signe qu'elle attendait.

Elle se pencha de nouveau. Il lui semblait que la respiration d'Andrian avait changé de rythme, qu'elle s'était accélérée. Et la sienne avait pris la suite.

— Tu tenais à elle, susurra-t-elle. La *Nymphe endormie* a vraiment existé, et tu étais amoureux d'elle.

15

Pour Massimo, le retour à la préfecture avait été comme de retomber dans le monde, dans son effervescence tyrannique. La maison Andrian et ses habitants, au contraire, demeuraient suspendus dans le temps, comme la poussière qui scintille à contre-jour et semble ne jamais se redéposer.

Soixante-dix ans, pensa-t-il, cet homme avait attendu tout ce temps pour accomplir un geste si ordinaire, celui de retenir une photo.

Soixante-dix ans.

Il émanait d'Alessio Andrian un charisme comme Massimo en avait rarement rencontré. Son regard, dans la cage de ces deux iris, possédait quelque chose de rageur. Cet homme-là était habité d'une violence silencieuse.

Il ouvrit la portière côté passager. Le commissaire Battaglia était encore occupée à écrire dans son journal, et n'avait rien fait d'autre de tout le trajet. Pour sa part, il n'avait pas cessé de penser à Elena. Elle ne l'avait pas contacté, et il ignorait s'il devait en être soulagé ou s'en inquiéter. Tôt ou tard, il serait forcé de se confronter à ses propres sentiments.

Battaglia descendit de voiture, non sans mal, et contempla l'édifice comme s'il s'agissait d'une entité vivante. Ses yeux s'arrêtèrent sur une fenêtre aux stores vénitiens baissés. C'était celle du préfet.

— Vous allez bientôt être obligée de m'expliquer ce qui se trame, dit Massimo.

Elle s'avança, et tira un petit coup sur sa cravate en passant devant lui.

— Tu n'as qu'à le découvrir par toi-même, Sherlock.

Dès que la porte de l'ascenseur s'ouvrit, au troisième étage, ils furent accueillis par De Carli et Parisi.

— Bonsoir, commissaire. Inspecteur..., les saluèrent-ils.

— Le préfet Lona a de nouveau demandé à vous voir, annonça De Carli, sans perdre de temps.

Le commissaire ne répondit pas.

— Quelles sont les consignes d'Ambrosini ? s'enquit Parisi.

Il lui tendit un document qu'elle n'ouvrit même pas, sans s'arrêter de marcher. Au bout de quelques pas, elle se retourna.

— Vous pouvez rentrer chez vous. On se tient informés demain matin.

Massimo regarda ses collègues s'éclipser, mais il ne bougea pas. À l'expression perplexe de Battaglia, il désigna la porte derrière lui.

— Je vous attends, répliqua-t-il.

Le commissaire lui pointa l'index sur la poitrine.

— Tu veux être d'une aide quelconque ? siffla-t-elle. Rentre chez toi, résous les problèmes qui te tourmentent et sois là à l'heure demain, parce qu'il y aura beaucoup à faire. Je te veux concentré.

Il n'obéit pas et elle le prit alors par le bras.

— Tu veux savoir qui m'attend, dans ce bâtiment ? Un professionnel impitoyable. Un policier qui n'a jamais fait équipe de sa vie, jamais, et qui mettra la nôtre à l'épreuve, chaque minute de chaque journée qu'il passera ici. Parce que nous avons un compte à régler, lui et moi, et il est venu le solder. (Elle relâcha son emprise.) Méfie-toi de lui, ajouta-t-elle à voix basse, y compris quand il semblera te tendre la main, parce qu'en réalité, il ne cherchera qu'à te piéger.

Massimo ne l'avait jamais entendue parler sur un ton aussi impérieux. Elle le mettait en garde contre ce qu'elle croyait être un danger. Un danger grave et imminent.

Devant la porte du bureau, il eut l'impression de la voir hésiter avant de frapper. Cela ne lui ressemblait guère. Il se demanda encore une fois qui était cet homme et pourquoi il semblait être le seul individu au monde capable de la perturber.

Battaglia se retourna de nouveau vers lui, pour un dernier regard. Sur son visage, derrière la feinte d'un sourire, il entrevit un sentiment qu'il ne réussit pas à déchiffrer, mais qui avait assez de force pour lui altérer les traits.

Le commissaire frappa un coup décidé à la porte, rien qu'un.

Elle n'attendit pas de réponse et entra.

Pour Teresa, franchir ce seuil, partager le même oxygène que cet homme signifiait permettre à la douleur de revenir achever ce qu'elle avait entamé trente ans auparavant.

La pièce était dans la pénombre. Comme une cloison dressée contre le monde, les persiennes baissées filtraient le flot de lumière cuivrée du coucher de soleil.

Il était assis devant l'écran de l'ordinateur, les mains croisées devant la bouche. Les reflets bleutés de l'écran lui sculptaient les traits. Il n'avait pas tant changé. Les cheveux étaient simplement plus clairsemés, la silhouette avait épaissi, comme si le temps s'y était accumulé, couche après couche.

Albert Lona fit comme si elle n'était pas là. Elle était certaine qu'il ne l'inviterait même pas à s'asseoir. Elle allait devoir rester debout, soumise à son jugement silencieux. Avec ses kilos en trop, les sentences d'adieu à la jeunesse plaquées sur le visage, la fatigue de la fin du service, le corps épuisé trop souvent percé par l'aiguille de l'insuline, les cernes, la colère. Et la cicatrice sur le ventre qui appuyait sous ses vêtements, comme pour dire : « Tu te souviens de moi ? »

Albert, lui, s'en souvenait, évidemment.

Finalement, il décida qu'était venu le moment de la regarder. Ce fut seulement un battement de cils, rien d'autre. Si elle avait un instant cédé à l'illusion que trente années auraient suffi à refroidir la haine qu'il éprouvait à son égard, à la figer en une hostilité contenue, un peu moins féroce, ce regard lui signifia qu'elle se trompait.

Albert était ici pour elle. Pour l'anéantir.

— Tu as changé, lui dit-il.

Au son de cette voix, elle eut le réflexe de fermer un instant les yeux.

— Tu tires sans sommation, répliqua-t-elle.

Elle savait qu'il ne lâcherait pas prise, tant qu'il n'aurait pas goûté à sa vengeance. Il passa son corps en revue, lui fit subir l'insulte d'un lent examen, comme si elle se réduisait à cette enveloppe d'os fatigués et de chair éteinte.

— Je me demande comment tu parviens encore à exercer ce métier, lança-t-il en désignant sa silhouette enrobée, sans décroiser les mains.

Elle ne réagit pas à la provocation. Ce n'était pas le moment. Albert Lona n'était pas un mal facile à extirper, il lui fallait s'armer de patience.

Il se leva, contourna son bureau. C'était une créature brutale qui se camouflait sous des vêtements élégants et des manières raffinées.

— Quand je donne un ordre, continua-t-il doucement, avec son débit suave teinté d'un léger accent anglais, j'entends être obéi. Quand je te dis que je veux te voir, tu dois courir. Quand je te dis que tu dois faire une chose, tu es tenue de t'exécuter. Voilà à quoi je m'attends.

Il s'appuya sur le bureau. Les doigts rectilignes aux ongles manucurés pinçant le rebord de bois lui faisaient penser à des serres.

Elle le regarda et comprit qu'elle n'avait plus peur de lui. La douleur qu'il lui remettait en mémoire était certes dévastatrice, mais c'était seulement de la douleur.

— Et moi je suis censée répondre « Oui, monsieur » ? railla-t-elle. C'est aussi ce que tu attends de moi ?

— Je me rends compte qu'Ambrosini a laissé une préfecture à la dérive, fit-il en la jaugeant. Il est nécessaire de poser de nouvelles bases. Je vais devoir apprendre à connaître un peu tout le monde ici, évaluer les compétences afin de créer de nouvelles synergies. Une nouvelle structure. Je vais commencer par ton équipe.

Devant ce chantage ignoble, elle sourit. Elle se dirigea vers la porte, se retourna.

— Je suis ravie de voir que tu n'as pas changé, lâcha-t-elle.

Il haussa le sourcil.

— Vraiment, tu es ravie ?

— Oui. Ce sera plus simple, pour te combattre.

16

Elle ne sortait plus la nuit depuis des mois. Le soir arrivé, sa vie se couchait avec le soleil, et elle se retirait dans le noyau de sa maison. Elle avait peur de se perdre, de ne plus réussir à rentrer. De s'égarer, confuse et effrayée, en cherchant de l'aide dans des visages inconnus.

Ce soir-là, elle sortit.

Le taxi l'attendait devant la préfecture. Elle monta dedans, en serrant dans sa main un bout de papier, où était notée l'adresse. Elle suivait les instructions qu'Ambrosini lui avait dictées sur son lit d'hôpital, mais pour la première fois depuis qu'elle avait fait sa connaissance, elle se demandait s'il ne vaudrait pas mieux désobéir à l'ordre courtois, mais insistant, de son ami.

Le chauffeur la déposa dans un quartier de la périphérie, proche de l'université, où de petits immeubles neufs avaient surgis en plein champ, avec quelques commerces. Un dortoir pour étudiants.

Ses pas résonnaient dans le hall, entre les files de bicyclettes de divers modèles, au degré d'usure et aux couleurs variés, garées dans les râteliers à vélos. Il y en avait quelques-unes sans roues, au cadre rouillé encore attaché par une chaîne fermée par un cadenas que personne ne chercherait plus à ouvrir. Les pulsations de basses d'un morceau de rock indé et des voix de jeunes lui parvinrent d'un appartement au premier étage. De temps à autre, la porte qui donnait sur la terrasse s'ouvrait et le voile d'opacité qui masquait les sons tombait. Elle reconnut Arctic Monkeys.

L'ascenseur était en panne. Un écriteau signé L'ADMINISTRATEUR annonçait une réparation imminente, mais la date remontait à presque trois mois. Quelqu'un avait corrigé la signature au stylo : LE DÉBILE.

Elle monta les quatre volées de marches en prenant tout le temps nécessaire pour ne pas arriver le souffle court, mais en fin de compte, elle s'était ménagée pour rien. Elle arriva quand même haletante.

L'étage était silencieux.

Elle se dirigea vers l'appartement et vérifia encore le numéro sur le bout de papier. Dans son sac, elle avait une enveloppe avec un cadeau très particulier. Elle se demanda une fois de plus si Ambrosini, en lui dictant cette consigne pour le moins inhabituelle, s'était rendu compte que cela pourrait lui coûter sa carrière.

Elle frappa et, presque aussitôt, elle entendit un bruissement derrière le battant.

La porte s'ouvrit lentement, avec circonspection.

Il y avait derrière une jeune fille aux cheveux bleus et le chien le plus laid que Teresa ait jamais vu. Elle resta stupéfaite quelques secondes de trop, puis détourna le regard, elle-même gênée de l'examen trop explicite qu'elle venait de faire subir à son interlocutrice.

— Le matériel ? demanda la fille aux cheveux bleus, un peu intimidée, une main sur la tête pelée de l'animal, qui fixait le commissaire avec méfiance.

Teresa souleva son sac. Le craquement de la cellophane attira le regard du chien et de sa maîtresse sur ce que la visiteuse tenait entre ses mains. Le commissaire se demanda auquel des deux était destiné son cadeau.

Car, à l'intérieur, marqué d'une étiquette que Parri s'était donné la peine de barrer, il y avait un crâne humain.

17

Massimo ne réussissait pas à s'endormir. Il comptait les heures de la nuit, les yeux fixés sur le dos d'Elena. Elle était couchée dans son lit, sur le côté, et il l'observait, appuyé contre la porte.

À son retour chez lui, elle dormait déjà. Il avait dû s'attarder au bureau, tâchant de se décharger de son trop-plein d'énergie et de ses ruminations jusqu'à se sentir vide, ne plus penser à l'enfant qu'il redoutait et à la femme qu'il aimait mais ne pouvait garder avec lui.

Il avait désobéi au commissaire Battaglia et l'avait attendue au bureau. Elle était rentrée de son entrevue avec Albert Lona avec un air impassible qui ne l'avait pas quittée quand ils s'étaient ensuite mis au travail, pendant des heures, en silence, à leurs bureaux respectifs l'un en face de l'autre.

C'était sa manière de le punir pour ne pas avoir tenu compte de son ordre.

Mais comment Massimo aurait-il pu l'abandonner, après avoir aperçu le tremblement de ses lèvres, les pas hésitants, la pâleur qui d'un coup l'avaient rendue si fragile et si seule ?

Son passé était un mystère dont personne ne voulait parler, même pas De Carli et Parisi. Massimo avait entendu des rumeurs à propos d'un mariage qui s'était terminé en tragédie – mais quel genre de tragédie ? – et d'une existence depuis lors vouée à la solitude. Et au salut des autres.

Le nouveau préfet faisait clairement partie de ce passé.

Elena remua dans son sommeil. Les cheveux noirs sur la blancheur de l'oreiller lui rappelèrent la *Nymphe endormie*. Il suivit du regard la longue ligne du cou, il en parcourut le tracé imaginaire entre les clavicules, descendit jusqu'aux fesses et retour.

Il pensa à Andrian et à la mystérieuse jeune fille du portrait.

Tuer une femme qu'on prétend aimer.

Effacer de sa vie celle qui l'illumine, c'était une contradiction dans les termes, et pourtant cela se produisait tous les jours. On célébrait trop souvent cet amour qui se transforme en drame. C'étaient toujours les femmes qui mouraient.

Ce n'est pas de l'amour, c'est de la possession. Un besoin de contrôle.

Des femmes usées et abusées, esseulées, condamnées. Des femmes qui n'avaient pas su reconnaître le mal, justement parce qu'il se mouvait à leurs côtés. Quand il possède le visage de celui qui est censé t'aimer, il est difficile de le démasquer.

Pour Massimo, il était douloureux de chercher à se mettre dans la peau d'un assassin, de faire la lumière sur les replis d'un mental *borderline*, qui rôdait à la frontière flottante entre la raison et la folie.

Une histoire du commissaire Battaglia lui revint en tête, sur la première affaire qu'elle ait jamais résolue, peu après son entrée dans la police. Un crime passionnel dont il n'avait pas retenu les détails. Le commissaire avait longuement discuté avec l'assassin et ce que ce dernier lui avait dit baignait dans un fond fangeux où la conscience s'embourbait. Ces mots-là s'étaient infiltrés en Marini comme une boue toxique.

— Douze heures d'interrogatoire, et il n'avait pas laissé entrevoir le moindre signe de fléchissement, l'avait-il entendue murmurer, l'air absent de celle qui retourne mentalement dans le passé. Et puis je suis arrivée. J'étais la seule femme, j'avais à peine plus de vingt ans, je venais tout juste de prendre mon service. Je ne savais même pas où regarder.

Massimo avait attendu qu'elle continue, en vain.

— Cela a changé quelque chose ? avait-il dû demander à un certain point.

— Cela a tout changé, et mon supérieur le savait. Il m'a fait entrer exprès.

— Que s'est-il passé ?

— C'est lui qui m'a réclamée.

— Lui ?

— L'assassin. Il me voulait, moi. J'ai passé les heures qui ont suivi à l'écouter, rien que lui et moi. Il m'a tout raconté, en détail. Tu dois te demander pourquoi il a décidé tout d'un coup de collaborer. Mais en réalité il ne s'agissait pas d'une collaboration.

Elle l'avait regardé droit dans les yeux et, dans les siens, Massimo avait entrevu de la colère.

— Pour lui, c'était un jeu sadique. Une violence imaginaire, mais non moins tangible, contre une femme qui était là pour l'incriminer. Il m'a obligée à reparcourir avec lui chaque instant de son crime, me l'a décrit dans les moindres détails avec une telle précision que j'aurais pu jurer sentir jusqu'à l'odeur âcre du sang. Cet homme avait frappé sa compagne de douze coups de couteau à la gorge – un pour chaque année passée ensemble – et il s'était couché avec elle sur le lit qu'ils avaient partagé pendant leur mariage. Serré contre son corps agonisant, il avait écouté le cœur ralentir jusqu'à devenir muet, la peau perdre la chaleur de la vie. Il avait attendu des heures avant de la quitter. Des heures vécues dans le silence, en une ultime étreinte tragique.

Massimo en avait éprouvé de la nausée et Battaglia l'avait senti.

— Tu crois que c'est ça le pire ? avait-elle demandé, en déballant un bonbon qu'elle ne mangea pas. Le pire, ce fut sa réponse à l'unique question que j'ai réussi à lui poser : pourquoi ?

Les paroles de l'assassin résonnaient encore dans la tête de Massimo en un sourd grondement.

Parce qu'il n'y a pas de sensation plus satisfaisante, puissante et complète que de sentir la vie de ta femme s'éteindre entre tes bras. À ce moment-là, elle t'appartient vraiment. C'est là la véritable possession, le plus grand pouvoir qui soit.

Pris de dégoût, Marini éloigna ce souvenir. Il avait la bouche pâteuse, une soif débilitante, mais il continuait d'observer Elena. Il s'approcha de quelques pas et, du bout de l'index, la caressa dans le cou. Elle se retourna dans son sommeil, protesta par un soupir et continua de dormir, les lèvres entrouvertes.

Encore une fois, Massimo songea à la *Nymphe endormie*.

Pourquoi Andrian l'avait-il assassinée ? Qu'est-ce qui l'avait poussé à tuer celle qui, après tant de temps, était encore capable de déchaîner en lui une telle réaction ?

Jalousie, folie, un sentiment de possession maladive…

Toutes choses que Massimo avait déjà vues se produire dans son travail. Cette fois, pourtant, il y avait un autre aspect à l'œuvre, qu'il ne réussissait pas encore à distinguer nettement. C'était l'impression que toutes les cartes n'étaient pas étalées sur la table, et cela n'était pas lié à la victime, mais à Andrian. Avec son regard toujours tourné dans la même direction, il semblait observer une présence qui n'existait pas aux yeux des autres, mais qui était bien là, dans son esprit, et qui était donc pour lui tout à fait réelle. Ce regard-là n'était pas juste contemplatif, mais bel et bien actif. Andrian traquait quelque chose. Ou peut-être quelqu'un.

Elena posa une main sur son ventre. Massimo scruta les lignes de son corps, encore lisses, mais qui se rempliraient bientôt de vie. Il les discernait à peine, dans l'obscurité, les devinait, avec une sensation de peur.

La soif se fit plus intense.

Dans la profondeur d'Elena, un être étranger croissait qui, avec sa naissance, amorcerait le réveil de souvenirs périlleux. Ce réveil était déjà en cours.

Ma gorge… Je n'arrive plus à respirer.

Il se détacha de cette vision, se retira dans le noir. C'était la première fois depuis des mois qu'il passait la nuit immergé dans l'obscurité. Cela n'arrivait jamais.

Elena était la seule à lui donner le courage de surmonter ses angoisses. Le courage d'éteindre la lumière.

Il se réfugia dans la salle de bains, ouvrit le robinet du lavabo et pencha la tête sous le jet d'eau froide. Il lui fallait congeler les souvenirs, les cristalliser afin qu'ils ne prennent plus vie dans ses émotions.

Il actionna l'interrupteur et se regarda dans le miroir. Il avait les yeux rouges, les pupilles dilatées, le visage creusé de cernes violacés. Sous les rigoles d'eau qui dégoulinaient jusqu'au menton, la peau était cireuse. Il se sentait sur le point de vomir. Il aurait bien voulu, si cela avait pu lui servir à se libérer du passé.

Il s'aspergea encore le visage, le frictionna avec une vigueur rageuse, comme s'il était sale, mais quand il chercha de nouveau son reflet, il vit que sa figure n'avait pas changé. Les mêmes yeux. Le même profil droit. La même bouche.

Les mains aussi, telles que dans son souvenir : grandes et fortes.

Je lui ressemble.

Il s'agrippa au rebord du lavabo et plongea le regard en lui.

— Je ne suis pas comme toi, affirma-t-il à l'ombre qui pesait sur lui de tout son poids – mais, il le savait, c'était un mensonge qu'il s'était trop souvent raconté.

La vérité, c'était qu'il ne pouvait pas en être sûr. Il n'avait aucun moyen de savoir s'il était vraiment si différent de son père.

18

— Smoky, couché !

Le bâtard obéit, bien qu'à contrecœur. Il retira les pattes des genoux de Teresa et s'assit en face d'elle, sans détacher un instant les yeux de son visage. Ils étaient d'un bleu de glace et grands ouverts, lui donnant un air un peu fou. Moitié noir et moitié gris, il était à la fois comique et inquiétant, avec ses crocs de travers qui pointaient de sa gueule et une barbiche de chèvre au menton. La ligne de démarcation le traversait exactement au centre du museau. Les oreilles, maintenant tendues comme pour capter les plus infimes signes en provenance de l'inconnue, n'étaient que deux touffes de poils en désordre. Il avait une épaule plus haute que l'autre.

— Qu'est-ce qui lui est arrivé ? demanda le commissaire.

La jeune fille gratta le dos de l'animal.

— Rien. Smoky est né comme ça : de travers. Personne n'en voulait et il a fini au chenil. C'est là que nous nous sommes trouvés. Il a tout de suite appris à s'adapter à moi, et moi à lui.

De travers. C'était une définition parfaite, et qui lui plaisait. Il lui arrivait souvent de se sentir de travers elle aussi.

La jeune fille avait des yeux comme le ciel, mais un ciel voilé d'impalpables nuages blancs. C'étaient deux sources laiteuses sur son visage menu. Les cheveux châtains descendaient en vagues floues, colorées de bleu à mi-longueur jusqu'aux pointes. L'absence de maquillage, la pureté des traits et le teint lunaire faisaient d'elle un rêve moderne de la Renaissance. Battaglia s'interrogeait sur la raison de cette couleur de cheveux.

— Parlez-moi de vous, dit-elle. Comment avez-vous commencé à…

— À chercher des morts ? la devança-t-elle. Mon père appelle ça ainsi.

Teresa sourit.

— Je crois que l'expression correcte serait plutôt *human remains detection*, rectifia-t-elle. Détection de restes humains.

— Il est au courant, mais ça ne l'intéresse pas. Ils sont tellement à penser comme lui.

— Et il en pense quoi exactement ?

La jeune fille se tâta le visage. Elle avait déjà eu plusieurs fois ce geste, depuis que Battaglia s'était assise dans sa cuisine. Un tic nerveux.

— Il dit que ce n'est pas sain de s'intéresser à ça, répondit-elle, et elle effleura le sachet qui contenait le crâne. Il a peut-être raison.

— Moi, je trouve ça fascinant.

Blanca Zago était une découverte qui la fascinait, elle aussi.

— En tout cas, Smoky n'est pas à proprement parler un chien à cadavres, reprit Blanca avec une timidité qui lui mettait un tremblement dans la voix. Chercher des restes humains, des parties de corps humains, ce n'est pas la même chose qu'un cadavre entier en décomposition. Il a été dressé pour suivre l'odeur du sang et des os. Il reconnaît la cadavérine, mais je n'ai jamais insisté sur ces molécules dans son dressage. (Elle se toucha encore le visage.) En somme, si le corps a été découpé en morceaux ou enterré, alors Smoky peut être utile. Dans les autres cas de figure, on peut toujours essayer, mais ce sera plus difficile.

Elle avait prononcé ces mots-là avec force. L'espace d'un instant, elles n'ajoutèrent rien ni l'une ni l'autre, puis elles éclatèrent toutes les deux de rire.

— Propos étranges, je sais, murmura Blanca en caressant le chien. Je ne voudrais pas vous paraître cinglée.

Teresa secoua la tête.

— Vous n'en avez pas du tout l'air, la rassura-t-elle. Comment a-t-il appris, Smoky ? Je ne suis pas ici pour vous juger, je vous rassure.

La jeune fille se mordilla la lèvre.

— Avec une odeur simple, comme celle des sachets de thé. Nous avons commencé par les empreintes moléculaires et la recherche. Ensuite, nous sommes passés à des molécules plus précises. (Elle prit une profonde respiration.) Nous avons utilisé le placenta de ma sœur.

— Le quoi… ?

— Je sais, cela peut paraître horrible, mais le placenta contient quatre-vingts pour cent des odeurs humaines. C'était une occasion à ne pas manquer…

Blanca avait parlé sur un débit précipité, comme si elle voulait faire taire le moindre doute. Teresa ne lui demanda pas comment elle s'était procuré ce placenta et elle était contente de ne pas avoir convié Marini à se joindre à elle pour cette première rencontre. Il aurait été capable de se scandaliser et de tout gâcher.

— Pour Smoky, j'imagine que c'est un jeu, fit-elle remarquer.

La jeune fille se frappa le genou de la main et, d'un bond, le chien lui sauta sur les cuisses. Elle le serra contre sa poitrine avec une douceur qui attendrit le commissaire.

— L'odorat est très important pour les chiens, expliqua-t-elle. Ils ont un nez formidable et ils ont besoin de s'en servir. Pour eux, la recherche olfactive, c'est stimulant et gratifiant. Quelques amis nous ont suivis dans cette aventure. On s'amuse, mais c'est un travail sérieux et difficile, même si nous ne demandons aucune rémunération.

Le commissaire comprit pourquoi Ambrosini voulait qu'elle trouve un moyen de faire collaborer Blanca à son équipe. Elle était vive d'esprit et, d'après ce que le préfet lui avait raconté, elle était aussi très pro, malgré ses vingt ans et son attitude introvertie. Son aptitude et celle de ses camarades de recherche étaient déjà connues et exploitées à l'étranger. Parmi eux tous, Smoky et elles étaient les meilleurs.

« Mets-la à l'épreuve, elle t'étonnera », c'était le message que son ami lui avait envoyé de son portable, depuis son lit d'hôpital.

Teresa était arrivée là non sans quelques motifs de perplexité. Avant tout, premier sujet d'interrogation, ce crâne humain encore enveloppé dans son sachet plastique transparent, qui semblait la dévisager.

— Smoky s'exerce avec des morceaux de viande de porc, continua Blanca. Parfois, avec un flacon de Pseudo Corps, une substance chimique qui se commande sur Internet. Malheureusement, la cadavérine et la putridine ont un fort impact environnemental.

La jeune fille chercha sa main et la prit dans la sienne. Le commissaire comprit qu'elle voulait tester sa réaction.

— Mais si tu veux retrouver des traces de sang humain, murmura-t-elle, si tu veux retrouver des restes de cadavres, tu dois te servir de morceaux de cadavre, qu'ils soient frais ou anciens. Ce n'est peut-être pas très éthique, ce n'est même pas légal, mais il n'y a pas d'autre moyen.

Ce n'était franchement pas légal, mais cela n'avait rien non plus d'inhabituel.

Ambrosini le savait, et Parri aussi, qui s'était prêté sans trop de remords au larcin de cet ossement au laboratoire médico-légal. Le crâne était une pièce d'expertise destinée à la destruction, dans une affaire clôturée et désormais archivée.

— Qui vous fournit le « matériel pédagogique » ? demanda Teresa.

Blanca lui entoura le poignet de ses doigts fuselés.

— Tu veux vraiment le savoir ?

Teresa l'imagina en train de compter les battements de son cœur. C'était sa manière de percevoir les émotions de la personne qu'elle avait en face d'elle.

— Ne crois pas que tu réussiras à me déstabiliser aussi facilement, lâcha-t-elle.

Blanca attendit, puis elle relâcha doucement sa prise.

— Le sang, c'est un ami qui me le fournit. Nous avons aussi un contact à l'hôpital. Tu sais, un échantillon prélevé par voie sous-cutanée, une amputation… Un type des pompes funèbres nous donne de la cadavérine, de temps à autre.

— Et comment fait-il ?

— Rien de compliqué ou d'irrespectueux. Il pose simplement un linge sous la nuque du défunt, aux premières heures suivant le décès. Rien qu'à cette idée, quelqu'un pourrait se sentir horrifié, c'est vrai.

— Ce quelqu'un devrait se dire que tout cela servira un jour à retrouver une personne portée disparue, et à envoyer un assassin en prison.

Blanca sourit, reconnaissante.

— Oui, parfois, ça fonctionne.

Teresa regarda la jeune fille boire à petites gorgées le thé qu'elle avait préparé pour elles deux dans sa cuisine, dans ce logement impeccable, quoique modeste. Elle n'avait que vingt ans et se débrouillait déjà parfaitement toute seule.

— Pourquoi m'as-tu suivie, ces derniers jours ?

Blanca posa doucement sa tasse. Elle était gênée, cela se voyait.

— Tu t'en es rendu compte, murmura-t-elle.

Battaglia ne comprenait pas comment elle avait fait et cela rendait la jeune fille encore plus intéressante. Car Blanca Zago était aveugle. Malvoyante, pour être plus précis.

— Si ce n'était pas le cas, je devrais changer de métier. Tu m'as créé des inquiétudes, tu le sais ?

— Je te demande pardon. Je voulais comprendre à qui j'avais affaire. Quand je dois rencontrer des gens nouveaux, je me sens agitée.

Teresa avait deviné que la jeune fille souffrait d'angoisse. Elle se demanda quelle était son histoire.

— Tu vis seule ici ? demanda-t-elle, même si elle connaissait déjà la réponse.

Blanca baissa le visage.

— Je cherche une colocataire pour partager le loyer, mais pour l'instant personne n'a répondu à l'annonce.

Elle ne paraissait guère enthousiaste à l'idée de devoir ouvrir son monde si singulier à une étrangère, mais la nécessité qui s'imposait à la jeune fille était perceptible autour d'elle, dans l'aspect usagé des rares objets qu'elle possédait, dans l'absence d'affaires superflues. Battaglia était certaine que ce n'était pas lié à son handicap, mais à un manque très concret de ressources.

— Qui est l'homme qui est tout le temps avec toi ? demanda Blanca, et un soupçon de gêne lui enflamma les joues.

Battaglia esquissa un sourire.

— Je pense que tu parles de l'inspecteur Massimo Marini.

— Je l'appelle l'« amidonné ». Il sent toujours une odeur de blanchisserie.

— C'est un tel perfectionniste que je suis persuadée qu'il envoie toutes les semaines au pressing la totalité de sa garde-robe.

— Il ne me plaît pas. Il semble trop… rigide.

Battaglia trouva qu'il n'y avait pas de définition plus juste.

— Je passe mon temps à lui expliquer qu'il a un balai dans le cul, plaisanta-t-elle.

Blanca éclata de rire, puis redevint aussitôt sérieuse.

— Les types comme lui, je les connais, dit-elle en tambourinant des doigts sur la table, selon la même séquence en boucle.

— Et comment ils sont, les types comme lui ? s'enquit Teresa en l'observant attentivement.

La jeune fille déposa un baiser sur la petite tête de Smoky. Ses lèvres y restèrent un peu plus longtemps que nécessaire.

— Ils jugent, répondit-elle dans un souffle.

Le commissaire se pencha vers elle, comme pour lui faire un aveu.

— Marini est un peu comme ça, c'est vrai, mais il n'est pas si méchant. Et puis, moi, cela m'amuse de le tourmenter. Je crois qu'il sera très jaloux de toi. Il vient tout juste de se tailler une place dans la brigade, et ton arrivée va le déstabiliser. Avec son côté Monsieur Propre, il aura du mal à piger.

Blanca releva le visage.

— À piger quoi ?

— Le total mépris des règles qui ira de pair avec ta présence.

Elle sourit. Elle était vraiment charmante, quand le manque de confiance en elle ne lui assombrissait pas le visage.

— Il n'est pas au courant que Smoky s'exerce avec des ossements de contrebande ?

— En réalité, je ne lui ai encore rien dit. Mais tu sais quoi ? J'ai hâte de le lui annoncer. Ça va le rendre dingue. Elles effleurèrent toutes deux le crâne.

Teresa lui trouva presque une expression, avec ses arcades sourcilières un peu rehaussées. Une expression comique.

— Je crois que lui donner un nom aiderait à dissiper cet air sinistre, suggéra-t-elle.

Blanca prit l'ossement. Elle le fit tourner dans ses mains, caressa la calotte crânienne.

— *Lo Smilzo*, Sac d'os, annonça-t-elle d'un ton décidé, après y avoir un peu réfléchi.

Battaglia opina. *Lo Smilzo* – Sac d'os – lui semblait approprié, à elle aussi.

19

À l'aube, la vallée s'était réveillée sous un voile de rosée. La condensation scintillait dans un miroitement de gouttelettes, ramollissait les écorces et glissait sur le plumage des oiseaux. C'était un réveil lent, qui respectait des rythmes impénétrables, composé de gazouillements, de tapotements cadencés et de piétinements paresseux, dans les sous-bois.

L'humidité avait soulevé de terre les parfums de la nature, comme si la sève flottait dans l'air. La voix gargouillante de la rivière semblait elle aussi plus aiguë, à la lumière du jour.

Le village s'était déjà animé d'une activité feutrée et un arôme de café s'échappait de l'unique auberge.

Le brouhaha des clients restait discret, à l'exception d'Emmanuel : le vieux fou du village s'exhibait en une danse aux origines lointaines, mais il l'exécutait à sa manière, avec des pas que l'âge et l'alcool rendaient chancelants, ainsi que la maladie qui ne lui avait jamais permis d'avoir un mental d'adulte. Il était de si petite taille qu'on aurait cru un enfant. Un enfant au visage rugueux et au sourire en touches de piano. Il tenait serré dans une main un journal froissé. Il l'agitait comme un messager excité par la nouvelle qu'il délivrait. Le titre annonçait qu'on avait retrouvé un tableau.

— Rien ne demeure secret pour toujours, croassait-il entre deux quintes de toux, le souffle chargé d'une haleine de presque un siècle de vie. Tôt ou tard le secret se révèle, comme les os du cimetière quand le *Wöda* déborde. Et il pue, exactement comme eux.

Personne n'accordait de poids à ses paroles. Ou presque. Parce que quelqu'un l'observait depuis un moment. Quelqu'un qui portait en lui la fureur du *Tikô Wariö* et qui avait compris que le vieil Emmanuel n'était pas fou.

Le vieil Emmanuel savait.

20

La préfecture était un immeuble en ciment aux lignes verticales et aux angles affûtés. Gris comme la pierre, il avait une apparence sans fioritures, avec ses alignements de fenêtres toutes identiques et ses piliers qui évoquaient autant de gardes à l'allure sévère. Le bâtiment était aussi austère qu'une forteresse, et même un peu déprimant.

En revanche, l'air qu'on respirait dans ses couloirs était différent : le va-et-vient des agents et des fonctionnaires le rendait vivant, lui conférait cet aspect d'engrenage en mouvement qui plaisait à Massimo. À l'intérieur, il savait quoi faire, comment orienter ses pensées vers quelque chose de constructif.

Depuis qu'il en avait franchi le seuil, il se sentait mieux, au point que c'était désormais presque le seul endroit où son esprit récupérait sa lucidité et son équilibre.

Le bureau qu'il partageait avec le commissaire Battaglia était désert. Il en fut surpris : depuis qu'il la connaissait, c'était la première fois qu'il ne la voyait pas déjà au travail. Il alla chez Parisi et De Carli, frappa et passa une tête.

— Quelqu'un a vu Battaglia ? demanda-t-il.

— Bonjour, déjà, pour commencer, lâcha De Carli, sans lever les yeux du café qu'il était occupé à remuer.

— D'accord, bonjour. Alors, vous l'avez vue ?

— Pas encore, répondit Parisi. Elle était de service de nuit hier, alors j'imagine qu'elle a dû dormir un peu plus ce matin.

S'il n'avait pu constater la chose de ses propres yeux, Marini n'y aurait pas cru une seconde. Il entra et referma la porte derrière lui.

— Vous savez comment s'est passée son entrevue avec Lona ? questionna-t-il.

D'ordinaire, Parisi était toujours au courant du moindre mot prononcé et du moindre fait survenu entre ces murs. Son collègue finit son café d'un trait.

— Elle ne t'a rien raconté ?

— On parle du commissaire Battaglia, là…

Parisi haussa les épaules.

— Je n'ai pas d'informations fiables, admit-il, mais il semblerait que le duel se soit terminé sur un score d'un à zéro, en sa faveur à elle.

Massimo s'appuya au bureau.

— C'est-à-dire ?

— C'est ce que m'a raconté un collègue de service, en salle de garde. Il a entendu le préfet se plaindre à quelqu'un au téléphone. D'après le ton qu'il a employé, quelqu'un d'important. Battaglia a dû lui balancer une de ses formules bien senties.

Massimo lâcha un juron du bout des lèvres.

— Il faut toujours qu'elle l'ouvre, siffla-t-il.

Il se dirigea vers la porte, puis il changea d'avis et se retourna.

— Qu'est-ce qui s'est passé, entre eux ? demanda-t-il finalement. Pourquoi tant d'hostilité ?

Ses collègues échangèrent un regard.

— On n'en sait rien. Personne ici n'en sait rien, mais « hostilité » est un peu faible, je parlerais plutôt de haine, rectifia De Carli.

Massimo l'observa et eut alors la certitude qu'ils mentaient, tous les deux. Une fois de plus, ils formaient un cercle protecteur autour du commissaire, et lui, le nouveau venu, n'y était pas encore admis.

— Un jour, il faudra m'expliquer. Il faudra me dire ce qui lui est arrivé.

— Tu ne crois pas que c'est à elle qu'il revient d'en décider ? lui jeta De Carli.

— En fait, je vais aller la chercher, tout de suite.

Parisi lui lança une enveloppe, que Marini attrapa au vol.

— Qu'est-ce que c'est ?

— Du nouveau sur l'affaire de la *Nymphe endormie*.

Il ne l'ouvrit pas. Cela incombait au commissaire.

— Tu as trouvé des témoins ? demanda-t-il.

— Non, personne qui soit encore en vie, mais je ne capitule pas si facilement. Par contre, j'ai trouvé autre chose, d'au moins aussi bien.

— Qui est… ?

— Le curé du village slovène où on a retrouvé Andrian.

— Le curé ?

— Pourquoi, ça t'étonne ?

— Quel rapport entre le prêtre et Andrian ? Il était présent ?

— Non, il n'était pas présent, pas lui, mais le père Jakob, son prédécesseur, oui.

— Il est encore en vie, ce père Jakob ?

— Non, il est mort.

— Dis-moi qu'il a laissé quelque chose.

Parisi s'étira, l'air satisfait.

— Oui, il a laissé quelque chose.

Massimo sortit précipitamment du bureau, mais ne fit que quelques pas. Au milieu du couloir, Albert Lona l'observait. Apparemment, il l'attendait. Quand l'inspecteur arriva à sa hauteur, le préfet lui tendit la main.

— Inspecteur Marini, nous nous rencontrons enfin.

La poignée de main de Lona était ferme, mais pas aussi agressive qu'il s'y était attendu. Il avait l'air d'un gentleman et rien chez lui ne permettait de soupçonner le contraire. Et pourtant, d'instinct, Massimo préféra retirer la sienne le plus vite possible.

— Préfet Lona, le salua-t-il.

— Je suis navré de ne pas encore avoir eu le temps de convoquer une réunion officielle, mais comme vous l'imaginez, mon arrivée n'était pas prévue. Je sais que vous faites partie de la brigade du commissaire Battaglia. Vous collaborez avec le substitut du procureur Gardini dans l'affaire du tableau ensanglanté.

Massimo n'appréciait guère les approximations. Le tableau n'était pas ensanglanté, il avait été peint avec du sang. Cela faisait une différence. Au plan des intentions, du contexte psychologique, des éléments factuels qui avaient mené à ce résultat, et aussi des conséquences. Pourtant, il se borna à acquiescer.

— Très bien, reprit Lona, posément. (Il l'étudiait, sans se donner la peine de se cacher. Il le prit par le bras, d'un geste prévenant, et l'invita à faire quelques pas avec lui.) Nous sommes entrés dans la police ensemble, le commissaire Battaglia et moi, vous le saviez ? Nous étions… amis. Après toutes ces années, j'ai été stupéfait de la voir encore ici, toujours au même point. Elle n'a pas un caractère facile, je suis sûr que vous vous en êtes déjà rendu compte. Pour celui qui la contredit, les retombées peuvent être désastreuses, vous en conviendrez ?

Lona s'arrêta et le regarda, avec un sourire cordial.

— J'espère trouver en vous un interlocuteur mieux disposé que le commissaire Battaglia. Je crois que cela conviendrait à tout le monde.

Massimo saisit la menace insidieuse que recelait ce qui ressemblait à une proposition. Cet homme était véritablement dangereux.

— Je vous tiendrai informé des progrès de l'enquête, répondit-il.

Lona opina sans manifester aucune surprise.

— J'y compte, inspecteur Marini. Rien de neuf, pour l'instant ?

Son regard tomba sur l'enveloppe que Massimo tenait encore dans sa main.

— Non. Rien de neuf.

Lona regarda l'heure.

— Alors prévenez-moi dès que vous aurez du nouveau.

Il tourna les talons. Son parfum resta en suspens dans l'air. Massimo l'associa mentalement à l'odeur d'un prédateur. Un prédateur qui usait de tactiques subtiles, qui savait dissimuler sa véritable nature. Qui séduisait la proie et la rassurait, avant de la dévorer.

Il se rendit compte qu'il venait de mentir à son supérieur. Il n'aurait jamais cru la chose possible. Il en avait le souffle court, le cœur en émoi.

C'était de la peur. Pas pour lui-même, mais pour elle.

— Ah, inspecteur… (Lona était revenu de quelques pas en arrière.) Concernant le commissaire Battaglia, je réfléchissais à l'opportunité d'engager une procédure de contrôle disciplinaire à son encontre, et je pourrais avoir besoin de vous entendre, vous aussi. Le commissaire me semble… égarée. Vous n'avez pas remarqué ?

Lona n'attendit pas sa réaction et, pour Massimo, cela valait mieux ainsi. Il n'aurait pas été capable de répondre.

21

Frank Sinatra chantait « Fly Me to the Moon ». L'orchestre de Count Basie développait ses harmonies virtuoses qui vibraient dans l'air. Le scintillement multicolore des pistes de bal des années soixante se déversait en notes de musique.

Teresa ouvrit un œil. Puis l'autre. Le soleil inondait le salon et lui inondait le visage.

Un bruit insistant l'avait réveillée, et ce n'était pas la voix de baryton de Sinatra. Elle se redressa en position assise et rejeta la couverture. Les coussins du canapé avaient gardé imprimée la forme en conque creusée par son corps.

La sonnette retentit de nouveau.

Elle se leva, l'esprit confus. Le CD continuait de tourner dans le lecteur, les lumières étaient restées allumées depuis la soirée de la veille et elle n'avait aucun souvenir de comment elle était rentrée chez elle.

Encore ensommeillée, elle mit quelques instants à déchiffrer l'heure.

— Merde.

Elle jeta un œil autour d'elle. Les clés de son appartement étaient posées sur la petite table basse devant le canapé, son sac accroché, ses chaussures alignées l'une à côté de l'autre près de la porte. Le reçu d'une compagnie de taxis sur la console de l'entrée. Elle vérifia la date et l'heure. Voilà comment elle était rentrée.

Quelqu'un frappa plus fort. Encore un tintement de sonnette. Elle resserra la ceinture de son kimono et ouvrit la porte.

Marini se retourna, un pied déjà sur la marche de l'escalier qui menait à l'allée. Une main dans la poche, avec sa veste sur l'épaule et sa cravate en soie, il ne détonnait pas sur ce fond musical. Il possédait une élégance d'un autre temps.

Il la regardait comme s'il ne l'avait encore jamais vue. Teresa pouvait imaginer ce qu'il pensait, tout comme elle imaginait sa propre apparence, ses cheveux en désordre, le visage encore strié par les marques de la couverture. Et la robe de chambre qui lui arrivait plus ou moins aux genoux.

— Vous n'avez jamais vu de kimono, inspecteur ? lança-t-elle en s'appuyant au montant de la porte.

Embarrassé, il regarda ailleurs.

— J'étais inquiet, fit-il. Pendant que vous dormiez…

— Vas-y mollo avec les sarcasmes.

Il croisa les bras et regarda vers le ciel. Il faisait tout son possible pour ne pas poser les yeux sur elle.

— Pendant que vous dormiez, continua-t-il, le préfet Lona m'a fait comprendre, en des termes à peine voilés, dans quel camp il conviendrait que je sois. Il a aussi formulé des menaces claires : il réfléchit à l'ouverture d'une procédure disciplinaire à votre encontre.

Elle demeura impassible, mais elle tremblait intérieurement. Elle s'attendait à ce genre d'agression, mais elle ne pensait pas qu'elle arriverait si tôt. L'ascension d'Albert au sommet de la pyramide hiérarchique l'avait rendu plus habile et plus féroce.

— Que t'a-t-il dit ? s'inquiéta-t-elle.

Finalement, il la regarda de nouveau.

— Sur votre passé commun ? Rien, si c'est ce qui vous préoccupe. Et je vois bien que c'est le cas. Vous ne me demandez pas si j'ai l'intention d'accepter sa proposition ?

Elle se sentit sourire, même si sa vie venait de se compliquer à un point qu'elle n'aurait plus cru possible.

— Je n'en ai pas besoin, inspecteur, répliqua-t-elle.

Le visage de Marini s'illumina. Il lui brandit une enveloppe sous les yeux.

— Qu'est-ce que c'est ? demanda-t-elle.

— Des nouvelles de l'année 1945, commissaire. Maintenant, pourriez-vous aller vous habiller, s'il vous plaît ? Parce que vous voir comme ça, c'est perturbant.

Bovec. Plezzo. Flitsch.

Trois noms dans trois langues différentes – slovène, italien et allemand – pour désigner le même endroit, enfoui au milieu des Alpes, point de rencontre entre trois nations, où un pas de plus suffisait à vous faire aussitôt franchir une autre frontière. C'était une terre au passé pesant, un passé qui, disait-on, s'était gravé dans le caractère de ses habitants. Des dominations successives trop nombreuses pour ne pas imprimer une douleur ancienne dans leur ADN.

De cette douleur, songea Teresa, il n'y avait pas trace en surface. Ce qui avait résisté à tout changement, au fil des millénaires, c'était l'extraordinaire scénographie naturelle où ce pays prenait naissance, dans le parc du Triglav. Le mot signifiait « tricorne » : la haute vallée était fermée au nord, à l'est et au sud par d'imposants reliefs, une roche nue et déchiquetée qui s'élevait au-dessus de la verdure lumineuse d'épaisses forêts. La rivière Soèa la traversait, la plus pittoresque d'Europe, selon les dires de beaucoup. L'eau aux reflets turquoise avait creusé le terrain calcaire et s'enfonçait dans des galeries naturelles, en formant des cascades aux reflets iridescents et des bassins transparents.

Le long des étendues herbeuses qui bordaient la route de Bovec, on entrevoyait les maisons rurales slovènes typiques, avec leur avant-toit, leurs fenêtres fleuries en mansarde et leurs balcons en bois.

Marini conduisait en tenant le volant d'une seule main, l'autre pendant négligemment à la fenêtre. Il laissait filer l'air entre ses doigts. Il pointa l'index vers une de ces maisons.

— Curieux, fit-il.

— On appelle ça des *zidanice*.

— Qu'est-ce qui est marqué sur ces écriteaux ?

— Les propriétaires vendent des légumes, du *slivovitz* et du miel. Les autres louent des *sobe* aux touristes, des petites chambres nichées dans les mansardes, ou ajoutées sur l'arrière de la maison, après des travaux d'aménagement souvent improvisés. Sous le régime communiste, pour ces familles, disposer d'une *sobe* suffisait à les protéger de la famine.

Ils arrivèrent à Bovec, un village de même pas deux mille âmes, mais où circulait beaucoup de monde : surtout des randonneurs, passionnés de trekking et de rafting. Marini se gara devant une *gostilna*, avec son tournebroche extérieur très caractéristique, déjà en marche. Plus loin, à quelques ruelles de là, pointait le clocher de l'église.

Ils sortirent de la voiture et le commissaire se dégourdit les jambes, s'étira le dos en tournant sur elle-même. Les montagnes exerçaient sur le cours de ses pensées un attrait silencieux, mais qui n'en était pas moins fort. Elle se demandait d'où était arrivé Andrian. Quels sentiers ses pieds avaient-ils arpentés et quels panoramas avaient défilé devant ses yeux sans qu'il ne les voie ?

— *Dobrodòöli*. Commissaire Battaglia ?

Teresa se retourna. Un prêtre la regardait depuis l'autre côté de la rue, assis à califourchon sur un VTT. La soutane était relevée au moyen de pinces sur des mollets musclés. L'ecclésiastique portait des chaussures de sport aux couleurs criardes et arborait une coupe de cheveux à la mèche crantée. Il était jeune et bronzé.

— C'est moi, répondit-elle. Père Georg ?

Le visage du religieux s'anima d'un grand sourire.

— Oui. Bonjour. Si vous vous demandez comment j'ai fait pour vous reconnaître, ajouta-t-il en levant en l'air le portable qu'il tenait dans une main, je vous répondrai que Google propose des articles très intéressants vous concernant.

— Je ne suis pas photogénique.

— Au contraire. Venez, le presbytère est par ici.

L'intérieur de l'église était frais et sombre, et il y flottait un parfum de cire d'abeille. Battaglia imagina une vieille femme du village briquant pendant des heures les bancs de la nef minuscule, agrémentée de bouquets de marguerites et d'épis de blé. Des tableaux d'aspect ancien et un peu lugubres étaient accrochés aux murs. C'étaient des portraits de saints et de martyrs à l'expression mélancolique.

Le père Georg s'agenouilla devant l'autel et se signa. Teresa et Marini attendirent derrière lui, raides comme des piquets. Le prêtre resta un moment dans cette position, la tête baissée. Quand il se leva, il leur fit signe de le suivre.

— Par là.

Ils entrèrent dans la pièce attenante à la chaire. C'était un dégagement qui contenait une banquette, un portemanteau et quelques photos de Jean-Paul II accrochées aux murs.

— Il continue d'être très aimé, chez nous, expliqua l'ecclésiastique en remarquant le regard de Battaglia. Enfin, le dernier pape a aussi de nombreux fans dans la région.

Elle sourit.

— Je vous avoue que je ne suis pas croyante.

Il la considéra, un peu interloqué.

— Et à quoi vous raccrochez-vous, quand votre profession vous confronte au Mal ?

C'était une question délicate, à laquelle elle ne s'attendait pas.

— À la compassion, mon père.

Il pesa le sens de ses paroles, puis il opina.

— Un choix difficile, admit-il. La compassion est une vertu qui fait souffrir.

— Vous parlez très bien l'italien, remarqua Marini.

— Ma mère était italienne et j'ai fait mon noviciat en Italie. Pendant un temps, j'ai officié dans un village des Abruzzes, proche de Chieti. Venez, mes appartements sont de ce côté.

Il ouvrit une autre porte et les fit entrer dans un petit salon qui rappela tout de suite à Teresa celui de ses grands-parents. Les assises du divan et du fauteuil de chenille étaient râpées. Deux coussins brodés étaient appuyés contre les accoudoirs, en parfaite symétrie. Un napperon au crochet décorait la petite table en verre. La crédence en noyer était rutilante, sans un grain de poussière. Tout était vieux, mais sentait un parfum de propre. Au-dessus de la porte, un crucifix avec un rameau d'olivier.

— Je vous en prie, installez-vous. Un thé froid vous ferait plaisir ? Ou autre chose ?

— Un thé froid nous ira très bien, merci.

Le père Georg disparut dans ce que Teresa imaginait être la cuisine. Elle entendit le tintement de la vaisselle, une porte de placard s'ouvrir et se refermer.

Peu après, le prêtre fut de retour en portant un plateau avec trois verres et une carafe. Il le posa sur la table basse et s'éclipsa de nouveau. Quand il se joignit à eux, il tenait une enveloppe. Il prit place dans le fauteuil, et la mit soigneusement sur ses genoux.

— Votre collègue m'a parlé au téléphone de l'affaire dont vous vous occupez, commença-t-il tout en leur servant à boire. J'ai tout de suite vérifié dans le journal du père Jakob et je peux vous confirmer qu'il y figure bien quelque chose à ce sujet, même si je ne crois pas que cela vous aidera beaucoup. Ce sont de simples observations sur la période, qui n'ont ni la prétention d'investiguer sur les faits, ni d'être exhaustifs.

Le commissaire but une gorgée de thé, posa le verre et le regarda.

— J'en suis tout à fait consciente, mon père, mais sachant que nous parlons de la fin de la Seconde Guerre mondiale et que ce sont jusqu'à présent les seules sources dont nous disposons, je considère que c'est déjà une chance d'avoir l'occasion de les consulter.

— Bien, j'espère que ces pages vous seront utiles dans ce cas. Le père Jakob voulait que son journal soit conservé dans la petite église de San Lenart, pas très loin d'ici, mais la curie n'a pas donné son accord, à cause de l'humidité. San Lenart se situe en plein dans le bois de Ravne, entre Bovec et la forteresse de Kluûe. Vous y êtes déjà allée ?

— Non.

Teresa le regarda extraire de l'enveloppe une paire de gants et les enfiler. Ils étaient blancs, en soie, comme ceux dont sont équipés les restaurateurs et les spécialistes qui manipulent des œuvres d'art et des pièces historiques.

— Pour la population de Bovec, l'église de San Lenart possède une signification toute particulière, continua le prêtre. Elle y trouva refuge durant l'invasion turque du XVIe siècle. Ce fut grâce à San Lenart que les envahisseurs continuèrent leur route sans apercevoir la petite église, et sans exterminer ces pauvres gens.

Le père Jakob a demandé que son journal soit conservé là-bas parce qu'il disait que ces pages contenaient le récit d'événements d'une guerre si monstrueuse et sanguinaire que seule l'intercession de San Lenart avait permis à la population de Bovec d'y survivre, une fois encore.

Elle acquiesça. Elle se considérait agnostique, mais elle respectait les convictions des croyants, en particulier si, après avoir vécu les horreurs de l'une des périodes les plus noires de l'histoire de l'humanité, ils continuaient d'avoir la foi.

Le père Georg sortit un paquet de l'enveloppe. Il ouvrit soigneusement les rabats de tissu, et finit par dévoiler le cahier. Il était revêtu d'un papier d'emballage de couleur bleue, un peu abîmé sur les coins. Un chiffre avait été tracé d'une belle écriture – un huit – et, plus bas, ce qu'elle imagina être le nom de l'auteur.

— Je n'ai pas pu faire les photocopies des pages qui vous intéressent, commissaire, parce qu'il me faudrait la permission de la curie et je sais que c'est une affaire à caractère urgent. Et puis, vous auriez eu besoin d'un interprète pour les lire.

— Ne vous inquiétez pas pour ça. Si cela ne vous dérange pas, je prendrai des notes, répondit Teresa, en cherchant son cahier dans son sac.

— Bien. Je vais traduire avec la plus grande attention.

— Je vous remercie, mon père.

L'ecclésiastique ouvrit le journal avec une délicatesse quasi solennelle. Les pages étaient épaisses et jaunies, et elles craquaient sous les doigts.

— Quelques décennies d'humidité, expliqua-t-il. C'est le huitième cahier de l'année 1945, l'avant-dernier. Au total, le père Jakob en a écrit vingt-trois.

Elle pencha la tête pour mieux voir. Les notes étaient rédigées au fil de la plume, mais dans l'ordre. La chronique d'une époque dont elle savait si peu de chose, elle comme tant d'autres. Quelle ironie, se disait-elle, de prendre conscience de la valeur des souvenirs d'un homme qui, puisqu'il n'était plus, était incapable de les transmettre. Elle repensait à ses parents et à ses grands-parents, qui avaient vécu la guerre. Ils avaient tant de fois cherché à lui en parler. Petite fille, elle n'y avait prêté que peu d'intérêt. C'était la pulsion de vie, celle de la jeunesse, qui la détournait des malheurs du passé. Maintenant, en y repensant, elle le regrettait profondément.

— L'homme dont il est question est cité dans l'entrée du 9 mai 1945, continua le père Georg. Naturellement, personne ne connaissait encore son nom. À présent, je vous lis le passage. En commençant depuis le début, pour que vous puissiez comprendre le contexte de ces journées terribles.

— Vous croyez que les séquelles de la guerre suffisent à constituer des circonstances atténuantes pour un éventuel homicide ? s'enquit-elle, médusée de la remarque du prêtre.

Le père Georg la regarda avec une intensité qu'elle avait rarement ressentie chez quiconque.

— Je crois que la mort apporte la mort, commissaire, même dans les cœurs les plus purs. Beaucoup de braves gens ont tué pour se défendre et beaucoup d'autres n'auraient pas hésité, s'ils y avaient été contraints.

— Ce ne sont pas les propos auxquels je me serais attendu de la part d'un ecclésiastique, avoua Marini.

Le père Georg caressa la page.

— Nous sommes loin de nous imaginer ce qu'est la guerre, inspecteur, observa-t-il. La guerre qui entre chez vous, qui frappe vos enfants et brutalise votre épouse. Écoutez, avant de juger.

Bovec, 9 mai 1945

Le conflit qui a ensanglanté le monde s'est achevé sur le papier et dans les déclarations publiques, mais à cette extrémité de la Yougoslavie, les derniers échos de sa violence tragique persistent dans l'atmosphère. Les coups de feu des soldats du IX Korpus du maréchal Tito sifflent encore dans la nuit. Lointains, mais pas si éloignés. Certains de ces hommes ne sont plus des hommes, mais des bêtes assoiffées de sang, comme si la terre n'en avait pas bu assez. Ils semblent en avoir un besoin irrésistible, et ils nous font trembler. Ils ont oublié tout idéal, toute responsabilité et tout devoir. Ils ne savent plus ce qu'est l'honneur. Ils sévissent comme des seigneurs du mal, lâchement dissimulés sous le manteau pestilentiel de l'impunité.

La guerre sème dans l'âme humaine une graine qui produit des fruits désolants. Dans la leur, ce sont les fleurs du mal le plus odieux qui ont poussé, celui qui est dirigé contre les êtres sans défense. Les femmes ne peuvent plus sortir du village pour aller dans les champs sans être accompagnées d'un homme. Les animaux ne sont plus en sécurité dans les pâturages et souvent même pas dans les étables. Les vieux qui vivent dans des maisons isolées sont maltraités et privés de leurs biens. Les brigandages, les volées de coups et les violences : c'est ce souvenir que laisseront les soldats sur lesquels je m'apprête à écrire.

Aujourd'hui, au point du jour, ils sont arrivés à Bovec. Une escouade d'individus hagards, composée de neuf éléments.

Le chef, qui n'a jamais décliné son grade, se fait appeler Mika. Une balafre ancienne lui taille le visage en deux, bien qu'il n'ait pas quarante ans, à ce que je crois.

Ils nous ont tous fait sortir dans la rue, tels que nous étions, en tenue de nuit, même les vieux chancelant sur leurs jambes et les malades. Ils ont écumé le village en tous sens. Ils aboyaient des ordres. Ils frappaient à l'aveuglette celui qui s'attardait sur le seuil de sa maison, ou qui osait relever les yeux de terre. Ils recherchaient les opposants de Tito, ils nous hurlaient de les leur livrer, sans hésitation. Inutile de dire que dans le village, il n'y a pas un opposant, rien que des âmes à bout de forces, espérant à tort avoir retrouvé un peu de paix.

Ils ont perquisitionné dans chaque maison et chaque étable. Ils ont mangé notre nourriture, sur nos tables, et frappé des hommes, chacun leur tour – deux d'entre eux n'étaient guère plus que des enfants –, pour inciter les autres à parler. Ils les ont traînés sur la place et battus à coups de crosse de fusil, jusqu'à ce qu'ils s'évanouissent. J'ai craint pour les femmes, qu'ils regardaient avec convoitise et cruauté, surtout quand ils ont concentré leur attention sur la jeune Maja Belec. Ils l'ont fait hurler de peur, en lui soulevant sa robe jusqu'à la taille, exposant sa nudité aux yeux de tous.

Les larmes de la jeune fille ont eu pour seul effet d'alimenter le feu de leur méchanceté. Ils ont rasé les cheveux de sa mère, prétendant qu'elle était suspectée de collaboration avec les nazis, mais c'était uniquement parce qu'elle avait osé les regarder d'une manière qui ne leur a pas plu.

Grâce à Dieu, et à l'intercession protectrice de San Lenart, ils ne sont pas allés plus loin.

Ils sont restés jusqu'au coucher du soleil. À la fin, rassasiés de notre nourriture et de notre terreur, ils ont continué leur traque dans les bois et nous ne les avons plus revus.

Les soldats du IX Korpus n'ont cependant pas été le seul événement néfaste de cette journée.

Zoran Pavlin, le bûcheron, a retrouvé le corps d'un homme dans le bois. Un mort au corps peint de sang, qui respire encore, c'est ce que m'a indiqué sa femme quand elle est venue me chercher.

Je me suis empressé de me rendre à leur domicile. Les Pavlin l'avaient allongé dans l'étable. Je peux affirmer qu'il paraissait mort, et pourtant il respirait. En approchant la lampe, on pouvait voir un semblant de mouvement, son torse se soulever et s'abaisser. Il était couvert de sang et de boue que la pluie même n'avait pas suffi à laver. D'un rouge sombre, il sentait la mort.

Il avait l'air d'un démon nouveau-né, étendu sur la paille, recroquevillé comme un fœtus dans le giron d'obscurité qui l'avait engendré. Il serrait dans une main un rouleau de peau, qu'il n'avait pas lâché, même en ayant perdu connaissance. J'ai tenté de desserrer la prise des doigts, mais sa force était telle que je n'y suis pas arrivé.

Les vêtements étaient lacérés, déchirés en plusieurs endroits et imbibés de sang, à tel point que je l'ai cru gravement blessé, sur le point d'expirer. Je me trompais.

Nous l'avons déshabillé. La femme du bûcheron nous a apporté de l'eau chaude et des linges propres avec lesquels nous l'avons lavé : à part quelques écorchures superficielles aux bras et aux cuisses, le jeune homme n'avait pas d'autres blessures. Ce sang n'était pas le sien.

Ce détail nous a bouleversés, nous avons échangé des regards, nous avons murmuré du bout des lèvres la pensée qui nous a tous saisis au même instant : avions-nous recueilli parmi nous une brute, un assassin ?

Le père Georg s'interrompit.

— C'est la question à laquelle vous essayez vous-même d'apporter une réponse, commissaire, releva-t-il. Soixante-dix ans plus tard.

Teresa opina, troublée par ce récit. Une conversation silencieuse eut lieu entre elle et Marini : Alessio Andrian était couvert d'un sang qui ne lui appartenait pas. Les récits relatifs au mystère sinistre de sa réapparition recevaient désormais une confirmation.

Elle se tourna vers le père Georg.

— Le père Jakob a-t-il écrit d'autres choses à ce sujet ? demanda-t-elle.

— Seulement quelques réflexions, au cours des journées suivantes. Je vais chercher les passages concernés.

Le prêtre parcourut la page du doigt.

— Voilà, dit-il, et il reprit sa lecture à voix haute.

11 mai 1945.

Le jeune homme est encore inconscient. Il a une forte fièvre et le délire s'est emparé de lui durant les heures de la nuit. Il a bu à peine un demi-verre d'eau, je crois qu'il est très déshydraté. Je me demande depuis combien de temps il n'a pas mangé. C'est un partisan italien, nous l'avons compris au foulard qu'il avait autour du cou. Zoran Pavlin dit qu'il pourrait aller prévenir ses camarades. Ils viendront le chercher sans tarder, si le garçon a de la chance. Il tient encore serré dans sa main ce qui me semble être un dessin. Je n'ai plus essayé de le lui retirer, parce que mes tentatives l'agitent, comme si je voulais lui ôter la vie : le temps d'un instant, juste un instant, qui a pourtant suffi à m'effrayer, il a relevé les paupières et m'a fixé de ses yeux noirs et ardents. Avec un hurlement muet sur ses lèvres, il m'interdisait d'y toucher.

Teresa repensa à Andrian, à ce vieil homme qui, la veille, avait maintenu la photo sous sa main, avec une force insoupçonnée.

— C'était en effet une toile, exécutée de sa main, reprit-elle en montrant au père Georg la photo de la *Nymphe endormie*. La date indique le 20 avril 1945. Je me demande ce qu'a fait Alessio Andrian au cours de ces semaines-là.

Le prêtre prit la photo et l'étudia avec attention.

— Il a erré dans les bois, répondit-il, la tête ailleurs. Sans manger, sans boire. Secoué de frissons de fièvre. C'est vraiment une œuvre très expressive et d'une exécution raffinée.

— Andrian était peut-être sous le coup d'un choc violent. La question est de savoir ce qui a pu le bouleverser à ce point. La mort de qui ?

Le père Georg secoua la tête.

— L'être humain est capable de tuer, et parfois il passe à l'acte, mais il n'est pas dit qu'il y prenne du plaisir, ni qu'il ait choisi de le faire, expliqua-t-il.

— Vous voulez dire qu'Andrian aurait pu tuer pour se défendre ? Pourtant, il ne présentait que quelques griffures superficielles. Une défense disproportionnée par rapport à l'attaque, je dirais. De plus, nous pensons que la victime était une femme. Le père Jakob lui-même a écrit que ces années-là ont été difficiles pour les jeunes hommes…

— Je n'ai jamais entendu parler de violences sexuelles commises par les partisans de votre pays, ni dans cette région ni à la frontière. Je n'ai pas la prétention de savoir ce qui s'est passé, commissaire, d'autant plus que je n'ai jamais rencontré cet homme, mais il y a une chose dont je suis sûr : la description que fait le père Jakob de l'état dans lequel était plongé ce jeune homme ne m'évoque pas un assassin sans pitié, mais plutôt un profond désespoir. Vous n'êtes pas d'accord ?

Teresa reprit la photo que le prêtre lui tendait.

— Andrian est un homme malade, mon père. Il n'est pas… sain d'esprit… et peut-être ne l'a-t-il jamais été.

— Votre collègue m'a communiqué quelques informations relatives à cette affaire, quand il m'a contacté. J'ai cru comprendre que ce peintre aurait peut-être ôté la vie de quelqu'un pour composer son œuvre.

Les doigts de Battaglia effleurèrent un instant le visage de la Nymphe.

— Ce que vous appelez du désespoir, répondit-elle, pourrait être selon moi un trouble psychique, assez fort pour l'avoir poussé à tuer, oui.

— Personne à Bovec ou aux alentours, en tout cas. Aucune mort violente, aucune disparition n'ont été signalées pendant cette période. Le père Jakob n'aurait pas manqué de le noter.

— D'où pouvait arriver Andrian, d'après vous ?

— Difficile à dire. De la vallée qui s'ouvre à l'ouest, comme du col tout proche de là, plus au nord. Le tracé de la frontière passe à proximité et descend tout le long de ce territoire, des Alpes à l'Adriatique.

— Les notes du père Jakob à ce sujet se terminent là ?

Le prêtre tourna quelques pages.

— Oui, je suis navré. Il n'y a que deux lignes consacrées au fait que le jeune homme n'a pas prononcé un mot. Les partisans sont venus le récupérer le lendemain et on n'a plus jamais rien su de lui, pas même son nom. Jusqu'à hicr.

— Très bien, fit Teresa. Je vous remercie pour votre aide.

L'ecclésiastique reposa le journal dans son papier d'emballage.

— J'aurais aimé vous être plus utile, commissaire. Comme je vous l'ai dit, ce journal ne contient pas d'informations très consistantes.

— Au contraire, cela m'a aidée à me faire une idée plus précise du contexte de l'époque.

Ils se levèrent. Le portable du commissaire sonna dans son sac.

— Je vous prie de m'excuser, je dois répondre.

Elle s'éloigna de quelques pas, avant de prendre l'appel de Parri.

— Dis-moi, Antonio.

Le médecin légiste ne s'égara pas en préambules.

— Viens à mon bureau, dès que possible. J'ai du neuf, ça va t'intéresser.

— Les résultats des analyses génétiques sont arrivés ?

— Oui.

Elle trouva étrange la réticence de Parri à développer. D'ordinaire, il ne se faisait pas prier.

— Tu ne veux pas m'en dire plus ? insista-t-elle.

— C'est assez long à expliquer, à vrai dire, et ce n'est même pas vraiment lié à l'aspect médical.

— Et à quoi ce serait lié, alors ?

— À mille quatre cents ans d'histoire, plus ou moins. Dépêche-toi, je t'attends.

22

Mai 1945

La lune était de sang, cette nuit-là. Elle avait surgi du sommet du Canin dans un halo pourpre et évanescent. Un mauvais présage, selon la femme du bûcheron.

Ce n'était pas le seul. Quelques jours plus tôt, une chèvre avait mis au monde un petit au poil d'un noir de poix et avec un seul œil, qui avait mordu la mère avant même d'avoir appris à respirer.

Le bûcheron avait fait bénir l'étable et réservé à ce petit chevreau plus de soins qu'aux autres animaux, parce que la sagesse populaire le conseillait : allume un cierge pour Dieu et deux pour le diable, disait-on. Le Mal, il fallait le craindre, mais le cas échéant se gagner ses bonnes grâces.

Depuis, il peinait à trouver le sommeil ; et maintenant cette lune sanguine alimentait son inquiétude. Il chassa ces pensées funestes, s'achemina dans le bois, sa femme agrippée à son bras et une lanterne pour guide. Il aurait préféré être dans son lit, dormir du sommeil du juste, mais il y avait d'abord une chose qu'il se devait de faire, pour repousser le mauvais sort de sa maison.

Le matin, les titistes du IX Corpus étaient passés par là, de sa terre jusqu'au bois, et retour. Il avait dû leur donner le lait qu'il venait tout juste de traire ainsi qu'une truie.

Ils cherchaient des déserteurs et leur soif de sang n'avait d'égale que leur faim de la nourriture qu'ils dérobaient à d'autres. Il les avait entendus parler d'un mort dans le bois, un peu après son champ. Ces bêtes sauvages l'avaient laissé là, sans sépulture chrétienne.

Sa femme l'avait longuement harcelé. On n'accorde pas la paix à une âme qui s'est vu refuser le pardon pour ses péchés et le paradis, disait-elle. En vérité, il n'était pas non plus serein à l'idée de ce cadavre qui se décomposait non loin de son verger. Les pluies auraient pu contaminer la récolte.

— Enterrons-le, l'avait conjuré son épouse.

Ils avaient attendu la nuit pour sortir avec une pelle, l'eau bénite et un crucifix en bois. Ils n'eurent pas à chercher longtemps. Le corps leur apparut dans un lit de fougères.

Le bûcheron approcha la lampe.

Du sang. Du sang partout. Comme une deuxième peau qui le recouvrait des cheveux jusqu'aux pieds. Le cadavre était si désincarné qu'on l'aurait cru mort depuis plusieurs jours, mais sans qu'il y ait eu gonflement.

— Sainte mère de Dieu !

La femme se signa, posa le crucifix sur la poitrine du cadavre et se mit à prier.

L'homme retira son maillot de corps et se saisit de la pelle, mais un hurlement de sa femme le fit sursauter. D'un geste vif, il lui plaqua la main sur la bouche.

— Tais-toi ! fit-il à mi-voix. Il ne faut pas qu'ils t'entendent.

Les titistes pouvaient encore être dans les parages. Pourtant, l'expression de sa femme et le tremblement qui la secouait l'inquiétèrent. Il retira la main et suivit son regard, jusqu'au crucifix.

— Il a bougé, murmura la femme.

Le cadavre respirait.

23

Teresa et Marini arrivèrent à l'institut médico-légal une heure plus tard. Elle arpenta les couloirs avec une énergie dont elle ne se serait pas crue capable. Le jeune inspecteur, bien que s'enfonçant chaque instant un peu plus dans des pensées angoissantes, ne put s'empêcher de faire une remarque.

— Vous savez, Parri ne risque pas de s'enfuir, dit-il, en soutenant sans difficulté son allure.

Mais il ne comprenait pas, il n'aurait pas pu. Teresa, elle, connaissait le médecin légiste depuis presque trente ans. Au ton de sa voix, elle avait perçu un message sans équivoque : de l'excitation, ce qui venant de lui signifiait que le sang avait parlé, qu'il avait révélé le secret qu'il conservait. Comme un nécromancien, Antonio Parri l'avait fait « chanter ».

Elle arriva dans son bureau, prise d'une bouffée de chaleur.

— Alors ? lança-t-elle, encore à la porte.

Parri ne leva pas les yeux de son écran d'ordinateur.

— Je pensais que vous arriveriez plus vite, remarqua-t-il.

— Nous étions à Bovec, pour discuter avec le prêtre. Il nous a traduit des documents qui relatent la découverte d'Andrian.

Parri la scruta, tout à coup intéressé.

— Et l'entrevue a porté ses fruits ?

Teresa s'assit et s'éventa le visage avec son cahier.

— Les signes que présentait Andrian sont compatibles avec la perpétration d'un crime particulièrement atroce, à caractère passionnel, dit-elle. Il était couvert de sang, pas le sien, et dans un état évident de choc.

— Tu l'as déjà condamné, en conclut Parri en secouant la tête. Cela ne te ressemble pas.

Elle ouvrit son journal.

— Je ne l'ai pas condamné. Je suis simplement les traces, murmura-t-elle en écrivant la date et l'heure.

— Mais d'après toi, il est coupable, affirma le médecin légiste.

— Et toi, tu penses que, compte tenu de son âge, tout ce qu'il a pu faire n'a désormais plus d'importance, n'est-ce pas ? lança-t-elle.

— Cet homme ne sait même pas qu'il existe, tu l'as dit toi-même.

— J'ai l'impression d'entendre le père Georg. Lui aussi me suggérait à demi-mot de laisser tomber.

— C'est un prêtre. Le pardon avant tout.

Teresa sourit.

— Ce n'est pas à moi de pardonner, Antonio, mais à la victime, ou à sa famille. Et pour concéder le pardon, il faut d'abord savoir qui est le pécheur.

Il réfléchit un instant, puis haussa les épaules.

— Cela ne fait pas un pli.

— Alors tu te décides à nous dire ce que tu as appris ?

Parri ouvrit une chemise et en sortit quelques feuillets remplis de graphiques et de chiffres. Des analyses chimiques. Parmi les documents, elle entrevit la photo de la *Nymphe endormie*. Elle avait la sensation que ce visage la suivait partout.

— Tu es fascinée par elle, non ? remarqua Parri.

— En effet, admit-elle sans relever les yeux de l'image. J'ai l'impression qu'elle existe vraiment, et c'est peut-être pour cela que je ne peux envisager d'abandonner. Je dois continuer de chercher.

— Et si je te disais où exactement ?

Malgré le demi-sourire qui lui plissait les lèvres, le médecin légiste était sérieux. Il ne plaisantait pas.

— Qu'as-tu découvert ?

Parri retourna vers elle le feuillet des analyses et lui indiqua une valeur précise : un code qui ne disait rien à Battaglia. Elle le passa à Marini.

— Les examens génétiques ont mis en évidence une particularité du sang retrouvé sur le dessin, expliqua Parri. Nous avons séparé le génome. Eh bien, chez cet individu, c'est très particulier. Je dirais unique.

Elle fronça les sourcils.

— Anormal ?

Parri éclata de rire.

— Tout à fait normal, si tu l'entends d'un point de vue biologique. Je ne suis pas en train de te parler d'un monstre ou d'un individu atteint de dysfonctionnements génétiques.

— Alors je ne comprends pas.

— Je vais tâcher de faire simple : le génome est divisé en types différents. En Europe occidentale, les plus caractéristiques sont au nombre de trois, au maximum quatre. L'archéologie génétique peut nous en révéler beaucoup sur les déplacements d'un groupe ethnique précis au fil des siècles, sur son évolution, ses mélanges, en étudiant justement les différents génomes. L'haplogroupe H apparaît dominant pour quarante pour cent de la population.

— Tu veux dire que ce sang appartient à un étranger ? À un non-Européen ?

— Oui. Et non. Je le crois tout à fait italien, depuis au moins un millier d'années en tout cas.

— Tu m'embrouilles, là.

— Nous avons isolé un génome unique au monde, Teresa, partagé par une population d'une poignée d'individus qui vit à quelques kilomètres d'ici et qui n'a génétiquement rien en commun avec la population européenne qui l'entoure, et pas davantage avec les Italiens. Je parle des Résians.

Elle mit quelques secondes à intégrer l'information. Elle avait entendu parler de la particularité des habitants du Val Resia, de la langue étrange qu'ils parlaient, mais elle n'avait jamais approfondi le sujet.

— D'après toi, ce sang est celui d'un Résian ? fit-elle.

— J'en suis certain. C'est ce que nous dit l'ADN.

— Et tu affirmes qu'il est unique au monde.

— Le Val Resia est un îlot génétique et linguistique presque parfait et, pour cette raison, d'autant plus précieux, d'un point de vue scientifique. Du moins il l'était encore voici quelques années. Leur situation, dans une vallée fermée, leur garantissait l'isolement le plus total. Les schémas de distribution révèlent que cette population présente un taux élevé d'homozygotie, ce qui signifie qu'au cours des derniers millénaires, l'apport génétique qu'elle a reçu de l'extérieur est infime. L'ADN des Résians est resté inchangé depuis leurs origines, même si on en sait peu à ce sujet. Eux-mêmes sont encore à la recherche de réponses sur un certain nombre de questions existentielles : d'où viennent-ils, qui sont-ils ? Ce qui est sûr, c'est qu'ils n'appartiennent à aucune souche génétique d'Europe occidentale. Leur langue est un slave archaïque, très ancien. Et elle nous est parvenue intacte.

— Bon, la Slovénie est à deux pas, rappela Marini en lui rendant la feuille.

Parri fit une grimace.

— Je te déconseille d'aller leur tenir ce genre de propos ! s'écria-t-il. Tu les offenserais. Les Résians ne sont pas des Slovènes. Ni par le sang ni par la culture. Et la langue résiane n'est pas un dialecte slovène. C'est un proto-slave, une langue slave commune infiniment plus ancienne, plus noble et plus complexe qu'un dialecte hérité de leurs proches voisins. Elle possède des termes en commun avec le russe, le serbe, le croate, l'ukrainien, mais elle est différente de toutes ces langues. Elle a probablement contribué à en façonner les bases. Les Résians se battent depuis des années contre de telles approximations. Leur identité ne doit pas être rabaissée.

— Mais d'où sont-ils venus ? demanda Teresa.

— Probablement de la mer Caspienne, au VIe siècle après Jésus-Christ, peut-être avec des caravanes dans le sillage des Huns et des Avares. La cartographie génétique des habitants actuels de ces terres lointaines révèle quelques traits communs avec le génome résian. (Il les regarda, visiblement ému.) Vous en saisissez tout le caractère extraordinaire ? Les Résians, qui semblent être tombés du ciel, sont génétiquement différents de tous les autres êtres humains qui existent autour d'eux, et leur unique couplage génétique les rattache à l'est de la mer Caspienne. C'est comme si, tout au long de ces siècles, leur sang était resté pur. Ils portent dans leurs veines les caractères des individus qui se sont installés dans cette vallée il y a mille quatre cents ans, après un périple qui a duré on ne sait combien de temps : on peut parfaitement distinguer les quatre grandes tribus qui ont été à l'origine de leurs principales implantations.

— Je vois que tu t'y connais, fit Battaglia.

Parri attrapa une revue universitaire dans la bibliothèque derrière lui et l'ouvrit sur la table. Il tourna les pages jusqu'à ce qu'il trouve l'article qu'il cherchait.

— Voici quelques années, la découverte de la singularité de leur génome a éveillé un vif intérêt au sein de la communauté scientifique, y compris le mien. Malheureusement, le sujet n'a pas connu une notoriété similaire au niveau de l'information de masse. Presque personne ne connaît leur histoire, pourtant si fascinante.

Elle prit la photo de la *Nymphe endormie* et la rapprocha de la revue. D'un coup, l'exotisme de ses traits sembla revêtir une signification inédite. Ce n'était peut-être qu'un hasard, une combinaison aléatoire de la nature. Ou alors, c'était le réveil d'une antique hérédité.

— Une Résiane, murmura-t-elle.

— Oui, Teresa. C'est dans cette vallée que tu dois chercher.

— C'est compatible avec les résultats de nos investigations, observa Marini. Le Val Resia est frontalier avec le Canal del Ferro. De là, Andrian aurait pu rejoindre Bovec.

Parri acquiesça.

— Non sans difficulté, mais c'est possible. Comment allez-vous procéder, maintenant ?

Le commissaire se leva, la photo encore en main.

— Je dois réfléchir, mais l'initiative la plus immédiate et la plus simple que je puisse prendre, c'est de me rendre sur place.

Parri sourit.

— Tu comptes montrer la photo autour de toi et demander si quelqu'un reconnaît la femme de ce portrait ?

Elle eut un geste désabusé.

— Et pourquoi pas ? murmura-t-elle sans détacher les yeux de la *Nymphe endormie*. Ce n'est pas un visage qu'on oublie, même au bout de soixante-dix ans. Andrian ne l'a pas oublié, lui. J'espère que quelqu'un d'autre s'en souviendra.

24

Quand le *Tikô* Wariö l'appela, le vieil Emmanuel était assis à l'arrière de la maison, la dernière avant la rivière, sur un talus entouré de mélèzes et de hêtres. Il buvait du vin à la bouteille et jetait des grains de blé aux poules, sous la pergola rafraîchie par la brise qu'exhalait la vallée.

Le vieillard se mit debout en vacillant sur ses genoux cagneux, la bouteille à moitié vide dans une main et l'autre appuyée sur une canne qu'il racontait avoir taillée lui-même, jeune homme. Le pommeau représentait un serpent à la gueule ouverte, aussi tordu que le corps d'une couleuvre quand elle cherche à échapper au bec d'un faucon.

Le *Tikô Wariö* le vit se diriger vers la lisière du bois, non sans peine.

— Où es-tu ? demanda Emmanuel, un instant aveuglé par cette pénombre inattendue. Je ne te vois pas.

Le coup à la poitrine, au niveau du cœur, fut bref. Une fente qui avait semblé entrouvrir la chair et s'y faufiler, plus que la frapper.

La bouteille échappa des doigts du vieillard, et il tomba sur un nœud de racines.

La flaque de vin s'élargit sur la terre comme du sang. Il nourrissait la forêt. Des gouttes pourpres tombaient, avant de disparaître aussitôt, englouties, peut-être par l'enfer sous ses pieds. Le *Tikô Wariö* vit Emmanuel abaisser le regard sur sa poitrine, avec stupeur. Un poignard était encore planté dans son thorax.

Un halètement aussi faible que la brise qui soufflait franchit ses lèvres.

Emmanuel parut se vider, comme si, avec le sang, c'était la vie qui s'en allait aussi.

Il tomba à genoux et leva le visage vers la silhouette qui restait immobile, en face de lui, contemplant son agonie.

Le *Tikô Wariö* vit que son regard n'était plus si confus. Emmanuel savait pourquoi il mourait.

Parce que le passé était de retour. Parce qu'un secret énorme serpentait dans la vallée et exigeait que rien ne vienne le dévoiler.

Emmanuel mourait pour préserver ce secret.

25

Je ne sais pas pourquoi je m'obstine à considérer ce métier comme le mien, comme s'il pouvait encore faire partie de mon avenir, comme si la Teresa que je suis aujourd'hui ressemblait de près ou de loin à la femme que j'ai été.

Et pourtant, dès que j'ouvre les yeux le matin, je suis policière. À chaque jour, à chaque heure. À chaque instant.

C'est ce qui me définit, ce qui remplit de sens chacune de mes respirations fatiguées.

Je ne sais si je peux appeler cela de l'espoir, cette manière de m'agripper au temps, comme si je pouvais le ralentir. Je sais seulement que tout adieu se prépare.

Et j'ai appris que survivre était un mot noble.

Il n'est pas de plus grande dignité que celle de l'être qui est contraint de survivre.

— Nous ne devions pas nous rendre dans la vallée ? s'étonna Marini.

Elle lui avait fait prendre cette direction jusqu'aux collines hors de la ville sans lui fournir d'autres indications que le strict nécessaire.

— Nous irons bien dans la vallée, répondit-elle en refermant son journal. Mais avant, nous devons passer voir quelqu'un.

Elle avait remarqué, du coin de l'œil, qu'il se tournait souvent vers elle pour la regarder. Elle déballa un bonbon et se le fourra dans la bouche.

— Si vous tenez vraiment à vous tuer, avec tout ce sucre, marmonna-t-il, vous pourriez au moins m'en offrir un de temps en temps.

— De toute manière, tu refuserais.

— Je savais que vous me répondriez ça.

— Tu en veux un ?

— Non.

— Tellement prévisible…

— Je préfère « cohérent ». Qui doit-on rencontrer ?

Elle savait que son initiative allait provoquer des disputes sans fin, parce que Marini était un garçon prudent, pondéré, loyal, soupçonneux. Pire encore : conservateur. Parfois, elle se demandait quelle relation il entretenait avec sa mère, tant il semblait désespérément à la recherche d'une figure qui la lui rappelle.

— Une ressource, répondit-elle en regardant du côté opposé.

— Nous devons rencontrer une ressource ?

— Oui.

— Et nous allons la rencontrer à la campagne ?

— Qu'est-ce que tu as contre la campagne ?

— Je ne vous demande même pas si vous en avez touché un mot à Lona au préalable.

— Tu fais bien.

Le jeune inspecteur secoua la tête, mais ne répliqua rien. Elle lui désigna un point éloigné, sur la colline.

— Qu'est-ce que c'est ? s'enquit-il.

— Qu'est-ce que *c'était*. Un asile d'aliénés. Et c'est notre destination.

Il rétrograda et tourna pour s'engager dans une ruelle en montée envahie de mauvaises herbes.

— Cela me semble un endroit tout à fait approprié, maugréa-t-il.

Les intempéries et la négligence avaient dépouillé l'hôpital psychiatrique pour le restituer à la colline, dans toute sa nudité. À la place des portes et fenêtres, il n'y avait plus que des trous humides et délabrés et, quand on se tenait en face de l'entrée, on pouvait voir à travers tout le rez-de-chaussée, le regard débouchant sur la verdure à l'arrière-plan.

Le vent et la pluie avaient été les fauteurs d'une nouvelle colonisation : ils avaient apporté du terreau et des germes là où il n'y avait auparavant que le dallage. Les couloirs étaient envahis de pousses qui se disputaient l'espace et la lumière, autant de pionniers qui ne redoutaient pas l'ombre. Des branchages touffus d'églantiers s'agrippaient à la rambarde de l'escalier et attiraient les abeilles d'une ruche toute proche.

Teresa se prit à penser qu'ici l'œuvre démolisseuse de la nature accomplissait un miracle : elle avançait avec la légèreté d'une semence, avec la tendre grâce d'une fleur. Patiemment, elle broyait la création humaine sous des kilomètres de racines graciles et réussissait même à rendre agréables ces lieux, pourtant vestiges d'un enfer.

Marini la rejoignit. Sur un mur d'où tout enduit s'était effacé, quelqu'un avait inscrit un mot à la bombe. Un peu plus bas, une flèche indiquait la direction à suivre.

— Cadavre, lut-il à voix haute. C'est une blague ?

Teresa balaya l'édifice du regard.

— C'est un terrain d'exercice, murmura-t-elle.

— Pour qui ?

Des bruits de pas pressés annoncèrent l'arrivée de leur hôte.

— Pour lui.

Le chien monta l'escalier à grands bonds, mais s'arrêta dès qu'il vit Marini.

— Salut, Smoky, le salua-t-elle.

— Qui est Smoky ?

Massimo semblait perdu. Et la confusion le rendait toujours un peu râleur.

— Un nouvel ami, j'espère.

Ils se tournèrent tous les deux vers la jeune fille qui venait d'apparaître à la balustrade du premier étage.

— C'est elle, la ressource ? demanda l'inspecteur à voix basse en passant en revue ses cheveux bleus, son corps à l'allure fragile, serré dans un jean décoloré et un T-shirt informe – et surtout, ses yeux pleins d'obscurité.

— J'ai un nom, répliqua la jeune fille.

— Blanca Zago, inspecteur Massimo Marini, annonça Teresa en faisant les présentations.

Blanca commença à descendre les marches. Smoky la rejoignit aussitôt, il vint à sa hauteur et elle attrapa la poignée reliée au harnais de l'animal.

— Il est exactement comme tu me l'as décrit, glissa-t-elle à Battaglia, non sans un certain courage.

Le jeune inspecteur regarda sa supérieure.

— C'est-à-dire ? Comment je suis ?

— La ressource, c'est lui : Smoky, fit le commissaire, en changeant de sujet.

Massimo le jaugea du regard.

— Un bâtard ?

— Un chien renifleur.

— De drogue ?

— De restes humains et de traces biologiques, précisa Blanca, avec une autorité inattendue.

— Et il y en a peu comme lui, souligna Battaglia.

L'inspecteur s'approcha de l'animal et tendit la main. Smoky montra les crocs.

— Il ne me paraît pas si bien dressé que ça, remarqua-t-il en la retirant aussitôt.

— Oh, Marini. Tu es vraiment obligé de te faire détester, hein ?

— Moi ?

Elle lui flanqua une tape sur le bras.

— Ambrosini souhaite que l'on collabore avec Blanca et Smoky, expliqua-t-elle.

L'inspecteur croisa les bras.

— Quel dommage qu'il se soit ensuite collé un infarctus. Je ne crois pas que le nouveau préfet apprécierait.

— Laissons-le en dehors de ça, rétorqua-t-elle en coupant court.

— On a le droit ?

— On le fait déjà.

Il soupira.

— De mieux en mieux, souffla-t-il.

Le craquement des pneus sur ce qui restait de gravier dans la cour annonça l'arrivée des autres invités qu'attendait Teresa. Peu après, le substitut Gardini les rejoignit, avec le responsable de la scientifique.

Marini la regarda.

— Vous êtes sérieuse, dit-il.

Après les présentations d'usage, le commissaire se tourna vers Blanca.

— Alors, tu veux nous montrer ce que vous savez faire, Smoky et toi ? demanda-t-elle avec un sourire.

La jeune fille lui plaisait vraiment. C'était un mélange charmant d'audace et de timidité.

Blanca opina. Elle fouilla la poche de son jean et en sortit quelque chose qu'elle tendit à Massimo. Il prit l'objet, qu'il fit tourner dans ses doigts, l'air renfrogné.

— Une petite ampoule. On dirait du sang. À qui appartient-il ? la questionna-t-il.

— À moi, répondit-elle.

— Il est évident que ton chien le reconnaîtra, si c'est avec ce sang-là que tu l'as dressé.

Elle releva le menton, avec un air de défi.

— Ce qui est évident, c'est que tu n'y comprends rien, répliqua-t-elle. Un chien renifleur ne cherche pas un type de sang, il cherche simplement du sang. Il ne cherche pas un cadavre en particulier, il cherche n'importe quel cadavre.

Un silence tomba.

— Blanca, explique-nous comment procéder, suggéra Gardini.

La jeune femme acquiesça, sans cesser de tenir Smoky près d'elle, comme si sa proximité lui donnait le courage d'affronter ces étrangers venus là pour les mettre à l'épreuve.

— L'élément le plus important, c'est de contaminer la zone de recherche, après avoir masqué les traces. Les chiens sont malins : ils suivent la piste de celui qui cache l'odeur et pas l'odeur proprement dite. C'est pour cela qu'au cours du dressage, nous entrons en contact avec toute la zone, de manière aléatoire, nous marchons, nous nous asseyons par terre, afin de laisser notre odeur partout.

— Voilà qui est clair, fit Gardini, avec gentillesse. Y a-t-il autre chose que tu veuilles nous expliquer avant de commencer ?

— Les COV, les composés organiques volatils, ont tendance à redescendre vers le sol, et c'est pour cela que, pendant l'entraînement, Smoky et moi sommes principalement concentrés sur les traces présentes par terre ; parce que s'il y a du sang au plafond, il y en a *a priori* aussi sur le sol.

— Je confirme, fit le responsable de la scientifique.

— Un chien renifleur, quel qu'il soit, ne sera pas aussi précis dans le signalement des traces situées en hauteur qu'avec une odeur qu'il est capable d'atteindre physiquement, reprit Blanca sur un ton plus décidé. Smoky a plusieurs modes de signalement, qui consistent à se coucher et à fixer l'odeur, si elle se trouve sur le sol. Ou à s'asseoir et à fixer l'odeur, si elle est localisée à mi-hauteur, ou bien encore, si l'odeur est très en hauteur, il choisira de s'asseoir et d'aboyer, à trois reprises, un peu comme pour dire : comment je fais, moi, pour te la montrer ?

Cela fit rire Gardini.

— Cela me semble on ne peut plus parlant.

Blanca chercha la main de Teresa et la serra dans la sienne, comme un encouragement pour lui permettre de poursuivre.

— Pour les sépultures, l'analyse ne change pas, mais l'odeur ne sera pas focalisée sur un point précis, comme ce serait le cas s'agissant d'une goutte de sang ou d'un os. La zone sera plus vaste, plus ou moins de la même superficie que le corps enterré. Le signalement sera différent : dans ce cas, Smoky remue la queue avec énergie, il tourne sur lui-même et parfois il se met à creuser.

Marini toussota.

— Je ne vous demanderai pas comment vous avez réussi à vous procurer un corps avec lequel vous exercer..., murmura-t-il.

— Blanca et Smoky ne sont pas des amateurs, intervint Teresa. Ils ont déjà mené plusieurs recherches à l'étranger et participé à des formations en Suède, en Grande-Bretagne et en Finlande. Alors, n'essayons pas de les faire fuir. Entendu ? (Elle lui tapota la joue.) Maintenant, tu vas aller nous en répandre quelques gouttes là où bon te semblera. Et Smoky nous fera une petite démonstration.

— Pourquoi moi ?

— Parce que tu joues toujours les saint Thomas. Et n'oublie pas de contaminer la zone avec ton odeur.

Il hésita, puis, avec un regard de condescendance – ou bien de malaise ? –, il disparut dans les couloirs de l'asile, suivi de Gardini et du responsable de la scientifique.

— Il ne m'aime pas, déplora Blanca à voix basse en caressant Smoky.

D'un coup, elle paraissait triste.

— Au contraire, la rassura Battaglia. J'ignore pourquoi, mais ce beau garçon, talentueux et intelligent, possède une maigre estime de soi. Il te voit comme une menace, parce qu'il perçoit ta valeur.

— Vraiment ?

— Oh oui. Le problème de Marini, c'est Massimo Marini.

Il fallut à l'intéressé presque vingt minutes pour décider où semer cinq gouttes de sang. Le responsable de la scientifique lui apporta son aide : il avait avec lui une petite mallette contenant quelques « diversifs » qui perturberaient l'odorat du chien.

Teresa et Blanca attendirent patiemment. Quand ils réapparurent, le jeune inspecteur semblait satisfait. Il était certain d'avoir rendu l'affaire assez difficile.

— On s'y met ? s'écria-t-il.

Blanca n'eut pas à se le faire répéter. Elle appela Smoky et le fit s'asseoir, avant de lui donner un ordre simple : « Sniffe ! »

Ils entamèrent ensemble une sorte de danse, voltigeant tous les deux entre molécules odorantes et chémorécepteurs. Une véritable symbiose. La jeune fille et le chien se comprenaient en silence, savaient lire les messages du corps de l'autre, qui demeuraient invisibles pour le reste du monde. Le commissaire remarqua que Blanca ne guidait pas l'animal avec des gestes impérieux, comme elle l'avait vu faire certains dresseurs de la police. Blanca réglait son pas sur Smoky, elle savait quand l'aiguillonner pour l'inciter à trouver et quand lui laisser au contraire le temps nécessaire pour chercher. Son monde était d'obscurité. Et pourtant la jeune fille donnait l'impression d'y valser, de flotter sur les ombres.

Teresa et les autres les suivaient à distance, pour ne pas perturber l'attention du canidé et de la jeune experte.

— Je doute qu'elle ait étudié à l'école des sous-officiers, susurra Marini.

Battaglia le dévisagea, interdite.

— Je ne te savais pas si con, lui jeta-t-elle.

— Parce que je suis dubitatif, et à juste titre ?

— Parce que tu déclares la guerre à une jeune fille de vingt ans.

— Je ne déclare la guerre à personne. Elle est aveugle, bon sang. Vous vous rendez compte de la situation dans laquelle vous la mettez ? De l'épreuve à laquelle vous la soumettez ?

Elle se planta face à lui, le visage levé, à quelques centimètres du sien.

— Ne lui impose pas des limites auxquelles elle n'a pas envie de se soumettre. Ne lui fais pas cette injure, comme beaucoup d'autres l'ont fait avant toi. Elle est bien plus forte que tu ne le crois et si tu ne comprends pas ça, c'est ton problème.

Il ouvrit grands les bras.

— Je suis navré, mais je n'ai pas votre conviction, répondit-il. Ils n'y arriveront jamais.

— Alors va voir par toi-même, saint Thomas, dit-elle en le poussant dans la direction de l'experte et de son chien.

Massimo prit au sérieux sa mission d'observateur sceptique. Il régla ses pas sur ceux de Blanca, à tel point qu'à plusieurs reprises, la jeune fille lui rentra dedans. Battaglia l'observait en secouant la tête. L'inspecteur était déterminé à se montrer fidèle envers on ne savait quel protocole. Mais dès lors que Teresa s'était présentée devant Blanca avec Sac d'os, ils s'étaient affranchis de toutes les règles.

La jeune fille était patiente et le tolérait, même si ses joues s'enflammaient d'une rougeur qui pouvait signaler de l'irritation. Elle s'autorisait parfois à l'écarter d'un geste de la main, lui réclamant un peu d'espace – une trêve face aux assauts de son censeur, où l'on décelait pourtant par instants la curiosité et le désir de l'aider. De petits gestes, comme cette main que Marini levait souvent d'instinct pour la soutenir en cas de besoin.

Battaglia les voyait se rentrer dedans, s'excuser, s'éloigner, puis reprendre leurs distances pour se télescoper à nouveau. C'était un progrès : ils se mesuraient. Des pièces de formes différentes, aux angles encore à peine adoucis, tentaient de comprendre par quel moyen elles pourraient s'emboîter.

Après deux aboiements adressés à Massimo, Smoky semblait avoir oublié sa présence. Tous les sens de l'animal étaient concentrés sur la piste qu'il flairait. Assez vite, ses mouvements se firent plus animés.

Nous y sommes. Sous le coup de l'agitation, Battaglia se sentit le ventre pris d'une crampe. Si le chien se trompait, ne fût-ce qu'une seule fois, sa fiabilité serait mise en doute.

Très excité, Smoky renifla une grille dans le dallage, se coucha et attendit que la main de Blanca vienne se poser sur son échine.

— Trace numéro un, annonça la jeune fille et, avec un ordre à peine chuchoté, elle le fit se redresser aussitôt sur ses pattes.

— Exact, confirma le responsable de la scientifique.

Le stratagème n'avait pas suffi à fourvoyer Smoky. Il avait su discerner le cône d'odeur de l'échantillon, bien que masqué par la rouille – qui, comme le sang, contenait de la ferritine.

— Continuons, suggéra Gardini.

Smoky reprit son jeu, remuant la queue mais attentif aux rares indications de Blanca. Cette fois, il signala la présence du sang sur le dallage noirci des anciennes cuisines, sous ce qui restait d'un feu allumé par des gamins en quête d'aventure.

Sous la cendre, qui pénètre dans les naseaux du chien en faisant obstacle à la perception sensorielle, songea Teresa.

— Trace numéro deux.

— Exact !

La numéro trois avait été cachée dans la poubelle enfermée dans une armoire et la numéro quatre dans le bouchon de liège d'une bouteille de grappa, encore imprégné de l'odeur intense de l'alcool.

L'épreuve se termina dans des toilettes au deuxième étage. Smoky s'assit et aboya trois fois au plafond moisi.

— Trace numéro cinq.

— Exact. Épreuve réussie.

Marini avait fait un excellent travail de dissimulation, mais cela n'avait pas suffi. Il était à présent clair que ses dons de pronostiqueur n'étaient pas aussi formidables que ça. « Ils n'y arriveront jamais », c'était ce qu'il avait décrété. À en juger par la mine qu'il tirait, le commissaire était certaine qu'il aurait volontiers préféré ravaler ses rodomontades.

Elle-même en conclut qu'Ambrosini n'avait pas exagéré : la jeune fille et son chien constituaient bien une ressource précieuse. Elle se demanda si, dans un bois inconnu, au milieu de millions de signaux olfactifs variés, le nez de Smoky serait en mesure de repérer la présence d'un corps enterré soixante-dix ans plus tôt.

Elle se demanda s'il serait en mesure de ramener à la lumière les ossements de la *Nymphe endormie*.

26

Je suis un imbécile !

Cette prise de conscience le frappa comme l'éclair. Elle vint à Massimo alors qu'il roulait vers son domicile et repensait au chien capable d'exhumer la mort dans des recoins inaccessibles aux autres, à la fille aveugle qui joignait ses pas aux siens dans un silence presque religieux et aux projets opaques qu'avait Teresa Battaglia pour la brigade qu'elle dirigeait.

Le message d'Elena était arrivé peu de temps auparavant, mais il l'avait lu seulement à l'instant, arrêté au feu rouge.

Le feu passa au vert, et il ne bougea pas.

Il avait oublié la visite médicale de contrôle à laquelle il aurait dû l'accompagner.

Il avait oublié son enfant, avant même qu'il ne soit né.

Ce qui l'immobilisait, c'était la panique. Il reprit ses esprits seulement quand le bruit des klaxons derrière lui se fit insistant, et quand une voiture tenta de le dépasser en risquant de percuter un fourgon qui arrivait sur la voie opposée.

Il engagea la première et se dirigea vers chez lui, un goût acide dans la bouche – un relent de couardise.

Je suis un imbécile !

Il avait la gorge sèche, une envie soudaine de hurler. C'était la conscience d'avoir tout gâché, encore une fois. Peut-être de façon définitive. Il savait qu'il avait déjà trop de choses à se faire pardonner pour espérer encore la compréhension d'Elena. Il se demandait ce qu'il était advenu de son amour pour elle. Un amour fou, pur, rare. Il lui semblait avoir fini englouti dans son ventre, au moment même où une autre vie en avait pris possession.

Il tourna en rond pendant une demi-heure, avant de prendre l'allée de l'immeuble et de se garer. À son arrivée, il leva les yeux vers le troisième étage : la porte-fenêtre qui donnait sur le balcon était ouverte. Elena était déjà rentrée.

Sur le moment, il fut tenté de s'en aller et de reporter l'affrontement, au lieu de quoi il retira la clé de contact et monta jusqu'à elle.

Son parfum était partout. Il avait enveloppé Massimo dès qu'il avait franchi le seuil de l'appartement. Elena était là depuis quelques jours seulement, et pourtant ce parfum semblait pénétrer chaque objet, chaque recoin de son existence. Et cela n'avait rien d'artificiel ou d'industriel, il ne s'agissait pas d'une eau coûteuse vaporisée sur la peau et sur les vêtements.

C'était bien plus complexe : une architecture invisible, édifiée en peu de temps, mais résistante à ses tentatives de l'ignorer, qui soulignait la présence de la nouvelle maîtresse des lieux. Une pyramide olfactive composée du papier des livres qu'Elena avait apportés avec elle et qu'il retrouvait dans chaque pièce de l'appartement ; des fleurs de lavande enfermées dans des sachets en organza, qu'elle plaçait entre ses vêtements. Et aussi du savon qu'elle utilisait, qui sentait la mer. De l'arôme des bougies qu'elle allumait le soir, comme si chaque rencontre était empreinte de romantisme. Du shampooing au miel, le seul qui ne lui abîmait pas les cheveux, du gâteau qu'elle avait cuisiné la veille, le préféré de Massimo. L'arôme de vanille et de sucre glace persistait dans l'air.

Le parfum d'Elena était parfois aussi rassurant que l'odeur maternelle, d'autres fois sensuel, d'autres fois encore joyeux. Il transformait ces murs en une maison.

Il la trouva sur la terrasse, étendue dans la chaise longue, les yeux fermés et un verre de menthe à l'eau dans la main. L'autre main caressait son ventre. C'était une caresse insistante, une étreinte pour l'enfant qui n'était pas encore né. Elle le berçait déjà.

Massimo s'arrêta sur le seuil, cherchant les mots les plus adaptés pour rompre le silence, sans rompre la paix.

— Ne dis rien, fit-elle, sans rouvrir les yeux. Cela ne m'intéresse pas.

Il avala sa salive.

— Comment vas-tu ? s'enquit-il.

Elle le regarda enfin.

Ses yeux avaient pleuré, mais Massimo n'était pas sûr que ce soit sa faute. Ce qui les rendait liquides, ce n'était pas de la tristesse, ou du désespoir, mais un amour total, qui l'avait secouée en profondeur et qui, pour la première fois depuis qu'il la connaissait, n'était pas dirigé vers lui.

Les larmes d'Elena étaient des larmes d'émotion.

— Nous allons bien, répondit-elle. Et toi ?

Il s'assit à côté d'elle. Elle posa le verre sur la petite table, à côté d'une enveloppe. La première pensée de Massimo, quand il la remarqua, fut de croire qu'elle était pour lui. Son ventre se noua.

— Je ne me reconnais plus, murmura-t-il sans regarder son visage. Ce n'est pas une excuse. C'est la vérité.

— Je sais.

— Cela ne me plaît pas, Elena. Je déteste celui que je suis devenu, mais je ne peux quand même pas jouer un rôle du matin au soir. Je…

— Stop, l'interrompit-elle. Ne dis pas des choses que tu regretteras.

Il se tut. Il avait été sur le point d'admettre qu'il ne voulait pas de cet enfant. Il se demandait ce qu'Elena faisait encore avec lui. Il ne réussissait pas à la comprendre, et son propre comportement l'écœurait lui-même.

Il se rendit compte que ce qu'il avait pris pour de la docilité était en réalité une détermination si forte qu'elle n'accusait aucun fléchissement, et ne se laissait pas corroder par l'acide du doute. Elle le voulait à côté de lui et sa faiblesse ne l'intéressait pas : elle l'incitait à la dépasser, à prendre la place qu'elle lui avait réservée à ses côtés. Maintenant qu'elle était enceinte, sa force transparaissait dans chacun de ses regards.

— Elena…, murmura-t-il.

Elle se leva, fit quelques pas, comme pour s'en aller, puis se ravisa. Elle se pencha et l'étreignit par-derrière.

— Tu n'es pas comme lui, Massimo. Tu n'es pas comme ton père, murmura-t-elle, sa joue chaude contre la sienne.

Il se raidit, le souffle coupé.

— Qui te l'a dit ? demanda-t-il, mais il connaissait déjà la réponse : sa mère.

Elena desserra son étreinte.

— L'enveloppe est pour toi, ouvre-la. Maintenant.

Elle le laissa seul et le vent lui sembla tout à coup moins tiède.

Son cœur était un taureau qui lui cognait le torse à chaque battement et risquait de faire saigner d'anciennes blessures jamais cicatrisées.

Elena savait. C'était une prise de conscience qui le laissait abasourdi. Il se demanda ce qu'elle pensait, si sa mère lui avait tout dit, même la partie la plus choquante. Il en doutait, ou alors elle ne serait pas là.

Il prit l'enveloppe et l'ouvrit, certain que ce serait la fin, mais à l'intérieur, il ne trouva pas les mots d'adieu auxquels il s'était attendu.

Il regarda les images en noir et blanc et, sur le coup, eut du mal à élaborer une pensée cohérente.

Les clichés de l'échographie tremblaient dans ses mains, comme les étendards d'un assaut amoureux contre les murailles d'indifférence qui protégeaient sa retraite.

Le commandant de cet assaut avait l'allure d'un haricot d'à peine un centimètre.

Son enfant.

27

Chez elle, Teresa ferma son journal sur ses dernières notes du jour et éteignit les lumières. L'une après l'autre, les chambres de sa vie s'obscurcissaient derrière elle.

L'obscurité sur la maladie.

L'obscurité sur Albert.

L'obscurité sur tout ce qui n'était pas son âme. Son âme, qui continuait de brûler.

Certaines nuits très désespérées, elle attendait la douleur, elle avait presque hâte, elle se laissait happer, reconnaissante, parce que ce n'était jamais elle seule que la souffrance venait chercher. Dans l'obscurité, dans le silence, dans la solitude, il lui semblait sentir l'étreinte de l'enfant qu'elle n'avait jamais eu. C'était une sensation cristalline, si fragile qu'un soupir aurait pu la briser.

Certaines nuits vraiment très désespérées, c'était elle qui se retrouvait en morceaux.

Elle s'était fracassée une autre nuit, trente ans plus tôt, dans la salle d'opération d'un hôpital d'où elle était ressortie seule. Mais devenir mère est un état dont il est impossible de revenir. On devient deux, et on n'est plus jamais une. Elle avait récupéré les morceaux, non sans mal. Elle les avait remis en place, maintenus ensemble, avec une détermination farouche, mais il subsistait désormais des arêtes vives qui blessaient. Elle les sentait, à ces moments-là, frotter contre sa cuirasse, l'entailler à chaque respiration et la faire saigner.

C'était seulement quand la douleur était au-delà du supportable, tant qu'elle aurait pu en mourir, qu'arrivait son enfant. Il l'effleurait de manière impénétrable, mais tangible.

Alors elle pleurait en silence, et ses larmes étaient des larmes d'amour, non d'angoisse.

Elle s'allongea sur le lit. La cicatrice sur le ventre ne la brûlait plus, parce que son fils était contre elle. Dans cette chambre, à côté de cette boîte à musique dont elle n'avait jamais entendu la mélodie, à côté d'une mère qui n'avait jamais pu le bercer. C'était un lien jamais interrompu, un amour qui survivait à la mort. Il était là pour lui dire qu'elle était, et qu'elle serait toujours, sa maman.

Elle tendit la main dans cette obscurité épaisse et ce fut comme de le rejoindre.

— Pardonne-moi, murmura-t-elle.

28

La *Nymphe endormie* et une créature pas plus grande qu'un centimètre jouaient à se poursuivre dans les pensées de Massimo. À l'arrière-plan, la ville défilait comme la toile de fond factice d'un film muet. Deux pensées si différentes, et pourtant similaires. Elles étaient toutes les deux les compagnes de nuits sans sommeil et de journées tourmentées : une femme morte et une nouvelle vie qui bientôt le confronterait à sa plus grande peur.

Les semelles de ses chaussures de jogging frappaient l'asphalte à un rythme rapide et régulier. Il avait déjà parcouru une dizaine de kilomètres, et il n'était même pas sept heures du matin.

Massimo ne s'accordait aucun répit, ni dans son corps ni dans sa tête.

Elena l'avait autorisé à dormir à côté d'elle, la veille au soir, mais ils n'avaient rien clarifié. Il n'avait pas réussi à formuler la question qui l'assaillait depuis qu'elle avait fait cette allusion à son père. Malgré tout, elle semblait apaisée. Quand il l'avait prise dans ses bras, elle ne s'était pas écartée, et c'était davantage qu'il ne pouvait en espérer. Il l'avait sentie glisser dans le sommeil, sa respiration se faire plus profonde. Alors il avait posé une main sur son ventre.

Plus tard, il avait cherché à comprendre ce qu'il avait pu éprouver à ce contact, mais il n'avait pas su se donner de réponse. Non pas le rejet instinctif qu'il avait redouté, mais pas davantage une union viscérale qui transcendait le corps. C'était plus comme une trêve, un abaissement de la garde, afin d'étudier l'ennemi. Un ennemi qui pourtant ne se montrait pas agressif. Il végétait dans le tréfonds des entrailles de sa mère, se préparant à bouleverser la vie de celle qui la lui avait donnée. Massimo s'était senti bête et avait retiré sa main.

Il augmenta l'allure de sa course, le cœur affolé.

Ce n'était pas l'enfant l'ennemi, mais quelque chose qui, peut-être, résidait en silence dans la nature de Massimo, qui saturait le noyau de chacune de ses cellules : l'ADN d'un fou.

D'un coup, il obliqua avec fureur et se poussa à fond, jusqu'à ce qu'il arrive devant la salle de sport, à bout de souffle.

Il fréquentait cette salle depuis son transfert et, ces derniers temps, avec un sentiment d'urgence. Ce n'était pas un club sportif à la mode où les gens se rencontraient pour faire des mondanités et programmer des cocktails. Là, un seul impératif s'imposait : celui qui entrait ne devait pas craindre de s'abîmer les mains.

Il suspectait qu'un simple contrôle de sécurité aurait conduit à la fermeture immédiate de cette salle, mais son atmosphère authentique et sincère lui plaisait, celle d'un endroit qui refusait de se refaire une beauté rien que pour obtenir une homologation. Surtout, il en avait besoin. Il avait de plus en plus souvent besoin de taper dans quelque chose et de se vider le corps d'une charge de colère si négative qu'elle risquait de le terrasser.

La salle de sport ouvrait bien avant que les rues ne se remplissent et, le soir, ses lumières étaient les dernières à s'éteindre. Il savait que certaines nuits la salle située sur l'arrière s'animait de voix surexcitées : des combats dans une cage d'arts martiaux mixtes, quantité de coups admis et peu de règles. Il n'avait jamais posé de questions à ce sujet, mais il était certain que ces rencontres n'étaient pas autorisées.

Il croisa le propriétaire dans le couloir qui conduisait de l'entrée à la salle des appareils. Lucius était un ancien danseur du corps de ballet du Théâtre de l'Opéra de Tirana, qui aimait la lutte gréco-romaine autant que la danse classique. À trente ans, il avait compris qu'un débarquement clandestin pourrait davantage lui sauver la vie qu'un « rond de jambe en l'air » et, en 1991, il était arrivé à Bari à bord de la *Vlora*, avec vingt mille autres désespérés. À partir de ce moment, l'Italie était devenue sa patrie. Il le répétait chaque fois que quelqu'un le questionnait sur l'Albanie. C'est ce qu'annonçaient les bannières tricolores qui coiffaient les quatre angles de la salle. Lucius ne parlait pas volontiers de cette traversée. Il ne parlait volontiers de rien. Mais il se rappelait une chose en particulier : la soif, si intense qu'elle avait de quoi rendre fou un homme sain d'esprit.

Pour l'instant, il nettoyait les carreaux, comme tous les matins.

— Il t'attend, dit-il simplement, un cigare éteint entre les lèvres.

Massimo s'arrêta.

— Qui ?

— Un défi.

— Un défi m'attend ?

Lucius n'ajouta rien d'autre et Massimo n'insista pas. L'homme était connu pour ses phrases cryptiques que personne ne réussissait à comprendre et qu'il n'expliquait quasiment jamais.

La salle était encore dans le noir, mais le grincement d'un casier qu'on venait de refermer lui indiqua qu'il n'était pas seul. Il imaginait déjà quel pouvait être l'adversaire qui l'attendait. Entre eux, la compétition n'était pas seulement physique, elle existait à divers niveaux, souvent intangibles. Parce que Christian Neri était carabinier.

Massimo n'avait jamais accepté de se battre contre lui. Il craignait que la rivalité qui les animait ne risque de déborder et ne le pousse à un accès de violence qu'il n'avait aucune envie d'expérimenter : il était là pour se décharger de cette violence, pas pour la faire remonter.

Les lumières s'allumèrent. Christian laçait ses chaussures de sport, assis sur un banc. Il avait son âge, et un fils qui n'était pas le sien, que sa compagne lui avait laissé avant de repartir pour la Roumanie. Chez les carabiniers, il faisait partie de l'Unité de protection du patrimoine artistique.

— J'ai appris que Gardini vous avait confié l'affaire Andrian, fit-il en se levant et en rejoignant le ring. À la caserne, on a déjà commencé à parier sur le temps que vous mettrez à tout faire foirer.

— Ça vous démange, hein ? s'amusa Massimo avec un rire. À en juger d'après votre capacité habituelle à résoudre vos enquêtes, on n'a pas trop de souci à se faire.

Le sourire de l'autre s'effaça.

— Viens un peu causer de ça par ici, l'invita-t-il d'un signe de tête.

Massimo lui tourna le dos.

— Une prochaine fois, peut-être, dit-il, déclinant l'invitation.

— Tu as peur que papa te gronde ?

Il s'immobilisa. Sur l'instant, il s'était demandé ce qu'il savait de son père, et si, pour le provoquer, il n'avait pas eu recours à l'unique argument susceptible de le mettre hors de lui, mais il avait tout de suite écarté ce doute. Christian ne pouvait pas savoir. Pourtant, le mal était fait. La tension accumulée au cours de ces derniers jours était un gaz comprimé sur le point de le faire éclater.

Massimo le rejoignit, lâcha son sac au bord du ring et sauta par-dessus les cordes.

— Sans gants, sans protections, décida-t-il. J'essaierai de ne pas trop te faire mal.

L'autre bougeait si vite que Massimo ne voyait pas les coups arriver. Ils pleuvaient du ciel sur sa figure, comme des éclairs : trois à droite, puis un autre plus puissant, à gauche. Il lui sembla sentir les os se déformer et toute la salle virevolter autour de lui. L'odeur de caoutchouc qu'il avait dans les narines était celle du tapis de ring.

Il chancela et dut se retenir aux cordes.

— Ne m'oblige pas à venir te chercher, le défia Christian en lui faisant signe de le rejoindre au centre du carré.

Massimo chargea tête baissée et le saisit par la taille, mais le soulever se révéla difficile. Il lui semblait tenir un serpent entre ses mains. Le tronc de Christian pivota et Massimo le retrouva agrippé à son dos, les jambes lui broyant le cou. Il réussit à se dégager et ce fut à son tour de frapper. Ce fut une libération qui l'effraya et il eut du mal à s'arrêter. Il l'éloigna de lui avant de perdre complètement le contrôle.

Au bord du ring, le portable de Massimo sonna.

— Si tu réponds, je te casse en deux, menaça Christian, une pommette écarlate et le souffle court, mais à peine eut-il prononcé ces mots qu'il profita de la distraction de Massimo et lui fonça de nouveau dessus.

Un coup de pied au tibia et deux au ventre, en succession rapide, le firent hurler. Il tomba au sol et se tapa le front contre les protections du ring.

— Bordel !

Il resta à terre, encore étourdi par ce coup inattendu. Il roula sur le dos et fit l'inventaire des dégâts : son genou palpitait de manière suspecte.

— Lève-toi ! hurla Lucius depuis le bord du ring. C'est pas bien compliqué !

— Pourquoi tu ne montes pas faire une démonstration, hein ? répliqua-t-il sèchement.

Son portable continuait de sonner. Il avait entrevu le nom sur l'écran. Il réussit à attraper l'appareil et prit l'appel.

— Dis-moi ! s'écria-t-il, en se dégageant de l'angle du ring.

— Hé, bonjour, répondit De Carli. Je te chope au mauvais moment ?

Massimo se baissa pour esquiver un coup de pied. Christian l'avait visé à la figure.

— Dernièrement, j'ai l'impression qu'il n'y a que ça, des mauvais moments, répondit-il.

— Houlà, je sens comme de l'apitoiement. Écoute, j'ai l'impression que ce mauvais moment ne va pas aller en s'arrangeant.

Massimo para un coup, mais un autre fit mouche et le cueillit au flanc.

— Merde ! explosa-t-il.

— Tu peux le dire. Battaglia veut te voir. Elle est déjà là.

— Mais enfin, elle ne dort jamais ?

— Elle veut te voir tout de suite.

— Il ne manquait plus que ça.

Massimo tenta de se plier sur ses jambes, mais il sentait une de ses articulations rigide et son genou lui paraissait gonflé.

— Il me faudra au moins une heure, dit-il finalement.

— Tu plaisantes ? Tu n'as pas une heure.

Il se toucha la joue et quand il retira sa main, il la vit toute rougie de sang.

— Elle t'a dit pourquoi elle a le feu au cul ? demanda-t-il.

Le silence de l'autre l'alarma. Il y eut du remue-ménage à l'autre bout de la ligne.

— Le seul cul où elle va mettre le feu, si tu ne te bouges pas, c'est le tien, rugit Battaglia.

Un pied le frappa en plein visage et l'envoya au tapis.

29

C'était déjà la deuxième fois que le quotidien local abordait l'affaire de la *Nymphe endormie*. Ce matin, il étalait en première page un titre nauséabond, qui indiquait le nom de l'assassin : Alessio Andrian.

Le journaliste qui avait signé l'article était visiblement beaucoup plus fort qu'elle, songea Teresa, puisqu'il avait déjà trouvé le coupable sans laisser aucune marge au doute. Le texte était accompagné de deux illustrations : un tableau d'Andrian représentant un paysage alpin et une photo récente de Gortan devant sa galerie.

Voilà celui qui était impatient de parler.

Elle lut l'article en vitesse en maîtrisant à peine sa colère. Comme toujours, les détails abominables ne manquaient pas, mais ils étaient imprécis et exagérés. On aurait apparemment trouvé sur la toile le matériel biologique d'un corps entier.

Gortan évoquait la résurrection de ce tableau en soulignant son mérite dans la découverte. Le journaliste manifestait sa connivence, s'en félicitait, et suggérait néanmoins en des termes assez explicites que l'homicide n'avait pu être commis que par le peintre fou et misanthrope, qui s'était plongé dans l'isolement et le silence depuis plus d'un demi-siècle.

Elle lâcha le quotidien sur le bureau, dégoûtée. Le journalisme agressif et voyeuriste l'irritait, surtout quand il venait se mettre en travers de son propre travail, qui était fait d'investigations délicates, souvent de détails flous. De raisonnements et certainement pas de bavardages.

— Où est Marini, bordel ? tonna-t-elle.

De Carli passa la tête dans son bureau.

— Vous voulez Parisi ?

— *Marini*.

— Pour l'instant, personne ne l'a vu, commissaire. Par contre, la voiture du préfet Lona vient d'arriver.

— Et merde.

De Carli se tourna vers le couloir.

— Euh, il me semble que Marini est là, lui aussi, ajouta-t-il.

— Il te semble ?

— Tout ce que je vois, pour le moment, c'est un boiteux à la lèvre gonflée.

Elle se leva pour voir.

Effectivement, Massimo boitait de manière visible et il avait une lèvre tuméfiée, mais ce n'était pas le pire.

— Qu'est-il arrivé ? demanda-t-elle en allant à sa rencontre.

Il fit une grimace.

— Alors ? insista-t-elle.

— Un règlement de comptes, en quelque sorte, répondit-il.

Elle le regarda. Il était décoiffé, pâle et encore en nage. Sa tenue la décontenançait et, en d'autres circonstances, elle aurait cru à une plaisanterie. Le caleçon était franchement trop moulant et le maillot de corps présentait une déchirure à hauteur de l'épaule.

— Tu t'es fait agresser ? demanda-t-elle, incrédule.

L'inspecteur leva une main et ce geste sembla lui réclamer un effort.

— Je n'ai pas vraiment eu le choix. C'est une longue histoire, soupira-t-il.

Elle le prit par le bras et le poussa dans son bureau.

— Ne t'imagine pas que tu vas t'en tirer comme ça, siffla-t-elle. Tu considères que ce sont des manières de se présenter au travail ?

— J'avais cru comprendre que c'était urgent…

— D'être ponctuel au bureau ? Il paraît, oui.

— Je suis navré de vous interrompre, fit De Carli à la porte, mais Lona arrive.

— Entre, ordonna Teresa. Et enfile une veste.

À l'arrivée d'Albert Lona, elle était près de la fenêtre et Marini était assis à son bureau, avec sur le dos une veste trop petite pour lui.

Le préfet le gratifia d'un sourire que le commissaire jugea dangereux. D'après son expérience, c'était le prélude au ricanement de la hyène qu'il était.

— Bonjour, les salua-t-il. J'imagine que vous avez déjà lu l'article paru en première page ce matin.

— Oui, nous l'avons lu, répliqua-t-elle.

Le nouveau préfet s'avança de quelques pas dans la pièce, scruta les documents sur les bureaux, leurs visages, et même le contenu d'un pot à crayons.

Il choisit avec soin un Bic et, avec la pointe, souleva la chemise d'un dossier.

— C'était bien la dernière chose dont nous avions besoin, susurra-t-il en lisant le contenu du dossier. Maintenant, c'est une certitude, le juge Crespi ne classera pas l'affaire tant que nous ne serons pas allés le voir avec le nom du coupable.

Il laissa retomber le feuillet.

— Si quelqu'un espère que personne ne se souviendra d'Alessio Andrian et de son tableau d'ici quelques semaines, continua-t-il, ce Gortan fera en sorte de raviver les mémoires. Sa galerie s'est offerte une belle publicité grâce à cette découverte, et sans dépenser un centime. Il a probablement déjà inscrit à son calendrier une soirée sur ce thème.

Elle ne pouvait lui donner tort. Albert n'était peut-être pas le supérieur dont ils auraient rêvé, mais il connaissait son métier.

— Nous avons les yeux de l'opinion publique braqués sur nous, poursuivit-il. Ce sont les journalistes qui maîtrisent le temps, qui chronomètrent chacune de nos initiatives. Ils attendent que nous commettions un faux pas pour nous couvrir de ridicule, mais donnons-leur ne serait-ce qu'un tout petit peu de contenu et ils nous encenseront. (Il se retourna pour les observer.) À présent, je vous le demande : est-ce que nous disposons de quelque chose à leur mettre sous la dent ?

C'était Teresa qu'il regardait et elle savait que la question n'était pas dénuée de pièges. Elle n'avait pas devant elle un supérieur qui lui demandait simplement d'être tenu informé de l'avancement d'une enquête. Albert Lona était là pour la faire chuter, et toute la brigade avec elle. Elle devait lui donner quelque chose, mais pas trop non plus, afin de le maintenir à une distance raisonnable.

Au sens figuré comme au sens propre : Teresa n'osait pas imaginer sa réaction s'il voyait le caleçon moulant que portait Marini, masqué par le bureau.

— J'ai une piste, se décida-t-elle à lui annoncer. Rien de sûr pour l'instant, mais je sais peut-être dans quelle direction chercher.

Le regard d'Albert s'alluma, comme s'il avait flairé un morceau de viande fraîche dans lequel mordre.

— Intéressant. Nous sommes tout ouïe, l'incita-t-il à continuer.

— Le sang nous a donné sur la victime une information qui pourrait se révéler déterminante dans l'identification de ses origines, expliqua-t-elle à contrecœur.

Il fronça les sourcils, soupçonneux.

— Le sang peut donner pareille indication ?

— Ce sang-là, oui. Le professeur Parri a néanmoins besoin de quelques jours pour nous communiquer des résultats définitifs. Pour le moment, c'est seulement une hypothèse à confirmer.

Le portable du préfet sonna. Il répondit par monosyllabes. Elle comprit qu'il s'agissait d'un autre problème à résoudre.

À peine l'appel terminé, Albert se dirigea vers la porte – cela suffit au commissaire pour respirer plus librement.

— Je dois y aller, dit-il, mais je reviendrai. Dites au professeur Parri que je veux des certitudes, pas des suppositions. (Ce fut seulement à cet instant qu'il parut se rendre compte de l'hématome qui marquait le visage de Marini. Il fit quelques pas vers lui.) Que vous est-il arrivé ?

— Un accident à l'entraînement. Rien de grave.

Dans le silence qui suivit, elle se demanda si Albert avait remarqué le tremblement dans la voix de l'inspecteur, l'immobilité de leur respiration qu'ils retenaient l'un et l'autre. Par réflexe, son regard fila sous le plateau du bureau, d'où pointaient les chaussures de running aux couleurs criardes, mais s'échappa aussitôt ailleurs.

— Comme je vous l'ai déjà dit, commissaire Battaglia, reprit Lona, votre brigade est sous surveillance. Je prends cette affaire très au sérieux, vous pouvez me croire.

Après cet ultime message à son intention, Albert Lona quitta enfin le bureau.

30

Tempus valet, volat, velat. *Cette devise continue de me tourner dans la tête, je pense qu'elle s'est gagné une place parmi les souvenirs de ce journal. Et tout bien réfléchi, la pertinence par rapport à l'affaire sur laquelle je travaille est surprenante.*

Le temps vaut, vole, voile.

Le temps cache toujours quelque chose. Un secret, un souvenir, une promesse jamais tenue, une douleur. Il s'étend sur les pensées et les sentiments, il les recouvre de sa langueur, de la brume aimable de l'oubli, tout en les dévorant sans même que leur propriétaire s'en rende compte.

Le temps camoufle même les crimes. Enfouie sous des années, des décennies d'une vie grouillante, la mort paraît moins monstrueuse, elle ne fait plus peur. Elle perd ses couleurs, se dépouille de toute émotion et finit par être oubliée, et ses victimes avec elle.

Tempus valet, volat, velat. Cette devise latine s'affichait sur le clocher à l'entrée du Val Resia. Une église moderne, un bloc de ciment et de métal qui pointait comme un corps étranger dans le paysage. Elle se demanda quelle vision avait guidé la main qui l'avait dessinée. Peut-être une foi dans l'avenir qui n'avait pas trouvé de correspondance dans la réalité.

Marini conduisait non sans difficulté en réprimant une grimace de douleur à chaque changement de vitesse. Il lui arrivait de s'épousseter le pantalon d'un revers de main. Il était allergique aux poils d'animaux, pris dans la trame du tissu.

— C'était nécessaire qu'ils nous accompagnent ? demanda-t-il à un moment, avec un coup d'œil dans le rétroviseur.

Sur la banquette arrière, Smoky lui répondit avec un grognement sourd. Apparemment, une certaine animosité subsistait encore entre eux deux.

— Tu as peur ? demanda Blanca.

— Je n'ai pas peur. J'ai juste un chien qui me souffle dans la nuque.

— Ah ça, c'est grave, comme souci !

— Cela n'en serait pas un s'il avait une haleine qui sentait la menthe.

— Ça suffit, vous deux, fit Teresa. Nous formons une équipe et nous devons apprendre à nous connaître.

Elle était convaincue qu'ils finiraient par bien s'entendre, mais Marini ne rendait pas les choses faciles. Il se montrait de plus en plus fuyant et de moins en moins coopératif.

Avant de se rendre dans la vallée, ils étaient passés chez lui. Il était monté se changer en vitesse – quelques minutes qui avaient suffi à Battaglia pour entrevoir une jeune femme sur le balcon. Cette vision l'avait stupéfaite : d'après ce qu'il racontait aux collègues, il n'avait personne dans sa vie. La seule histoire qu'il avait vaguement réussi à caser depuis son transfert s'était terminée en un rien de temps. Elle était curieuse de savoir qui était sa mystérieuse invitée et dans quelle mesure elle était la cause de l'inquiétude qui l'agitait. La route qui commençait à monter serpentait entre des bois épais d'un côté et le torrent de la Resia de l'autre. L'eau d'émeraude scintillait au soleil, devenait transparente en s'écoulant entre des roches claires et des plages caillouteuses entrecoupées de ponts de bois qui conduisaient d'une berge à l'autre. On entrevoyait sur les flancs le toit de quelques chalets immergés dans la verdure. Tout autour, les massifs des monts Musi, du Canin et du Plauris culminaient sous un ciel clair. Plus de deux mille cinq cents mètres d'altitude jusqu'au pic le plus élevé, mais pour leur part ils s'arrêteraient bien avant. Les hameaux étaient suspendus entre les premiers mélèzes et les vergers, un peu plus haut sur les pentes.

Là-bas derrière, Bovec, songea Teresa, le regard tourné vers l'est. À dix, quinze kilomètres au milieu des bois qu'Alessio Andrian avait peut-être sillonnés dans un profond état de choc.

Qui sait combien de kilomètres il a parcourus ? Il a marché des jours. Errant, tournant en rond, perdu.

Après quelques derniers virages, la vallée s'ouvrait au regard. C'était une conque profonde et abrupte, dont le fond était parsemé de moraines plates recouvertes de bosquets. Il y avait peu de prés et aucun plateau digne de ce nom. Les toits et les clochers des petits groupes d'habitations qui composaient la commune de Resia pointaient de la végétation : cinq hameaux principaux et six bourgades, un peu plus d'un millier d'habitants.

Quand ils arrivèrent devant les principaux panneaux de rue avec les indications sur les directions à prendre, Battaglia comprit pourquoi Parri leur avait affirmé que le résian n'était pas un dialecte. Cette langue n'avait pas grand-chose en commun avec le slovène. Elle ne ressemblait à rien de ce qu'elle avait déjà pu entendre.

Ravanza, c'était Prato di Resia, le chef-lieu. San Giorgio devenait *Bilä*. Gniva, *Njïwa*, avec la bourgade de *Hözd*. Oseacco, c'était *Osoanë*. Le torrent de Resia était désigné d'un autre nom : *Tavilïka Wöda*.

Marini ralentit, finit par s'arrêter à un embranchement.

— De quel côté ? demanda-t-il.

Teresa baissa la vitre et essaya de lire, mais elle n'avait aucune idée de comment on prononçait cette séquence incompréhensible de voyelles et de consonnes. Surtout, elle n'avait aucune idée de l'endroit où aller. Ils n'avaient pas encore rencontré âme qui vive. Ils étaient tout près du flot de la circulation sur la route nationale qui menait à la frontière, et pourtant elle avait la sensation d'avoir ouvert les portes d'un royaume lointain.

Cela lui était déjà arrivé, à peine quelques mois plus tôt. Elle se souvenait d'une autre forêt, différente, mais tout aussi imposante. C'était une autre saison à présent, il n'y avait pas de précipices glacés et d'étendues enneigées, mais la sensation d'être observée était la même, comme si quelqu'un la scrutait. La nature, de manière mystérieuse et à certains égards inquiétante, respirait et se mouvait autour d'elle.

— Coupe le moteur, fit-elle.

L'inspecteur obéit et les messages sonores de la forêt leur parvinrent comme la respiration d'un organisme vivant. Ce n'était pas le silence qu'elle aurait imaginé, mais une symphonie de voix harmonieuses liées les unes aux autres par une profonde symbiose : les cris au milieu des ramures verdoyantes, le déversement de l'eau qui chutait entre les rochers, le doux clapotis qu'elle émettait quand elle s'écoulait plus lentement, en amont. Les crépitements soudains dans les mûriers, les bruissements des petits êtres rampants, dans le sous-bois. Le vent était un frémissement qui parcourait les cimes des arbres comme une vague qui enflait et refluait. Dans cet espace fait de vibrations, la lumière elle-même semblait avoir un bruit : c'était une tonalité sourde qui venait se poser sur la peau de Teresa, sur les pétales des fleurs, sur les feuilles et sur les écorces, et qui en libérait le parfum. Elle ricochait sur l'eau en jeux lumineux et réchauffait la pierre luisante.

Mais la forêt, Battaglia le savait, était aussi faite de secrets et de révélations, d'obscurité et de mort. Elle était aussi composée des ossements de ceux qui s'y étaient perdus et n'en étaient plus jamais revenus.

Elle en fut un instant abasourdie. La ville domestiquait les sens, elle les habituait à une réalité défraîchie, alors qu'en ces lieux la moindre structure, bien qu'immobile et en apparence inanimée, regorgeait de vie. Dans cette vallée, la nature était à la fois spartiate et éclatante. Elle ne se permettait pas de bizarreries exotiques, mais ce dont elle disposait se développait dans des formes et des couleurs grandioses.

À contrecœur, elle pria Marini de redémarrer et de prendre la direction de Prato, le village principal.

La route grimpait à flanc de montagne, enroulant et déroulant les lacets de ses courbes sèches. Peu après, un autre clocher fut en vue. *Roœajanskë kumün*, indiquait le panneau à l'entrée du hameau. Peu de maisons, le long de la rue principale. Les édifices n'étaient pas de style montagnard traditionnel, mais des constructions normales d'allure récente. Le séisme de 1976 avait ici aussi effacé toute trace du passé. Les façades des habitations étaient décorées de peintures murales qui racontaient le passé pas si lointain de ces gens : elles représentaient des hommes avec moustache et chapeau, dans un complet d'une étoffe épaisse. Des bretelles en cuir passées autour des épaules maintenaient ce qui ressemblait à un chiffonnier, transporté à dos d'homme. Des émigrants, des rémouleurs et des artisans ambulants qui durant l'hiver fabriquaient des ustensiles à la lumière tamisée d'une lampe et qui, avec le dégel, parcouraient le monde pour les vendre.

Elle remarqua une taverne et fit signe à Marini de se garer un peu plus loin. Le nom de la rue était imprononçable : *Ta-w Hradö*.

— On se croirait au paradis, fit Blanca en descendant. L'air a un tel parfum.

Smoky la rejoignit d'un bond.

— Nous sommes sans aucun doute au début d'une histoire, murmura Teresa. Qui sait où elle nous mènera.

— Moi, ce que je sens, c'est encore l'odeur de l'haleine du chien.

— Ce que tu peux être agaçant, inspecteur.

— Je suis sincère, c'est tout.

Elle prit Blanca bras dessus bras dessous.

— Il est juste jaloux, lui susurra-t-elle.

Ils traversèrent un pont qui enjambait une rivière bleu azur au lit rocailleux. Quelques enfants sautaient et riaient entre d'énormes masses calcaires. Le commissaire se pencha au parapet. Ils la virent et s'échappèrent, laissant le courant entraîner leurs petits bateaux multicolores.

L'Osteria alla Fortuna était un établissement historique, l'enseigne affichait l'année 1902. La porte en chêne s'ouvrit sur l'intérieur enveloppé de pénombre et une fraîcheur tonifiante vint effleurer le corps échauffé de Battaglia.

— Bienvenue.

À peine eurent-ils franchi le seuil que l'hôtesse les salua. Elle leur tournait le dos, nettoyant des verres avec un torchon et les disposant en rangée au-dessus d'un buffet. Quand elle se retourna, elle se révéla d'une beauté peu conventionnelle. Impossible de lui donner un âge. Elle était vêtue d'une tunique de couleur marron, longue jusqu'aux pieds, et ses cheveux d'un blanc immaculé, attachés par une queue-de-cheval, contrastaient avec son visage lisse et l'arc fermement dessiné de ses sourcils maquillés de noir. Le bleu intense des iris s'accompagnait du rouge écarlate des lèvres et des lapis-lazulis sertis dans des grandes boucles d'oreilles au filigrane d'argent. Elle avait aux mains des mitaines travaillées au crochet. Elle était grande. Intérieurement, Teresa la qualifia de « majestueuse ».

Le seul mot qu'elle avait prononcé avait suffi à révéler l'accent qui infléchissait sa manière de parler. Elle donnait l'impression de morceler les syllabes pour ensuite les recoudre ensemble sur un rythme plaisant et cadencé.

Ils répondirent à son mot d'accueil et s'installèrent sur les tabourets du bar. Smoky s'assit entre les jambes de Blanca, digne et silencieux.

Un client paya sa note et sortit en saluant la patronne. Battaglia crut saisir le prénom de la femme : Mat.

— Qu'est-ce que je vous sers ? leur demanda-t-elle en glissant les billets dans son tiroir-caisse.

Ils commandèrent trois boissons. Il était désormais onze heures du matin passées et il n'y avait que deux vieux messieurs absorbés dans une partie de cartes à une table d'angle.

La salle était particulière. Les murs et le plafond étaient tapissés d'un bois naturel, blond comme le miel. De longues bottes d'ail pendaient des poutres, comme des guirlandes d'un passé rustique. Un poêle ventru et noir en fonte accueillait un bouquet de fleurs des champs maintenues par un ruban rouge et bleu, et le même lien était noué autour des manches des violons fixés aux murs. Il y en avait des dizaines et certains avaient un aspect ancien. Ils n'étaient cependant pas aussi nombreux que les photos alignées sous les instruments : des portraits d'hommes et de femmes, de tous les âges et de plusieurs générations. Il devait y en avoir une bonne centaine.

Teresa chercha du regard la femme derrière le bar. Après les avoir servis, elle s'était remise au travail, maniant le torchon entre ses doigts aux ongles vernis en bleu.

— En venant ici, nous avons vu des enfants qui s'amusaient dans la rivière, dit-elle. Je leur ai fait peur, je crois, et ils se sont enfuis en abandonnant leurs jouets dans le courant. Je suis vraiment désolée.

La femme éclata de rire.

— Ne vous en faites pas. Ils les retrouveront, assura-t-elle en se retournant. La rivière forme une anse, un peu plus vers l'aval. Ils l'appellent la Gorge : le courant dépose là tout ce qu'il emporte le long du parcours. Leurs jouets sont sûrement déjà sur les berges. Qu'est-ce qui vous amène jusqu'ici ? Vous n'êtes pas des touristes.

Son regard s'était allumé d'une curiosité entremêlée d'un autre sentiment que Teresa ne parvenait pas à identifier, bien qu'il ne lui parut ni gênant ni suspect.

— Nous nous intéressons à l'histoire de la vallée. Nous avons entendu parler de vos origines, répondit-elle, en restant évasive.

La femme lui sourit, mais son sourire était prudent. Elle n'était pas convaincue.

Le commissaire regarda les photos. Les yeux de Mat suivirent le mouvement des siens.

— Ce sont nos musiciens qui ne sont plus de ce monde aujourd'hui, expliqua-t-elle, répondant à sa question silencieuse. Un hommage à ceux qui ont su transmettre cette musique ancienne et une forme de reconnaissance du patrimoine immatériel de la vallée. Ils nous ont laissé en héritage l'art de jouer la *cïtira* et le *bünkula*.

— Le violon ? C'est comme ça que vous l'appelez ?

La femme s'éloigna, puis revint peu après avec un instrument en main.

— Ceci, c'est la *cïtira*, un violon modifié. La *bünkula*, en revanche, c'est une espèce de violoncelle.

Ce sont des instruments populaires résians. Vous ne les verrez nulle part ailleurs dans le monde. Le troisième élément indispensable de notre musique, c'est le battement de pied. Vous ne l'avez jamais entendu ?

Battaglia fit non de la tête.

— Malheureusement non. Pourquoi dites-vous que ces instruments sont modifiés ?

— Ils sont fabriqués de manière à rendre leur sonorité similaire à celle d'une cornemuse, la *dudy*. On en jouait dans la vallée avant l'arrivée des instruments à cordes.

— Il me semble qu'il existe beaucoup de particularités, chez vous.

— Venez à l'une de nos fêtes et vous vous en rendrez compte. Au carnaval, le *Püst*. Nos bals sont très beaux, et très anciens.

— Si anciens que cela ?

La femme la regarda avec un mélange de plaisir et de fierté. Qui sait combien de fois elle avait dû expliquer ces histoires à des touristes.

— Des millénaires, répondit-elle.

— Et ce sont, comment dire, les fêtes originelles ?

— Inchangées.

— Où apprend-on à jouer de ces instruments ? Il y a une école ? s'enquit Marini.

— Non, aucune école. Les jeunes apprennent des anciens, à l'oreille. Il en a toujours été ainsi. Venez.

Comme si elle la connaissait depuis toujours, Mat prit Blanca par la main et la précéda dans la pièce attenante, qui abritait une petite salle de restaurant où la pierre naturelle était l'élément prédominant. Un grelot qu'elle portait lacé à la cheville tintinnabulait à chaque pas et dépassait par instants de l'ourlet de la robe. Elle leur indiqua un mannequin en bois, dans un angle de la pièce. Elle portait une tenue, et Teresa comprit qu'il s'agissait d'un vêtement typique, étrange elle aussi.

— Qu'est-ce que c'est ? demanda-t-elle.

— C'est l'un des *lipe bile maökire* de notre carnaval. Cela signifie « beaux masques blancs ».

La silhouette de femme portait un habit blanc composé de jupes superposées et d'un chemisier de gaze légère. La taille était maintenue par une large ceinture, de couleur rouge, comme les rubans qui retombaient le long des volants. Quelques clochettes étaient cousues dans l'habit. L'élément le plus singulier était le couvre-chef : une sorte de haute chapka décorée de fleurs en papier de couleur.

— C'est vraiment beau, commenta Battaglia.

La femme ne parut pas l'entendre. Elle fixait la tenue du regard et semblait loin, perdue dans ses pensées.

— Pendant le *Püst*, nos masques blancs dansent de Mardi gras au coucher du soleil jusqu'à l'aube du mercredi des Cendres, expliqua-t-elle sur un débit lent. Ce sont eux qui allumeront le bûcher où brûlera le *Babaz*.

Le commissaire sentit Marini s'approcher dans son dos.

— Qui est le *Babaz ?* voulut-elle savoir, sans se retourner pour le regarder.

La femme pointa l'index vers le plafond et le commissaire vit une marionnette de paille et de chiffon, suspendue aux poutres. Elle était de la taille d'un homme, et vêtue d'un complet sombre qui ressemblait au costume du dimanche que mettait son grand-père.

Il portait aussi un chapeau. Le visage était peint à même le tissu. Il souriait, mais d'un sourire immobile et mélancolique.

Après tout, il sait qu'il finira brûlé, songea-t-elle.

— Je suis la gardienne de ses cendres, continua la femme. (Elle s'approcha d'un buffet et effleura du doigt les pots en terre cuite.) Le *Babaz* représente l'année écoulée, la nuit froide et stérile de l'hiver. Le passé, avec ses douleurs et ses péchés. J'en recueille les restes quand ils ont refroidi.

— Je crois que c'est la première fois, admit le commissaire, que j'entends parler d'une tradition où c'est l'homme qui meurt brûlé dans un rite païen.

La femme rejeta la tête en arrière et rit, révélant sa gorge blanche. Elle devait avoir au moins cinquante ans, mais chez elle, le temps semblait s'être arrêté bien avant : c'était seulement un reflet qui, par instants, passait sur son visage et le révélait tel qu'il aurait dû être.

— Nous sommes attachés à notre différence, l'entendit-elle dire.

Teresa chercha son regard.

— Il me semble qu'ici on y tient plus qu'ailleurs. À moins que je ne me trompe ?

La femme se fit plus sérieuse.

— Vous ne vous trompez pas. Peut-être parce que nous la sentons nous filer entre les doigts. La vie moderne comporte en soi une sorte d'abâtardissement généralisé, et je le dis au sens le plus positif du terme. Et aussi parce que quelqu'un veut nous l'enlever. La supprimer pour la remplacer par quelque chose qui n'est pas nous, ni de près ni de loin. Je ne le comprendrai jamais.

— À quoi faites-vous allusion ?

— À une loi de mise sous tutelle des minorités qui fait mourir notre culture, répondit la femme, comme si ces mots-là lui faisaient mal. Ils nous ont intégrés à la culture slovène, mais nous ne sommes pas slovènes, nous ne l'avons jamais été. J'ai comme l'impression qu'à un certain stade de l'histoire, quelqu'un a confondu deux termes, slave et slovène. Une méprise qui nous coûte cher aujourd'hui. Cette loi est en passe d'engloutir tout ce qui constitue notre patrimoine le plus cher.

— Engloutir ? répéta Marini.

La femme prit un pot dans ses bras et se mit à le caresser.

— Cette loi donne à nos origines un nom impropre, murmura-t-elle. C'est comme si on vous disait que votre famille n'avait jamais existé, que vos parents n'étaient pas ceux qui vous ont engendré. C'est comme si quelqu'un annulait d'un coup le passé de vos ancêtres, vous le volait, pour le remettre à quelqu'un d'autre. De fait, ils nous ont dit que notre histoire n'était pas vraie, que notre langue était un dialecte. Un dialecte, vous vous rendez compte ? Alors qu'au contraire, l'Unesco l'a définie comme une *langue* en voie de disparition. Dans le passé, la Slovénie a déjà voulu mettre la main sur cette terre. Nous ne permettrons jamais qu'ils réussissent leur coup. Nous sommes résians, et ensuite nous sommes italiens. Dans cet ordre. La nationalité italienne, nous l'avons gagnée, nous avons combattu dans tous les conflits pour défendre ses frontières.

La femme reposa le pot avec soin, et se tut. Teresa remarqua sa respiration plus rapide. La question lui tenait à cœur. Elle se demanda comment on pouvait être si attaché à ses origines au point de se sentir mal quand elles étaient mises en doute.

— Vous avez dit que quelqu'un a commis une erreur..., reprit-elle pour l'inciter à continuer.

— Une erreur non dénuée de graves conséquences. Il y en a qui veulent se replacer sous la protection slovène. Un petit nombre de personnes. Ils y sont parvenus grâce à une loi inconstitutionnelle, qui a permis au vote d'une minorité de mettre un millier de personnes, notre vallée, notre histoire, à la merci d'une réglementation scélérate. Dans les musées, les objets fabriqués par nos ancêtres sont étiquetés slovènes et non résians. Nos bals, nos chants, uniques au monde, sont présentés comme slovènes. Vous comprenez ce qu'ils sont en train de nous faire subir ? Ils nous anéantissent. Ils nous *annihilent*.

Le commissaire opina, même si elle n'était pas sûre qu'un non-natif puisse vraiment comprendre la douleur qui transparaissait dans ces propos. Elle se demanda ce qu'auraient pensé ses grands-parents d'une pareille atteinte à la mémoire.

— J'ai l'impression que vous n'êtes pas seulement ici pour vous renseigner sur le folklore de la vallée, je me trompe ? lança la femme.

— Je suis le commissaire Battaglia, se présenta-t-elle, et ce sont mes collaborateurs.

— Matriona, mais tout le monde m'appelle Mat.

Elles se serrèrent la main.

— Peut-être avez-vous lu des choses, ces jours-ci, à propos de la découverte d'un célèbre tableau, ou en avez-vous entendu parler ? continua Teresa.

La femme opina.

— Le portrait peint avec du sang.

— Je sais que les questions que je vais vous poser vous paraîtront étranges, mais je ne les poserais pas si je n'étais pas convaincue que cette personne ait réellement existé. (Battaglia sortit la photo de la *Nymphe endormie* de son sac et la lui tendit.) Je crois que cette jeune fille est née et a vécu ici, dans cette vallée, et qu'elle a disparu le 20 avril 1945. Je cherche quelqu'un qui puisse se souvenir d'elle. Je me rends compte que…

— Krisnja, murmura la femme.

Elle avait pris la photo dans ses mains et la regardait avec une expression énigmatique.

— *Krisnja ?*

— Dans notre langue, cela signifie la « cerise ». C'est le nom de cette jeune fille.

— Vous savez à qui appartient ce visage ? fit le commissaire, stupéfaite, en jetant un coup d'œil à Marini.

— Je sais qui c'est, mais c'est la date que je ne comprends pas. 1945 ? Ce n'est pas possible.

— Pourquoi ?

Matriona lui rendit la photo.

— Parce que Krisnja est vivante. Et d'après ce que je sais, elle n'a jamais disparu, et elle a un peu plus de vingt ans.

31

Quand le commissaire avait expliqué la raison de leur présence dans la vallée, le regard de Matriona avait glissé vers l'une des tables. Le quotidien du jour racontait l'histoire de la *Nymphe endormie*. Son visage avait changé, comme si elle avait tout à coup compris l'importance de la révélation que Teresa venait de lui faire.

— Je me fie à votre discrétion, avait dit cette dernière. C'est très important, à ce stade de l'enquête.

Le juge Crespi avait insisté sur ce point : pour le moment, aucune image du portrait ne devait être divulguée au public. Il craignait qu'ils ne soient assaillis par des mythomanes. Dans une affaire pareille, les faux signalements auraient pu atteindre des pourcentages élevés, au point de bloquer les recherches.

Matriona leur avait fourni un nom et une adresse. À partir de ce moment-là, elle s'était montrée plus circonspecte, même si c'était quasi imperceptible. Elle n'avait plus rien raconté, tout en leur assurant qu'ils auraient bientôt les réponses qu'ils cherchaient. Au moins quelques-unes.

— Vous allez réveiller d'anciennes douleurs, les avait-elle prévenus.

Cette souffrance assoupie était celle des Di Lenardo, la famille de Krisnja.

Leur maison était une petite villa jaune entourée d'un vaste pré parfaitement entretenu. Derrière, le bois, et une vue extraordinaire sur le mont Canin, avec son haut plateau calcaire colossal.

Teresa n'avait pas préparé de discours, elle n'avait aucune idée de la manière d'affronter ces gens et de fouiller dans leur passé, à la recherche d'un homicide dont ils ignoraient peut-être tout. En même temps, elle était excitée à la perspective de trouver enfin l'extrémité du fil qui reliait le tableau à une journée d'un passé lointain. Il lui fallait le remonter, indice après indice, pour en trouver l'autre bout. C'était un fil tissé d'émotions subtiles qui avaient résisté au passage du temps et qui lui permettraient de découvrir l'histoire qui se dissimulait derrière la *Nymphe endormie*.

— J'y vais seule, dit-elle en descendant de voiture. (Elle s'appuya à la portière, avant de la refermer. Marini la regardait d'un air sombre, visiblement mécontent.) Je ne veux pas que cette visite soit perçue comme une agression. Ne restez pas assis là à jouer les petites vedettes pendant mon absence. Profitez-en pour faire connaissance.

L'allée qui conduisait à la maison était bordée d'une haie de fragon épineux.

Elle avait à peine appuyé sur le bouton de sonnette qu'un homme l'appela de la colline.

— J'arrive ! cria-t-il.

Il vint dans sa direction d'un pas agile. Quand il fut assez près, elle estima qu'il devait avoir dans les soixante-dix ans, ou peut-être un peu moins. C'était difficile à dire : le visage creusé de rides semblait jurer avec ce corps d'aspect massif et encore vigoureux. Sans être très grand, il émanait de lui un air autoritaire, mais pacifique. Les cheveux étaient épais, sombres, à peine ponctués de gris aux tempes. La chemise à carreaux, les manches remontées aux coudes, révélait des avant-bras encore forts et bronzés.

Il la rejoignit en la regardant avec curiosité.

— En quoi puis-je vous aider ? s'enquit-il.

Le ton était bourru, mais il pouvait s'agir de la sorte d'amabilité un peu brusque de celui qui n'est pas accoutumé à recevoir des visites. Elle décida d'être directe et de ne pas lui dissimuler son identité. Au mot « police », l'homme lui serra la main, non sans réticence. Et il la relâcha presque aussitôt.

— Je cherche Krisnja Di Lenardo, dit-elle, en observant sa réaction.

L'homme fronça les sourcils.

— C'est ma nièce. Elle vit là-haut, répondit-il, en désignant la maison située de l'autre côté de la colline, mais elle n'est pas chez elle. Il y a un problème ?

— Non, aucun problème.

— S'il n'y a pas de problème, la police ne recherche pas les gens.

Elle sourit.

— Vous avez raison, mais cela ne concerne pas directement votre nièce. À dire vrai, je crois que vous seriez en mesure de m'aider, vous aussi.

— Si je le peux, volontiers.

Elle se surprit à étudier ce visage singulier. Elle songea que l'hérédité des traits est quelque chose d'insondable, un éclair qui tient aux caprices de la nature, et en même temps une formule chimique précise qui se transforme en tracés de chair mathématiquement parfaits.

Francesco Di Lenardo avait les yeux noirs, légèrement en amande, petits mais ardents. Le nez camus descendait en lignes molles vers les lèvres fines. Les pommettes hautes encadraient un visage ovale à l'air presque exotique.

Battaglia avait déjà vu ces traits, qui rappelaient des terres lointaines. Elle les avait vus sur un portrait qui semblait l'appeler avec insistance, du fond de son sac. Elle les avait vus quelques années plus tôt dans une exposition photographique sur les Hazaras, un peuple aux origines mongoles, avec des apports caucasiens. Et pourtant, elle se trouvait dans le Val Resia, pas dans une steppe perdue du Caucase.

Elle prit la photo de la *Nymphe endormie* et la tendit à l'homme.

— Je cherche cette femme, ajouta-t-elle, espérant ne pas passer pour une folle.

Francesco Di Lenardo saisit l'image, et Teresa crut un instant qu'il avait cessé de respirer. Après un long moment de silence, l'homme s'assit sur les marches du perron.

— Qui vous a dit de venir ici ? demanda-t-il.

Il ne détachait plus les yeux de ce visage tellement similaire au sien.

— J'ai montré cette photo au village et ils m'ont suggéré de demander Krisnja Di Lenardo. On m'a indiqué que c'était une jeune fille, mais la femme que je recherche devrait avoir…

— Quatre-vingt-dix ans, conclut l'homme à sa place. (Il la regarda.) Ce n'est pas ma nièce Krisnja. C'est le portrait de ma tante. Elle s'appelait Aniza.

32

— Aniza était la sœur de mon père. Elle a disparu dans la soirée du 20 avril 1945, et depuis ce jour personne n'a plus rien su d'elle. J'ai espéré toute ma vie qu'elle ait pu s'échapper et commencer une nouvelle vie ailleurs, mais voilà que vous m'annoncez qu'elle est morte ce même jour.

Francesco Di Lenardo baissa les yeux sur la tasse vide qu'il continuait de tenir entre ses mains. Il avait invité Teresa à entrer boire un café et le lui avait servi sans cesser de la regarder, avec une curiosité mêlée de suspicion.

Elle comprenait sa perplexité. Elle n'aurait pas apprécié, elle non plus, de voir une inconnue se présenter chez elle pour lui annoncer qu'il était arrivé quelque chose d'horrible dans sa famille. De ce temps passé, on ne pouvait désormais plus rien tirer qu'un compromis avec la mort, fait de regrets et de souvenirs douloureux. Cette maison ordonnée et accueillante s'était tout à coup emplie de tristesse.

Les murs semblaient faits de livres, tant ils en contenaient. Le commissaire avait remarqué des ouvrages de philosophie, d'histoire, d'archéologie et de botanique. Francesco lui avait confié que sa mère avait été enseignante. Depuis son décès, un an plus tôt, il la cherchait, dans ces pages.

— Pour le moment, je n'ai aucune preuve, répondit-elle, mais si le sang sur ce tableau est bien celui d'Aniza, alors oui, elle est morte. Des échantillons de tissus cardiaques ont été prélevés sur les fibres du papier. Ce sang venait du cœur et une blessure de ce genre…

— … est mortelle.

— Je suis navrée.

— J'imagine que vous avez besoin d'un échantillon de mon sang pour la comparaison.

Elle acquiesça.

— Vous n'y êtes pas obligé, mais cela lèverait tous les doutes, pour vous et votre famille.

— Certainement. Je suis à votre disposition.

— Merci. Je demanderai au responsable des prélèvements de vous contacter.

Un silence difficile à combler s'abattit sur la pièce. Le tic-tac d'une horloge envahit le vide laissé par les mots.

Tempus valet, volat, velat, songea-t-elle encore. Il n'existait pas de devise plus juste pour décrire ce qui était arrivé à Aniza. La mort lui avait dérobé sa vie alors qu'elle avait à peine éclos, elle l'avait privée d'un avenir qui restait encore tout entier à concevoir, et à la fin elle l'avait cachée dans les pièces secrètes d'un passé lointain, en l'ensevelissant sous des décennies de poussière.

— Pourquoi avez-vous dit que vous espériez qu'elle se soit enfuie ? demanda-t-elle.

Il haussa les épaules, les yeux toujours baissés, perdu dans la contemplation du visage de la jeune fille sur la photo. Par instants, il la caressait du doigt.

— Le désespoir, murmura-t-il. Rien d'autre.

— Il reste encore quelqu'un qui serait en vie et qui l'aurait connue personnellement ? Si c'est le cas, je voudrais lui parler.

L'homme la regarda avec stupeur.

— Moi, fit-il.

— Vous ?

— J'avais huit ans quand elle a disparu. Je m'en souviens bien. Elle vivait avec nous, dans la maison de mon grand-père. Elle était encore jeune. Elle m'appelait son *Franchincec*.

Battaglia était surprise. Elle fit rapidement le calcul.

— Je vous croyais bien plus jeune, avoua-t-elle.

Il sourit. Un sourire plein d'amertume. Cela se voyait que, pour lui, cette journée venait de se transformer. Des nuages chargés d'âpres sentiments s'étaient amoncelés dans l'esprit et dans le cœur de cet homme subitement devenu voûté et taciturne.

— J'ai presque quatre-vingts ans, confirma-t-il. Et une bonne mémoire, dont vous avez envie de profiter, j'imagine.

— Je sais que ce n'est pas facile, mais je voudrais que vous me parliez d'Aniza. Peut-être subsiste-t-il dans vos souvenirs quelque chose qui pourrait me permettre de comprendre ce qui lui est arrivé.

Francesco se leva et se rendit à la fenêtre, le regard dirigé vers le massif du Canin illuminé de soleil.

— Par où voulez-vous que je commence ?

— Par le sentiment qui vous liait, si vous vous en sentez le courage. Il s'est écoulé soixante-dix ans, mais j'ai l'impression que vous souffrez comme si cela s'était produit hier.

— C'est comme ça. Je ressens encore sa présence, ici. (Il se frappa la poitrine.) Nous étions comme frère et sœur, malgré la différence d'âge. Ou peut-être même quelque chose de plus. Elle était ma deuxième maman, aussi affectueuse que si j'étais son propre enfant.

— Et il n'y a rien dans vos souvenirs qui puisse se rapporter à un litige, à une situation de tension qui aurait pu la pousser à s'éloigner de sa famille ?

— Non, je ne me souviens de rien de ce genre, et j'étais assez grand. Les huit ans de ce temps-là n'étaient pas ceux d'aujourd'hui. Je travaillais déjà, j'aidais mon père qui était rémouleur, l'hiver, et mon grand-père dans les champs, à la belle saison. Nous n'étions déjà plus des enfants, à cette époque.

— Et Aniza, que faisait-elle ?

— Ah, elle travaillait à la filature de Ravanza, pas très loin d'ici. On y tissait le lin. Et puis elle brodait beaucoup, elle travaillait au crochet. Elle était très adroite et elle vendait un bon nombre de ses ouvrages. Elle avait des mains merveilleuses.

— Elle était fiancée ?

— Non, mais les prétendants ne manquaient pas. Mon grand-père en faisait déguerpir beaucoup, devant la porte de la maison. À ses yeux, personne ne la méritait.

— Et Aniza, qu'en pensait-elle ? Elle en souffrait ?

— Non, quelle idée. Ne vous méprenez pas. Mon grand-père n'était pas tyrannique. Aniza ne lui avait jamais laissé entendre qu'elle s'intéressait à l'un de ces jeunes gens. Elle se cachait avec moi dans l'escalier et on riait ensemble de ces scènes. (Il se tourna et son regard revint se poser sur la photo. Il était mouillé de larmes à peine contenues.) Elle était si belle qu'elle aurait pu avoir qui elle voulait, mais elle semblait attendre le grand amour, qui devait exister quelque part à l'horizon. Elle ne l'apercevait pas encore, mais ses yeux reflétaient déjà une certaine lumière qui avait l'éclat du conte de fées. Aniza était ainsi. Elle était la vie même.

— Quelqu'un aurait pu être jaloux d'elle, vous ne croyez pas ?

— Je n'en ai aucune idée, mais je ne l'ai jamais vue préoccupée, ni en colère. Mes souvenirs ont beau être des souvenirs d'enfance, ils ne sont pas édulcorés par le temps ou par son absence. Je ne prétends pas qu'elle était parfaite, c'était juste une jeune fille de même pas vingt ans, heureuse et sereine. Elle avait beaucoup d'amis, mais je crains que vous n'en trouviez plus aucun en vie.

Francesco revint s'asseoir en face d'elle. Il semblait plus calme. Teresa avait rouvert une blessure ancienne, et ce faisant elle avait réveillé cette douleur dans son existence. Il lui avait fallu quelques minutes pour se ressaisir.

— Le village était un endroit tranquille, j'imagine, continua-t-elle.

— Si vous entendez par là qu'on n'y croisait pas de fous maniaques comme cela se produit souvent aujourd'hui, oui, mais la guerre suffisait quand même à rendre les journées dans la vallée bien mouvementées.

— Quels souvenirs en avez-vous ?

Il croisa les mains devant le dessin. Elles tremblaient.

— Il y avait la faim, il y avait les Allemands qui montaient des bourgs de la plaine pour venir contrôler les villages du val, et il y avait les partisans qui ajustaient sur eux leurs tirs depuis les alpages. Au milieu, il y avait nous.

Elle comprit qu'elle avait peut-être trouvé le lien qu'elle recherchait, l'extrémité du fil vers laquelle elle tentait de remonter.

— Parlez-moi des partisans, reprit-elle en sortant son cahier de sa poche. À quelle brigade appartenaient-ils ?

Francesco semblait mal à l'aise. Il n'arrivait plus à rester en place.

— Ah, les partisans, fit-il, comme si un mauvais goût lui restait dans la bouche. Je ne me souviens pas d'avoir jamais vu les foulards noirs de la brigade Osoppo, uniquement les rouges de la brigade Garibaldi. C'étaient les pro-titistes. Ils venaient des vallées du Natisone. Le sentiment qui reste le plus attaché au souvenir qu'ils ont laissé, c'est qu'on les supportait. Les Résians les subissaient, mais je ne parlerais pas de haine. C'était la guerre qui, en soi, était inacceptable. Tout compte fait, c'étaient presque tous de braves garçons, pour la plupart à peine plus que des adolescents. Des mineurs avec un fusil en main, vous imaginez ? Ils vivaient dans les bois, sur les alpages, et ils descendaient de temps en temps dans les villages pour faire des provisions de nourriture.

— Vous avez dit *presque tous :* certains d'entre eux n'étaient pas de braves garçons ?

— Mettez une arme entre les mains d'un idiot et vous obtenez un idiot et un arrogant par-dessus le marché, disait mon grand-père. Ce n'étaient pas des saints, mais pas non plus des démons. Ici, dans la vallée, ils n'ont jamais créé de problèmes. Mais ça c'était avant qu'on découvre que l'un d'eux a dessiné le visage d'Aniza avec son sang.

Ses mains tremblaient encore plus. Il les cacha sous la table.

Teresa insista.

— Ne vous souvenez-vous pas ne serait-ce que d'un épisode désagréable dans lequel ils auraient été impliqués ?

Le silence qui suivit était singulier.

— Monsieur Di Lenardo ?

— C'était en 1945, à la fin de l'hiver, en mars. Chaque jeudi matin, un Allemand arrivait de la vallée sur une charrette tirée par un cheval. Il allait à San Giorgio, chez le boulanger, prendre du pain frais. Il faisait toute la route en poussant la bête, et sans escorte. Il n'en avait pas besoin : il était intouchable et il le savait. Si quelqu'un lui avait fait quoi que ce soit, ses camarades l'auraient fait payer cher aux habitants de la vallée. Ça fonctionnait comme ça, avec les Allemands.

— Je peux imaginer.

— Depuis les villages perchés sur les moraines, on le voyait arriver sur la route qui longeait la montagne et la rivière. Ce jour-là, les partisans aussi l'ont vu, mais ils ne se sont pas enfuis dans les bois, ce n'était pas la peine : ils savaient que l'Allemand se rendait chez le boulanger toutes les semaines et qu'il retournerait dans sa Kommandantur sans embêter personne…

— Mais ce jour-là, cela ne s'est pas passé comme ça, devina-t-elle.

Francesco se passa la langue sur les lèvres, avec nervosité, comme s'il éprouvait soudain le besoin d'étancher une soif intense.

— Non, ce jour-là, cela ne s'est pas passé comme ça, soupira-t-il.

33

Adossé à la voiture, Massimo observait le manteau de verdure qui recouvrait les reliefs et la vallée, comme s'il s'agissait d'une espèce d'étoffe dynamique, composée de millions d'interconnexions. Il avait appris à le craindre et à le respecter. L'expérience qu'il avait vécue quelques mois seulement auparavant avec Teresa Battaglia et le reste de la brigade, dans une forêt pas très éloignée d'ici, se répercutait encore en lui. C'était un souvenir qui résonnerait longtemps dans le tréfonds de son être, comme une note sourde et vibrante. Aussi profonde que les abysses de l'âme humaine.

Par instants, il tâtait son œil au beurre noir : l'œil pleurait, sensible au vent qui s'élevait en rafales fraîches et humides de la sorte de douve creusée par le fleuve. Ce vent apportait l'odeur de roches mouillées et de mousses agrippées aux berges.

La voiture eut un bref frémissement, contre son dos. Blanca était descendue et s'était adossée elle aussi à la carrosserie encore tiède qui diffusait vers la vallée l'odeur chimique et vénéneuse du monde d'où ils venaient.

Il l'entrevit du coin de l'œil croiser les bras, comme lui. Même son expression était identique à la sienne : sérieuse, mais peu convaincante.

Cela lui donna envie de sourire.

— Je suis désolée, dit la jeune fille, inopinément.

Massimo se tourna pour la regarder. N'importe qui aurait compris que ces mots avaient coûté à son orgueil.

— De quoi ? demanda-t-il.

Blanca était rouge de honte et cette vision attendrit l'inspecteur.

— Je..., commença-t-elle. Je t'ai mal parlé, une ou deux fois. Ce n'est pas mon genre.

Il lui flanqua un petit coup de coude amical.

— C'est moi qui te demande pardon, fit-il sans se justifier davantage. Je me suis comporté comme un con.

Elle se mordit les lèvres. Ses yeux si particuliers, aveugles au monde, mais capables de le sonder par des voies mystérieuses, errèrent en direction de la forêt sans la voir. Pour elle, ce devait être une mer nocturne, floue et sombre.

— Tu crois que nous réussirons à la retrouver ? reprit-elle.

Il dirigea le regard vers cet épais tapis végétal. C'était un organisme qui ne restituait pas toujours ce qu'il dévorait.

— Cela dépend de la forêt, murmura-t-il, parcouru d'un frisson, malgré la douceur de l'air.

— Tu en parles comme si c'était un être vivant.

Il scruta encore cette vaste étendue d'ombres et de précipices. Il lui sembla un instant qu'on répondait à son regard.

— Crois-moi. C'est le cas.

34

— Peu avant que le soldat allemand n'arrive au village, ma sœur Ewa, la grand-mère de Krisnja, est venue me chercher dans le champ où je gardais les vaches, continua Francesco.

Teresa avait remarqué que de la sueur perlait à ses tempes, mais il s'efforçait de paraître impassible. Elle le laissa parler.

— Ewa n'avait qu'un an de plus que moi et un fusil entre les mains. Un partisan avec qui elle s'était liée d'amitié depuis quelques jours le lui avait donné, par jeu. Il lui avait appris à tirer, après avoir retiré les balles.

— Elle le voyait souvent ? demanda-t-elle.

— Avant ce moment, j'ignorais tout de leur rencontre. Plus tard, j'ai su que c'était arrivé à quelques reprises. C'était un garçon de dix-sept ans, je m'en souviens bien. Il avait les cheveux roux, presque rouges, et le visage constellé de taches de rousseur. Ce jour-là, il nous a conduits dans le pré qui donnait sur la route. De l'autre côté, caché dans la broussaille, il y avait un avant-poste de partisans. On s'est accroupis, Ewa m'a mis une main sur le fusil en rigolant. J'ai visé, j'ai effleuré la détente en mimant tous les gestes d'un vrai tir, sauf que le fusil a tiré pour de bon. Le projectile a tranché l'un des harnais qui rattachaient le cheval à la charrette. Tout est parti en vrille. L'animal s'est déchaîné, il a traîné le soldat tout en bas de la vallée. En moins d'une heure, les Allemands sont arrivés au village au milieu des rafales de mitraillettes et des coups de fusil qui zébraient l'air entre les maisons et les champs. Par chance, ils se sont contentés de nous terroriser et ils sont repartis, mais nous avions risqué gros. Je n'ai jamais su si ce garçon avait oublié de retirer les balles ou si c'était un jeu sadique de sa part.

Teresa avait la gorge serrée.

— Quelque chose ne va pas ? s'enquit Francesco en remarquant son expression.

Elle fit non d'un signe de tête, mais ce n'était pas du tout la vérité. Francesco Di Lenardo venait de lui décrire le tableau qu'elle avait admiré à la maison d'Andrian. Le peintre avait donc assisté à la scène, alors qu'un de ses camarades incitait Francesco à tirer au fusil. Il était là, à quelques dizaines de mètres de l'enfant, du neveu de la femme qu'il tuerait peu après, probablement caché dans cet avant-poste de partisans entre les arbres, sur la colline d'en face. Il le regardait, il l'observait. Il était comme un invité invisible dans le cercle restreint de la famille d'Aniza.

— Vous vous souvenez du nom de ce partisan aux cheveux roux ? C'était probablement un camarade d'Andrian.

— Non.

— Même pas du nom de quelqu'un d'autre ?

— Non, je suis désolé. Aucun de nous ne s'est rapproché d'eux, c'était trop dangereux. Et ils ne s'appelaient pas de leurs noms de baptême, uniquement de leurs noms de guerre. En tout cas, je ne me souviens de personne.

Elle lui posa ensuite la question à laquelle ils s'attendaient tous les deux depuis qu'ils avaient entamé cette discussion.

— Qu'est-il arrivé le soir de la disparition d'Aniza ?

Le regard de Francesco se transforma. Il était maintenant absorbé, distant : il était retourné en arrière, à cette journée, soixante-dix ans plus tôt.

— Ce qui s'est passé a changé ma vie à jamais, dit-il. C'était une soirée où il faisait tiède, on aurait cru que l'été avait hâte d'arriver. Aniza était restée dans sa chambre toute la journée, à broder.

— C'était un comportement inhabituel ?

— Plus depuis un certain temps. Cela lui était souvent arrivé au cours des dernières semaines. Elle disait qu'elle devait se dépêcher de terminer un ouvrage pour le livrer à temps. Moi, à cette période, je préférais jouer dans la rue avec les autres enfants et je ne faisais plus trop attention à elle. Je ne me le pardonnerai jamais.

— Ce n'est pas votre faute, dit-elle, mais il ne sembla pas l'entendre.

— Peu après le dîner, Aniza a annoncé qu'elle allait retrouver une amie, Katerina, lui montrer une layette qu'elle préparait pour son enfant. Katerina devait accoucher dans quelques semaines et Aniza avait beaucoup d'affection pour elle.

— Qu'est-ce qu'a raconté Katerina à propos de cette visite ?

— Rien. Elle ne l'a pas vue. Aniza n'est jamais arrivée chez elle, et pourtant elle habitait à quelques minutes de marche de chez nous. Nous avons interrogé tout le village, mais personne n'avait vu ma tante aux abords de la maison de cette jeune fille. Quelqu'un a juré l'avoir vue descendre la rue qui conduisait vers le bois, à l'est, à l'autre bout du village. Pourquoi sortir dans les bois seule, à cette heure-là ? Ce sont des questions qui nous ont rendus fous, pendant des années.

Teresa choisit ses mots avec soin, et les prononça avec délicatesse, mais elle avait conscience que, pour cette âme brisée, ils retentiraient de toute façon comme un hurlement.

— Je ne crois pas qu'Aniza était seule dans ce bois, murmura-t-elle. Je crois que quelqu'un l'attendait sous les arbres.

Francesco la regarda.

— Quelqu'un l'a attirée là-bas ? s'étonna-t-il.

— Non, il ne l'a pas attirée. Ils avaient convenu de se retrouver, ce soir-là. Aniza allait bien voir quelqu'un, mais pas Katerina.

L'homme se raidit.

— Vous voulez dire qu'Aniza a menti à sa famille ? À moi ?

Elle sourit, pour adoucir la vérité.

— Les jeunes gens font ce genre de choses pour aller retrouver leur amoureux, et à une époque cela arrivait peut-être encore plus souvent.

— Ma tante était en âge de se marier, elle n'avait aucune raison de dissimuler à mon grand-père son amour pour un garçon.

— Elle avait toutes les raisons, si ce garçon était un partisan qui se cachait dans ces montagnes.

Il resta sans voix.

— Andrian ? murmura-t-il enfin.

— Oui.

Le visage de Francesco fut traversé d'émotions successives et contradictoires : stupeur, résignation, trouble et, enfin, colère.

— Elle l'aimait et il l'a tuée, souffla-t-il, les yeux écarquillés, les mains de nouveau posées sur la *Nymphe endormie*, comme s'il voulait l'attirer dans sa vie à lui.

— Tout cela reste encore à clarifier, précisa-t-elle.

— Pourquoi lui a-t-il fait ça ?

— Francesco, pour le moment, nous n'en sommes qu'à formuler des hypothèses. Gardez votre calme, je vous prie.

L'homme fixait le vide, comme si des pensées qu'il n'avait jamais osées formuler auparavant prenaient corps devant lui.

— Comment l'a-t-il tuée ? demanda-t-il finalement.

— Impossible de l'affirmer, si nous ne retrouvons pas le corps. En fait, sans un cadavre et sans des aveux, je crains qu'on ne puisse même pas parler d'homicide.

Francesco la fusilla du regard.

— Et ce serait quoi, alors ? siffla-t-il.

— Le cas échéant, un décès tragique par accident, du point de vue d'un juge. Aniza a pu se blesser, ou éventuellement tomber dans une crevasse. Vous n'y avez jamais songé ? Andrian était là, mais il ne pouvait pas l'aider. La douleur l'a rendu fou.

Il sembla réfléchir à cette nouvelle hypothèse, mais l'écarta aussitôt, avec un geste résolu.

— S'il y avait un endroit où Aniza était en sécurité, c'était justement les bois de cette vallée. Elle y était née, elle en connaissait la moindre ravine, la moindre saillie. *Non*. Ce n'est pas la vallée qui a tué une de ses filles, commissaire.

Teresa n'en était pas convaincue non plus, mais elle estimait de son devoir d'explorer toutes les possibilités.

— Et Andrian aurait pu venir nous chercher, si cela avait été le cas, reprit un Francesco agité. Il aurait pu demander de l'aide, tenter de la sauver ! Rien ne l'empêchait de venir nous trouver et nous dire où elle était !

Il lâcha un sanglot, mais sa douleur était pudique et il s'arrêta avant qu'elle ne se transforme en pleurs. Il se cacha le visage dans les mains et exhala un soupir.

— Excusez-moi, fit-il très vite. Ce n'est pas mon genre, c'est la tension…

Elle lui posa une main sur l'épaule. Elle la referma un instant sur ce corps massif et endolori, puis le relâcha.

— Vous n'avez pas à vous excuser, Francesco. Vous vous sentez la force de continuer ?

Il hocha la tête.

— Vous avez dit qu'Aniza est sortie de la maison peu avant le dîner. Vous l'avez vue ?

— Oui, j'étais dans la cour. Elle m'a fait un baiser au passage. Je l'ai vue s'éloigner, descendre la rue. Elle chantonnait.

— Et puis ?

— Et puis rien. Elle n'est pas rentrée. La nuit est tombée, mon grand-père était furieux de son retard. C'était la guerre ; le soir, il n'était pas conseillé de trop tarder à rentrer chez soi. Il est allé la chercher chez Katerina.

Tout seul. J'ai attendu à la maison, avec mon père et ma mère qui plaisantaient sur le fait qu'Aniza allait se faire remonter les bretelles par le grand-père. Pourtant, à son retour, il n'était plus le même. Je n'oublierai jamais son regard. Il savait déjà. Il savait déjà qu'il ne la reverrait plus jamais.

— Qu'est-ce qu'il vous a dit ? s'enquit Teresa dans un murmure.

Il garda la tête entre ses mains, le regard fixé sur la Nymphe.

— Ce sont les ténèbres qui me l'ont prise, murmurait-il. *Ce sont les ténèbres qui me l'ont prise*. Il n'avait même plus assez de voix pour parler. Mon père a mis un moment à comprendre, puis il est sorti et il a appelé tout le village dans la rue, il est allé de porte en porte, demander, chercher. Ils sont sortis en nombre dans le bois, avec des lanternes et des torches. Je me souviens que la nuit s'est constellée de lumières et que le silence était traversé de milliers d'exclamations. Ils hurlaient un seul et même nom à l'obscurité. Aniza. Les bêtes dans les cours des fermes et dans les étables étaient agitées. Notre inquiétude les avait contaminées elles aussi.

Il se tut, soupira avant de continuer.

— Toute cette anxiété n'a servi à rien, ni cette nuit-là ni les suivantes. Nous n'avons retrouvé que sa besace avec ses travaux de broderie. Elle était en lisière du bois.

Battaglia sentit quelque chose remuer dans sa poitrine, une sensation de lourdeur qui lui serrait le cœur.

— Je voudrais pouvoir soulager votre douleur, réussit-elle seulement à dire.

— Et puis, la musique. Cette maudite mélodie, continua Francesco, comme s'il ne lui était plus possible de se détacher de ses souvenirs.

— Quelle musique ?

— Un violon qui s'est mis à jouer, dans l'obscurité. C'était dans les bois, dans la montagne, devant nous. Il a joué presque toute la nuit. Avec de brefs silences, et puis il recommençait.

— Qui était-ce ?

— Nous ne l'avons jamais su. Nous avions un professeur très compétent, passionné de musique classique. Il nous a dit qu'il avait reconnu la mélodie, sans l'ombre d'un doute. C'était la sonate pour violon en sol mineur de Giuseppe Tartini, plus connue sous un autre nom : la sonate du « Trille du diable ». Celui ou celle qui la jouait le faisait magnifiquement.

Cela surprit Teresa.

— Je ne suis pas une experte, mais il me semble que c'est l'une des partitions les plus exigeantes techniquement qui ait jamais été composée pour le violon seul, une sonate d'une complexité rare et encore inégalée, observa-t-elle. Qui était capable de la jouer, dans la vallée ? Une pareille aptitude ne pouvait passer inaperçue.

— Personne. Et si vous pensez qu'elle était jouée sur l'un de nos instruments, je vous arrête tout de suite. Ce n'était pas un son résian. Encore maintenant, j'en ai des frissons. (Il marqua un temps de silence, comme s'il hésitait à poursuivre.) Vous savez ce que racontait Tartini à ce propos ?

Elle secoua la tête.

— Que la sonate était née d'un rêve dans lequel il avait conclu un pacte avec le diable. Lucifer avait joué pour lui ce morceau incroyablement virtuose, avec un génie et un brio sortis directement de l'enfer. Au réveil, Tartini chercha immédiatement à le transcrire sur du papier à musique, mais il jura toujours n'avoir pas réussi à en reproduire la magnificence. La sonate vit le jour exactement dix-sept ans après ce maudit rêve.

— C'est sans aucun doute une clé de lecture suggestive, réfléchit Teresa à voix haute.

— Les vieux Résians ont pris cette anecdote au pied de la lettre. Ils disaient que c'était le diable qui avait enlevé Aniza, qui l'avait arrachée à la vie et qui l'avait emmenée avec lui dans les bois, puis dans les ténèbres, ces ténèbres immuables qui ne voient jamais l'aube. Son trille retentit encore quelques nuits. Porté par le vent, d'abord tout proche, puis dans le lointain. Il semblait se jouer de nous, de notre foi, de nos battues. Il se moquait de notre espoir de retrouver Aniza encore vivante. Mon grand-père disait que finalement le diable aura été magnanime, puisqu'il ne nous a pas permis de retrouver son corps. Il nous a laissé un lambeau d'espoir auquel nous raccrocher.

Il se tut, le regard voilé par le poids des souvenirs qui lui voûtait les épaules.

Elle lui posa une dernière question.

— J'imagine que vous n'avez pas déclaré sa disparition ?

— Et à qui ? C'était une terre frontalière, la guerre était entrée dans sa phase la plus tragique. Il n'y avait plus d'État, les institutions avaient des centaines de milliers de morts auxquels penser. L'Italie était à la dérive. Nous étions seuls. Aniza était seule. Perdue.

Elle referma son cahier.

— Je crois que cela suffit pour le moment, dit-elle. Merci, cela m'a été très utile.

Di Lenardo réussit à s'extraire de ses pensées et fit une chose à laquelle Teresa ne s'attendait pas. Il la questionna au sujet d'Andrian.

— J'avais lu cet article dans le journal, mais il n'y avait rien, aucun élément qui le reliait à Aniza. C'est vrai qu'il n'a plus parlé depuis 1945 ?

— Oui, c'est vrai.

— Vous croyez que c'est lui qui l'a tuée, je me trompe ?

— C'est possible, mais il y a encore beaucoup d'éléments à évaluer.

Il puisa dans un bref silence la force de lui poser la question suivante.

— Pensez-vous que je pourrais le rencontrer ?

35

La police était arrivée dans la vallée. Elle suivait les traces laissées par un cœur presque un siècle plus tôt et rouvrait sans le savoir les portes d'un passé qui n'aurait pas dû revenir. Malgré le temps écoulé, le sang était encore chaud, maintenu en vie par le souvenir éternel de ceux qui avaient aimé la jeune femme à laquelle il avait appartenu. Ce sang avait parlé. Il avait guidé les policiers jusqu'ici, et plus tôt que prévu.

En dépit de la discrétion observée par le commissaire aux cheveux rouges et au regard perçant, quelqu'un s'était rendu compte de la présence des nouveaux arrivants. Il les avait suivis. Il les regardait, à chaque mot prononcé, violer une énigme sacrée.

Le *Tikô Wariö* avait une hotte sur le dos. Le liquide qui suintait à travers la toile avait la consistance et la couleur de la pulpe de cerises mûres, mais son odeur était celle, ferrugineuse, de la vie qui court dans les veines et qui maintenant, au contraire, stagnait, arrêtée, presque épaissie, figée. Un cœur contre un cœur. La punition pour toute trahison.

La police n'était pas l'unique danger qui menaçait. D'autres présences surveillaient la vallée, comme des rapaces nocturnes.

Le poids de ce que contenait la hotte était un avertissement silencieux et féroce à ne pas oublier : ce qui s'était passé un soir, soixante-dix ans plus tôt, dans le bois, devait rester enfoui et ne jamais revoir la lumière.

Cela devait reposer dans sa tombe. Pour toujours, dans la vallée.

36

Le vent chargé d'humidité soufflait avec furie. Un nuage écumeux en transformation rapide avait masqué le ciel et son ombre tentaculaire était tombée sur la vallée. Il se déplaçait au-dessus des crêtes et le long du lit du fleuve comme la main d'un géant. Ses doigts parcouraient la terre et répandaient des frissons, ils dérobaient la chaleur à la roche et repoussaient les animaux dans leur tanière.

L'air était électrique, chargé de promesses orageuses. À l'est, le triangle de ciel entre les aiguilles alpines formait un tourbillon de nuages lestés de pluie. Des éclairs crépitants traversaient ce maelström gris et métallique, chaque fois suivis d'un tonnerre qui semblait être la voix de la montagne, un hurlement qui déchirait l'air et qui explosait avec fracas. La nature allait s'exhiber dans l'un de ses spectacles les plus impressionnants.

Teresa s'accroupit sous le tilleul séculaire que Francesco lui avait indiqué. Les feuillages giflés par l'air agité qui les secouait avec violence de tous côtés paraissaient vibrer de colère.

Elle n'avait pas encore parlé avec Massimo et Blanca. Ils auraient tout le temps de démêler cette histoire. Elle voulait seulement « sentir ».

Le village avait changé, mais pas tant que cela. Devant elle s'ouvrait un fragment de ce paysage qu'elle avait déjà vu dans le tableau d'Andrian. Le peintre l'avait peint depuis le point de vue d'où elle l'observait à cet instant et elle imaginait deux gamins et le partisan aux cheveux roux suivant du regard le soldat allemand qui grimpait dans la montée.

Andrian était là, soixante-dix ans avant elle. Il regardait ce qu'elle regardait à cette minute. Il avait respiré les parfums de la vallée. Observé ses habitants. Il s'était approché d'Aniza en cachette de sa famille. Il était si proche de Francesco qu'il aurait pu le toucher, alors que ce dernier ne connaissait même pas son existence.

Teresa effleura les racines du tilleul. Elles ressemblaient à des bras musclés fichés en terre. Elle imagina Andrian s'asseoir là, avec son fusil et ses crayons, prendre une feuille et commencer à dessiner.

Elle enfonça la main dans la terre. Elle avait besoin d'imaginer. Elle avait besoin d'essayer de comprendre ce qui s'était produit dans son esprit, de quoi avaient été faites ses journées. Elle avait besoin d'établir un contact avec lui. D'essayer ce qu'il avait essayé. De saisir ses espérances, ses joies, ses douleurs. Son obsession.

Elle n'avait rien d'autre que ce vieux peintre fou.

La manière qu'avait Andrian de fixer ce bois à l'extérieur de sa chambre lui revint à l'esprit : comme s'il avait eu devant les yeux quelque chose qui captait son attention, au point de faire disparaître le monde qui l'entourait. Comme si quelqu'un lui rendait son regard.

Andrian n'observe pas le bois, se corrigea-t-elle. *Pour lui, le temps s'est arrêté. Il regarde la tombe d'Aniza. Qui est ici, quelque part. Il l'a inhumée là où lui seul pouvait la voir. Où elle pouvait n'être qu'à lui, à lui seul. Elle est encore devant ses yeux.*

— Où es-tu ? murmura-t-elle. Où t'a-t-il cachée ?

Elle regarda la vallée à ses pieds. Sa majesté, la beauté sauvage de ses cimes et de ses profondeurs la stupéfiait. La rivière s'écoulait entre les roches en se fracassant en gerbes liquides à chacun de ses soubresauts, avant de se réunifier plus bas et de se dandiner lentement vers l'aval, vers la Gorge, où des choses mortes et d'autres qui n'avaient jamais respiré se laissaient engloutir avant d'être ensuite déposées sur la rive. « Immensité », c'était le mot qu'elle avait au bord des lèvres. Une immensité pas seulement physique, mais transcendant la matière. Ces lieux avaient quelque chose de mystique qui avait beaucoup à voir avec le sentiment du divin. La vallée respirait d'un souffle vital. Chaque tige, chaque feuille, chaque pierre, chaque goutte d'eau vibrait d'une énergie sensible.

Aniza faisait partie de ce tout, à présent. Elle était fleur parmi les fleurs, terre dans la terre.

Où es-tu ? se répéta-t-elle. *Que t'a-t-il fait ?*

Comme mû par ses pensées, le nuage qui masquait le soleil commença à se dissoudre sous les vents d'altitude et libéra la lumière. La chaleur revint sur le monde, les couleurs se firent plus saturées. Les premières gouttes de pluie tombèrent et se mélangèrent aux rayons du soleil. Un arc-en-ciel scintilla à l'horizontale, un pont au-dessus de l'abîme qui descendait jusqu'à la rivière.

Les voilà, songea-t-elle, *les deux versants de cette histoire : ténèbres et lumière, mort et amour*.

Si elle voulait arriver à l'autre extrémité de ce fil et trouver l'origine de cette tragédie, elle devait les garder l'un et l'autre bien présents à l'esprit.

37

20 avril 1945

Le crépuscule conquérait le village de ses ombres violettes. C'était l'heure où le jour et la nuit se frôlaient. La lumière s'agrippait aux murs des maisons comme une armée compacte qui bat en retraite de manière ordonnée. L'or montait vers les toits, tandis que le soleil n'était plus qu'une chandelle consumée qui s'éteignait derrière le cirque crénelé des montagnes. Les teintes du monde gagnaient en saturation, comme si l'air se raréfiait et comme si les couleurs s'attardaient au fond en résidus de lumière. Il lui semblait les respirer, en sentir sur elle le poids infinitésimal.

Aniza s'emplissait de cette ombre à chaque respiration en descendant la rue d'un pas svelte vers l'église. Elle sentait en elle quelque chose de changé, ces dernières semaines. Le ciel limpide de sa vie s'était transformé en nuit. Une nuit parfumée de fleurs des bois et de baisers volés, de corps étreints dans les brins d'herbe et de promesses d'amour éternel. C'était le parfum d'une passion secrète qui l'empêchait de manger, de dormir et qui lui allumait les joues d'une rougeur qui la rendait encore plus belle, lui disait-il.

Pourtant, la nuit était encore faite d'obscurité, comme toujours. C'était l'extinction de toute logique, l'abaissement des défenses. C'était surtout la trahison de la confiance, chaque fois qu'elle était obligée de mentir à sa famille.

Aniza se sentait divisée entre ce qu'elle était et ce que l'amour lui demandait de devenir, mais en réalité elle avait déjà choisi.

La maison de Katerina était en face de l'église. Encore quelques pas et elle la rejoindrait.

Au lieu de quoi, elle tourna à gauche et emprunta le sentier qui devenait rapidement un simple chemin muletier. Elle jeta un regard derrière elle. Personne ne devait savoir. Personne ne devait comprendre.

Les narcisses des bois semblaient lui indiquer la voie, entre des cascades d'acacias aussi blancs que son gilet et des buissons d'églantiers. Les orchidées des montagnes étaient un nid d'inflorescences obscures.

Elle releva son châle, s'en coiffa la tête et se sentit comme une mariée. La forêt était le temple, la nature était son dieu.

Et lui, il l'attendait.

38

— Aniza. Alors elle a vraiment existé.

Marini avait prononcé ces mots à regret, dans un soupir. Battaglia comprenait son état d'esprit. Il éprouvait un sentiment d'impuissance, une mélancolie légère mais persistante qui s'emparait de lui chaque fois qu'il n'y avait plus rien à faire pour la victime. Après la nausée, la rage. Ils étaient arrivés chez Aniza avec soixante-dix ans de retard.

— Nous pouvons encore découvrir ce qui lui est arrivé.

C'était Blanca qui venait de parler, avec dans la voix une insistance qui attendrit Teresa. Et puis ce « nous » implicite qui la fit sourire malgré tout.

— Nous allons essayer, promit-elle.

Elle vit le visage de la jeune fille empreint d'une expression à la fois déçue et soucieuse.

— C'est tout ? demanda-t-elle.

Massimo éclata de rire.

— Qui sait ? fit-il. Tu ne le sais pas encore, mais pour cette dame, « nous allons essayer », cela signifie littéralement qu'elle nous fera trimer jusqu'à ce que nous tenions le nom du coupable et un mobile en béton.

— Appelle-moi encore une fois « cette dame » et tu pourras aller te faire foutre. Est-ce clair ?

— Comme de l'eau de roche, madame.

Blanca secoua la tête. Elle semblait stupéfaite de leur capacité à se chamailler en permanence.

— Et maintenant ? Quelle est la procédure ?

Le commissaire sortit son cahier de son sac. Elle chercha une page vierge et regarda en direction du village.

— Maintenant, nous creusons plus profondément.

Francesco Di Lenardo les avait invités à une rencontre de l'Association pour la défense de l'identité résiane. La réunion se tenait dans la pension de Matriona. La salle était bondée et les esprits enflammés. Ce n'étaient pas les questions sur la langue et la culture de la vallée qui étaient à l'ordre du jour, comme l'avait cru Teresa, mais l'homicide d'une jeune fille disparue tant d'années auparavant. Aniza était sur les lèvres de toutes les personnes présentes, dans leurs regards incrédules, quelquefois franchement désemparés.

Encore une fois, Battaglia s'étonna de l'émotivité qu'un fait aussi lointain réussissait à libérer, mais à la différence de la douleur de Francesco, l'explication qu'elle y trouvait ici était beaucoup plus prosaïque : le Val Resia était un monde encore vierge d'épisodes criminels. Celui dont Aniza avait été victime était sans doute l'unique homicide – qualification qui restait à démontrer – qui en ait contaminé la pureté : il résonnait comme une boule de métal lancée de marche en marche jusqu'en bas d'une cage d'escalier. Étage après étage, décennie après décennie, le vacarme était encore assourdissant.

Une dizaine de paires d'yeux se tournèrent vers l'entrée : ils venaient de se rendre compte de la présence des étrangers. Un silence s'abattit, seulement rompu par un grognement de Smoky. Depuis leur arrivée dans la vallée, le chien était nerveux. Incapable de trouver la paix, il tournait en rond, s'asseyait et jappait, pour ensuite se lever et recommencer.

— Il est peut-être contrarié, avait dit Blanca, mais elle n'était guère convaincue.

— Depuis que la Nymphe a disparu, tout semble se déliter, avait commenté Marini, lapidaire.

Teresa l'avait fusillé du regard. Elle détestait les superstitions, et plus encore ceux qui les répandaient. Elles n'avaient jamais rien apporté de bon à l'humanité.

— Je plaisantais, avait-il ajouté, pour clarifier.

— J'espère bien.

À son tour, elle observa ces personnes qui les observaient, sans se cacher. Elle cherchait dans leurs visages un élément commun, une trace visible de leurs origines communes. Elle avait entendu dire que les gens de cette vallée se ressemblaient tous un peu.

Leur singularité physique, si elle avait jamais existé, était confuse, diluée.

Di Lenardo vint à leur rencontre et ce geste sembla rouvrir les cataractes du temps : le flot des conversations reprit, les gens s'approchèrent, les entourèrent, attirés par la curiosité.

— Du calme, du calme, fit Francesco en les tenant en respect. Installons-nous et vous aurez l'opportunité de poser toutes les questions que vous voudrez.

Elles étaient nombreuses et Teresa y répondit patiemment. Elle ne pouvait s'avancer concernant l'issue de l'enquête, mais elle tenait à ce qu'ils y prennent part. Dans la mesure du possible, elle voulait saisir l'état d'esprit de ces femmes et de ces hommes qui n'avaient pas connu Aniza, mais qui s'interrogeaient sur la destinée qui l'avait soustraite à sa famille. Elle percevait le lien entre eux qui les amenait à se sentir bien plus que de simples voisins.

— Il y avait un assassin parmi nous, ou c'est Andrian le coupable ? lança un participant.

Ils furent quelques-uns à regarder autour d'eux, semblant chercher un démenti à ces deux hypothèses, mais ils n'en trouvèrent aucun.

Peu à peu, quand tous les aspects eurent été évoqués, les esprits s'apaisèrent, les conversations prirent un autre tour et les bavardages s'accompagnèrent de quelques verres de bon vin. Personne ne parlait italien. Leur langue était un doux et mystérieux crépitement de consonnes, une harmonie vocale au charme exotique.

Matriona était une maîtresse de maison pleine d'attentions pour ses invités. Le commissaire la regarda circuler de table en table, remplissant les verres et servant des petits snacks aux odeurs appétissantes. Quelques femmes l'aidaient. Battaglia les avait remarquées parce qu'elles avaient été les seules à ne pas s'approcher d'elle et à ne lui poser aucune question. Elles l'avaient observée à distance, sans rien laisser filtrer de leurs émotions.

— Vous devez essayer notre crème de fleur d'ail, suggéra Francesco en leur tendant un plateau de canapés. Courage, servez-vous, insista-t-il. Vous n'en trouverez nulle part ailleurs.

— Même l'ail est spécial, ici ? s'étonna Marini en croquant un canapé.

— L'isolement n'a pas eu seulement des effets sur les humains. (Il désigna les gousses qui pendaient du plafond.) Notre ail, qui s'appelle le *strock*, est rouge avec des graines minuscules, et il est doux au goût. Comme pour tout ce qui est précieux, la graine produit peu de gousses.

Teresa et Blanca goûtèrent elles aussi.

— Délicieux.

L'en-cas se transforma en déjeuner, sans que Battaglia s'en soit rendu compte. Quand elle fit allusion au fait qu'ils devaient rentrer en ville, Matriona fut la première à insister pour qu'ils restent. Elle avait apporté à table des assiettes fumantes de potage.

— Notre soupe d'ail. Vous ne pouvez pas ne pas la goûter, dit-elle. Et ensuite il y a des *calcüne*. Je suis allée cueillir des plantains et des silènes ce matin, pour préparer la garniture. Je parie que vous n'avez jamais mangé de carotte sauvage.

— Pour tout vous dire, le reste non plus, fit Blanca en riant.

Matriona lui passa une main dans le dos.

— Alors c'est décidé, dit-elle en retournant s'occuper des autres convives.

D'un signe de tête, le commissaire désigna les femmes qui l'aidaient.

— Je n'ai pas été présentée, remarqua-t-elle.

Francesco suivit son regard.

— Elles travaillent dans la coopérative agricole de Mat, expliqua-t-il. Elles cultivent l'ail et les plantes officinales, surtout la mauve. Elles la mettent à sécher et la conditionnent pour la vendre en tisane ou comme composant de certains remèdes. C'est une expérience sociale et économique qui fonctionne. Beaucoup de jeunes se sont rapprochés de leur territoire d'origine, grâce à cela. Quelques-uns sont revenus vivre dans la vallée après en être partis. (Il désigna les rubans qui pendaient aux manches des violons.) Chaque femme a ses rubans, ses couleurs. Ils décorent la hotte avec laquelle elles récoltent les fleurs et les plantes. Cela aussi, c'est un moyen de renforcer ses racines tout en exprimant son individualité.

— Vos patronymes sont italiens, remarqua Battaglia. Beaucoup de femmes ont des prénoms résians. Les hommes, en revanche, non.

Il acquiesça.

— Pendant des siècles, notre idiome s'est transmis sous forme orale. C'est seulement maintenant que nous cherchons à élaborer une écriture, peut-être parce que nous sommes si proches de le perdre. L'adoption des patronymes italiens s'est faite naturellement, je crois, quand la vallée s'est ouverte au monde. Je ne saurais vous dire quand c'est arrivé, au juste. Beaucoup, ici, me considèrent comme la mémoire historique de ces lieux, mais il n'y a pas assez d'anciens et, malheureusement, les savoirs du passé se sont égarés. Nous ne savons pas d'où nous venons. Les femmes, elles, oui, ont toujours conservé un peu de notre histoire. Elles le font comme on entretient un feu sacré, comme la flamme d'une veilleuse qu'il faut maintenir allumée.

Elles se transmettent encore les noms anciens. Ce sont elles qui enseignent le résian aux plus jeunes. Ce sont elles qui redonnent vie à cette terre, à chaque printemps, en cultivant leurs herbes. Pas toutes, certes. Mais je suis sûr que d'autres se joindront à elles. Dans toutes les espèces, les éléments féminins prennent à cœur des choses auxquelles les éléments masculins pensent rarement.

— C'est-à-dire ? demanda Marini.

— Le futur. Chez elles, c'est une propension innée, génétique.

— Ici, le passé et l'avenir se confondent, observa Teresa.

Francesco sembla réfléchir.

— Pour les anciens, le temps ne respectait pas un déroulement linéaire comme pour nous, reprit-il. Le temps était cyclique, comme les saisons de la nature. L'hiver était une porte qui s'ouvrait sur le printemps. La mort était un passage vers une nouvelle vie. De même, dans cette vallée, le passé est à la fois le point de départ et de retour.

— Il ne vous reste vraiment aucun témoignage de vos origines ? s'enquit Blanca.

Elle semblait captivée.

— Aucun. Nous sommes ici depuis deux mille ans, mais toute trace de notre arrivée a disparu. Tout ce qui témoigne de nos origines est impalpable, ineffable : ce sont notre langue et nos chants.

— Vos chants ?

— Je suppose que vous n'avez jamais entendu parler d'Ella von Schultz-Adaïewsky. C'était une compositrice et musicologue russe qui a aussi vécu ici, en Italie. Elle s'est assez vite consacrée à des études ethnomusicologiques. En 1897, elle a publié un essai, *La Berceuse populaire*.

— Que disait-elle ? demanda Teresa.

— Elle a étudié au cours de ses nombreux voyages diverses berceuses du continent indo-européen. Selon sa théorie, les complaintes qui servaient à endormir les enfants possédaient des propriétés rythmiques calmantes et sédatives ; comme si une forme de sagesse instinctive avait exclu de ces berceuses les notes susceptibles d'agir comme un excitant. Évidemment, la question est plus technique et complexe que la description que j'en fais. Cette auteure russe s'appuyait sur la technique musicale des levées et des temps forts, ce qu'on appelle des anacrouses, qu'elle définit comme des « éléments troublants, ennemis du repos ».

— Excusez-moi, l'interrompit Marini. Je ne comprends pas le rapport avec vos origines.

— Dans cet essai, Ella von Schultz-Adaïewsky évoque une berceuse mingrélienne. Les Mingréliens sont un peuple qui vit dans des terres montagneuses sur les rives de la mer Noire : la Colchide, patrie de Médée et peut-être des Amazones. Ella s'est notamment rendue dans le village de Tsaisci, dans le Caucase. Elle qualifiait ses habitants de « bruns et ardents ». Elle a écouté leur berceuse, un *paeon epibatus :* la mélodie s'accompagnait d'un battement de pieds.

— Comme vos chants, murmura Teresa, son intuition lui soufflant où Di Lenardo voulait en venir.

Il opina. Il la regarda avec une force silencieuse.

— Dans son essai, von Schultz-Adaïewsky écrit qu'elle avait déjà écouté une version de cette berceuse, poursuivit-il. Elle l'avait entendue lors de deux séjours qu'elle avait faits en Italie, à la fin du XIXe siècle, près d'une vallée qu'elle qualifiait de pittoresque.

— Le Val Resia.

— Oui. Notre terre. Ella la citait nommément et elle en décrivait les airs de musique. L'unique différence qu'elle constata fut que notre berceuse était un tétrapode iambique, alors que la mingrélienne était un dipode trochaïque. Des termes techniques qui n'ont de sens que pour peu de gens. Pour nous, et pour presque tout le monde, ces berceuses sont très semblables, presque la même mélodie.

Il se pencha vers eux, les fixa tour à tour dans les yeux. Les siens étaient brûlants.

— Cela signifie que nous avons trouvé une étincelle de nos origines et elles ne se situent pas ici, même pas derrière les frontières qui nous entourent, mais beaucoup plus à l'est, en Orient. Le génome le confirme. Aujourd'hui, la science nous donne raison, elle dit clairement que nous ne sommes pas fous, contrairement à ce que certains ont trop longtemps tenté de faire croire.

Il but une gorgée de vin. Ses mains tremblaient légèrement.

— Et puis, il y a une autre différence, ajouta-t-il, un peu hésitant.

— Laquelle ? demanda Teresa.

— Notre berceuse est aussi un chant funèbre. Parce que pour nous, la fin n'est qu'un autre commencement. Nous endormons nos morts et les berçons au moment du trépas. La mort n'est qu'un passage.

Battaglia repensa à ses réflexions sur la conception cyclique du temps chez les Anciens. Une sagesse oubliée qui, dans cette vallée, semblait au contraire survivre.

— Quelle est exactement votre théorie sur les origines des Résians ? demanda-t-elle.

Francesco prit une profonde inspiration.

— Notre histoire a commencé là, probablement aux abords du lac d'Aral. C'est ici que sont montés les peuples des pasteurs depuis la Mésopotamie. Ils étaient à la recherche de pâturages et c'était la région adéquate, bien qu'elle ait été dominée par des peuples de la steppe, violents et oppresseurs. Là aussi, pourtant, ils ont été confrontés à la pénurie : il n'y avait plus d'eau, plus d'herbe pour les bêtes. Les peuples de bergers se sont alors déplacés vers le nord-est, puis arrêtés dans le Caucase. Tacite signale leur présence dans le territoire de l'actuelle Ukraine et les décrit très bien : à la différence des hommes frustes de la steppe qui s'exprimaient avec difficulté par des gestes et des grommellements, qui vivaient dans des cabanes et qui étaient à peine vêtus, ces peuples de migrants étaient composés d'éleveurs et d'agriculteurs qui parlaient une langue qui leur était propre. Tacite les appelait des *sclaves*, parce que les hommes qui montaient à cheval les soumettaient par la force. Ils entretenaient les divisions entre eux, et cette division entraîna de légères modifications de la langue. On pense qu'autour du VIe siècle, ils se sont de nouveau enfuis vers le nord-est, en suivant l'armée des Huns. Quatre tribus sont arrivées dans notre vallée : quatre langues slaves archaïques différentes. Le professeur Hamp, un linguiste de grande renommée, nous a définis comme une souche slave indépendante du point de vue de la glottologie.

Francesco se tut, les yeux baissés sur la nappe en lin. Ses doigts lissaient l'étoffe sans relâche. On le sentait immergé dans ses pensées, comme si le passé antique s'était mué en images qui défilaient sur cette toile blanche.

— La terre des Amazones, murmura Blanca, enchantée. Quelle histoire passionnante !

Ils rirent tous.

— De tout ce qu'il vient de nous raconter, le seul détail que tu retiens, c'est une légende, ironisa Marini.

— Ça, c'est toi qui le dis.

— C'est l'histoire officielle qui le dit.

— À dire vrai, nous en avons beaucoup, des Amazones, ici, fit Francesco. Ce sont des femmes fortes, nos femmes, et indépendantes. Dieu seul sait à quel point. (Il releva les yeux : son regard s'était apaisé.) D'ici peu, vous ferez la connaissance de l'une d'elles et je pense que vous en serez bouleversés.

Teresa avait attendu ce moment avec appréhension et maintenant qu'il était arrivé, son cœur battait fort. Enfin, elle allait rencontrer Krisnja, la petite-nièce d'Aniza.

Et voir, en chair et en os, le visage de la *Nymphe endormie*.

39

Quand elle ne suivait pas ses cours à l'université, Krisnja travaillait comme bénévole au musée ethnographique de la vallée. Ce bâtiment abritait quelques espaces modernes réservés à une exposition permanente sur un art antique et itinérant qui, encore quelques décennies auparavant, avait permis aux habitants du Val Resia de subvenir à leurs besoins : celui des rémouleurs. Un édifice attenant, plus ancien et plus rural, accueillait la reconstitution d'une habitation typique de la région.

Francesco leur avait expliqué que la jeune fille les attendait là-bas.

— Prêtes ? s'enquit Marini, avec une expression ironique – peut-être pour désamorcer son propre état de tension.

Ils avaient tellement fantasmé sur la *Nymphe endormie* que la déception semblait presque inévitable. Il serait étonnant que la ressemblance entre les deux femmes soit aussi stupéfiante que le récit qui en avait été fait. Et sans nul doute impossible de ressentir au contact d'une personne bien réelle la fascination qu'exerçait le portrait sur quiconque y posait les yeux.

— Prêtes ou non, on y va, répliqua Teresa.

Le soleil avait déjà été englouti par de gigantesques tourbillons couleur de plomb à hauteur des sommets. Les nuages formaient des gouffres menaçants. Le temps avait de nouveau changé, le jour s'était assombri, l'air était lugubre et jaunâtre. Le vent apportait le parfum de la pluie et les premières gouttes d'une âpre métamorphose. Dans le lointain, des éclairs effrayants déchiquetaient l'obscurité entre deux cimes.

Ils laissèrent Smoky dans la voiture, avec la fenêtre entrouverte. Un escalier de bois montait au premier étage. Un chant de femmes en langue résiane s'échappait par la porte entrebâillée. La berceuse était d'une douce lenteur, celle des rythmes de la nature. Cela rappelait à Teresa les chants paysans de son enfance, lorsqu'elle ramassait le foin pour les animaux dans les champs, avec ses grands-parents, ou le raisin mûr et sucré dans les rangs de vignes. L'air était encore chaud, mais les couleurs de l'automne imminent étaient déjà peintes sur les feuillages. La mélodie était pénétrée d'une tendresse mêlée de mélancolie, mais aussi d'une émouvante solennité. Elle se demandait quelle histoire elle racontait.

Elle effleura le panneau, la porte s'entrouvrit et elle se retrouva plongée dans le passé. L'odeur de la maison était celle du bois des bancs fabriqués à la main qui occupaient deux côtés de la pièce, de la viorne dans les hottes suspendues aux murs avec d'autres objets, des photographies de visages anciens qui semblaient être des sculptures du temps. Des bottes d'herbes desséchées pendaient aux poutres du plafond. Un poêle en briquetage occupait le côté libre. À côté, sur un tréteau, il y avait un chaudron à l'air ancien.

Elle était là, le profil masqué par une cape de cheveux noirs effleurant les épaules en une vague qui descendait dans le dos. Elle était vêtue d'une robe longue noire à l'ourlet brodé de motifs floraux et d'une chemise blanche resserrée et maintenue à la taille par un ruban couleur bleuet. Les manches étaient remontées jusqu'aux coudes et elle était occupée à remuer les corolles de minuscules fleurs blanches dans une clayette. La camomille répandait dans l'air son arôme caractéristique et doucereux, après presque une année de séchage.

Krisnja continuait son chant de paix, tandis que dehors la tempête menaçait. C'était une vision pleine de magie qu'aucun d'eux n'osa interrompre. La cantilène s'opposait avec une grandeur tranquille à la force des éléments qui mugissaient contre les fenêtres, et elle en oubliait la fureur, presque comme si elle était capable de l'apprivoiser. Blanca toucha doucement la main de Teresa, une brève pression, comme pour lui dire qu'elle partageait son émotion.

Le chant s'interrompit et leurs respirations restèrent elles aussi suspendues dans l'air.

Krisnja se retourna. Pour le commissaire, ce fut comme de regarder une personne qu'elle n'avait jamais rencontrée, et qu'elle aurait pourtant connue depuis toujours. Elle serra fort la main de Blanca, avant de la lâcher.

C'est elle !

La réincarnation de la *Nymphe endormie* se tenait devant eux : le même visage avec son ovale parfait, le même nez droit et les mêmes yeux légèrement obliques – noirs, comme le commissaire les avait imaginés. Les ondulations des cheveux descendaient jusqu'à la poitrine, si semblables à celles du portrait, mais vivantes et luisantes.

Quelque chose de mystique se reflétait en elle : les lois de l'univers qui amenaient des gènes endormis depuis des générations à se réveiller sous une vie nouvelle en apportant au monde le souvenir d'une autre. Krisnja était le portrait craché de sa grand-tante Aniza.

Elle sourit, et ce fut comme de voir une fleur éclore.

Krisnja prépara le café à la manière résiane, en le faisant bouillir dans une casserole. Il était difficile de ne pas l'admirer, mais elle semblait ne pas y prêter attention.

— Francesco m'a raconté l'histoire du portrait, dit-elle.

Elle servit les *sope*, des tranches de pain trempées dans l'œuf, frites et saupoudrées de sucre, une sorte de pain perdu. Marini et Blanca se régalèrent. Teresa pensa à sa glycémie et renonça à les goûter. Krisnja prit place avec eux.

— Il a été bouleversé par ce qui s'est passé à l'époque. Il aimait tendrement Aniza. Depuis toute petite, je l'ai entendu me répéter à quel point je lui ressemblais, mais à partir d'un certain moment il s'est abstenu. Je crois qu'il ne voulait pas me comparer sans cesse à une morte. Mais ses yeux continuaient à me le dire, chaque fois qu'il les posait sur moi.

Elle hésita, puis elle regarda le commissaire.

— Je lui ressemble vraiment tant que ça ? demanda-t-elle.

Battaglia posa sur la table la photo du portrait. La jeune fille passa délicatement la main sur ses lèvres, un geste qui trahissait peut-être le désir inconscient de cacher son émotion devant des étrangers.

— Alors c'est elle, murmura-t-elle. Je n'ai jamais eu le courage de demander ses photos à Francesco. Il les conserve comme des reliques.

La commissaire aurait voulu lui dire ce qu'elle promettait habituellement aux proches d'une victime : qu'elle trouverait le coupable, qu'elle ramènerait Aniza chez elle afin qu'elle repose enfin en paix. Au lieu de quoi elle se tut ; parce qu'elle aurait menti. Elle n'était pas en mesure de faire des promesses.

— Francesco parle de toi avec beaucoup d'affection, dit-elle, changeant de sujet.

Krisnja sourit.

— Une affection que je lui rends bien. Il a toujours été très présent pour moi, peut-être suis-je la fille qu'il n'a jamais eue. Ma grand-mère Ewa est devenue veuve trop tôt, mon père est parti de la vallée quand j'étais petite, en abandonnant ma mère, Hanna. Francesco l'a remplacé, en un sens, même si ma vie s'est déroulée au milieu des femmes.

Teresa pensa que c'était peut-être là la raison pour laquelle l'homme ne les avait pas accompagnés : il ne voulait pas que la jeune fille se sente oppressée par un souvenir demeuré vivace en lui et qui, pour Krisnja, pouvait se révéler encombrant. Elle regarda autour d'elle.

— Il me semble que vous, les femmes, êtes les gardiennes les plus passionnées de votre culture, non ? fit-elle remarquer.

Krisnja se rembrunit.

— Notre peuple vit un moment difficile et douloureux, une fracture interne qui, durant tant de siècles, n'était jamais survenue. (Elle désigna les objets qui les entouraient, les panneaux qui racontaient l'histoire de la vallée.) Je reste ici aussi pour cette raison. Je veille sur la vérité. Je la rétablis.

La voiture s'éloigna sous la pluie diluvienne. Sur la banquette arrière, Blanca était blottie contre Smoky avec une expression pensive. Marini roulait lentement, les yeux rivés sur le mur d'eau que la berline fendait sur son passage. Sur les bas-côtés de la route, de véritables torrents s'étaient formés qui entraînaient la pierraille vers l'aval.

Battaglia était épuisée, comme si la fatigue de la journée l'avait submergée dès l'instant où elle avait fermé le portail de cette vallée. Les émotions pesaient, elle en était convaincue. Elles grevaient le cœur et le corps, elles faisaient ployer les épaules même quand elles étaient bénéfiques. Comme une éponge, Teresa absorbait les humeurs du monde, les lumières et les ombres, et les faisait siennes. Tant d'obscurité était entrée en elle, mais d'une certaine manière, elle avait réussi à la transformer en feu, en une passion ardente pour la vie. L'obscurité avait envahi les replis de son âme et elle avait appris à vivre avec, en veillant à ne pas l'agiter, comme elle l'aurait fait d'un poison. Elle la laissait reposer au fond, mais elle était là, et elle la sentait se soulever de temps en temps comme une vapeur toxique.

Le violent cliquètement de la pluie sur le pare-brise était hypnotique. Ses yeux se fermaient contre sa volonté. Projetés contre le fond de son esprit, les visages de Matriona, de Francesco et de Krisnja se dressaient successivement comme des cartes sur une table de jeu. Il y avait tant d'autres cartes qui restaient couvertes. Il ne tenait qu'à elle de les retourner et d'achever la partie en vainqueur. Mais dans sa vie, il n'y avait plus rien de victorieux.

Le réveil de son téléphone l'avertit que dans une heure elle devrait procéder à son injection d'insuline du soir. Elle fit un bref calcul : elle avait le temps d'arriver à la préfecture, d'ébaucher un rapport qui en dirait peu, voire rien, et de s'enfermer dans les toilettes pour piquer sa peau, plus fragile qu'elle ne semblait. Le temps de se retrouver seule, un peu plus meurtrie qu'à son réveil ce matin-là. Un peu plus fatiguée.

Ses pensées étaient porteuses de noms et de propos suspendus dans un espace qu'elle peinait encore à définir.

Pluie. Origines. Krisnja. La maladie.

Encore la pluie. Francesco. Souvenir. La maladie qui annule le souvenir.

L'orage avait empiré. Marini était souvent obligé de ralentir pour contourner des branches et des feuillages tombés sur la route. Le vent sifflait dans les arbres et secouait les ramures jusqu'à les rompre. Les rafales de pluie venaient éclabousser les vitres.

Ses yeux se fermèrent de nouveau.

— Il vaudrait peut-être mieux s'arrêter et attendre que ça passe.

C'était Blanca qu'elle venait d'entendre.

— Encore deux virages et nous rejoindrons la nationale, la rassura Massimo.

Un coup de tonnerre effrayant déchira l'air et fit vibrer le métal et le verre de l'automobile. Blanca hurla.

— Nous avons réveillé un dieu colérique.

Teresa ne se rendit compte que c'était elle qui venait de prononcer ces paroles que lorsque ses lèvres laissèrent échapper la dernière syllabe. Cette syllabe inopportune, elle la sentait encore insister à la pointe de sa langue. Ce n'était pas une pensée qui émanait d'elle.

Elle rouvrit les yeux. Devant elle, une cataracte de couleur métallique, incessante et furibonde. Une lame d'eau qui s'abattait sur le monde, traversée par intervalles de rafales de vent devenues soudain visibles, des tourbillons blanchâtres. Dans cet enfer diluvien, d'un coup, elle entrevit une silhouette plus sombre, debout au centre d'une courte ligne droite. Elle fixa l'endroit où elle l'avait aperçue. L'ombre avait pris forme entre les va-et-vient obsédants de l'essuie-glaces, mais il était désormais trop tard.

— Attention ! cria-t-elle.

D'instinct, elle empoigna le volant et braqua avec force.

La voiture changea violemment de direction et, avec un soubresaut, percuta le rail de sécurité et l'enfonça. Sa course le long du précipice dura le temps d'un cri, puis elle s'immobilisa contre un tronc d'arbre.

Le silence ne se prolongea pas longtemps. La confusion éclata. Les aboiements de Smoky, les appels de chacun, tour à tour, pour évaluer les dégâts. Les coups de pied de Blanca contre la portière, pour tenter de sortir de l'habitacle. Les bras de Marini qui attrapèrent la jeune fille et la traînèrent dehors, sur l'herbe.

Teresa se débattait. Elle ne ressentait aucune douleur, rien qu'une confusion assourdie qui, pour elle, était pire que la mort.

— Commissaire ? Vous m'entendez ?

Marini la secouait. Elle était encore assise sur le siège passager, ceinture attachée. Elle ne répondit pas, lui agrippa le bras.

— Tu as réussi à l'éviter ? demanda-t-elle.

Il la regarda sans comprendre.

— Qu'est-ce que je devais éviter ?

Elle regarda en contre-haut, vers la route. La pluie torrentielle rendait la vision tremblante, comme un mirage.

— Il y avait quelqu'un au milieu de la route. Tu ne l'as pas vu ?

Elle le vit pâlir. Marini n'attendit pas davantage, il escalada non sans mal la pente et disparut de son champ de vision. Smoky guida Blanca près de Battaglia. La jeune fille avait les yeux écarquillés et son sang s'était figé dans ses veines, à en juger par sa pâleur. L'eau lui dégoulinait du visage en ruissellements qui ressemblaient à des veines transparentes.

— Tout va bien ? demanda-t-elle.

Visiblement, elle était au bord des larmes. Battaglia hocha la tête et accepta son aide pour sortir.

L'inspecteur réapparut, il se laissa glisser le long de la pente pour se dépêcher de les rejoindre. Une profonde coupure lui entaillait le front. Les coulures de sang étaient vite lavées par la pluie.

— Je n'ai trouvé personne, dit-il, avec un regard qu'elle ne sut pas interpréter. Il n'y avait personne, commissaire.

Tout à coup, le fracas autour d'eux diminua. L'ouragan se transforma en pluie battante qui martelait sur les tôles arrachées.

Elle détacha son regard et le détourna vers le précipice à quelques mètres d'eux.

Qu'est-ce que j'ai fait ?

40

Massimo se tâta le front et laissa échapper un juron. Sous le sparadrap, les points de suture tiraient sur la peau, une sensation irritante.

— Ça fait mal ? demanda Blanca.

Il lui effleura le bras.

— Non, la rassura-t-il. Et toi, tu te sens comment ?

La jeune fille respira profondément.

— Agitée.

Smoky et elle avaient eu de la chance, ils n'avaient même pas eu une égratignure, mais Blanca était anxieuse, parce qu'elle avait dû laisser son chien dans la salle d'attente des urgences avec De Carli. Elle ne parvenait pas à rester en place et son inquiétude avait aussi gagné Massimo. Il avait plusieurs fois tenté de la calmer, et puis il avait compris qu'elle aimait profondément Smoky. Comme une mère, elle ne serait pas tranquillisée tant qu'ils ne seraient pas réunis.

Ils attendaient tous les deux que le commissaire Battaglia sorte de la salle des urgences où on l'avait soignée pour une luxation du poignet. D'après ce que Marini avait réussi à soutirer de l'infirmière, elle n'avait rien de cassé.

Pourtant, ce n'étaient pas les blessures externes qui le préoccupaient. Il avait besoin de lui parler, pour lui assurer que personne ne lui tenait rigueur de ce qui s'était passé. Lui encore moins que les autres. Ils avaient eu de la chance, le reste n'était qu'un mauvais souvenir, désormais derrière eux. Un souvenir qui pâlirait bientôt, jusqu'à s'effacer, et qu'il ne mentionnerait plus jamais.

Il l'avait vue mortifiée, effrayée. Pleine de honte pour ce geste inexplicable qu'elle avait commis.

L'espace d'un instant, il avait vraiment cru avoir renversé quelqu'un. Il était retourné sur la route l'estomac noué, un nœud qui s'était transformé en haut-le-cœur – l'effet de la terreur à l'idée de découvrir un corps gisant sur l'asphalte. Mais il n'y avait rien, hormis quelques branches et un tapis de feuilles arrachées par le vent. Le soulagement qu'il avait éprouvé était impossible à décrire avec des mots, mais il s'était ensuite transformé en appréhension : la Teresa Battaglia qu'il connaissait n'aurait jamais agi de manière aussi irréfléchie.

— Rentre chez toi, dit-il à Blanca. Ce n'est pas la peine que nous l'attendions tous les deux.

Elle secoua la tête.

— Non, je veux être sûre qu'elle aille bien.

Il lui fit une caresse sur la tête et, lui-même étonné de ce geste, retira aussitôt sa main.

— Bien sûr qu'elle va bien.

— Et alors pourquoi elle ne sort pas ?

— Parce que c'est un commissaire de police impliqué dans un accident, mentit-il. Tu n'as pas idée des papiers qu'elle devra remplir d'ici au siècle prochain. Vas-y, De Carli t'attend pour te raccompagner chez toi.

Elle se rembrunit encore plus.

— Elle va avoir des problèmes pour la voiture détruite ?

Si seulement le problème ne concernait que la voiture…

— Aucun problème. Il y avait un tronc d'arbre en travers de la route. J'ai braqué au dernier moment, parce que je ne l'avais pas vu à cause de la pluie.

Elle demeura silencieuse un instant, comme si elle pesait le sens de ses paroles.

— C'est la version « officielle » ? demanda-t-elle.

Il fit une grimace.

— Si tu l'appelles « officielle », ça sonne mal, ironisa-t-il. C'est ce qui s'est passé, non ?

Elle sourit.

— Oui.

— Allez, vas-y.

— D'accord, mais dis-lui bien que cet accident n'a pas d'importance pour moi.

Il fit signe à un infirmier pour qu'il la raccompagne.

— Bien sûr.

Elle sortit d'un pas traînant, comme si un cataclysme la freinait, la contraignant à s'opposer à une force d'attraction qui pesait sur chacun de ses mouvements.

Il regarda fixement la porte de la chambre. Il semblait n'y avoir personne à l'intérieur, tant elle était silencieuse. Il se prit le visage dans les mains. Dieu seul savait comment allait réagir Albert Lona à cette nouvelle.

Le préfet n'attendait qu'un prétexte pour s'attaquer au commissaire et voilà qu'ils lui en fournissaient un sur un plateau. Ils devaient faire bloc autour d'elle, lui et tous les autres membres de la brigade.

Une caresse dans le dos le fit sursauter.

— C'est moi.

Elena observa avec appréhension le pansement qu'il avait sur le front. Il se leva.

— Salut, il ne fallait pas venir, dit-il d'un ton pressé. Je t'avais dit que je prendrais un taxi. Comment te sens-tu ?

Elle eut un mouvement de recul.

— C'est à moi que tu le demandes ? C'est toi qui t'es presque fracassé la tête.

Il se rendit compte de l'allure qu'il devait avoir : les vêtements fripés et maculés de sang. Le sparadrap plus grand que ne l'était la blessure en réalité.

Il tenta de sourire et se désigna le front de son index pointé.

— La tête est encore en place. Franchement, il ne fallait pas te fatiguer pour moi.

Au lieu de se détendre, le visage d'Elena se durcit.

— Ah oui, c'est vrai, fit-elle. Je ne peux vraiment rien faire pour toi, hein ?

Il leva la main, pour la poser sur elle, mais au dernier moment il la laissa retomber le long du corps.

— Ce n'est pas ce que je voulais dire.

— Et qu'est-ce que tu voulais dire ? J'étais inquiète et je crois que j'avais toutes les raisons de l'être.

Il savait qu'elle ne faisait pas allusion à l'accident. Quelque chose s'était brisé en lui bien avant et elle paraissait enfin voir la fêlure qui le traversait tout entier. Cette fracture laissait apparaître une obscurité qui la perturbait, qui faisait de lui un inconnu. Il se décida à l'attirer contre lui.

— Excuse-moi, murmura-t-il, le front appuyé contre le sien.

Il la sentait froide, ou peut-être était-ce de lui que venait cette sensation glaciale.

— Marini ?

Il se retourna. Parri venait d'arriver. Il sentit Elena se soustraire à son étreinte et il ne tenta rien pour la retenir.

— Professeur Parri, ils refusent de me laisser entrer, dit-il avec une anxiété impatiente qu'il ne réussit pas à masquer.

Le médecin sourit brièvement. Il observa d'un œil scrutateur l'hématome qui lui marquait la pommette.

— Je m'occupe de notre Battaglia nationale. Les collègues m'ont déjà tranquillisé sur son état. Toi, rentre chez toi, mets-toi de la glace sur la tête et dors un bon coup.

Massimo avait envie de lui dire que ce n'était pas cela qui le tourmentait, que c'était peut-être Teresa Battaglia qui avait besoin d'être rassurée, de l'entendre dire que cela aurait pu arriver à n'importe qui.

— Je voudrais la voir, répliqua-t-il.

Le regard de Parri glissa de Marini vers Elena, avant de revenir sur lui. Le médecin lui posa la main sur l'épaule.

— Raccompagne-la à la maison et reste avec elle. Ne t'inquiète *de rien*.

Massimo lut dans ses yeux davantage que ces quelques mots. Parri avait compris.

41

Teresa pointa l'index sur le bracelet. D'une chiquenaude, elle fit pivoter le cercle autour de son poignet valide. C'était comme la roulette russe : s'il s'arrêtait sur l'endroit où était inscrit son nom, elle continuait ; s'il sortait le numéro de téléphone, elle appellerait. Elle dirait à son médecin qu'était venu le moment dont elles avaient tellement discuté. Elle quitterait son poste.

Le numéro n'était pas encore sorti. D'un point de vue statistique, c'était un miracle.

Assise sur le lit, balançant les jambes, il lui semblait être au bord d'un précipice, sans avoir le courage de se jeter en bas, mais sans avoir non plus celui de s'éloigner.

Elle était atterrée de son acte, de ce qu'elle avait été sur le point de faire : tuer deux personnes.

Pour sauver une ombre inexistante, songea-t-elle avec horreur.

Dans la vie, elle s'était trompée tant de fois. Elle était tombée et elle s'était relevée. Elle avait tout perdu et recommencé. Elle avait dit adieu à tant de gens et en avait rencontré tant d'autres. Mais elle n'avait jamais fait de mal à personne.

À une personne, si, la plus importante.

Elle sécha une larme d'un revers de main, mais la douleur continua de lui brûler le visage.

Elle fit de nouveau tourner le bracelet, et de nouveau ce fut son nom qui sortit. Elle se demandait si la maladie avait accéléré sa progression et si ses trous de mémoire s'accompagnaient maintenant d'hallucinations. C'était possible. C'était probable. C'était presque certainement ce qui venait de se passer.

Une ombre inexistante.

Ce qu'elle avait vu n'était pas seulement un reflet dans l'obscurité créé par la pluie battante. C'était beaucoup plus : une chose qui paraissait vivante.

Et hostile.

Elle secoua la tête, comme pour se débarrasser de cette pensée qui la perturbait.

La porte s'ouvrit. Le visage souriant d'Antonio Parri lui tira un soupir de soulagement.

Son ami l'étreignit sans rien dire. Elle ne l'en empêcha pas. Elle en avait besoin. Elle avait désespérément besoin de quelqu'un qui prenne soin d'elle, et de laisser au moins un instant les rênes de sa propre existence à quelqu'un d'autre, car elle n'arrivait plus à la maîtriser.

— Tout va bien, l'entendit-elle prononcer tout bas, les lèvres contre ses cheveux.

Ce n'était pas vrai, mais en un moment pareil, un petit mensonge était permis. Teresa aurait préféré s'en contenter, mais elle éprouvait aussi le besoin d'expliquer, de se retirer un poids de la poitrine. Elle leva le visage et regarda son vieil ami dans les yeux. Ils étaient toujours si calmes, une telle promesse de soulagement, même dans les circonstances les plus difficiles.

— Antonio…, commença-t-elle à dire.

— Chut, ils m'ont déjà tout expliqué au téléphone.

— J'ai besoin d'en parler.

Il continua de la bercer, comme s'il avait une enfant dans les bras, et ignora ses protestations.

— Massimo a déjà tout arrangé et tu peux sortir, lui dit-il. Je te ramène à la maison.

Elle le repoussa avec gentillesse.

— Qu'est-ce qu'il a arrangé ? s'étonna-t-elle.

Antonio la regarda par-dessus la monture de ses lunettes.

— Il a expliqué comment s'était déroulé l'accident, le tronc d'arbre tombé sur la route et sa tentative de l'éviter.

— Il n'y avait pas de tronc, murmura-t-elle.

— Parisi et De Carli l'ont déplacé quand ils sont venus vous récupérer.

Elle l'observa en silence. Elle avait pensé un instant qu'il y croyait vraiment.

— Tu sais que c'est des conneries.

— Mais naturellement.

Il prononça ces mots-là posément, avec le même calme qu'il aurait opposé à toute tentative de Teresa de revendiquer sa culpabilité. Un calme marmoréen, dur comme le roc.

Il la protégeait. Comme Marini, comme De Carli et Parisi.

Elle détourna le regard, ses yeux la piquaient.

— Pourquoi ? demanda-t-elle seulement.

Il lui posa sa veste sur les épaules et se pencha près de son oreille.

— Parce que je ne compte plus toutes les fois où tu m'as retiré le verre des mains, quand j'étais trop bourré pour me rappeler comment je m'appelais, chuchota-t-il.

Elle serra sa main dans la sienne, fort. Elle aurait donné n'importe quoi pour lui expliquer la raison qui l'avait poussée à agripper ce volant et à risquer de faire de ce ravin leur tombe.

Mais elle ne pouvait pas. Pour la première fois, elle ne pouvait se confier à lui.

Ce qu'elle avait cru voir entre les bourrasques de pluie, c'était une silhouette humaine, immobile au milieu de la route. Cette silhouette avait les poings serrés et lui avait semblé plantée sur ses deux jambes, comme pour les défier de lui passer sur le corps.

Ce qu'elle avait cru voir ne pouvait se confier sans mettre tout le reste sur la table, y compris sa maladie parce que c'était l'unique raison susceptible de l'expliquer.

— Tu as fait ton injection d'insuline ? lui demanda-t-il en l'aidant à descendre du lit.

— Oui.

— Alors allons-y.

Elle acquiesça.

— Même si la perspective de m'enfermer chez moi et de ruminer ne m'exalte pas vraiment, marmonna-t-elle.

Son ami la prit par le bras.

— Mais je ne te conduis pas chez toi. Pas encore, rectifia-t-il, avec un sourire matois.

— Ah non ?

— J'ai une surprise pour toi, et vu que même un vol plané dans un précipice n'a pas réussi à te mettre K.O., je crois que je vais te la donner tout de suite.

— C'est plein de sucre et ça se mange ?

— Non, mais je parie que ça te plaira quand même. La chose t'attend en bas, dans mon laboratoire.

Elle s'arrêta.

— Des nouveautés sur la *Nymphe endormie ?*

Le sourire d'Antonio Parri s'agrandit. C'était sa manière de dire « oui ».

— Alors, je suis fort ou pas ?

— Tu es le meilleur.

C'était désormais le soir et les couloirs de la morgue étaient déserts, plongés dans la pénombre. Le bureau de Parri était l'unique endroit encore éclairé, après le secrétariat, les laboratoires plongés dans l'obscurité et les salles contenant les chambres froides. Le gardien releva la tête du journal qu'il lisait, les reconnut et, après une esquisse de salut, se replongea dans sa lecture.

Teresa était curieuse, mais elle n'avait pas posé de questions. Elle laissait Antonio la guider vers la révélation du secret qu'il avait découvert.

Le bureau était éclairé par la lumière bleutée de l'ordinateur. L'économiseur d'écran était un crâne qui tournait sur lui-même. Elle songea au Sac d'os et à Blanca. Elle espérait que la jeune fille n'avait pas été trop effrayée. Elle devrait peut-être l'appeler, plus tard. Le ronflement de l'ordinateur allumé était le seul bruit audible. Derrière la table de travail, un squelette humain entier l'invitait à entrer, d'un geste de son index recourbé.

— Et lui, c'est qui ? voulut-elle savoir.

— Le tout dernier cadeau de mes doctorants.

Antonio s'assit et tapa le mot de passe pour accéder aux dossiers.

— À dire vrai, il y a deux surprises. La première est une confirmation : l'ADN prélevé sur le portrait coïncide à 98 % avec celui de Francesco Di Lenardo.

— Le sang est bien celui d'Aniza, donc. Et l'autre surprise ?

— Viens un peu de ce côté, l'invita-t-il. Je n'ai pas encore imprimé les photos.

— Les photos ?

— Des agrandissements. Regarde.

Elle avait désormais appris à déchiffrer les hiéroglyphes d'Antonio, mais encore plus les projections quadrillées sur lesquelles il centrait ses théories, avant de les transformer en preuves. Les images étaient des parties du portrait de la Nymphe, divisées en section. Sur chaque partie, il avait superposé une grille numérique, comme s'y serait employée la police scientifique sur une scène de crime ou comme un archéologue sur un chantier de fouilles.

Le regard de Teresa se concentra sur la partie supérieure gauche. Les pointeurs du logiciel d'analyse avaient mis en évidence et isolé une ombre qui, à l'œil nu, aurait pu sembler n'être qu'un dégradé un peu plus marqué que les autres. Antonio fit défiler les images. Un autre photogramme reprenait cette même zone, mais agrandie, et un pointillé rouge indiquait les motifs reconnus par le programme.

— C'est bien ce que je crois ? demanda-t-elle.

— Je dirais que oui. J'ai attendu la confirmation d'un autre collègue avant de t'en faire part. Ce sont deux empreintes parallèles, d'un index et d'un annulaire. L'algorithme a reconstitué les proportions : la longueur des doigts est différente. Ils appartenaient donc à un adulte de sexe masculin.

— Vous en êtes sûrs ?

— Oui. Chez la femme, la longueur est la même. Et je réponds déjà à ta question suivante : ces empreintes n'appartiennent pas à Alessio Andrian. Je les ai déjà confrontées avec les siennes.

Elle se souvint du récit de Francesco à propos du son du violon entendu dans le bois la nuit de la disparition d'Aniza. Sans preuves, avec le seul souvenir de celui qui n'était alors qu'un enfant à l'époque des faits, elle avait mis cet élément de côté. Elle respira à fond.

— Il y avait quelqu'un là-bas, avec eux, alors qu'Aniza était mourante et qu'Andrian peignait son portrait, murmura-t-elle. Quelqu'un qui a touché ce sang encore chaud.

42

Un tic-tac pressant. Et cette maudite sensation d'oppression dans la gorge.

Massimo déglutit, il tenta de la refouler, mais elle se fit plus insistante. Cela lui râpait la muqueuse comme une lame de rasoir et la sensation de brûlure le faisait tousser.

Il ne comprenait pas où il se trouvait, il ne s'en souvenait pas. Dans le bois, peut-être.

Le tic-tac se mua en battement mat, compte à rebours de l'écoulement d'un temps qui s'échappait.

Il essaya de se lever, mais il ne sentait plus ses bras, ni ses jambes. Il était allongé quelque part, dans cette noirceur épaisse. Seules ses pensées semblaient avoir encore la capacité d'avancer, mais c'étaient des poissons qui frétillaient dans un étang d'eau stagnante. Elles affleuraient à la surface quelques instants, et replongeaient dans l'oubli liquide, jaillissements incohérents d'une activité cérébrale qui semblait lointaine.

Sa respiration s'accéléra, ainsi que ses pulsations cardiaques. Il pouvait sentir sa poitrine battre. C'était un bourdonnement dans les oreilles, une pression à hauteur des tempes. C'était son sang qui s'écoulait dans ses veines avec la furie d'une cataracte. Son sang qui déferlait à l'intérieur de son corps inerte dans un fracas de cascade.

Il tenta d'ouvrir les yeux, dans le noir, mais ses paupières étaient deux rideaux de fer qui s'abaissaient sous l'étau d'un profond épuisement. Non sans effort, il réussit à peine à les soulever. Dans ces limbes flous, il entrevit une ombre, une ombre avec une voix de femme, qui l'appelait par son nom.

Aniza, songea-t-il.

La sensation de n'être plus seul se mua en certitude, quand il sentit son visage effleuré d'un attouchement délicat.

— Où es-tu ? demanda la voix.

Il ne réussissait pas à la voir. L'obscurité était une masse autour de lui, comme l'air qui semblait de ciment. Il rêvait, maintenant, il en avait conscience, mais il ne parvenait pas à se réveiller. Quelque chose l'ancrait au fond de ce songe noir. Quelque chose dont l'odeur changeait et devenait plus forte. Un relent de poudre d'os.

Il sentit sa respiration accélérer jusqu'à se transformer en un hurlement étranglé. Le rêve révélait son vrai visage : celui de son père. Massimo pouvait le voir. Il affleurait de l'obscurité, comme un mort flottant à la surface des flots. Il était pâle. Il n'y avait plus de sang sous cette peau gonflée et transparente. Il n'y avait plus de vie.

Le hurlement cessa et il gémit. C'était un homme, à présent, et il tremblait. Se pouvait-il que si peu de chose parvienne à faire voler en éclats ce qu'il avait mis trente ans à construire ? Que le regard de ces deux yeux si semblables aux siens soit suffisant ? Tout effort pour effacer les souvenirs paraissait les éloigner un moment, comme des oiseaux effarouchés par un tir, mais ils revenaient, toujours. C'étaient des corbeaux qui se nourrissaient de son bonheur, qui le réduisaient en lambeaux avec leurs becs pointus.

Dans ce cauchemar, son père grandit, nourri par la répulsion de Massimo, ou peut-être par sa peur. La bouche entrebâillée exhalait une haleine de mort.

Il sentit sa gorge se serrer, l'apport d'air se tarir. Des mains énormes l'assaillirent, mais il réussit à les attraper avant qu'elles n'en fassent autant avec lui. Il avait appris à se défendre. Il l'avait déjà fait. Il devait juste pousser, pousser fort et le faire tomber…

Il serra jusqu'à sentir ses doigts entrer dans la chair de cette créature obscure engendrée par son mental.

Le silence hurla et il le fit avec une voix de femme.

Massimo ouvrit les yeux. Il était éveillé. Les poignets qu'il serrait étaient ceux d'Elena, si menus comparés à ses mains d'homme.

Il les relâcha, avec un sentiment d'horreur croissant.

Elle avait le souffle court, comme lui. Ils semblaient l'un et l'autre diminués, comme après une lutte. Elena ne parlait pas. La lumière de l'abat-jour éclairait ses pupilles dilatées par la peur. Elle avait l'air d'une enfant, les cheveux ébouriffés et le T-shirt qui lui glissait des épaules. Elle le regardait comme on regarde celui qu'on ne reconnaît plus. Il avait redouté ce moment depuis l'instant où il avait compris qu'il était amoureux d'elle.

— Massimo…

— Non.

Il n'accepta pas la main qu'elle lui tendait et l'éloigna de lui. Il l'avait vue trembler un instant : elle avait peur de lui. Finalement, ce qu'il craignait le plus était arrivé. Il regarda ses poignets. La peau avait rougi, là où il avait serré. Il sentit les larmes se mêler à la sueur qui lui brûlait les yeux.

— Il ne s'est rien passé, tout va bien, l'entendit-il dire, entre les premiers sanglots qui lui remontaient dans la gorge.

Mais ses mains s'étaient précipitées vers son ventre, comme dans un geste de protection. Elena venait de proférer un mensonge. C'était arrivé plus souvent qu'il n'était disposé à l'accepter.

Je suis comme lui. Sang de son sang. Un monstre.

Et contre ce monstre, il devait la défendre.

— Va t'en, dit-il, se sentant mourir. Va t'en, pour toujours.

43

On rapporte l'histoire d'un chat qui captura un rat pour le manger, mais le rat, couinant de désespoir entre ses griffes, l'implora :

— Oh, chat, offre-moi une chance !

Alors le chat, amusé du supplice de la bestiole, lui répondit :

— Je ne te mangerai pas, tendre raton, si et seulement si tu devines ce que je vais faire...

Teresa réfléchit à ce paradoxe, puis elle referma son journal, renvoyant la solution à un autre jour. Il était tard désormais et ses yeux étaient trop fatigués. Pourtant, elle doutait de réussir à trouver le sommeil.

— Un rat pris au piège, souffla-t-elle.

Dans sa carrière, même dans les situations les plus compliquées, elle n'avait jamais eu l'impression d'être dos au mur. Elle avait toujours pu choisir, même si la solution réclamait souvent une certaine dose de courage.

Depuis quelques jours, depuis que la *Nymphe endormie* était entrée dans sa vie, elle se sentait au contraire comme le rat pris au piège, et non à cause de sa maladie.

Quelque chose l'inquiétait dans cette enquête, comme si quelqu'un la suivait, observait ses moindres gestes, la connaissait intimement et savait, si nécessaire, comment frapper pour blesser en profondeur. Il y avait dans cette histoire une présence inconnue qui mettait ses sens en alerte. Elle l'avait perçue. Et Antonio Parri l'avait peut-être repérée dans les empreintes retrouvées sur le portrait.

Une présence qui n'est très probablement plus en vie, se dit-elle. *Et alors pourquoi ai-je la sensation qu'elle me suit ?*

Peut-être était-ce cette sensation qui avait alimenté son hallucination ?

Les chiens du quartier aboyaient, depuis quelques minutes. D'abord ceux du bout de la rue, puis leurs appels s'étaient propagés de maison en maison jusqu'à celle des voisins, signalant par leurs éclats de voix la progression d'un visiteur indésirable. Il y avait quelqu'un dans la rue et ce n'était pas un chat. Les chats n'avançaient jamais en ligne droite sur plusieurs centaines de mètres, et surtout ils détestaient les aboiements.

Elle vérifia l'heure. On était au milieu de la nuit. De nouveau, cette sensation d'être observée.

Elle s'approcha de la fenêtre sans faire de bruit. D'une main, elle écarta légèrement le rideau, juste le nécessaire pour glisser un œil contre la vitre et scruter l'obscurité.

Ce qu'elle vit, ce fut un autre œil, et elle bondit en arrière, manquant de hurler. Elle porta la main à sa poitrine, comme pour se tenir le cœur. Elle ouvrit rapidement la fenêtre.

— Tu es folle ? bredouilla-t-elle.

Blanca et Smoky étaient là, immobiles, comme deux nains de jardin.

— Tu es fâchée ? demanda la jeune fille.

— J'ai failli faire une crise cardiaque. Mais c'est quoi ce vice d'observer les gens chez eux en cachette ?

Blanca sourit.

— Je ne peux pas observer, je suis aveugle. J'écoutais avec mes oreilles. Nous voulions seulement savoir comment tu allais, ajouta-t-elle. D'après le message que tu m'as laissé, ce n'était pas clair.

— Allez, entrez. Par la porte.

— Non, tu n'es pas seule, j'ai entendu une voix. C'est ton mari ?

Teresa se retourna vers le divan, où dormait Antonio Parri, la télécommande dans une main. Il avait insisté pour rester. Elle revint face à la jeune fille. Qui sait depuis combien de temps elle était dehors, à l'attendre.

— Non, ce n'est pas mon mari. C'est un ami qui se fait du souci pour moi.

— Je suis contente qu'il soit resté.

Battaglia s'appuya au rebord de la fenêtre.

— Excuse-moi pour aujourd'hui, dit-elle. Je ne sais pas ce qui m'a pris. J'ai failli vous tuer.

Le visage de Blanca s'assombrit, comme si ses émotions s'étaient elles aussi souillées de quelque chose de visqueux.

— Tu dis « vous ». De « vous » tuer, mais tu étais là, toi aussi. Toi aussi, tu as risqué ta vie, fit-elle remarquer. C'est comme si tu ne comptais pas du tout.

Teresa réfléchit.

— C'est idiot, hein ?

Blanca secoua la tête.

— Je parlerais plutôt d'instinct maternel, nuança-t-elle avec douceur.

Elles se turent, mais le silence n'était pas pesant. Il apportait un peu de paix, dans une nuit enfin étoilée.

44

— *Fffntrp… je… ne… sav… pas…* L'inspecteur De Carli plissa le front.

— Ce n'est pas Marini, dit-il, quand s'acheva le message enregistré sur le répondeur du portable du commissaire Battaglia.

— Je te dis que c'est lui. C'est son numéro, grommela-t-elle. Mais qu'est-ce qu'il raconte ?

— *Fffntrp*, répéta De Carli.

— Merci beaucoup.

Ce matin, elle s'était réveillée avec ce message délirant sur son répondeur et aussitôt après un appel de la centrale l'avait avertie d'une nouvelle bouleversante. La journée s'annonçait pénible.

— Essaie de le rappeler, dit-elle. Nous n'avons pas beaucoup de temps.

Elle écouta à nouveau le message, avec le haut-parleur cette fois. Parisi entra dans le bureau.

— Nous sommes prêts à y aller, annonça-t-il, puis il entendit les quelques mots incohérents du message et s'arrêta net. C'est bien qui je pense ? demanda-t-il, stupéfait.

— À qui tu penses ? lança Battaglia.

— À un inspecteur ivre.

Elle frappa du poing sur la table.

— J'en étais sûre. (Elle se leva et attrapa son sac.) Allons chercher cet abruti.

À la porte, elle se heurta à Albert Lona. Ce contact inattendu la fit tressaillir. Il sembla se rendre compte du trouble qu'il avait provoqué chez elle, résurgence d'une souffrance ancienne mêlée à la pulsion incontrôlable qui la poussait à l'éloigner le plus possible d'elle. Albert semblait en mesure de flairer la moindre variation d'humeur et de l'utiliser pour servir ses propres fins.

Il la retint un instant par le bras.

— Commissaire Battaglia, vous semblez avoir du mal à tenir debout, lui jeta-t-il.

Il raffermit son étreinte un instant, puis ses mains la relâchèrent.

Tout le monde retint son souffle. Elle sentait la présence de ses garçons derrière elle, percevait la colère silencieuse qui émanait d'eux.

— Nous sommes prêts, annonça-t-elle, ignorant délibérément cette provocation. L'équipe est sur le point de sortir, préfet Lona.

Il étudia son visage, les écorchures que l'accident lui avait laissées à la joue, l'ombre à l'endroit où sa tête avait heurté la tôle de l'auto.

— J'ai appris ce qui s'est passé hier. C'est malvenu, de la part d'une brigade de police, d'être impliquée dans un incident de ce genre. (Il balaya le bureau du regard.) Et l'inspecteur Marini ?

— Il est déjà sorti. Il nous a précédés, mentit-elle. Le préfet sourit.

— J'espère qu'il est en capacité de faire son travail, reprit-il sur un ton sibyllin. (Puis il se pencha à son oreille.) Et toi, tu es encore en capacité de faire le tien ? Moi, j'ai bien l'impression que non.

Elle s'écarta, feignant un calme qu'elle était loin d'éprouver.

— Nous formons une bonne équipe, efficace, entendit-elle dans son dos.

C'était Parisi.

— Et le commissaire Battaglia est la meilleure, sur le terrain et ailleurs, renchérit De Carli.

Lona les toisa du regard, un examen qui dura le temps d'un battement de cil, mais Teresa était sûre qu'il avait déjà rendu son verdict : ces deux-là devraient être sur leurs gardes, car désormais ils étaient dans la ligne de mire du nouveau préfet.

— Je vous le souhaite, répliqua Lona avec amabilité, parce que j'ai cru comprendre que l'affaire de la *Nymphe endormie* venait de se compliquer.

Et il tourna les talons avec ce qui devait être, pour qui savait déchiffrer les signaux, la promesse de quelques tracas. Le commissaire se tourna vers ses subordonnés.

— Ne le défiez pas, réprimanda-t-elle. Il n'attend que ça.

La manière dont ils la regardèrent lui fit comprendre que toute réprimande de sa part tomberait dans l'oreille de sourds. Elle l'avait toujours suspecté, mais elle en avait maintenant la certitude : Parisi et De Carli connaissaient son passé.

Les clés étaient dans la serrure de la porte d'entrée, à l'extérieur. Le battant était entrebâillé. Marini devait être à son domicile.

— J'entre, moi toute seule, dit-elle. Attendez-moi dans la voiture.

— S'il vous plaît, prenez quelques photos, la supplia De Carli.

— Ouste !

L'appartement était tel qu'elle l'avait imaginé : très masculin, tant dans les coloris que dans l'absence de décoration superflue. Il régnait un ordre qui était celui du propriétaire des lieux : une manière peut-être de se cacher au monde, de tenir les rênes de son existence pour lui donner la forme voulue.

— Marini ? appela-t-elle. Il y a quelqu'un ?

Circuler parmi ces objets, observer cet appartement au style si spartiate, un peu comme celui d'un soldat, la mit mal à l'aise. Sans y avoir été invitée, elle scrutait son monde caché, derrière celui de façade. Elle venait de découvrir chez lui une dimension à laquelle elle ne s'était pas attendue, mais qu'elle connaissait bien : la solitude. Elle en décela la présence dans des détails qui, pour d'autres, n'auraient rien voulu dire, et plus encore dans les éléments qui manquaient : il n'y avait pas de souvenirs disséminés ici ou là dans les pièces. Pas un seul.

Massimo s'était effacé, presque comme s'il n'existait qu'au présent. Il n'y avait même pas trace de la femme qu'elle avait vue la veille s'accouder au balcon. Qui que soit cette femme, elle avait disparu sans rien laisser d'elle-même.

— Marini ? appela-t-elle de nouveau.

Elle entra dans la chambre à coucher. À travers les persiennes baissées, le soleil se morcelait dans la pièce en une myriade d'yeux lumineux. Sur une table de chevet, elle remarqua une pile de livres. Elle réussit à entrevoir quelques titres. C'étaient les lectures qu'elle lui avait « chaudement » recommandées : des manuels de psychologie criminelle et de médecine forensique. Elle ne s'attendait vraiment pas à ce qu'il la prenne au mot.

Un mouvement discret attira son attention dans un angle, dans la pénombre. C'était Marini, au sol, le corps avachi contre le mur. Elle le rejoignit et s'accroupit près de lui. L'odeur d'alcool était prenante.

— Bon sang, qu'est-ce que tu as bu ?

Elle lui releva le visage et se sentit mortifiée. Il avait pleuré.

— Mais qu'est-ce qui t'est arrivé ? murmura-t-elle.

Il ouvrit les yeux et une larme franchit la barrière des cils, roula jusqu'au menton.

— Je suis foutu, dit-il.

Elle tenta de le remettre debout, mais c'était un poids mort.

— Si Lona l'apprend, tu seras vraiment foutu, ça c'est sûr, éclata-t-elle, mais elle avait conscience que cette colère n'était qu'une manière de masquer son appréhension. Le préfet est convaincu que tu travailles avec énergie à la résolution de notre affaire, alors imagine s'il te voyait…

Massimo éloigna les mains tremblantes qui essayaient en vain de le faire changer de position, mais il ne les lâcha pas. Il les garda serrées entre les siennes.

— Il s'est mis en colère contre vous ? demanda-t-il.

La voix n'était plus pâteuse comme elle s'y était attendue. Elle était seulement fatiguée, une fatigue qu'elle connaissait bien. C'étaient les séquelles que le désespoir laissait derrière son passage.

— Non, pas encore, chuchota-t-elle en tâchant de sourire.

Il lui serra les mains encore plus fort, avant de les lâcher.

— Je suis tellement désolé.

Elle chercha à le regarder dans le fond des yeux, ces yeux si liquéfiés, si désemparés. Elle y vit de la peur et se demanda une fois encore ce qui avait pu envoyer au tapis ce garçon si brillant et si déterminé.

— Marini, qu'est-ce qui t'arrive ? demanda-t-elle à voix basse, craignant presque de rompre ce contact qu'elle sentait si fragile.

Il se prit la tête entre les mains. Une larme s'écrasa sur le parquet.

— Je me suis perdu.

— Dis-moi ce qui s'est passé et peut-être que je réussirai à venir te récupérer.

Il la dévisagea et elle ne perçut aucun espoir dans ses yeux.

— Tu es malade, ou alors c'est un de tes proches ? demanda-t-elle encore, puisqu'il gardait le silence.

Il lâcha un rire bref, qui avait pourtant la couleur des larmes qu'on retient.

— Personne ne va mal, commissaire.

Elle ne savait pas quoi penser. Elle l'avait vu inquiet, parfois mélancolique, mais jamais anéanti à ce point. Elle lui prit le menton dans la main.

— Qu'est-ce qui s'est passé, quand tu es retourné chez toi pendant tes vacances ? le questionna-t-elle, sans tergiverser. (Il tenta de regarder ailleurs, mais elle ne lui permit pas de fuir.) Qu'est-ce qui s'est passé, quand tu es retourné chez toi ? répéta-t-elle plus fort, maintenant certaine que l'origine du problème était de ce côté – là d'où il était arrivé, d'où il s'était peut-être échappé.

Elle finissait par se résigner, par penser qu'elle n'obtiendrait rien de lui, quand il se mit à parler.

— J'ai revu Elena, murmura-t-il. Nous avons fait l'amour.

Elle ne savait que répondre. Elle ne s'attendait pas à cet aveu de souffrance amoureuse, ou qu'il se laisse aller à de telles confidences. Elle le connaissait assez bien, désormais, pour savoir que jamais il n'aurait sombré dans un tel état, jamais il n'aurait négligé son travail, si le problème n'était pas grave.

— Bon, fit-elle, cela ne me paraît pas être un drame, si ?

— Je suis reparti alors qu'elle dormait encore et je n'ai pas répondu à ses appels pendant des semaines.

Teresa en fut étonnée.

— Voilà qui n'est guère à ton honneur, commenta-t-elle.

— Elena est enceinte.

Il avait dit cela dans un souffle, comme s'il confessait ses péchés les plus atroces ou ses amours les plus noires. Comme s'il avait finalement réussi à recracher un spectre. Il fallut à Battaglia quelques instants pour prendre la mesure de ces propos. Ils juraient avec le spectacle de destruction qu'elle avait sous les yeux.

Marini fixait le néant, les coudes calés sur les genoux, la chemise déboutonnée. Le tissu était taché en plusieurs endroits.

— Vous ne dites rien ?

Elle s'assit à côté de lui avec un soupir.

— C'est une question abjecte, mais…, commença-t-elle.

— L'enfant est de moi.

Elle fixait le néant, elle aussi. Il n'était pas difficile de deviner le problème : il n'en voulait pas, de cet enfant.

— Elena est venue me chercher, continua-t-il. Et moi, je l'ai de nouveau rejetée. Elle m'a dit qu'elle resterait encore quelques jours dans un hôtel, et ensuite…

Teresa ne put s'empêcher de réagir.

— Mais qu'est-ce que tu fabriques ? lâcha-t-elle. Si tu désirais juste une aventure…

— Ce n'est pas une aventure. Il n'a jamais été question de ça.

Sa véhémence laissait entrevoir une histoire qui allait bien au-delà du peu de mots qu'il prononçait.

— Je peux te demander ce qu'elle représente pour toi ? reprit-elle, avec plus de calme.

Elle espérait que Massimo, en l'écoutant, réussirait à remettre de l'ordre dans ses pensées, mais aussi dans les émotions qui l'avaient à ce point bouleversé et réduit en miettes.

Il eut un geste vague de la main, comme pour dire : comment faire pour expliquer ce que je ne réussis même pas à définir ?

— Nous avons le temps, mentit-elle en s'installant un peu mieux. (La dureté du sol lui lançait des coups de poignard dans son dos mal en point.) Je ne vais nulle part.

Ensuite, ce fut un silence qui sembla durer une éternité.

— Remarque, ça m'est aussi arrivé d'avoir des aventures, dit-elle finalement, pour le faire réagir.

Marini soupira.

— Elena était la première, lâcha-t-il presque dans un souffle. Et la seule.

Teresa n'était pas certaine d'avoir bien compris.

— Par la seule, tu entends… ?

— Il n'y a jamais eu qu'elle.

— Dans tous les sens du terme ?

— Dans tous les sens du terme. Maintenant, vous pouvez rigoler, si vous voulez.

Elle considéra l'idée, mais la situation ne prêtait pas à rire.

— C'est très romantique, dit-elle à la place.

Il appuya le menton sur ses genoux.

— Et étrange. C'est ce que vous pensez, je le sais.

Elle haussa les épaules.

— Je n'aurais jamais cru ça, de la part d'un type comme toi. Je l'admets. Et toutes les filles avec qui tu es sorti ces derniers mois ?

Il fit une grimace.

— Il n'y en a pas eu non plus tant que ça. On est juste sortis ensemble, c'est tout.

Cette fois, elle rit pour de bon.

— Qui sait ce qu'elles ont pensé de toi.

— Je peux imaginer.

Elle lui flanqua un petit coup de coude.

— Alors, pourquoi ? insista-t-elle. Si c'est elle que tu as choisie, pourquoi tout ce drame ?

Marini la regarda d'une manière qu'elle n'oublierait jamais : il avait l'air vulnérable, effrayé, désespéré.

— Parce que je ne peux pas, répondit-il en fixant de nouveau le vide devant lui.

Le silence retomba. Teresa ne parvenait pas à comprendre ce qu'il redoutait tant. Il ne lui avait pas tout dit et n'avait manifestement pas l'intention de lui en confier davantage, pas pour le moment en tout cas. Elle pouvait sentir sa souffrance. C'était une sensation de froid qui semblait l'envelopper de toute part. C'était une nausée qui lui soulevait l'estomac et des mains incapables de trouver la paix.

— Dites-moi ce que je dois faire, l'entendit-elle ajouter.

Elle leva les yeux au ciel, barré par le plafond. Et pourtant, ce ciel, elle le voyait.

— Je ne peux pas t'aider, répliqua-t-elle, parce que tu veux entendre que tu fais le bon choix ; que tu as raison de renoncer à eux si tu ne le sens pas. Mais moi, cet enfant, je l'accepterais sans me poser de questions.

Elle avait conscience du regard plus attentif qui pesait sur elle, de sa voix à elle, soudain plus cassée qu'elle ne l'aurait voulu, de ses défenses qui tombaient.

Dis-le-lui. Dépêche-toi, ne réfléchis pas.

— Dans une vie qui me semble être celle d'une autre, j'ai été mariée, raconta-t-elle. J'avais trente ans et j'étais déjà policière. Dans le travail, je me débrouillais bien, mais je ne peux pas en dire autant de ma vie privée. Il me frappait. Régulièrement. Même quand je suis tombée enceinte, il ne s'est pas arrêté. Maintenant, je sais qu'une femme battue pendant la grossesse court deux fois plus de risques d'être tuée par son compagnon. À l'époque, pourtant, j'étais seulement l'ombre de celle que je suis aujourd'hui. J'ai trouvé la force de m'en aller, trop tard : il m'a retrouvée et m'a frappée une dernière fois. J'ai perdu le bébé et la possibilité de devenir maman. Pour toujours.

Elle arriva à la fin de sa confidence le souffle coupé, le cœur emballé. Elle n'aurait jamais cru pouvoir exprimer à nouveau cette douleur. Trop d'angoisse, trop de honte.

Il lui sembla sentir une caresse sur son visage. Il se pouvait que ce soit Marini, ou alors c'était seulement un souvenir resté encore trop vif.

— Commissaire…

Elle leva la main, pour l'empêcher de continuer.

— Il ne se passe pas un jour sans que je pense à cet amour trahi, par moi qui aurais dû le protéger. Il ne se passe pas un jour sans que je pense à cet enfant que je n'ai jamais pu serrer dans mes bras, avoua-t-elle. Il n'y a rien, *rien* tu m'entends, que je ne donnerais pour l'avoir ici avec moi.

Sa main s'agrippa le ventre, au niveau de la cicatrice qui la divisait en deux, qui scindait sa vie.

— Tu ne te rends pas compte de ce à quoi tu renonces, et la chose qui me fait enrager, c'est que je pourrais rester ici des jours entiers à tenter de te convaincre, tu ne comprendrais pas. Ce n'est que quand on a perdu cet amour qu'on comprend alors la douleur.

Elle sécha ses larmes. Le silence était si épais qu'elle put entendre Marini avaler sa salive.

— Ton Elena va vivre sa vie, murmura-t-elle, elle aura votre enfant, elle connaîtra le bonheur le plus pur qui soit, malgré les difficultés. Toi, en revanche… Toi, Massimo, tu étoufferas dans tes pleurs. La cellule sociale élémentaire, c'est le duo mère-enfant, c'est le nœud où la première communauté humaine a trouvé son origine, c'est la totalité de ce que nous sommes. Pas le couple homme-femme. Tu te trouves devant un miracle auquel tu es invité à participer. Souviens-t'en, inspecteur, la prochaine fois qu'il te viendra l'idée de refuser.

Elle se leva, lissa son pantalon. Elle retrouva la maîtrise d'elle-même, non sans mal. Elle lui tendit la main et l'aida à se remettre sur pied.

— Maintenant, va faire un brin de toilette, parce qu'il y a eu un homicide dans la vallée de la *Nymphe endormie*, annonça-t-elle.

Elle vit l'effet de cette nouvelle lui laver le regard de tout ce trouble et de toute cette confusion. Elle attendit quelques instants, avant de lui assener le coup de grâce.

— On a retrouvé un cœur. Nous ne savons pas encore à qui il appartient.

45

Qu'est-ce qui peut pousser un homme à refuser son enfant encore à naître ?

Qu'est-ce qui peut pousser un homme à arracher le cœur d'un autre homme ?

Et à frapper une femme au point de lui faire perdre connaissance, à peindre les murs d'un mariage avec son sang ?

Qu'est-ce qui peut pousser cette femme à rester ?

Nous ne nous connaissons jamais vraiment nous-mêmes, ni ceux qui sont à nos côtés. Nous pouvons nous définir de quantité de façons, mais à la fin ce sont nos choix face à un dilemme qui montrent qui nous sommes. Ou les secrets que nous dissimulons.

Celui de Marini doit être profond et douloureux. Autant que le mystère caché dans la vallée.

Le temps vaut, vole, voile.

Ils étaient de nouveau dans la vallée. Pour Battaglia, c'était comme d'entrer dans un labyrinthe composé d'ombres, qu'elle devait éclairer. Ce matin, l'obscurité ne se limitait pas à une métaphore. À Resia, le jour s'était levé sous un ciel couvert, comme si la nuit avait trouvé le moyen d'enfanter et qu'elle avait engendré une réplique imparfaite d'elle-même : blafarde, gonflée, purulente. Les nuages formaient des ventres violacés qui semblaient respirer au-dessus de leurs têtes : ils enflaient et se contractaient, ils lâchaient des déluges d'une pluie si épaisse qu'elle faisait disparaître les contours des sommets. Une odeur troublante montait du tréfonds de la forêt, la putréfaction de la décomposition accélérée par une humidité persistante.

Si elle avait cru à la magie, dans sa version noire, elle aurait interprété la chose comme un funeste présage. Elle sentait que cet homicide n'était pas une affaire isolée, mais qu'il devait être lié à la résurrection de la *Nymphe endormie* et à l'arrivée de la police dans la vallée. C'étaient son expérience et les statistiques qui le lui soufflaient, mais c'était aussi et surtout son inconscient qui la mettait en garde. Il lui permettait de deviner la présence du Mal. Non pas un mal générique, mais une forme organisée, évoluée, quoique brutale et hostile. Maintenant que la mort n'était plus seulement ancienne, la menace était écrasante.

L'endroit où l'on avait trouvé le corps se situait à l'entrée de la route qui montait vers les hameaux. La zone avait déjà été sécurisée. Les fourgons de police en barraient l'accès, les agents contrôlaient l'arrivée du personnel autorisé et se chargeaient de refouler ceux qui ne détenaient pas de laissez-passer. Les curieux avaient pourtant déjà trouvé le moyen de s'approcher : c'étaient des taches de couleurs immobiles, en lisière de la forêt. Entre les arbres, ils observaient dans un silence discipliné les premières opérations de prélèvement.

Parri était déjà arrivé et avait lancé la procédure d'expertise médico-légale. Quelques agents de la scientifique inspectaient le terrain alentour, à la recherche de traces, d'objets ou d'autres résidus. Les flashs des appareils reflex se confondaient parfois avec les lueurs des éclairs que le ciel projetait sur la forêt. Battaglia commenta :

— Ça ne va pas tarder à être le chaos, par ici.

Teresa et Marini s'approchèrent, tout en restant derrière la rubalise délimitant la zone. Le légiste les remarqua et leur fit signe de le rejoindre. Ils enfilèrent la combinaison et les chaussons de rigueur et suivirent le parcours tracé par la scientifique – le terrain déjà inspecté.

Le médecin légiste les accueillit avec un sourire triste.

— Il semble que l'histoire se complique, admit-il.

Parri avait les cheveux trempés d'invisibles particules d'eau vaporisées au dessus du bois. Il tenait en main le porte documents rigide auquel était attaché le feuillet sur lequel il écrivait ses notes. La surface du papier était irrégulière, à cause de l'humidité qui en avait pénétré les fibres. Ici ou là, quelques mots se réduisaient à une tache d'encre.

— Tout va bien ? demanda-t-il à Battaglia.

Elle opina, elle lui était reconnaissante de sa sollicitude. Elle n'était pas sûre de pouvoir en dire autant de Massimo, mais le garçon savait donner le change : personne n'aurait jamais deviné son état émotionnel. Elle avait hésité à l'amener avec elle, mais en fin de compte elle avait décidé que le seul moyen de l'arracher aux pensées destructrices qui le tourmentaient serait de le jeter dans les eaux troubles et agitées de la mort, afin de réveiller son instinct de survie.

D'un grand geste de la main, Parri les invita à prendre part au spectacle.

Car il s'agissait vraiment d'une mise en scène, songea Battaglia. Et à leur intention, elle en était convaincue.

Le cœur, arraché à une victime encore inconnue, était cloué au panneau qui signalisait le début du territoire communal. La symbolique était puissante, comme le message dont ce muscle désormais inerte était porteur.

Un cœur contre un cœur, c'est ce qui lui vint à l'esprit.

Celui d'Aniza, presque un siècle plus tôt. Et celui-ci, sans nom, à présent que l'histoire de la jeune fille avait été mise en lumière.

Elle lança le dictaphone de son portable.

— C'est un cœur humain ?

Elle voulait avoir la confirmation de Parri.

— Oui. Il a été prélevé de la cage thoracique avec une lame à double tranchant. Les incisions sont nettes et précises.

— Aucune hésitation, murmura-t-elle.

Marini approcha le visage de l'organe bleuâtre.

— Quand ? demanda-t-il simplement.

— À en juger d'après les phases chromatiques, je dirais entre vingt-quatre et trente-six heures, mais il est difficile d'être précis : trop d'humidité. (Il enfila ses gants et élargit une entaille déjà présente dans les tissus.) La coloration plus foncée se propage en suivant le trajet du réseau veineux superficiel, pour ensuite descendre en profondeur. On peut constater que le tissu situé plus au fond de la cavité est d'un rouge encore plus sombre. En temps normal, ce processus débute après environ vingt-quatre heures, en cas de températures extérieures douces.

— Je suppose qu'il est prématuré d'avoir des informations plus précises sur son propriétaire ? réagit Battaglia.

— Je peux déjà te dire qu'il s'agit d'un cœur en mauvais état. Les valves sont usées. La victime devait souffrir d'insuffisance mitrale. Ce n'est pas un organe jeune. Il a grossi et le volume de l'organe ne dépend pas de la transformation gazeuse.

Elle approcha le micro de ses lèvres.

— Vérifier si un habitant de la vallée n'a plus donné de ses nouvelles depuis deux jours. Probablement âgé.

Elle gardait les yeux fixés sur ce cœur sombre. Par instants, il lui sembla le voir battre, mais c'était seulement son imagination, la tentative d'établir un contact émotionnel avec ce qui subsistait d'une victime.

— Pour savoir si l'ablation est postérieure au décès ou si elle en est la cause, je dois l'emporter au laboratoire et procéder à des examens, ajouta le légiste. À hauteur de l'atrium droit, il y a en tout cas une blessure par entaille plutôt profonde. Je ne suis pas encore capable de te dire si c'est *peri mortem* ou *post mortem*.

Elle remarqua l'arrivée d'une berline noire. Peu après, Albert Lona en descendit avec le substitut du procureur Gardini. Son regard la trouva tout de suite, au milieu des agents en faction, des hommes de la scientifique et de ceux de la police locale qui isolaient la zone. Il semblait n'être là que pour elle, et peut-être était-ce vraiment le cas.

Elle se tourna de nouveau vers Parri.

— Je n'ai pas trouvé de diptères, poursuivit-il. Ni d'œufs ni de larves, d'aucune espèce. (Il retira ses gants et les jeta dans un sac pour déchets médicaux.) Quelqu'un a pris soin de ce cœur, avant de le clouer là. Il l'a protégé des insectes nécrophages. Ça nous facilite le travail : nous n'aurons pas à consacrer les prochaines heures à capturer des mouches et à récolter des larves avec des pincettes.

Le commissaire et Marini échangèrent un regard entendu. Il y avait chez le meurtrier un soin du détail qui frisait la névrose.

— Pour le moment, on n'a relevé aucune empreinte, l'informa-t-elle, et il n'y a aucune trace du corps.

Parri opina.

— Ça ne m'étonne pas.

— Nous te laissons terminer. Je viendrai avec toi au labo, si ça ne t'ennuie pas.

Ils s'éloignèrent de quelques mètres. À peine passée sous la rubalise qui délimitait le périmètre, elle respira mieux. Elle vit que Gardini discutait avec le chef de la scientifique, tandis qu'Albert avait disparu. Le substitut du procureur les rejoignit aussitôt.

— Vos premières impressions ? s'enquit-il.

— C'est un avertissement, répondit-elle, catégorique, en cherchant son cahier dans son sac. Un message qui nous est adressé. Une invitation à ne pas outrepasser certaines limites.

— Si tel est le cas, observa Massimo, l'assassin a couru un grand risque.

— La peur rend intrépide, parfois même imprudent, observa-t-elle. Nous nous sommes approchés d'une chose qui devait rester enfouie.

— Quoi qu'il en soit, il semble savoir ce qu'il fait, commenta Gardini.

— Ah, oui, à cet égard, il est intelligent, et exercé. Il a effectué un travail très propre.

— Quelle force faut-il pour arracher un cœur d'une poitrine ? fit Marini à voix basse.

Ce n'était pas la vigueur de l'assassin qui impressionnait Teresa. Finalement, il n'en fallait pas tant.

— Tu veux mesurer sa force physique, moi, je songe à sa force psychique, répliqua-t-elle. Quelle force mentale faut-il pour arracher un cœur encore palpitant d'un thorax ?

Gardini la dévisagea, surpris.

— Y a-t-il des éléments qui permettent de croire que cela se soit passé comme ça ?

Elle ne répondit pas. D'un discret signe de tête, elle lui laissa entendre qu'il était encore trop tôt pour le dire, mais elle était persuadée que la victime avait tenu un rôle important dans toute cette histoire. Elle n'avait pas été choisie au hasard. En raison de la symbolique puissante et archaïque de cet acte d'intimidation. En raison du risque encouru. En raison de la force du message qui leur avait été adressé.

Un technicien de la scientifique attira l'attention de Gardini et le substitut leur faussa compagnie.

Massimo regarda le cœur, qui pendait à l'entrée du hameau comme un mortel étendard. Un éclair terrifiant illumina le paysage d'une clarté spectrale.

— La silhouette que vous avez aperçue hier sur la route n'était peut-être pas qu'une ombre finalement, remarqua-t-il tout bas.

Peut-être. Elle y avait pensé.

Une rafale de vent apporta avec elle un parfum connu qui lui noua le ventre.

Elle se retourna et découvrit Albert Lona qui la regardait. La distance qui les séparait n'était même pas celle d'un bras tendu. Elle lutta contre le réflexe de battre en retraite, mais surtout, elle se demanda ce qu'il avait entendu des propos de l'inspecteur. À en juger par son expression impassible, elle aurait dit rien du tout.

— Commissaire, inspecteur, les salua le préfet.

— Bonjour, préfet Lona, répondit Marini.

Battaglia eut la nette impression qu'il venait de prendre les devants pour la décharger de cette obligation. Elle se borna à un signe de tête.

Albert Lona réussissait à conserver une allure élégante malgré la pluie. Il n'avait pas pris de parapluie et il laissait les gouttes lui tremper les cheveux, se transformer en ruissellements qui disparaissaient dans le col de sa chemise. Tant de nonchalance faisait ressortir son côté animal. Albert Lona était une bête distinguée et d'une superbe férocité, mais il n'en restait pas moins une bête. Elle se demanda s'il vivait seul, comme elle en avait le souvenir, ou si une compagne l'attendait à la maison pour prendre soin de ses vêtements mouillés : le seul rôle que cet homme était capable de reconnaître aux femmes.

— Dites-moi tout, dit-il d'un ton de voix décontracté, qui rendait la brusquerie de cet ordre un peu moins exaspérante.

Elle lui communiqua le peu d'informations qu'elle avait reçues de Parri et se garda bien de lui confier la teneur de ses réflexions. Elle le vit froncer les sourcils.

— Ce n'est pas suffisant, l'entendit-elle rétorquer, comme si les traces laissées par l'assassin dépendaient de leur bon vouloir.

— Les analyses finiront peut-être par révéler des éléments supplémentaires, suggéra-t-elle.

Mais Albert Lona secoua la tête.

— Ce n'est pas suffisant, répéta-t-il, cette fois avec dureté. Je veux des réponses dignes de ce nom. Cela me rappelle l'affaire Imset, vous ne trouvez pas ?

Elle ne réagit pas. Elle réfléchit, mais le nom du dieu funéraire égyptien ne lui évoquait rien.

— Commissaire, c'est vous qui vous en êtes chargée. Avec succès, en dépit de tous les pronostics, insista-t-il, irrité de son silence prolongé.

Elle tourna et retourna ce nom dans sa tête, comme une saveur que l'on doit goûter et reconnaître. Elle sentait les regards des deux hommes sur elle. Celui d'Albert était inquisiteur, un peu impatient. Celui de Marini trahissait la curiosité, peut-être une vague nuance de perplexité. Le premier avait une fragrance légèrement amère et acide. Le second se situait entre la verdeur et l'âpreté, encore trop jeune pour le palais.

Elle ne se souvenait pas. Elle ne parvenait pas à récupérer ce nom dans sa mémoire. Même pas le reflet d'un visage, une bribe de conversation. C'était comme si elle n'avait jamais existé. Elle venait de perdre un morceau de sa vie. Elle serra dans sa main le cahier au fond de son sac.

— Chaque affaire est unique, improvisa-t-elle, le cœur dans la gorge, tout palpitant et gonflé de terreur.

— Sottises ! tonna-t-il. À l'évidence, je ne voulais pas suggérer qu'il pouvait y avoir un lien entre les deux affaires. Mais le mode opératoire…

Elle s'enfonçait lentement dans le marais trouble de la panique. La bile vénéneuse du doute remonta dans sa bouche et lui noya le souffle.

— Je me souviens de cette affaire, intervint Marini. J'ai étudié les pièces du dossier, quand je suis arrivé dans le service. L'assassin prélevait les organes, qui avaient été retrouvés dans des vases canopes vieux de quatre mille ans. Il s'agissait de trophées, dans ce cas. Exact, commissaire ?

Elle acquiesça, encouragée par son regard.

— Ici, il ne s'agit pas d'un trophée, réussit-elle à dire. Ce n'est pas un totem avec lequel l'assassin s'amuse en secret pour assouvir son délire d'omnipotence. Il l'a partagé avec nous, et donc il en a désamorcé la fantasmatique. Cet objet est pour nous.

Lona parut réfléchir à ses propos, sans plus rien ajouter. Il n'était pas impossible que Marini finisse par payer très cher d'avoir osé réfuter le raisonnement du préfet, mais ce n'était pas le moment.

Teresa et Massimo échangèrent un regard. Ils avaient eu la même idée, mais ce fut elle qui l'exposa, cette fois.

— Je suggère l'emploi d'une nouvelle ressource, que le préfet Ambrosini était en train d'examiner avant son… empêchement. Ce n'est pas une ressource interne, elle ne fait pas partie des effectifs, mais ses compétences sont…

Elle n'acheva pas sa phrase. Cela n'aurait servi à rien. Albert Lona avait tourné les talons, la laissant frémissante de colère et en proie à la peur – celle d'être en train de disparaître en même temps que son esprit. Car qui était-elle, sinon ce qu'elle avait pensé, fait et aimé ces quarante dernières années ? Les affaires qu'elle avait suivies, les intuitions décisives qu'elle avait eues, la compassion qu'elle avait ressentie pour les victimes – qu'elle avait même sauvées, parfois.

— Je suis navré.

C'était l'inspecteur.

— Merci, répondit-elle à mi-voix.

— C'était un plaisir. Ce mec est un con.

Elle sentit son angoisse s'évacuer dans un gargouillement, disparaître avec l'eau qui s'était mise à s'écouler des rochers délimitant un côté de la route. La pluie avait gagné en intensité, mais les curieux n'avaient pas bougé. Elle se secoua, leva le bras et fit signe à De Carli.

— Fais-les partir, ordonna-t-elle. Qu'ils rentrent chez eux.

Elle le vit hésiter.

— Commissaire, ils prient.

Elle se rendit compte que sous les bonnets et les parapluies, les têtes étaient inclinées. Elle entendit se lever un chant de femme, comme pour attirer son attention. Cette litanie avait assez de force pour réduire au silence tous les autres bruits humains.

La foule se fendit, révélant au regard une femme à la longue tunique et aux cheveux blancs baignés de pluie. Elle entonnait un chant aussi ancien que l'histoire de son peuple. Fière et altière, Matriona semblait la regarder droit dans les yeux.

Teresa n'avait jamais rien entendu de pareil. C'étaient des sonorités ancestrales, issues d'un monde disparu, mais encore vivant, alternant avec des coups frappés sur du bois, qui faisaient écho depuis les profondeurs de la forêt.

Ils lui remirent en mémoire les paroles de Francesco.

La berceuse des morts.

46

Massimo avala un comprimé d'antalgique. Le premier n'avait même pas entamé le mal de tête qui le harcelait depuis des heures. Le deuxième l'avait rendu à peine supportable. Il espérait que le troisième lui permette enfin de garder les yeux ouverts et l'esprit clair. Il but une gorgée d'eau à la bouteille qu'il avait achetée au distributeur de boissons et se jura, pour la énième fois de la journée, de ne plus jamais toucher à une goutte d'alcool.

Le fait de se trouver à la morgue, devant la salle d'autopsie, ne l'aidait pas à tenir la nausée en respect.

Il consulta son portable. Elena ne l'avait pas appelé. Après lui avoir envoyé un message avec l'adresse de l'hôtel où elle logerait quelques jours, elle n'avait plus tenté de le joindre.

À moi de choisir, en conclut-il, caustique. Mais était-ce vraiment un choix ? Il ne le croyait pas. Quelqu'un d'autre avait décidé à sa place, depuis très longtemps.

— Marini, tu es vivant ? lança Battaglia depuis la salle d'autopsie.

Il secoua la tête. À un moment, ce matin, chez lui, il avait été sur le point de tout lui raconter. Mais à présent, le commissaire était redevenue ce qu'elle avait toujours été : impérieuse et anguleuse.

Il entra en priant pour que son estomac résiste au moins encore deux heures.

C'est juste un cœur, se dit-il en posant les yeux dessus, une boule de couleur foncée, de la taille d'un poing, sur la table d'acier. S'il y avait eu un corps à sa place, l'odeur aurait empesté l'air, le contraignant à battre honteusement en retraite.

Parri avait déjà commencé la dissection et, peu après, il confirma ce qu'il avait déjà expliqué sur les lieux de la découverte : l'organe avait appartenu à une personne âgée et il était en mauvais état, non seulement du fait de l'âge, mais aussi à cause de la détérioration des valves cardiaques, due à un défaut de fonctionnement.

— Les collègues sont déjà occupés à ratisser la vallée, précisa le commissaire. Nous saurons bientôt qui manque à l'appel.

— Je prélève des échantillons pour les analyses génétiques et toxicologiques, ajouta Parri en préparant les lamelles pour microscope, mais j'ai déjà procédé au test de la glycophorine : le résultat est positif.

La peau des pommettes de Battaglia se tendit.

— Si les organes réagissent à la glycophorine, expliqua-t-elle à l'intention de Massimo, cela signifie qu'ils étaient vivants au moment de l'ablation.

— Attends une seconde, l'interrompit le légiste. Quelque chose obstrue la valve mitrale.

Il alla chercher dans le récipient contenant divers instruments une pince au bec acéré et alluma la lampe frontale dont le bandeau lui ceignait le crâne. Peu après, il ressortit la pince de la cavité, un petit objet de couleur sombre serré entre ses branches.

Battaglia s'approcha en ajustant ses lunettes de lecture sur l'arête de son nez.

— Une brindille, remarqua Massimo. Elle sera tombée là avec le vent de la tempête.

— Elle était insérée en profondeur, objecta Parri. Le vent n'a pas de doigts.

— Quelqu'un s'est donc donné la peine de la placer là. Tu l'as dit toi-même, Antonio, rappela le commissaire. Il a pris soin de l'abriter des insectes et des larves. Il l'a préparé rien que pour nous : jamais il ne nous l'aurait présenté souillé.

Elle demanda la pince et Parri la lui tendit. Elle fit tourner la brindille sous ses yeux, l'approcha de son nez, à plusieurs reprises.

— C'est du thym, fit-elle, surprise. Un cercle tressé avec un rameau de thym.

— Bizarre, réagit le médecin.

Au regard qu'ils échangèrent, le commissaire et lui, on pouvait penser qu'ils avaient établi une forme de communication télépathique.

— Qu'est-ce que cela signifie ? s'enquit Massimo.

Concentrée, Battaglia se tritura les lèvres entre le pouce et l'index.

— Le thym est une plante médicinale utilisée depuis l'Antiquité, mais c'est aussi une plante aux pouvoirs magiques. C'est ce que croyaient les anciens, en tout cas. On l'utilisait dans les bûchers sacrificiels, pour son arôme intense. Ma grand-mère disait qu'en se promenant au crépuscule au milieu des plants de thym, il était possible de voir les esprits des morts.

— Il y a donc une dimension rituelle, souffla Marini.

— *Thymus, thymi, thymo, thymum*… C'est quoi la déclinaison, déjà ? s'interrogea-t-elle.

— Aucune idée.

— C'est du latin.

— J'avais deviné.

Elle écrivit en vitesse dans son cahier, puis releva brusquement la tête, comme si elle ressortait d'une apnée, pour replonger aussitôt dans ses pages.

— *Thumos, thumon*. En grec, continua-t-elle.

— Je n'étais pas très fort en thème, admit Massimo.

— Moi non plus, enchaîna Parri.

Battaglia renifla encore la brindille et la fit tourner entre ses doigts.

— La racine commune de ces termes est un élément linguistique intéressant, prolifique comme il y en a peu, expliqua-t-elle.

Le jeune inspecteur sentit son estomac sur le point de se rebeller.

— Vous avez vraiment besoin de vous la fourrer sous le nez ? Cette brindille se trouvait dans un cœur, lui rappela-t-il.

— En grec, *thuos* signifie sacrifice, offrande. *Thumiào*, brûler, procéder à une immolation. Enfin, *thumòs :* la colère, mais aussi l'état émotionnel de l'âme, un lien profond avec le corps, le sang et le souffle, continua-t-elle. (Elle paraissait soulagée de réussir à si bien se remémorer tout cela. Elle les regarda, Parri et lui, avec un sourire rusé.) Ce sont les éléments de cette mort, réfléchit-elle à voix haute. C'est l'assassin qui nous le dit : j'ai accompli un sacrifice pour une cause supérieure et je l'ai fait avec colère.

Elle referma son journal d'un coup.

— Il éprouve de la colère et de la peur, parce que nous sommes tout près de toucher à quelque chose qui, pour lui, est sacré.

47

Francesco Di Lenardo les vit arriver de loin, une main en visière pour se protéger les yeux des rayons du soleil qui descendait vers son nadir, et l'autre à la taille. Il dévala la corniche en pente raide avec une agilité inconcevable chez un homme de son âge. En quelques bonds, il fut sur la petite route, à peine assez large pour une voiture, qui serpentait dans le bois avec la montagne d'un côté et le précipice qui s'ouvrait sur la rivière de l'autre. Il arriva devant Battaglia et Marini sans aucun signe d'essoufflement.

— Marchons un peu, proposa-t-il quand elle lui expliqua la raison de leur présence.

S'ils voulaient entrevoir le visage de celui qui avait tué au présent, ils avaient besoin de s'avancer plus loin dans le passé. Ils avaient de nouveau besoin de ses souvenirs.

Ils cheminèrent un moment en silence, accompagnés d'ombres de plus en plus longues. Le jour se mourait avec une splendeur éclatante. Des nuées d'oiseaux dansaient dans le ciel en changeant subitement de direction avec une coordination qui ne manquait jamais de stupéfier Teresa. Ils synchronisaient leur vol comme s'ils formaient une entité unique.

Francesco s'arrêta pour les observer, à un endroit où la ligne des arbres s'interrompait avant de reprendre une dizaine de mètres plus loin.

— C'est une vieille piste coupe-feu, leur apprit-il.

Elle avait déjà rencontré des créatures comme lui, solitaires comme le vieux mélèze qui dominait la clairière, quelques virages plus bas. Elle savait qu'il avait besoin de temps, mais pas du temps humain. Besoin du rythme de la nature, comme le vol de cette nuée d'oiseaux, la lente traversée d'un escargot devant leurs pas, le tambourinement du pivert sur l'écorce d'un bouleau, derrière eux.

Insister, le presser, aurait eu pour seul effet de le faire se refermer sur lui-même.

Un jeune homme fit son apparition, surgi d'un sentier entre les arbres, sac au dos et T-shirt entortillé sur la tête en guise de couvre-chef. Il avait chaud, le visage déjà bronzé, bien que ce ne soit encore que le printemps.

Francesco le salua d'un bras levé. Il les rejoignit et fit les présentations.

— Lui, c'est Sandro, le fiancé de Krisnja, dit-il en l'étreignant.

Le jeune homme baissa un instant les yeux.

— Oui, enfin, je suis son petit ami, rit-il, peut-être parce qu'il se sentait gêné.

Teresa se rappelait l'avoir vu à la réunion de l'association.

— Sandro n'est pas né dans la vallée, mais c'est tout comme, fit Francesco. Il étudie pour devenir technicien forestier.

Le garçon leva une main, comme pour s'en faire un bouclier.

— Pour l'instant, répliqua-t-il, *il* consacre surtout son temps libre à recenser la circonférence des aulnes.

Ils rirent tous les quatre. Le garçon les salua et continua son chemin vers la vallée. Francesco ne le quitta pas du regard avant qu'il ait disparu derrière le virage.

— Beaucoup sont partis, fit-il à mi-voix, mais quelques-uns nous ont rejoints. Nous avons besoin de jeunes comme lui. Pour la vallée et pour la forêt. Un jour, Sandro veillera sur ces bois. Il apprend l'importance de ne pas repeupler les clairières, de laisser quelques arbres morts dans le sous-bois, un vrai festin pour les éboueurs de la forêt. Il comprend la nécessité de ne pas abattre les arbres qui servent aux animaux pour leurs premières rencontres et qui sont le prélude à l'accouplement. On lui enseigne comment protéger la biodiversité.

Les couleurs allaient en dégradé vers des tons brun-vert. Battaglia observa le sous-bois. C'était un monde immergé. La lumière raréfiée semblait posséder une consistance. Elle lui en fit part.

— Cela s'appelle la « lagune verte », expliqua-t-il. C'est la bande de rayonnement qui réussit à pénétrer la canopée et qui atteint le sol. Cela représente seulement trois pour cent du spectre, qui sont inutiles à la photosynthèse. Voilà pourquoi dans les forêts les plus épaisses, le sous-bois est un désert d'acidité.

— Vous connaissez bien ce monde, observa-t-elle.

— C'est le mien. Et puis les arbres ne sont pas si différents de nous. Ils nous ressemblent plus que nous ne voulons bien l'admettre. Ils représentent la quasi-totalité des formes de vie de cette planète : cela signifie qu'ils constituent un programme génétique de conquête et de survie presque parfait.

— Présenté comme ça, cela semble inquiétant, glissa Marini.

— En effet. Mais c'est aussi fascinant. Les plantes voient la lumière à travers des photorécepteurs disséminés à leur surface : des centaines d'yeux minuscules qui observent le monde, à leur manière. Elles distinguent le jour de la nuit, elles se réveillent et elles dorment, elles sentent l'approche d'une nouvelle saison rien qu'à l'allongement ou au raccourcissement des heures de lumière. Elles se reposent, comme toutes les créatures vivantes ; pendant la nuit, les arbres s'abaissent également de dix centimètres. Elles sont dotées du sens du toucher et de l'odorat : elles flairent les plantes hôtes à envahir et, à l'odeur, elles réussissent à comprendre si elles sont en bonne santé. À travers leurs racines, elles cèdent des substances nutritives à leurs voisines plus faibles et, si elles sont attaquées par des parasites, elles produisent des substances toxiques qui rendent le goût de leurs feuilles repoussant. Elles rivalisent et elles combattent. Elles ont de la mémoire et un sens de l'équilibre qui les fait croître droit, même sur un terrain en pente. Et elles communiquent, sur un mode que nous ne comprenons que partiellement.

Il s'accroupit, effleura le terrain.

— Et ça, c'est seulement leur aspect « de surface ». Les racines forment un réseau neuronal illimité. Tous les jours, elles prennent des décisions complexes.

— En fait de sens, il ne leur manque rien, remarqua Marini.

— On pense que les plantes sont sourdes, mais tôt ou tard la science nous contredira. Vous savez que Darwin lui-même a mené une expérience à ce sujet ? Avec le bon sens de l'époque, on le traita de fou. Darwin était un musicien passionné. Il décida de jouer de la flûte pour son *Mimosa pudica* et il attendit sa réaction. Évidemment, il n'y en eut aucune. (Francesco regarda vers le bois, l'air grave.) Peut-être qu'elles sont sourdes parce qu'elles n'ont tout simplement pas besoin de l'ouïe.

Il ramassa une poignée de terre dans sa main.

— Nous connaissons si peu de chose de cette créature verte qui respire pour nous, continua-t-il. Dans cette poignée de terreau survit un milliard de microbes, reliés entre eux par des interdépendances si complexes que l'homme n'est pas encore capable de les recréer en laboratoire. Voilà pourquoi ils meurent s'ils sont isolés de leur environnement.

Battaglia n'était pas intervenue dans sa démonstration. Elle avait repéré dans l'éventail des connaissances de Francesco une particularité qui aiguillonnait son instinct.

L'homme se redressa en secouant son pantalon pour en faire tomber la terre.

— Alors, vous êtes ici parce que vous croyez que l'histoire du cœur retrouvé à l'entrée de la vallée serait liée à la disparition d'Aniza ? finit-il par demander.

Teresa n'avait que sa conviction, fruit de son intuition autant que de son expérience. Ce que voyaient ses yeux, c'était un ensemble interconnecté de détails souvent invisibles à la plupart des gens, d'événements éloignés dans le temps et dans l'espace, pourtant reliés. Ce qu'elle voyait, c'était le tissu du Mal autour d'elle, un épiderme vivant et changeant, traversé de pulsions capables de faire communiquer ses foyers en apparence les plus distants. C'était un derme qui se déplaçait au-dessus du monde et au-dessous de leurs sens.

— J'aurais tendance à le croire, oui, répondit-elle.

Francesco regarda l'horizon. Le ciel s'assombrissait. Au loin, on entendait un cerf bramer.

— Les vieux disaient que c'est l'esprit du jour qui appelle la nuit, murmura-t-il. L'obscurité est vraiment descendue sur cette terre, mais pour l'heure, elle ne sera suivie d'aucune aube, rien que le doute et le désespoir.

Elle fit un pas vers lui.

— Quelqu'un dans la vallée se sent menacé, dit-elle.

— Pourquoi me regardez-vous comme cela ?

— Vous connaissez la botanique, peut-être aussi les messages cachés de la nature, souligna-t-elle.

— Qu'est-ce que cela signifie ?

— C'est à vous de me le dire : *thymus*, par exemple. Qu'est-ce que cela vous évoque ?

L'homme secoua la tête.

— Je ne vois pas où vous voulez en venir. Si j'en crois votre attitude, il semblerait que je devrais savoir quelque chose, mais si vous pensez que je pourrais avoir eu un rôle dans la disparition d'Aniza, vous êtes dans l'erreur. À moins que vous ne croyiez qu'un enfant de huit ans soit capable de tuer.

Elle ne répliqua rien. Elle percevait la colère silencieuse de cet homme qui s'était senti agressé et le malaise de Marini à côté d'elle, immobile et toujours à fleur de peau.

— Il me semble que vous conservez encore des objets personnels d'Aniza, dit-elle finalement.

L'expression du visage de Francesco répondit à sa place.

— Je voudrais les voir, je vous prie.

48

Les marches de bois grinçaient sous les pas de Marini. Devant lui, Battaglia et Francesco Di Lenardo le précédèrent au dernier étage de la maison. Le grenier était un espace au plafond sous pente. Une lucarne en occupait un côté sur toute la hauteur et offrait un aperçu extraordinaire sur la chaîne de montagnes des Musi. Les boiseries des murs en lames de pin de la pièce dégageaient des senteurs sylvestres, d'activités lentes liées aux saisons, d'un monde que Massimo connaissait à peine, mais qui semblait éveiller un écho en lui, comme une invitation à se souvenir.

Ce grenier n'était pas le débarras poussiéreux et négligé qu'il avait imaginé. C'était le cœur secret de la maison : un poêle en majolique attendait de la réchauffer l'hiver prochain et un fauteuil tapissé de velours était tourné vers le panorama. Quelques livres formaient une pile qui arrivait à hauteur de l'accoudoir. Un volume était posé sur le garnissage du siège. L'inspecteur le feuilleta. C'était un recueil de contes antiques avec les bois pour protagoniste. Un edelweiss séché faisait office de signet : les pétales argentés et pelucheux dépassaient des pages.

Il était sûr que c'était Francesco qui l'avait cueilli quand il était plus jeune, suspendu au-dessus du vide dans une crevasse où ces fleurs d'un blanc laiteux aimaient croître. Fleur de rocher. Elle avait entendu qu'on les appelait ainsi.

Il observa l'homme. Le profil ne trahissait aucune émotion, mais toute la gestuelle de son corps évoquait un orgueil blessé. Il se sentait soumis à un examen qu'il jugeait insultant.

— Ses affaires sont toutes là-dedans, dit-il en désignant un coffre richement ouvragé contre le mur.

Le bois poli et gravé à la main par un excellent artisan était décoré de motifs floraux peints d'un bleu violacé encore éclatant, malgré le passage du temps. De la gentiane.

Francesco se baissa, un genou au sol, et caressa le meuble.

— C'était le coffre pour la dot, se rappela-t-il. Toutes les jeunes filles en avaient un. Il était destiné à abriter leur trousseau nuptial et il sortait de la maison avec elles, le jour de leur mariage. On croyait la chose nécessaire pour former une nouvelle famille. Les femmes l'héritaient de leur mère, qui elle-même l'avait reçu de la sienne. Ce coffre voyageait dans l'histoire, avec quantité de femmes. Celui-ci a plus de trois cents ans.

Il tourna la clé dans la serrure et resta immobile, comme incliné devant ces souvenirs.

— Excusez-moi, murmura-t-il. Je ne l'ouvre pas souvent et je ne le fais pas volontiers.

— Prenez tout le temps qu'il vous faut, dit Battaglia.

Elle s'était radoucie, car la douleur sincère qui émanait de cet homme l'avait touchée.

Elle était ainsi faite. Il lui arrivait d'être brutale, mais c'était uniquement pour tester les réactions de l'autre, découvrir ce qu'il ferait, poussé par la colère. Elle mettait à l'épreuve, elle sondait, en procédant par piqûres fulgurantes, parce qu'elle savait bien, plus que quiconque à vrai dire, que l'être humain passe son temps à feindre, tous les jours de son existence : par paresse, par habitude, par convention, par appât du gain. Ou simplement pour survivre.

Francesco souleva le couvercle, et Massimo entrevit une date gravée : 1706. Pour des générations de femmes, ce coffre avait conservé des objets divers, liés par un unique fil conducteur, leur rêve d'amour. Il ferma un instant les yeux. Il aurait voulu s'éloigner de ce lieu qui se remplissait de significations amères pour lui, mais en même temps il sentait qu'on le prenait par la main pour un voyage qui, pour la première fois, l'amenait à croire qu'il y avait encore un espoir.

C'était Aniza qui l'emmenait avec elle, et par instants son visage se confondait avec celui d'Elena.

Quand il les rouvrit, Francesco serrait entre ses mains un vêtement blanc, semblable à celui qu'ils avaient vu dans la pension de Matriona. Les clochettes cousues à la ceinture tintèrent légèrement.

— Notre tenue typique, expliqua-t-il. Ma femme et moi n'avons jamais eu d'enfants. Cela me plairait qu'un jour Krisnja puisse l'avoir, pour son mariage. (Il sourit.) Mais les jeunes d'aujourd'hui ont d'autres goûts, je crois. Et c'est normal.

Il la replia avec soin et la reposa par terre. Il prit une photo et la main qui la tenait tremblait. Il la leur tendit aussitôt, presque comme s'il ne voulait pas la voir.

— Ici, c'était Aniza qui la portait. Je crois que c'était pendant la fête du printemps, peu avant sa disparition. Elle devait se produire dans le *Kölu*, la « danse en cercle ».

Teresa Battaglia la lui prit des mains et l'étudia longuement.

— Et là ce sont ses travaux de broderie, continua Francesco en ouvrant une corbeille de couture. Il y en a certains qu'elle venait à peine de terminer, d'autres qui resteront inachevés à jamais.

Le commissaire passa la photo à Marini et regarda dans la corbeille en osier. Il s'approcha lui aussi et sentit son cœur se serrer. Aniza avait confectionné de minuscules chaussons de nouveau-né. Les couleurs étaient celles des prés verdoyants au printemps, celles des pétales de calendula et de bleuet.

Il dut s'éloigner. Les propos qu'échangeait Francesco avec le commissaire se muèrent en un brouhaha indistinct.

Il serra fort la photo entre ses mains, avant de trouver le courage de la regarder.

Aniza le fixait, depuis cette image en noir et blanc. Aussi pure qu'une jeune mariée, au milieu des herbes hautes d'un pré. Le soleil allumait les volants de la robe en créant des jeux de transparence. Elle avait piqué des fleurs dans ses cheveux. Quelques mèches voletaient autour du visage, sous une brise cristallisée en une vague éternelle. Le sourire qui lui plissait les lèvres était à peine esquissé. Une main était en suspens, en un geste ébauché, comme si elle allait la porter au visage, peut-être pour attraper une mèche et la glisser derrière l'oreille.

Ce fut pourtant la position de l'autre main qui le frappa, comme un coup soudain à la poitrine : elle était posée sur le ventre, elle l'enveloppait comme une conque.

Massimo avait déjà vu ce geste protecteur, instinctif. Elena avait eu le même, la nuit d'avant.

Son regard fila vers le trousseau pour nouveau-né, dans la corbeille. Il en eut le souffle coupé. Ce trousseau n'était pas pour une amie.

Il eut envie de marcher, de prendre le commissaire à part, de la regarder dans les yeux, ses yeux étonnés, et d'approcher le visage de son oreille, mais c'était comme si quelqu'un d'autre agissait à sa place.

— Elle était enceinte, chuchota-t-il.

49

20 avril 1945

Aniza s'avançait dans le bois du pas d'une épouse, le sentier herbeux était la nef qui la conduisait à l'autel, et les troncs des chênes centenaires, les piliers du temple. Le village n'était désormais plus qu'un clocher qui pointait derrière elle, derrière les plus hautes cimes des épicéas. Au-dessus de sa tête couverte, les branches des noisetiers, des acacias et des chênes rouvres s'unifiaient en architraves tortueuses et imposantes. La galerie de feuillage au fond si sombre était un passage vers une nouvelle vie.

La jeune fille fit volte-face pour regarder son passé. Elle observa la ligne du soleil qui remontait rapidement sur la sphère avec la rose des vents ornant la flèche de l'église. Quand l'ombre l'engloutit, elle posa la corbeille d'ouvrage dans l'herbe et continua son chemin dans la profondeur de la forêt.

Le chant d'une femme s'éleva du village et accompagna ses pas. Ce chant montait au ciel comme des volutes de fumée. Il serpentait en ondoiements et se propageait vers la vallée. La voix racontait dans la langue de ses ancêtres les activités vespérales de la famille. C'était une manière de prendre congé du jour, un salut à la nuit qui allait s'imposer, assorti d'une prière, pour qu'elle n'apporte pas avec elle les fantômes qui, avec l'obscurité, surgissaient du brouillard de la montagne, mais uniquement des songes bénéfiques et la rosée qui désaltérerait les cultures.

De l'autre côté du pont au-dessus du *Wöda*, une autre femme répondit à l'appel et les deux voix se cherchèrent, portées par le vent qui se levait au crépuscule depuis le lit du torrent. D'autres les suivirent, plus lointaines. C'étaient « les mères de la vallée », celles qui avaient mis au monde plusieurs enfants. Génitrices de femmes devenues des mères à leur tour.

Aniza entonna cette litanie dans un murmure et une main vint caresser son ventre encore plat. Bientôt, la vie le ferait grossir et l'arrondirait comme un petit monde au centre de son univers. Au chant vint s'unir la mélodie primitive du bois : c'était comme un son de flûte, quand le vent s'insinuait dans les branches sèches et creuses des troncs abattus.

Aniza leva les yeux vers le ciel. Entre les ramures, elle entrevit une Vénus resplendissante. Sur une branche, une chouette effraie au plumage argenté prit son envol avec de puissants battements d'aile. C'était l'esprit de la nuit, appelé par le brame du cerf mâle qui dominait le territoire sur les pentes des Musi.

Elle remercia la Sainte Mère pour ce bon augure. Elle cueillit les anémones rose pâle qui marquaient le chemin et, avec un ruban, elle en fit un bouquet nuptial.

Le chant s'acheva. Maintenant, les portes des maisons étaient fermées, les bêtes se reposaient dans les étables. La flamme brûlait dans les lampes et on avait déposé les petits dans leurs berceaux.

Elle se prépara à attendre, et son cœur battait plus vite.

Il allait la rejoindre.

50

Teresa sortit bouleversée de la maison de Francesco, comme si elle émergeait d'un miroir d'eau épaisse. Elle y avait entrevu le reflet d'une vie mise à mort et cela avait été douloureux, mais maintenant elle devait se confronter à un nouveau drame. Si l'intuition de Marini était juste, il y avait dans le passé une autre victime : un enfant jamais né.

L'inspecteur était éprouvé. Le tourment lui durcissait les traits et lui donnait un regard fiévreux.

— Elle était enceinte, l'entendit-elle répéter, ou peut-être était-ce seulement le vent qui s'était levé. Et quelqu'un l'a tuée.

Battaglia aurait voulu réfuter ses propos, mais quelque chose l'en empêchait. C'était une main désincarnée qui lui serrait la gorge. Encore son inconscient, qui lui soufflait de ne pas détourner les yeux, de ne pas nier ce qu'elle savait déjà être la vérité et de suivre ce chemin jusqu'à la fin.

Au pied de la colline, une silhouette connue s'éloignait d'elle, escortée par un chien. Ils virent Krisnja disparaître entre les arbres.

— Je veux lui parler, fit le commissaire.

Ils descendirent la pente à leur tour. L'inspecteur l'appela, la jeune fille se retourna et sourit quand elle les reconnut, mais dès qu'elle vit leur expression, son visage s'assombrit. Son regard passa des deux policiers à la maison de son oncle.

— Il est arrivé quelque chose ? demanda-t-elle, alarmée.

— Rien de nouveau, la rassura le commissaire, mais tant que nous n'aurons pas découvert ce qui se passe dans la vallée, ce n'est pas très sûr de s'aventurer seule dans le bois, surtout à la tombée de la nuit.

Krisnja se tourna vers la forêt. Au-delà de la hêtraie, après le pont et tout au fond, dans le premier virage, c'était là qu'avait été retrouvé le cœur. Ils ne savaient pas encore à qui il appartenait, mais Teresa était sûre qu'ils sauraient bientôt quel nom et quel visage rechercher. Dans la vallée, la nouvelle avait circulé de maison en maison. Tous, ils s'étaient proposés d'apporter leur aide. Personne ne restait les bras croisés. Les portails de ferme s'ouvraient, on contrôlait les granges et les hangars des équipements. La police continuait de ratisser les lieux.

Krisnja croisa fermement les bras.

— Nous ne sommes pas habitués à nous sentir en danger, dans le coin, dit-elle en se tournant de nouveau vers eux.

Le commissaire perçut son désarroi. Ce paradis venait d'être contaminé par une mort violente. La terre s'était désaltérée de ce sang et elle ne serait plus jamais la même.

— Nous sommes allés chez ton oncle, rapporta-t-elle, pour changer de sujet. Nous avons vu les objets ayant appartenu à Aniza.

Elle les regarda avec ces yeux si particuliers qui venaient du passé, d'Aniza, d'un héritage millénaire. Elle était fille de sa lignée, sans équivoque possible.

— Il ne les a jamais montrés à personne, dit-elle. Ça lui fait trop mal.

Battaglia chercha les mots les mieux adaptés.

— Leur lien était très fort, approuva-t-elle. J'ai rencontré peu de douleurs aussi durables, aussi intactes, comme si le drame était encore récent.

Krisnja regarda les montagnes, le vent lui souleva les cheveux, découvrant son profil altier.

— Il a ses tourments, lui aussi, murmura-t-elle. C'étaient des jours maudits. Ici, personne ne réussit à se libérer du passé.

— La disparition d'Aniza aura été une tragédie qui a bouleversé la quiétude de la vallée, fit observer Battaglia.

La lumière dans les yeux noirs de Krisnja eut un frémissement. Le temps d'un instant, elle s'était éteinte.

— Cela n'a pas été l'unique tragédie, répliqua-t-elle. Francesco ne vous a rien dit ?

51

Francesco avait menti. La guerre ne s'était pas retirée en rampant loin de la vallée sans imprimer dans la terre résiane un sillage de mort et de dévastation. Et des fruits de la terre ses habitants s'étaient nourris, baptisés à jamais par le sang innocent versé. Krisnja leur avait fait le récit d'un événement dramatique, qui avait profané pour toujours la sacralité de ces lieux : une exécution à laquelle les envahisseurs avaient eu recours, à titre d'avertissement aux habitants de Resia. Une vengeance.

Teresa se demandait pourquoi, à sa question de savoir s'il y avait eu des faits sanglants liés à la présence des partisans dans la vallée, Francesco s'était tu.

— Ils se sont contentés de notre terreur et ils sont repartis, avait-il prétendu en leur racontant les représailles des nazis, après le coup de feu tiré par le fusil d'un partisan.

Le commissaire l'avait noté dans son journal. Non pas une note brève, mais la phrase précise, comme si elle avait su que d'ici peu ces propos seraient comme une main lui indiquant la direction où regarder.

Peut-être n'aurait-elle rien trouvé, mais d'expérience elle savait que les personnes mentent sur des détails en apparence insignifiants pour deux motifs : c'était soit pathologique, soit une volonté délibérée de cacher certains secrets.

Elle avait décidé de ne pas se présenter tout de suite à sa porte pour lui demander des éclaircissements. Elle voulait se rendre chez lui avec davantage de cartes en main. Elle voulait le laisser se sentir en sécurité et voir quels seraient ses prochains agissements.

En revanche, elle se sentait poussée à accomplir une autre démarche, avant que la nuit ne tombe et n'apaise les épreuves du jour.

— Tu t'en sens la force ? demanda-t-elle à Marini.

À ses côtés, il opina.

Ils sonnèrent à la porte de Raffaello Andrian.

Un violon ? demanda peu après le jeune homme en entendant ce qu'elle était venue lui demander. Je ne me souviens pas d'avoir jamais entendu dire que mon oncle en ait possédé un, et encore moins qu'il en ait joué.

Elle garda pour elle l'information de l'empreinte étrangère relevée sur le tableau.

— Il ne vous vient rien à l'esprit qui puisse le relier à cet instrument ? demanda-t-elle. Ne serait-ce qu'un vague intérêt, un ami qui en jouait…

Le garçon réfléchit.

— La seule chose que je puisse dire à ce propos, c'est que les Andrian vendent depuis des décennies le bois qu'on utilise pour faire des caisses de résonance.

Nous sommes peut-être les seuls qui restent, en Italie. Je n'ai pas connaissance d'autres grossistes en activité.

— Vous pourriez être plus explicite ? intervint Massimo.

— C'est le bois que l'on tire de l'épinette rouge. Plutôt rare. Nous avons la chance d'en avoir une forêt millénaire tout près d'ici, à la frontière entre l'Autriche et la Slovénie. C'est la seule essence avec laquelle on peut fabriquer un instrument à cordes de qualité. L'arbre doit avoir au moins deux siècles, et avoir eu une croissance lente et régulière. Vous imaginez ce que cela signifie, une telle constance dans un écosystème aussi changeant qu'une forêt ? C'est un petit miracle.

— J'imagine qu'une essence de ce genre est nécessaire à la qualité du son, remarqua-t-elle.

Raffaello Andrian opina.

— Au terme d'un long conditionnement, qui demande beaucoup de patience, la résine du bois séché se transforme en cristaux le long des parois des vaisseaux lymphatiques : ce sont véritablement les tuyaux d'orgue de la nature. C'est le bois qui résonne, qui chante pour nous.

Elle l'avait écouté, fascinée, mais doutait que cet exposé puisse lui fournir une piste à suivre. Elle devrait chercher ailleurs.

— Votre oncle, comment va-t-il ? s'enquit-elle, navrée de ne pas lui avoir posé la question avant.

Le jeune homme se rembrunit.

— Vous avez ravivé des souvenirs qui auraient peut-être dû rester enfouis. Je ne l'ai jamais vu dans cet état.

— Il est souffrant ?

— Non, commissaire. Ce n'est pas de la souffrance. C'est…

— Une haine puissante, acheva-t-elle.

— Une haine puissante, oui.

Elle sortit de son sac l'objet que Francesco, après beaucoup d'insistance, les avait autorisés à emporter avec eux, le soustrayant à ses souvenirs. Elle connaissait le fardeau de la douleur dont cet objet était porteur. Elle vivait avec jour et nuit depuis trente ans.

Au fond, il est à lui, avait-elle pensé. Il appartenait autant à Alessio Andrian qu'à Aniza.

Elle le montra à Raffaello, qui le regarda sans comprendre. Quand elle lui expliqua ce qui s'était produit dans le passé, du moins ce qu'ils supposaient, alors la signification de cet objet devint claire et ses yeux se mouillèrent. Il s'éloigna et regarda dans la direction de la chambre d'Alessio. C'était un laissez-passer, une invitation à faire ce qu'il fallait faire, après soixante-dix années de douleur et de solitude.

Elle s'avança dans le couloir. À chaque pas, elle se répétait intérieurement un mot, pour savoir quel serait celui qui exprimerait le mieux sa compassion. Peut-être n'y en avait-il pas d'adapté…

Elle passa devant le tableau où les deux enfants se trouvaient à côté du partisan, où le fusil tirait sur l'ennemi qui ne se doutait de rien. Il était impressionnant de réaliser qu'on ait pu retrouver la trace de cet événement dans le passé. Cela la perturbait. Francesco et Alessio avaient toujours été liés, depuis toutes ces années, par un souvenir commun.

Elle l'observa un instant, puis continua. Elle frappa doucement à la porte, une caresse plus qu'autre chose, et elle poussa le battant.

Andrian semblait être resté là où elle l'avait laissé. La position de son corps, la direction de son regard, toujours orienté vers le bois à présent plongé dans le noir. La pièce était éclairée par la lumière tamisée d'une lampe, il portait un autre pyjama, une couverture était étalée avec soin sur ses genoux. Quelqu'un lui avait cueilli des fleurs et les avait mises dans un vase sur la commode. Elles dégageaient un parfum de champs ensoleillés, de miel, de la vie qui allait de l'avant, à l'extérieur de ces murs. Elles apportaient la lumière dans l'obscurité, mais Teresa était sûre qu'il ne s'en était même pas rendu compte.

Elle s'agenouilla à côté du fauteuil roulant. Elle observa son profil, ces yeux au regard si inhumain dont elle comprenait peut-être maintenant le motif. Elle ne savait pas encore si elle avait devant elle un assassin, ou seulement un esprit malade, un homme qui avait choisi d'habiller son âme d'une tenue de deuil pour chaque jour qu'il lui serait encore accordé de vivre. Un deuil absolu, impitoyable de soi-même.

Elle observa ses mains. Des mains qui avaient peut-être tué, mais qui avaient peint le portrait d'Aniza avec du sang, c'était une certitude. Elles avaient touché ce cœur, mais comment ? Avec violence et acharnement, ou pour une ultime caresse ? Des mains qui, à ce qu'il semblait, n'avaient jamais joué du violon, mais qui étaient celles d'un artiste.

Elle glissa entre ses mains l'objet qu'elle tenait et comprit qu'il n'y avait pas une parole à prononcer.

Les minuscules chaussons couleur de primevère trouvèrent enfin leur place entre les doigts d'Alessio. C'était comme s'ils lui avaient toujours été destinés. C'était le souvenir d'un fils qui se blottissait entre les mains du père.

Derrière elle, elle entendit Raffaello sangloter. Elle imaginait son émotion et celle de Marini, parce qu'elle avait du mal elle aussi à se contrôler, à respirer.

Parce que Alessio pleurait, immobile comme la créature qu'il avait choisi de devenir. Le regard ne s'était pas abaissé sur ses cuisses, l'expression n'avait changé en rien. C'étaient seulement les larmes qui coulaient sur son visage, comme si c'était son âme qui pleurait.

La bague qu'il portait à l'annulaire luisait sous les gouttes qui la mouillaient. Teresa effleura cette main chaude et, en regardant les deux A gravés sur le métal, elle vit ce qu'ils étaient vraiment : il ne s'agissait pas des initiales d'Alessio Andrian, mais de celles de deux jeunes amoureux. Alessio et Aniza.

Cette bague était une alliance.

52

20 avril 1945

Dans la vallée, le chant des femmes s'éteignit avec le jour, mais il en restait quelque chose en suspens dans la forêt : une vibration sourde, comme celle du vent dans la gorge d'un dieu. Son écho se répercutait dans les ravins et se prolongeait en beuglements qui se répercutaient à leur tour entre les crêtes au-dessus de la rivière. Les animaux répondaient aux « mères de la vallée », se reconnaissant avec elles un lien atavique qui unifiait toutes les formes de vie.

Puis le silence revint se poser sur le manteau boisé, mais il était différent de tous ceux que la forêt avait déjà connus : il était absolu. C'était l'absence de mouvement qui accompagnait le danger. Une présence avait violé les frontières invisibles des tanières et des territoires que les bêtes surveillaient. Ses pas étaient porteurs d'une frayeur immobile.

Le danger que les animaux avaient perçu ne grogna pas. Il ne hulula pas. Il n'avait pas de crocs au pourtour d'une gueule béante, ni de griffes capables de lacérer la chair des proies.

Il se manifesta avec une odeur humaine et une mélodie qui était à la fois tourmente et extase.

Des mains d'homme appuyaient sur les cordes du violon et maîtrisaient l'archet avec une fougue douloureuse. Elles semblaient possédées. La « mélodie du diable » surgit avec la lune du contour des montagnes, maligne et romantique, superbe et impétueuse. La légende racontait que des choses étranges se produisaient quand quelqu'un osait la jouer : des faits obscurs, la plupart du temps mineurs, mais d'autres fois sanglants.

Le violoniste imagina la caisse de résonance de l'instrument comme une porte ouverte sur les enfers et ces sons comme le cri de Lucifer au monde. Ce hurlement était aussi le sien.

Il jouait pour elle, qui ne le voyait même pas.

Il jouait pour elle, qui attendait l'amour au milieu des arbres.

Il jouait pour elle, et elle seule. Pâle Vénus, astre ardent. Maîtresse de son cœur maudit et privé de paix.

53

Cette enquête est un voyage à l'intérieur de moi-même. Je vois ce que j'étais et que je ne serai plus. Ce que je suis devenue et ce que je deviendrai. C'est une confrontation de chaque instant avec la douleur qui m'a détruite, puis forgée, et avec la peur d'un avenir bien trop proche.

Cette enquête, je ne parviens pas à la lâcher. Elle est mienne, dans tous les sens du terme, avec son poids de souvenirs et de tourments. C'est une chose que je dois faire, avant que mon hiver n'arrive. Je sens déjà l'automne, en avance : moi aussi, comme la nature, j'ai besoin de me retirer dans l'essentiel.

Si je croyais au karma, au destin et à la magie, je dirais que cette enquête m'attendait.

La Nymphe endormie, *Aniza et Alessio m'attendaient.*

Le gravier crépita sur le carreau de la fenêtre. Teresa ne se leva pas du divan.

— La porte est ouverte, s'écria-t-elle.

Le premier à entrer fut Smoky, tout joyeux et remuant la queue. Il vint la saluer en sautant sur ses genoux. Il la reconnaissait à présent comme une amie. Blanca le suivit de près. Elle s'orientait grâce à une canne pour non-voyant. C'était la première fois que Teresa la voyait avec.

— Tu devrais fermer à clé, la nuit, conseilla la jeune fille.

Ses doigts glissèrent sur la porte et trouvèrent à tâtons ce qu'ils cherchaient. La clé tourna dans la serrure.

— Qui serait assez idiot pour venir voler dans la maison d'une policière ? dit Teresa en reposant le livre qu'elle lisait. (Elle retira ses lunettes de lecture.) Explique-moi pourquoi tu ne frappes jamais.

Blanca chercha le divan et s'assit.

— Peut-être que je ne me sens jamais attendue.

— Moi si, je t'attendais.

— J'ai le sentiment de moins déranger, comme ça.

C'était un aveu plutôt profond et la jeune fille ne s'en était même pas rendu compte. Elle entrait par-derrière dans la vie des autres, peut-être parce qu'on ne lui avait jamais appris qu'elle pouvait elle aussi y accéder par l'entrée principale.

Il y avait en elle quelque chose de naïf, de sauvage, qui attendrissait le commissaire.

— Alors, fit Blanca, quelle serait cette proposition indécente ?

Battaglia s'installa plus confortablement dans le divan, un bras sur le dossier et une jambe repliée sous les fesses.

— Une battue pour retrouver un corps, dit-elle. Dans un bois. On a tué quelqu'un, récemment. Vous allez devoir rivaliser avec les conducteurs-chiens de la brigade canine qui se chargent des fouilles.

— Ah.

— Ils ne sont pas si futés que ça.

Blanca se leva d'un bond. Puis elle se laissa retomber.

— Tu rigoles ! s'exclama-t-elle. Ils sont exceptionnels.

C'était vrai, mais le commissaire savait que pour Blanca et Smoky, et pour leurs amis qui pratiquaient avec passion la détection de restes humains, c'était une occasion unique de se mettre en valeur et de surmonter les résistances du préfet.

— Smoky n'est pas un chien chercheur de cadavres, je te l'ai dit, protesta la jeune fille. S'il faut chercher du sang, ou un morceau de corps, alors là, oui. Mais un cadavre entier, s'il n'est pas enterré, c'est autre chose. Les odeurs changent.

— Pourtant, tu disais qu'il connaissait la cadavérine, objecta Teresa.

— Oui, mais ce n'est pas sa spécialité. Et s'il échouait ?

— Je ne crois pas qu'il en sera vexé. Et toi ?

Blanca baissa le visage.

— Moi, peut-être un peu. C'est mal ?

— Non, pas du tout, mais je suis certaine que tu ne risques rien.

C'était vrai aussi, autrement elle ne le lui aurait jamais demandé.

Blanca sembla prendre ses propos en considération.

— Si jamais tu te trompes, cela te retombera dessus, pas vrai ?

— Ce n'est pas un problème, crois-moi.

— Mais…

— J'ai besoin de toi, et de Smoky. Je veux une collaboration suivie et pour l'obtenir je dois faire en sorte que les autres croient en vous. Je ne veux plus m'adresser à des équipes extérieures, je veux créer la *nôtre*. Cela m'ennuie de te demander quelque chose qui te semble si difficile, mais je ne le ferais pas si je pensais que tu n'en étais pas capable.

Elle n'ajouta pas que sauter ainsi le pas lui ferait du bien. Blanca avait besoin de croire en elle, mais pour cela il fallait que quelqu'un d'autre croie d'abord en elle. Elle avait besoin qu'on lui fasse confiance, et Teresa était toute disposée à la lui accorder.

— Le rythme, murmura alors la jeune fille. Si tu veux nous utiliser, ce ne sera pas le même que celui de la police canine.

— Le rythme ne sera pas un problème, promit-elle.

Ce serait elle qui tiendrait lieu de bouclier entre Blanca et Albert. Elle amortirait tous les coups bas du préfet.

— La différence entre un chien détecteur de restes humains et un chien chercheur de cadavres, c'est la technique de recherche, expliqua Blanca. Si tu dois retrouver un cadavre dans un bois de grande superficie, il te faut un chien de recherche en surface, un chien qui avale des kilomètres. Avec la détection, au contraire, tu as un chien qui sonde systématiquement ou sur une indication précise chaque centimètre de terrain et qui trouvera tout, de la minuscule goutte de sang jusqu'au plus gros morceau.

— Gros comme le Sac d'os ?

Blanca acquiesça.

— Oui, comme le Sac d'os, et jusqu'à des sépultures de corps entiers. Un chien de détection a besoin de beaucoup de temps pour considérer qu'une zone a été traitée, mais rien ne lui échappe.

— Vous aurez tout ça. Alors, c'est oui ?

Blanca caressa Smoky.

— Quand nous avons commencé par nous exercer avec le placenta, nos camarades d'équipe et nous, nous avons essayé d'en cacher un petit pot entier. Cela équivaut à un cadavre, tellement ça pue. Les chiens se sont tout de suite dirigés vers la source de l'odeur. Je crois qu'il pourrait se produire la même chose avec un cadavre en décomposition. (Elle releva le menton.) C'est oui.

Teresa sourit.

— J'en suis heureuse. Merci. (Elle tendit le bras pour prendre une brochure sur la table basse.) Je ne t'ai pas tout dit. Le corps que vous devez rechercher n'est pas entier, mais je n'ai pas les moyens de savoir s'il est en morceaux, s'il a été enterré ou même abandonné à ciel ouvert. Il en manque seulement une partie.

Elle ouvrit le dossier et le lui lut.

— Le cœur, murmura Blanca, quand le commissaire eut terminé.

— On le lui a retiré, oui.

Battaglia lui remit une éprouvette que Parri lui avait préparée.

— Je ne savais pas si cela pourrait te servir, alors…, dit-elle.

Blanca la lui prit, la fit tourner entre ses doigts. Elle devina aussitôt quel en était le contenu.

— Je n'ai jamais eu un petit morceau de cœur comme ça entre les mains, soupira-t-elle. D'habitude, Smoky n'a pas besoin d'une odeur de départ. Il a en mémoire toutes les odeurs d'un corps sans vie : le placenta, qui comme je te l'ai expliqué en contient quatre-vingts pour cent, le sang à tous ses degrés de « vieillissement », du plus récent à celui qui est vieux de plus d'un an, les ossements, frais ou anciens. Et la cadavérine.

— Si ce n'est pas nécessaire…

La jeune fille ramena l'éprouvette contre sa poitrine.

— Oh, non ! Celle-ci, je la garde. Je veux essayer, s'empressa-t-elle de répondre. Quand ?

— Très bientôt. Tenez-vous prêts.

Teresa resta quelques instants silencieuse, puis elle lui fit promettre une chose.

— Trouvez-le, murmura-t-elle. Avant les autres.

Les yeux de Blanca semblèrent briller.

— Nous le trouverons.

— Tu ne seras pas seule à relever ce défi.

— Et toi non plus.

54

Une autre nuit s'était écoulée et un autre jour s'était levé. Teresa se sentait elle aussi comme ressurgie des cendres : brûlée, tant elle était fatiguée, et imprégnée d'une odeur de fumée. C'était la conséquence de ces événements qui la consumaient, même si on était loin de la splendeur du phénix renaissant.

Marini, à côté d'elle, n'avait rien non plus d'un soleil éclatant. Il ressemblait plutôt à une planète sombre placée sur une trajectoire de collision avec elle-même. Impossible ? Il était la démonstration du contraire.

Battaglia avait presque espéré qu'il l'appelle pour lui annoncer qu'il avait des affaires plus urgentes à traiter que de venir aujourd'hui, en dépit de toutes les règles et obligations. Mais il était là, déterminé à se faire du mal.

Ils venaient à peine de recevoir la confirmation officielle de la centrale, même s'ils le savaient déjà : sur le lieu de la découverte du cœur, on n'avait pu relever ni empreintes ni traces d'un ADN différent de celui de la victime.

Elle s'y attendait. La scène de crime était trop ordonnée, l'homicide et la mutilation du cadavre avaient été perpétrés ailleurs.

— Un travail impeccable, malgré ce geste pulsionnel, avait constaté l'inspecteur.

— Nous savons déjà qu'il a commis cet acte sous le coup de la peur, avait-elle répondu. Interrogeons-nous sur le pourquoi.

— Nous l'avons déjà dit : pour protéger un secret.

— Pas un secret quelconque. Un secret sacré. Mais d'où peut provenir une telle dévotion ? Enracinée au point de le pousser à rompre avec toutes les conventions sociales et à tuer pour la défendre.

Marini n'avait pas tout de suite répondu.

— De l'amour ? avait-il ensuite avancé.

Elle n'était pas du tout d'accord. Elle pensait à autre chose, un sentiment plus obscur, à certains égards inconscient et cosmique, mais elle garda cette hypothèse pour elle. Ils allaient entrer dans la maison située à l'extrémité du Val Resia.

Quelques heures auparavant, avec la confirmation de l'absence de traces, ils avaient aussi eu connaissance de l'identité de la victime probable : Emmanuel Turan. Personne ne l'avait plus revu depuis deux jours et, pour ce nonagénaire, son absence de la vie du village était très insolite. Un parent avait appelé la préfecture pour signaler qu'il avait disparu du domicile. Emmanuel Turan avait laissé la porte du poulailler ouverte et, pendant la nuit, un loup était entré faire une razzia. Jamais il n'aurait commis une telle négligence, selon ce membre de la famille : il avait dû se passer quelque chose, avant la tombée de la nuit.

L'habitation était modeste, tout comme les abords. Les lieux évoquaient un isolement peut-être voulu, peut-être subi. Celui d'un esprit confus, aussi chaotique que le désordre qu'il s'était créé autour de lui. Un esprit enfantin, incapable de prendre soin de sa personne.

Quand Teresa devait effectuer une visite de police au domicile d'une victime ou d'une personne disparue, elle en éprouvait toujours un sentiment de peine.

Il subsistait quelque chose de la personne qui n'était plus là, qui flottait entre ces murs, sur la table où elle ne mangerait plus, sur le lit qui n'accueillerait plus ce corps fatigué, sur les objets du quotidien, dans les vêtements accrochés à l'intérieur des armoires.

Elle savait toujours, avec un frisson, si la personne avait cessé de respirer : c'était comme si le disparu revenait chez lui, sous la forme d'une odeur en suspens chargée de la nostalgie de tout ce qu'elle ne pouvait plus effleurer.

Elle ne s'était jamais trompée.

Il en fut ainsi pour Emmanuel Turan : elle comprit tout de suite qu'il avait cessé d'être.

— Si c'est lui la victime, il faudra des semaines pour inspecter la maison, entendit-elle dire Marini. Je n'ai jamais vu autant de désordre.

— C'est bien lui, la victime, murmura-t-elle en se déplaçant au milieu de ses affaires. (Elle voulait respirer cette douleur. C'était indispensable.) Ce n'est pas du désordre. Cela s'appelle de la « disposophobie ». C'est un trouble pathologique qui pousse celui qui en est atteint à accumuler des objets, c'est une pulsion incontrôlable. Cela peut s'associer au syndrome de

Diogène : incurie totale dans sa propre existence et sur sa propre personne, à des degrés divers. Tu finiras aussi comme ça, si tu continues de tourner le dos à ton enfant et à la femme que tu aimes.

— Commissaire…

Elle s'accroupit. Dans un angle de la cuisine, sous des quotidiens tachés datés de plusieurs années, il y avait un câble électrique d'où provenait un ronflement inquiétant.

— Fais couper le courant, ordonna-t-elle. Il ne manquerait plus qu'un incendie.

Ils suivirent le fil électrique jusqu'à la pièce voisine. Marini ouvrit prudemment la porte entrebâillée, mais il n'y avait rien de vivant qui les attendait à l'intérieur, rien que la célébration d'une solitude dévastatrice, l'autel érigé à une vie jamais tout à fait accomplie.

Le sapin décoré d'éclairages clignotants n'était plus qu'un squelette contre le mur nu. Il n'y avait plus trace de ses feuillages hérissés d'épines, même pas sur le sol. Le flocon rouge qui en coiffait la pointe était noirci par la fumée que le poêle avait relâchée durant de nombreux hivers.

— Il doit être là depuis des années, observa Massimo.

Elle l'écouta à peine, les yeux fixés sur les portraits de famille enfermés dans des cadres soigneusement exposés sur une crédence, l'unique meuble qui ne soit pas encombré de tout un bric-à-brac.

Elle se sentit gelée, et horrifiée en observant les visages souriants des enfants et des adultes.

Des visages tous différents. Des sourires factices, feints, comme pour des produits publicitaires. C'étaient des coupures de journaux, des publicités, toutes vieillies.

C'était la famille qu'Emmanuel n'avait jamais eue auprès de lui.

Un membre de l'équipe coupa enfin l'électricité. Ce spectacle grotesque s'éteignit en même temps que la décoration lumineuse. Il lui sembla qu'un suaire venait de retomber sur la souffrance la plus intime du vieillard. Il lui restait l'angoisse qu'elle éprouvait chaque fois qu'elle avait la sensation de n'être pas arrivée à temps pour interrompre l'action dévastatrice du Mal.

Parisi entra, essoufflé.

— Nous avons trouvé des traces de sang, dit-il. À la lisière du bois.

Du sang qui tachait la terre, parmi des fragments de verre et des glands, des pommes de pin odorantes et des empreintes de petites pattes légères.

Les pensées de Teresa filèrent vers une autre forêt, à peu de distance de là, vers un autre sang versé, à cette traque, de précipices en torrents translucides, qui remontait à quelques mois. À présent, ce n'étaient plus des étendues de glace qu'elle avait sous ses pieds, plus un froid mordant sur sa peau, mais la mort cette fois encore avait montré son visage le plus féroce.

— Il a dû faire ça ici, en conclut Marini. L'assassin l'a frappé et lui a retiré le cœur ici.

La boue avait effacé les traces, mais pas le sang. C'était une tache noire.

Elle dirigea le regard vers la forêt, vers la profondeur des bois.

— Le corps ne peut pas être loin. Il doit être caché dans le coin, quelque part.

— La famille a dit qu'Emmanuel Turan était de corpulence menue, de la taille d'un enfant de dix ans, usé par l'âge et par l'alcool. Il ne pesait plus très lourd, observa Massimo.

Elle grimaça.

— Cela représentait quand même un poids mort. Difficile à déplacer. Appelez la scientifique, ordonna-t-elle à Parisi et De Carli. Il faudra aussi avertir le préfet et informer le substitut Gardini.

Elle ne réussissait pas à détacher les yeux de cette tache noire. Il lui semblait en sentir l'odeur.

— Celui qui a tué a peut-être voulu cacher l'identité de l'homme qui était avec Alessio Andrian la nuit où Aniza est morte, reprit-elle. L'homme qui a laissé son empreinte sur la *Nymphe endormie* et qui n'a pas encore d'identité.

Marini s'approcha, il fixait lui aussi ce sang qui imprégnait la terre.

— Alors il suffit de le trouver, non ?

Elle acquiesça.

— Je pense savoir où, mais avant, il faut que tu ailles me chercher quelqu'un.

55

C'était un bar de village de province comme tant d'autres, dans la plaine rurale et plate. Teresa regarda autour d'elle : peu de maisons et beaucoup de champs, personne dans les rues.

— Ton informateur est fiable ? demanda-t-elle à Marini.

— Plutôt oui, répondit-il, sauf si vous voulez mettre en doute la crédibilité de Guglielmo Mori.

— Et qui est ce monsieur ?

— Le grand-père de Parisi.

Elle le regarda, incrédule.

— C'est lui la source ? Le parent d'un collègue ?

— Parisi affirme qu'il sait tout de la Seconde Guerre mondiale, et aussi de ses retombées. Vous vouliez ou vous ne vouliez pas…

— D'accord, d'accord.

— Il est certain qu'on trouvera l'homme que vous cherchez là-dedans. C'est un lieu de réunion, le siège d'une association.

Elle soupira. Elle ne lui demanda pas de quel type d'association : elle pouvait le deviner. L'intérieur était comme elle l'avait imaginé. Un vieux carrelage ébréché, des meubles vétustes et un banc qui avait au moins un siècle, le long du mur devant eux. Au plafond, des tubes au néon poussiéreux. Une télévision allumée retransmettait un reportage sur un tournoi de billard. Le son était baissé.

Toutes les tables étaient occupées par des hommes âgés plongés dans des parties de *briscola* et de *tressette*. À leur entrée, le brouhaha des voix s'atténua et quand les deux visiteurs communiquèrent un nom au patron, il cessa complètement.

— Vous êtes journalistes ? demanda l'homme.

À la manière dont il avait posé la question, Teresa devina que la curiosité médiatique soulevée par la découverte de la *Nymphe endormie* était arrivée jusqu'ici, et pour une tout autre raison que celle qui y avait conduit le commissaire. Les gens voulaient connaître l'histoire d'Alessio Andrian.

— Nous ne sommes pas journalistes, répliqua-t-elle.

— Alors qu'est-ce que vous voulez ?

La voix qui venait de parler provenait du fond de la salle, de la dernière table, celle située sous la télévision. Les visages de ces hommes étaient méfiants, à la limite de l'hostilité. L'un d'eux plus encore que les autres.

Elle comprit qu'elle venait de dénicher le témoin qu'elle cherchait. Elle s'approcha du vieil homme qui s'était exprimé d'une voix extraordinairement claire, à la tonalité impérieuse, nullement infléchie par l'accent chantant de la région.

Mariano Claut, nom de guerre Merlino. Presque quatre-vingt-dix ans, un physique costaud. C'était le seul ancien combattant encore en vie de la brigade d'Andrian, d'après les informations que Marini avait réussi à se procurer. Andrian mis à part, naturellement.

Ils s'approchèrent.

— Monsieur Claut, pouvons-nous vous parler ? s'enquit-elle.

L'homme abandonna ses cartes sur la table.

— Il me semble que la liberté de parole est garantie par la Constitution.

Ce n'était pas un mauvais début. Elle s'était attendue à une forte réticence, mais elle savait que les hommes comme lui avaient encore beaucoup à dire, à raconter. Ce qui ne signifiait pas pour autant qu'ils considéraient l'exercice comme plaisant.

Ses partenaires aux cartes quittèrent la table, comme s'ils obéissaient à une injonction silencieuse.

— Alors, qui êtes-vous ? reprit Claut.

— Commissaire de police Teresa Battaglia et inspecteur Massimo Marini, répondit-elle.

— Rien que ça, lâcha-t-il, aussitôt sur ses gardes. Si vous êtes venus me casser les couilles, la porte, c'est par là.

Elle s'assit.

— Je ne me laisse jamais impressionner par la grossièreté, assura-t-elle. Sur ce plan, je peux être encore pire que vous.

— Je confirme, opina Massimo en prenant place.

Claut sembla pris à contrepied. À celui qui ne connaissait pas son histoire, on aurait pu le prendre pour un chien qui aboie mais qui ne mord pas. Et pourtant, ces mains-là avaient tué. À plusieurs reprises.

— Nous sommes ici pour l'affaire de la *Nymphe endormie*, poursuivit-elle, allant droit au but. Je suis sûre que vous en avez entendu parler.

Il leva les yeux au ciel.

— Si j'en ai entendu parler ? s'emporta-t-il. Jusqu'à en avoir la nausée. Les journalistes me harcèlent. Ils veulent tout savoir sur Andrian, mais moi, je n'ai rien dit à personne.

— Je crains de devoir vous déranger à mon tour.

L'homme pointa l'index sur la table avec force.

— La Résistance a commencé ici, rappela-t-il. Sur cette terre. Et vous croyez pouvoir obtenir quelque chose de moi ? À l'âge où vous coiffiez vos poupées, commissaire, moi, je tuais des nazis.

Elle se pencha vers lui.

— Je n'ai jamais coiffé de poupées, confia-t-elle. Et je vous assure que si je suis ici, c'est pour donner la chasse au Mal, pas pour le réintroduire dans votre vie.

Le vieux partisan la jaugea du regard. Il semblait flairer le mensonge, le rechercher dans l'air qui flottait autour d'elle, mais il n'en décela aucun.

— Les noms de mes camarades sont restés cachés, je ne les révélerai jamais, rétorqua-t-il. Il y en a bien des noms qui ont déjà filtré, comme celui de votre peintre. À la fin de la guerre, quand tous les procès ont commencé, j'ai juré d'emporter ces secrets dans ma tombe, et à l'heure où je vous parle, je n'en ai plus pour longtemps. Tous ces procès contre nous, qui n'avons pas levé nos fusils pour conquérir, ou pour soumettre, mais pour que cette horreur cesse au plus vite.

Teresa pouvait imaginer ce qui le poussait à refuser toute confrontation : depuis soixante-dix ans, certains mettaient en doute le sacrifice auquel ils avaient consenti, lui et ses camarades, et les comparaient à ceux qui, pendant la guerre, se trouvaient dans le camp d'en face.

— Que craignez-vous encore ? s'étonna l'inspecteur.

— Je ne crains rien ! Ma vie est derrière moi. Mais ce monde que je quitte ne me plaît pas. C'est vous qui devriez faire attention, parce que les régurgitations fascistes, moi, je sais les voir, et elles sont là, sous nos yeux. Nous les avons tenus en respect pendant cinquante ans, et puis quelqu'un a dédouané le fascisme, parce que « ce n'est plus un danger, ils sont tous morts », n'est-ce pas ? (Il lâcha un rire amer.) Moi, je dis qu'ils sont encore plus nombreux qu'avant.

— Nous ne sommes pas ici pour juger qui que ce soit, assura-t-elle.

Mariano plongea deux yeux féroces dans les siens.

— Ah non ? s'écria-t-il. Et pourtant, je sais que vous êtes allés chez le prêtre slave. Les rumeurs circulent vite, dans le coin. Il a dû vous raconter que les partisans étaient les méchants de l'histoire.

— Je suis ici, maintenant, pour écouter votre vérité.

— La vérité, répéta-t-il en crachant presque ces mots. Laissez-moi vous rappeler les faits : celui qui choisissait la Résistance devait renoncer à tout et partir dans la montagne, crever de faim, de froid et de chaud. Au contraire, celui qui choisissait le fascisme, il portait un uniforme, il avait ses repas assurés et il se la coulait douce. D'après vous, qui combattait par amour de la patrie ? Nous n'avions pas un sou, rien. Nos poches étaient vides, tout comme notre ventre, mais cette pauvreté nous garantissait d'être libres, car ce que nous faisions, nous le faisions pour notre bien à nous et pour celui des autres. Les fascistes étaient « les enfants de la patrie » : une formule grandiloquente pour désigner la chair à canon qu'on expédiait au front. Nous, ils nous appelaient les « rebelles », s'exclama-t-il en riant. Nous étions des jeunots qui aurions mille fois préféré rentrer à la maison, en sécurité. Nous n'étions pas des démons.

— Depuis quarante ans, je suis le sillage de sang que la mort violente laisse derrière elle, expliqua Teresa. Je n'ai jamais rencontré de démons sur ma route, uniquement des hommes. C'est la guerre qui est un enfer.

Il la regarda avec une lueur inédite dans les yeux.

— Pourquoi je ne veux pas parler ? reprit-il. Parce que je suis fatigué d'être traité comme un assassin. J'ai perdu un camarade dans cette guerre, pendu à l'âge de vingt ans. J'en ai vu un autre qui avait la fièvre, dénoncé par des mouchards du village aux fascistes. Ils l'ont frappé, pendu par le cou à une grille. Ils lui ont coupé les testicules et ils les lui ont fourrés dans la bouche. Et ils y ont foutu le feu. J'ai vu une fillette fêter la fin de la guerre en grimpant dans un arbre dans la cour de la ferme, enfin libre de jouer. Les nazis qui se repliaient sont arrivés en tirant des rafales de mitraillette. Elle a réussi à descendre et à serrer sa maman : elle est morte comme ça, en l'étreignant dans ses bras. Dites-moi, commissaire, vous qui connaissez l'âme humaine, qu'est-ce qui peut transformer un homme en un assassin aussi violent ? susurra-t-il.

Elle pesa sa réponse, consciente de s'avancer en terrain miné.

— Depuis la Première Guerre mondiale, les psychiatres militaires se sont intéressés au comportement humain en période de conflit armé. Les statistiques nous indiquent que seuls trois soldats sur dix sont de bons tueurs. Les meilleurs possèdent toujours les mêmes traits de caractère : ce sont des sujets psychopathes, indisciplinés, agressifs et rarement accomplis dans les domaines personnels et sociaux de leur existence. Lors de leurs entretiens avec les psychiatres, ils avouaient que le plaisir de tuer était similaire à l'orgasme. Les phases psychologiques qu'ils traversaient n'étaient pas différentes de celles du tueur en série, y compris la déshumanisation des victimes. Dans la théorie, on les appelle des tueurs « cachés » et il y en a plus que vous ne le pensez. Ils chassent et ils massacrent en toute impunité, parce qu'en temps de guerre, tuer est un comportement qui devient socialement acceptable.

Mariano leva vers elle un regard transformé, douloureux.

— Nous aussi, nous avons tué, oui, murmura-t-il, mais nous ne torturions pas les fascistes, nous les regardions droit dans les yeux. C'est toute la différence.

Elle songea qu'il y avait toujours au moins deux vérités : celle du bourreau et celle de la victime. Et cet homme et ses camarades avaient été l'un et l'autre. Elle avait entendu la douleur du peuple transpirer dans le journal du père Jakob, et elle venait de l'entendre aussi à l'instant, dans les propos parfois étouffés par l'émotion de ce vieux résistant. Chacun racontait sa vérité, qui n'était pas absolue, comme toutes les expériences humaines.

L'Histoire ne l'avait pas absous, comme il semblait le désirer, et le commissaire n'était pas là pour ça, mais elle n'était pas davantage là pour le condamner. Elle était convaincue que l'Histoire un jour s'exprimerait d'elle-même. La nature, y compris la nature humaine, est orientée vers la recherche de l'équilibre. Quelqu'un a dit : « Le Bien l'emporte toujours sur le Mal. » Teresa préférait penser que la vie trouvait toujours le moyen d'éliminer ses rejetons les plus sanguinaires et les plus dangereux, et en général les moyens qu'elle employait étaient sans pitié.

Parce que la vie ne peut croître sur le terreau acide de la violence, de la peur et de l'oppression.

Elle songea avec émotion à un champ en friche non loin de là. Pour ceux qui n'en connaissaient pas l'histoire, il était difficile d'y reconnaître un ancien camp de concentration. Et pourtant les stèles à la mémoire de ce qui s'était passé étaient bien là, plantées dans la terre comme une mise en garde éternelle. Il n'y avait rien d'autre, à part de l'herbe : juste après la guerre, la population locale avait démantelé les bâtiments en dur et réutilisé les matériaux ainsi récupérés pour construire l'école maternelle du village. De l'enfer avait éclos une fleur. Telle était la leçon de l'histoire. Il fallait du temps, mais la nature apportait toujours ses remèdes aux absurdités de l'âme humaine. Elle les ensevelissait sous une vie nouvelle.

Dans une guerre, il n'y a que des perdants, songea-t-elle. *La faute se mêle souvent à l'innocence.* Ceux qui étaient nés après, comme elle, devaient à ceux qui l'avait vécue un respect silencieux.

Elle posa sur la table la photo de la *Nymphe endormie*.

— Je suis ici pour elle, dit-elle, pour découvrir comment elle est morte.

Mariano contempla le dessin.

— Alors c'est ça le portrait qu'Andrian avait fait dans la montagne.

— Le 20 avril 1945.

Le vieux partisan semblait perdu dans ses souvenirs.

— Je n'y étais pas, là-bas. Je me trouvais plus à l'ouest, pendant les derniers jours de la guerre.

Elle ne s'avoua pas vaincue.

— Mais vous connaissiez ce groupe de résistants. C'étaient vos camarades. Cette nuit-là, quelqu'un a joué du violon dans le bois où cette jeune fille a disparu. Les habitants de la vallée affirment que ce n'était pas l'un des leurs qui en jouait.

Mariano ne répondit pas, il ne releva pas les yeux, qui restèrent sur la Nymphe.

— Et alors ?

— Et alors dites-moi qui en jouait. Qui, parmi vos camarades, jouait du violon ?

— À quoi ça vous servirait ? Vous avez déjà condamné Andrian. Un partisan, un rouge : qui mieux que lui pourrait incarner le coupable ? Le remplacer par un autre nom ne changera rien dans la tête des gens.

Elle secoua la tête.

— Vous devez le faire, pour sa famille. Si c'est la vérité que vous voulez, c'est le moment de la dire.

Mariano tendit la main et effleura le dessin du doigt. Son geste ressemblait à une caresse. Puis il le repoussa vers Teresa.

— Les noms de mes camarades mourront avec moi, répéta-t-il.

— Vous vous rendez compte que nous parlons probablement d'une personne désormais décédée ?

— Cette jeune fille est morte elle aussi, et pourtant vous continuez à chercher.

Elle se leva, plus brusquement qu'elle ne l'aurait voulu, mais quand elle parla, sa voix était calme.

— C'est une question de justice, dit-elle, et je pensais la trouver ici.

Elle était déjà devant la porte, quand Mariano reprit la parole.

— Je ne vous donnerai pas de nom, mais je peux vous dire comment je m'y prendrais pour le trouver.

Elle se retourna pour le regarder.

— Nous sommes des chasseurs, vous et moi, lâcha le vieux résistant à voix basse, avec un air de respect dans le regard. Je vais vous indiquer où commencer votre traque.

56

Le sous-bois était parcouru d'une forme de vie étrangère, qui éloignait les grands mammifères et contraignait les plus petits à se terrer dans leurs tanières creusées sous la surface.

Les hommes venus de loin cherchaient des traces qu'ils n'étaient pas capables de repérer. Ce n'était pas leur milieu, ici. Leurs yeux n'étaient pas exercés à « voir ». Leurs oreilles étaient sourdes à l'écho de la terre que leurs pieds piétinaient : ils ne reconnaissaient pas le vide sonore d'une tombe ancienne, l'écho caractéristique du terrier quand le sol a été déplacé et reconstitué. Ils cherchaient une sépulture récente qui, même s'ils l'avaient trouvée, ne les aurait conduits à rien d'autre que ce qui restait de quelques misérables vestiges.

Le *Tikô Wariö*, en revanche, savait discerner ces choses. La nature pouvait vous enseigner son langage, mais il fallait vivre à l'intérieur, une vie entière, pour le comprendre.

Cette invasion, il l'avait crainte et en même temps il l'avait sollicitée. Elle était nécessaire. Ce serait peut-être une libération.

Le « féroce gardien » se limitait pour le moment à la contempler. C'était une ombre qui suivait les pas de la vieille chasseuse aux cheveux rouges et de son limier au regard inquiet.

C'étaient eux le vrai danger. La femme savait se repérer là où les autres se seraient perdus. Elle avait un don, elle aussi : elle voyait des choses qui n'étaient pas accordées à la plupart des gens. Elle voyait l'obscurité derrière la lumière de chaque âme humaine.

Et elle ne s'arrêterait jamais. Elle ne s'arrêterait jamais de chercher.

57

— Le diable semble nous indiquer le chemin à suivre. Marini essayait de prendre un ton de voix facétieux, mais quelque chose était venu fêler les dernières syllabes : la sensation peut-être d'avoir voulu entrer dans une histoire qui semblait manœuvrée par une main supérieure et malveillante.

C'était à cela que pensait Teresa, à rebours de toutes ses convictions d'incroyante et d'athée quand, devant le conservatoire de musique de Trieste, elle découvrit le nom illustre qu'il portait : Giuseppe Tartini, le père du « Trille du diable ».

L'institution, l'un des treize conservatoires historiques d'Italie, avait son siège dans le palazzo Rittmeyer, exemple splendide et froid d'architecture triestine, comme celle d'une Vienne miniature et changeante, en bord de mer. Le crépuscule l'allumait d'une lueur chaude et rosée, aux reflets enflammés qui vacillaient sur les grandes baies vitrées, éclats de ciel qui se dédoublaient pour les mouettes en plein vol. La rigueur habsbourgeoise allait de pair avec les volutes des chapiteaux et des cariatides.

En franchissant le seuil de l'édifice, elle eut encore une fois l'impression de cheminer avec les mots d'une histoire déjà écrite, qui avait connu un dénouement dramatique, très précisément en ces lieux. Les dernières lueurs du jour entraient à l'oblique et faisaient resplendir le marbre blanc des escaliers sur plusieurs étages, rythmés de galeries et de balustrades soutenues par des colonnades roses.

Sur le moment, elle se sentit incapable de continuer. Au fond de ses poches, ses mains étaient incapables de rester tranquilles. C'était curieux comme son esprit avait du mal à récupérer des fragments de vie récents et gardait au contraire bien présents des événements lointains. Peut-être était-ce son destin : se retirer sans cesse un peu plus dans le passé, redevenir enfant, jusqu'à disparaître.

— Ce palais a été le théâtre d'un fait sanglant, rappela-t-elle à Marini, d'une voix qui n'était qu'un chuchotement. Pendant la dernière guerre, c'était le siège du Deutsches Soldatenheim, un cercle de militaires allemands qui tenait lieu de cantine. L'endroit a été la cible d'un attentat à l'explosif qui a tué cinq soldats. Le 23 avril 1944, les représailles allemandes ont été atroces.

— Cinquante et un otages sortis des prisons du Coroneo ont été pendus dans les escaliers, continua à sa place une voix masculine.

Ils se retournèrent. L'homme était jeune et élégant. Les cheveux longs jusqu'aux épaules, la voix sans accent.

— Quand les rampes d'escalier n'ont plus suffi, continua-t-il, ils les ont pendus aux fenêtres, dans les couloirs, et finalement dans des armoires. Ils les ont laissés se balancer au bout d'une corde pendant cinq jours interminables, surveillés par la Guardia Civica : un avertissement à cette ville, pour qu'elle n'ose plus jamais relever la tête.

Teresa lui tendit la main.

— Commissaire Battaglia, se présenta-t-elle.

L'homme sourit.

— Luka Mendler, le directeur. Bienvenue.

Marini lui avait déjà parlé au téléphone et, quand il avait annoncé leur visite, il était volontairement resté vague sur le motif qui les amenait. Battaglia ne voulait pas livrer en pâture à la curiosité de l'opinion publique d'autres détails sur l'affaire, mais le moment était venu de lever le voile sur le mystère.

Mendler écouta son récit avec intérêt et gravité.

— Vous êtes donc à la recherche d'un violoniste qui cette nuit-là a joué dans le bois pendant qu'une jeune fille se mourait, fit-il.

— Pas n'importe quel violoniste, précisa-t-elle. Un instrumentiste exceptionnellement doué, assez talentueux pour être capable d'exécuter la sonate de Tartini, et de sublime façon. On nous a dit qu'il serait possible de retrouver sa trace ici.

En les écoutant, Mendler ne se départit pas d'une sérénité régalienne. Elle avait déjà croisé dans sa vie des musiciens de haut niveau, mais elle n'avait trouvé cette élégance intemporelle que chez les amoureux de la musique classique, qui avaient la disposition physique des danseurs et celle, mentale, de ceux qui croient en la liturgie. Fascinant.

— J'imagine que le conservatoire forme beaucoup d'artistes capables d'exécuter ce morceau, ajouta Marini.

Mendler nuança.

— Oui et non, inspecteur. Cela dépend de ce que vous entendez par « exécuter ». La sonate pour violon en sol mineur de Tartini est un morceau truffé d'embûches. Et, à celui qui ne connaît pas la musique, il les cache bien. En apparence, cette partition semble presque facile, mais je vous garantis que c'est au plan technique l'une des compositions les plus exigeantes jamais écrites. On dit que Tartini l'aurait conçue exprès comme un piège pour les autres musiciens. C'était une manière de leur dire : vous ne serez jamais aussi grands que moi. Le « Trille du diable » est comme le Mal, inspecteur : il cache bien sa vraie nature.

— Celui qui a entendu les notes tirées de ce violon était un homme du métier, si vous me passez l'expression, insista-t-elle. Un professeur de musique diplômé du conservatoire de Venise. Il a jugé cette exécution parfaite et il en est resté stupéfait.

Subitement, Mendler haussa un sourcil.

— J'aurais aimé être là pour l'entendre, alors.

— Vous ne croyez pas que ce soit possible ?

— Le terme que j'emploierais serait « improbable ». La nouvelle d'un talent pareil aurait dû nous parvenir, or personne ici n'en a rien su.

Elle y avait pensé, elle aussi.

— L'explication que je me suis donnée à ce sujet, dit-elle, c'est que la guerre a tout effacé. On pensait à autre chose alors, à survivre.

— C'est vraisemblable, finit par en convenir le directeur. Mais je crois malgré tout qu'il aurait laissé quelques traces. Des traces écrites.

Elle le regarda avec curiosité. Percevant son expression d'espoir, il lui sourit encore.

— Cet édifice n'est le siège du conservatoire que depuis 1954, mais la bibliothèque en conserve les archives historiques, qui ont été regroupées ici depuis d'autres endroits. Vous y trouverez certainement ce que vous recherchez. À supposer que ce violoniste si cher à Lucifer ait vraiment existé.

Dès que les portes de la bibliothèque Levi s'ouvrirent devant elle, l'enthousiasme de Teresa fut immédiatement douché. Ce ne fut pas le cadre somptueux qui la frappa, mais l'ampleur de la collection de littérature musicologique et des pièces anciennes que leur hôte leur décrivait à chaque pas.

Les archives historiques étaient infinies.

— L'inventaire n'est pas encore terminé, expliquait le directeur.

Le patrimoine documentaire du conservatoire n'était pas numérisé. Cela ne pouvait signifier qu'une chose : il lui faudrait appeler Albert Lona et mendier davantage de ressources à affecter à cette recherche. Jamais il ne les lui accorderait.

Elle s'arrêta. Marini se tourna vers elle, chercha son regard, et elle comprit qu'il partageait les mêmes perplexités.

Le soleil sombra dans l'Adriatique et une ombre froide s'abattit sur la salle.

Pour le moment, la chasse s'interrompait ici.

58

20 avril 1945

La musique venue du bois changea. Le son du violon serpentait entre les hêtres et les sapins, longea l'arête jusqu'à l'atteindre, elle.

Aniza frissonna, non à cause de la fraîcheur qu'apportait le soir, mais à cause de la sensation d'être observée.

Il ne lui avait jamais plu. Il la regardait d'une manière qui la mettait mal à l'aise, comme si elle devait lui appartenir, comme si Alessio n'était pas le maître de son cœur.

La mélodie semblait cheminer sur deux pieds humains, elle se déplaçait comme le vent d'est en ouest, elle s'atténuait parfois presque jusqu'à disparaître, mais ensuite elle revenait avec plus d'élan.

Elle imaginait le violoniste jouant de son instrument tout en déambulant dans la forêt qu'il avait désormais appris à bien connaître. Elle l'imaginait en train de penser à elle. Sous le clair de lune, il la désirait, elle en était consciente, et cela lui répugnait.

Sa main fila contre son ventre, et se referma autour. Ses lèvres susurrèrent de douces paroles de réconfort pour son petit, tandis que ses yeux scrutaient la lisière des arbres, dans l'attente de voir apparaître Alessio. Jamais comme en cet instant les battements de son cœur tourmenté n'avaient martelé aussi fort le désir de le revoir.

La musique s'interrompit et le silence qui suivit était anormal. Elle eut l'impression que la forêt avait cessé de respirer.

Quelques branches remuèrent et ce n'était pas le vent qui les secouait.

Aniza ne s'attendait pas à voir ce visage surgir de la végétation. Elle regarda au-delà, craignant qu'Alessio ne se montre d'un instant à l'autre, révélant leur secret, mais il n'y avait aucun signe de lui pour le moment. Alors elle sourit et lui tendit la main.

— Pourquoi es-tu ici ? demanda-t-elle dans la langue des ancêtres.

L'étreinte fut si forte qu'elle lui coupa le souffle. Si forte qu'elle lui fit mal.

59

Teresa Battaglia avait dû déposer les armes, pour aujourd'hui. Cela lui avait déplu. Elle ne se pliait jamais volontiers aux vents contraires.

Massimo avait vu l'irritation lui faire retomber la commissure des lèvres, lui redresser le dos dans un geste ultime de rébellion qui s'était fracassé sur le ton sec avec lequel Albert Lona avait rejeté sa requête. Un coup de téléphone bien trop bref : Marini était sûr que le préfet n'avait même pas donné au commissaire le temps de s'expliquer. Il ne s'intéressait pas aux faits et encore moins à l'issue de cette enquête. Il semblait surtout vouloir la défaite de Battaglia. Une fois encore, il se demanda quel accident malheureux les liait et, une fois encore, il ne sut que répondre. Une hypothèse, pourtant, se faisait jour dans son esprit. Il la repoussa avec force en montant l'escalier qui le conduisait à son appartement.

Il n'était pas non plus très simple de rentrer chez lui, même en faisant abstraction de ce cœur dans la chambre froide de la morgue qui attendait d'être réuni au corps d'où on l'avait amputé. Comme si les personnages de cette fable noire dont le passé avait entamé le récit n'avaient jamais existé, alors qu'au contraire ils étaient bel et bien réels.

Non, le plus difficile était de rentrer et de découvrir son intérieur vide, depuis qu'Elena était réapparue dans sa vie – pour disparaître ensuite. La fatigue ne suffisait jamais à dissiper la mélancolie.

Il déboucha sur le palier dans l'obscurité. Il nota dans un coin de sa tête de changer l'ampoule le lendemain matin, à la lumière du jour, mais à peine avait-il remarqué la chose que d'autres observations prirent sa place, soudain effritées par le craquement du verre sous les semelles de ses chaussures.

Quelqu'un avait cassé le plafonnier, telle fut sa pensée suivante, et ses sens perçurent tout à coup l'hostilité des ombres.

Cela n'aurait posé aucun problème, s'il n'avait été l'unique occupant de cet étage.

Et même dans ce cas, cela n'aurait posé aucun problème, si quelqu'un la veille n'avait pas suspendu un cœur humain à l'entrée du village où il enquêtait.

Il battit en retraite jusqu'à l'escalier, que venait lécher l'éclairage de l'étage du dessous. Il chercha son téléphone portable dans sa poche et activa la fonction lampe-torche. Il réprima son impulsion de sortir son pistolet de son étui, braqua le faisceau de lumière sur le cône d'obscurité et éclaira la pénombre.

Le palier était désert, mais les battements de son cœur accélérèrent quand même.

La surface foncée de la porte de son appartement luisait, comme si elle était liquide, et semblait couler sur les côtés.

Il s'approcha avec circonspection. De nouveau le verre craqua sous ses pas.

— Merde.

Une substance rouge sombre coulait jusqu'au sol, coagulée en fines rigoles. Il n'y avait aucune odeur, ou peut-être les sens de Massimo étaient-ils gelés. Quelques empreintes partielles marquaient le dallage jusqu'à l'ascenseur.

D'instinct, il chercha le numéro d'Elena dans ses contacts. Il dut s'y reprendre à deux fois avant que ses doigts ne réussissent à composer correctement la succession de chiffres.

— Comment ça va ? demanda-t-il avec impulsivité dès qu'elle décrocha.

Il y eut une légère hésitation à l'autre bout de la ligne.

— D'après toi, comment ça pourrait aller ?

Il tressaillit.

— Je voulais dire, est-ce qu'il s'est passé quelque chose d'étrange, du genre qui t'aurait effrayée, fit-il, expéditif. Quelqu'un qui t'aurait importunée.

Encore un silence.

— Personne ne m'a importunée. (Le ton était lapidaire.) Et ton enfant va bien, au cas où tu te poserais la question.

Elle interrompit l'appel sans rien ajouter d'autre, il resta quelques instants avec le portable collé à l'oreille, puis lâcha un juron. Ces derniers temps, il ratait tout ce qu'il entreprenait. Les mots étaient devenus si difficiles à choisir. Et certains impossibles à prononcer.

Bien sûr qu'il avait pensé à son enfant. Il y pensait à chaque fois qu'il respirait.

Bien sûr qu'il l'aimait. Voilà pourquoi il ne pouvait le garder auprès de lui.

De nouveau il se sentit parcouru d'un frisson, de la sensation d'un péril proche.

60

Le glucomètre lui fournit sa réponse, comme une sibylle technologique lisant les pronostics dans le sang. La minuscule aiguille du stylo à insuline injecta le médicament dans le tissu adipeux sous-cutané.

Elle resta immobile, regarda ses hanches, un champ de bataille depuis plus de dix ans. Des milliers de trous invisibles avaient transformé la peau en cuirasse.

Les blessures ouvrent des brèches, mais à force de se rapprocher, les bords se cicatrisent, épaississent et deviennent plus résistants. La biologie de la guérison passe toujours par un état inflammatoire et par ce remodelage. Le temps passant, le corps de Teresa s'était modifié avec elle : plus compact et plus pesant, plus épais, il se posait à chaque pas comme une ancre dans le fond de la mer. Sa silhouette pouvait paraître disgracieuse, mais en fait elle était plus avenante. Elle représentait sa manière de rester en ce monde, elle témoignait de sa faculté de survie.

Mais ce n'était pas valable pour toutes ses blessures. Les tissus du cœur – de son cœur *à elle* – restaient toujours déchiquetés. Les cellules de l'âme n'avaient pas créé des ponts de filaments au-dessus du vide.

Elle s'était retrouvée, différente, mais jamais guérie. Pourtant, quelque chose en elle était en train de changer. Un air frais soufflait par cette brèche et il lui semblait renaître, en dépit de tout.

Ce quelque chose portait un nom qu'elle avait rarement prononcé : elle préférait l'appeler Marini, comme un professeur appellerait son élève.

Partager son passé avec lui n'avait pas été un choix facile, mais ce choix l'avait en partie libérée : c'était comme se regarder soi-même et en éprouver de la compassion. Le pardon ne lui serait peut-être jamais accordé, mais la faute semblait plus supportable.

Depuis que Marini était là, elle se surprenait à respirer l'espoir. Non pas la sotte illusion de pouvoir guérir, mais une tension primordiale, celle de la nature qui vise la conservation de l'espèce, plus que celle de l'individu. Il en était ainsi pour elle : elle avait enfin l'impression que la brigade était au complet et qu'elle pourrait réaliser de grandes choses, après son départ. Massimo et Blanca étaient les derniers précieux rouages d'une mécanique unique en son genre.

Son grand-père lui avait enseigné que l'arbre qui sent arriver la fin produit plus de fruits au dernier état de sa vie, dans un effort extrême pour faire avancer l'espèce : elle était prête elle aussi à se donner tout entière à ses jeunes gens avant de disparaître, jusqu'à la dernière parcelle de connaissance péniblement et passionnément accumulée durant une longue carrière.

Elle se prépara à son rite solitaire du soir : elle choisit la musique, baissa les lumières. À son retour, une heure auparavant, cette maison ne lui avait plus semblé être la sienne : elle s'était sentie désorientée, comme si les coordonnées fixes de son existence avaient tout d'un coup changé de valeurs, bouleversant les équilibres. Mais cette sensation s'était estompée et elle avait accueilli le retour à la normale avec gratitude.

Elle se servit un verre de vin. Il était couleur rubis, avec un parfum de mûre, mais elle n'en avait pas encore trouvé qui puisse rivaliser au nez avec celui que faisait son grand-père dans la cave de sa maison de campagne. Ou peut-être était-ce seulement la douceur des souvenirs qui le rendait incomparable.

Elle fit pivoter le verre, en huma le bouquet. Elle en goûta une gorgée appuyée au plan de travail de la cuisine, en réfléchissant à ce qu'elle allait se préparer.

Chaque ustensile sur les étagères et dans les placards était marqué, différencié par une étiquette qui en portait le nom. Ainsi que chaque ingrédient. Sur le réfrigérateur était fixé un feuillet avec la liste des opérations à effectuer avant d'aller dormir. Vérifier d'avoir bien éteint le gaz figurait en tête de liste.

C'était une carte destinée à son cerveau : un parcours fléché qui l'aidait à ne pas se perdre, ou à se perdre le plus tard possible.

— Il ne me reste que ça : résister, murmura-t-elle, mais il n'y avait en elle ce soir-là aucune trace de commisération.

Quand un mort attendait que lui soit fait justice, elle mettait son propre sort de côté, et pour l'heure elle en avait deux dont elle devait s'occuper. Les recherches n'avaient rien donné pour le moment et l'attente était exaspérante.

Son regard se posa sur la table immaculée. La laque blanche brillait, pas une griffe n'en dégradait la surface. Elle s'était si rarement assise de la sorte pour prendre son repas qu'elle ne se rappelait même pas en quelle circonstance c'était arrivé la dernière fois. D'habitude, elle choisissait la table basse du salon, devant le canapé. C'est la raison pour laquelle elle remarqua tout de suite le détail qui n'y avait pas sa place.

Un cheveu, noir et épais.

Couché dans le sens de la longueur de la surface lisse, exactement au centre. Il s'enroulait légèrement sur lui-même, nerveux et irrégulier.

Il émanait une hostilité de ce filament long d'une trentaine de centimètres, car il n'aurait pas dû être là : il n'appartenait pas à la maîtresse de maison, et elle n'avait reçu aucun invité auquel il pourrait appartenir – à moins qu'elle n'ait oublié ? – mais surtout, il semblait avoir été mis là intentionnellement.

Elle ne le toucha pas.

La sensation qu'elle avait éprouvée en franchissant le seuil de son domicile lui revint en tête : l'atmosphère était différente, elle respirait l'insolite. Ce n'était pas seulement le parfum de ses objets, des plantes qui lui tenaient compagnie, du papier des livres, des tissus qui l'enveloppaient. Une odeur étrangère demeurait stagnante, presque souterraine. Son inconscient l'avait captée. La désorientation qu'elle avait ressentie était due à la perception que les choses n'étaient pas telles qu'elle les avait laissées.

Quelqu'un avait investi son territoire en son absence. Elle n'était peut-être pas seule.

Elle songea avec inquiétude à son pistolet de service. L'avait-elle enfermé à clé dans un tiroir du bureau ou bien était-il dans son holster, suspendu au portemanteau, à la portée du premier venu ?

Elle ne s'en souvenait pas.

Elle posa le verre. Le tintement du pied sur le plan de travail fut le seul bruit dans la maison. Elle s'en rendit compte à cet instant : la musique s'était arrêtée.

Elle passa au salon, la peur durcissait tous ses mouvements, les rendait ligneux. Elle aurait pu croire que sa maladie était la cause d'une réaction de paranoïa aussi aiguë, mais elle trouva la chaîne stéréo allumée : le CD avait été mis en pause et le voyant LED rouge clignotait, comme un signal de danger, sous ses yeux.

Jamais comme à cette minute elle n'avait espéré que les signes avant-coureurs de son Alzheimer se soient soudain faits plus agressifs et que ce soit elle l'intruse qui aurait laissé des traces aux endroits où elle s'était sentie le plus en sécurité.

Le holster pendait au portemanteau à côté de l'entrée, vide.

Elle scruta l'obscurité de la pièce attenante : son bureau. C'était là que se trouvait sa table de travail, son sac avec son portable et, peut-être, le pistolet.

Il devait être là, se dit-elle, mais il était si difficile de se souvenir d'un tel automatisme, qu'elle répétait tous les jours, depuis des décennies. L'avait-elle vraiment mis en sécurité dans ce tiroir, une heure plus tôt ? Ou était-ce la veille, ou le jour d'avant ?

Elle parcourut mentalement les mouvements à effectuer pour trouver l'interrupteur. Il suffisait d'allonger le bras un peu au-delà du seuil plongé dans le noir, à droite, et elle le sentirait sans difficulté sous ses doigts, mais il n'empêche que, pendant ces quelques secondes, elle abaisserait toutes ses défenses et quelqu'un pourrait l'agripper, l'entraîner dans le noir. Ou la surprendre par-derrière. Et lui faire du mal.

Elle tendit la main, mais son geste resta inachevé.

Elle fit volte-face.

Maintenant, elle était sûre de ne pas être seule. Elle l'avait senti, non pas dans l'obscurité de cette pièce, mais dans un recoin de la maison.

— Je n'ai pas peur, s'écria-t-elle, et quelqu'un répondit.

Ce fut seulement un bruissement, mais il se détacha nettement dans le silence absolu, comme une ombre sur un mur ensoleillé.

— Montre-toi, le défia-t-elle.

Elle ferma doucement la porte du bureau dans son dos, tourna la clé et la mit dans sa poche.

Depuis le couloir, l'intrus répondit à nouveau : un coup sourd, étouffé, comme le claquement net d'un matériau mou.

Il ne se dévoilait pas, et ne prenait pas non plus la fuite. Il restait là avec elle. Ce contact, il le voulait, il était là pour ça.

Elle osa s'avancer de quelques pas, et enfin elle le vit. Ce n'était qu'une couleur plus sombre sur le dallage, une absence de lumière sur le parquet. Elle l'imaginait dans la seconde salle de bains, immobile, frappé par la clarté des lampadaires qui entrait par la fenêtre. C'était une masse qui empêchait la lumière de se refléter. Indéchiffrable.

Je n'ai pas peur, répéta-t-elle, mais cette fois seulement à elle-même.

— Montre-toi, le provoqua-t-elle encore.

Elle voulait comprendre si son intuition était juste et le laisser effectuer le premier pas. Quelque chose lui disait qu'il n'était pas là pour lui nuire, autrement il l'aurait déjà fait.

L'ombre se déplaça et, à ce moment-là, la sonnette retentit avec insistance. Battaglia sursauta, et l'intrus aussi, au milieu d'objets qui tombèrent par terre, renversés dans sa fuite.

Elle entra dans la pièce et la découvrit vide, la fenêtre ouverte. Elle se pencha et vit Marini courir vers elle.

— Je l'ai vu, hurla-t-il. Vous allez bien ?

Elle lui fit un signe, et il disparut vers l'arrière de la maison. Elle maudit le corps qui l'empêchait d'enjamber la fenêtre et d'être pleinement ce qu'elle désirait le plus : une policière.

Elle se précipita vers la porte d'entrée. Elle sortit dans le jardin et courut vers le mur d'enceinte recouvert de lierre. Il donnait sur la rue. La scène était immobile, seul un chien aboyait au bout de la voie. Il n'y avait aucune trace de l'intrus, ou de Massimo. Inquiète, elle pensa au jeune inspecteur lancé aux trousses d'un possible assassin. Seul.

Tu ne peux pas savoir si c'est vraiment l'assassin.

Elle se mentait à elle-même. Elle savait que c'était lui. Elle le sentait.

Tout à coup, quelqu'un sauta au bas du muret, en l'évitant de peu. Elle faillit hurler. C'était l'inspecteur.

— Je l'ai perdu, fit-il en rajustant sa veste sous une pluie de feuilles de lierre qui se déversait encore tout autour de lui. (Il avait le souffle court et l'air furibond.) J'ai tout juste pu escalader le mur à temps quand une voiture a démarré à toute vitesse. Je ne l'ai pas vue, elle a disparu dans un virage.

Battaglia resta un instant le regard perdu dans le vide. Cette visite nocturne devait avoir une signification, mais qui pour elle demeurait encore mystérieuse. Elle se secoua.

— Pourquoi tu es venu ? demanda-t-elle.

— Quelqu'un m'a aussi rendu visite chez moi.

— Si c'était l'assassin, répondit-elle, il a voulu mesurer son ego au nôtre. Viens, je dois te montrer quelque chose.

Marini la suivit à l'intérieur et quand elle lui désigna le cheveu sur la table, il plissa le front.

— Nous sommes en présence d'une nouvelle mise en scène, j'en suis sûre, dit-elle avant qu'il puisse dire quoi que ce soit. Il m'a laissé un message. Je sais que cela peut sembler une hypothèse hasardeuse, et je ne peux pas encore le démontrer, mais je t'assure que ce cheveu n'est pas arrivé là par hasard.

Il la regarda.

— Vous n'avez pas à me convaincre. Je le sais. J'appelle la préfecture.

Elle acquiesça. Il lui fallait noter chaque détail. C'était un tournant de l'enquête : l'assassin avait voulu communiquer avec eux, ce qui signifiait qu'il avait une histoire à raconter, qui l'avait sans doute profondément marqué.

La situation venait bel et bien de connaître un rebondissement spectaculaire, ce qui lui apparut clairement quelques minutes après : il n'y avait plus trace de son journal personnel. Dans son sac, elle trouva la dernière page qu'elle avait écrite, une simple note où elle tentait d'esquisser le profil de l'assassin.

Il semblait qu'on l'avait laissée là pour la narguer : « Tu n'as franchement rien compris, lui disait-il, et pourtant tout est si évident. »

Elle la serra dans son poing. Elle comprit ce qu'était le battement sourd qu'elle avait entendu tout à l'heure : un cahier qui se refermait.

— Il a pris mon journal, fit-elle.

Marini s'interrompit dans sa phrase, couvrit le micro de son téléphone avec sa main.

— Qu'est-ce que vous dites ?

— Il a emporté mon journal.

Le visage de l'inspecteur se durcit. Encore quelques mots, et il mit un terme à son appel.

— Nous le retrouverons, soyez tranquille.

Elle n'en doutait pas, mais elle se demandait s'il ne serait pas trop tard. Trop tard pour sauver ses souvenirs et le secret de ce qui lui arrivait. À présent, elle avait un motif supplémentaire pour donner la chasse à l'assassin, mais ce dernier disposait d'une arme puissante. Il croyait sûrement détenir un moyen de pression – car celui qui avait dérobé ce journal ne l'avait pas fait au hasard, il savait que c'était un objet important pour elle. Cela ne signifiait qu'une chose : quand elle se croyait en sécurité, quelqu'un l'observait.

Massimo sortit ses clés de voiture de sa poche.

— La centrale enverra une équipe pour relever des indices, lui annonça-t-il, mais en attendant nous ne pouvons pas rester spectateurs. Nous devons retourner au conservatoire, à Trieste, et chercher dans les archives, et nous avons besoin de renforts. Parisi et De Carli arrivent.

Le front de Battaglia se rida. Les deux agents avaient fini depuis peu leur service, tout comme eux. L'inspecteur devina ses pensées.

— N'essayez pas de les renvoyer chez eux : ils refuseront. Et non, je n'ai pas consulté le préfet. (Il lui sourit, l'air rassurant.) S'ils viennent, c'est pour vous. Et moi aussi, si je suis ici, c'est pour vous.

61

La nuit se dissipait en une aube claire et dégagée. Les marbres laiteux de la Vienne du bord de mer resplendissaient comme de la nacre sous un ciel changeant. Un couple de mouettes poussait déjà des cris en planant au ras de la surface de l'eau immobile. Un voilier oscillait à l'horizon devant la silhouette vaporeuse d'un pétrolier au large, deux mirages sur une étendue de cobalt.

La bibliothèque du conservatoire était déjà éclairée et la section des archives historiques frémissait d'activité. Le bruissement des pages que l'on tournait était comme une respiration cadencée qui s'élevait de ces volumes anciens. Le parfum du papier, des bois précieux, des soieries qui en revêtaient les murs s'unissait à celui, plus prosaïque, du café pris aux distributeurs automatiques des couloirs.

Luka Mendler avait réuni ses étudiants les plus passionnés pour une chasse au trésor d'une nature très particulière : qui, parmi les anciens élèves, possédait le talent fulgurant de Giuseppe Tartini ? Parmi ces centaines de noms, qui était le seul et l'unique en mesure de jouer avec maestria le « Trille du diable » ?

La réponse gisait ensevelie parmi ces milliers de pages.

Marini, De Carli et Parisi étaient penchés comme les étudiants sur les classeurs. Battaglia les observait, par instants, et elle se sentait une dette à leur égard. Elle savait qu'ils étaient là rien que pour elle, et pas parce que Marini le leur avait demandé : elle le lisait dans leurs yeux, elle le sentait dans la rage qui courait dans leurs muscles. Ils la protégeaient.

Peu de temps auparavant, la confirmation qu'elle redoutait était arrivée de la centrale : on n'avait relevé aucun indice chez elle. L'intrus s'était déplacé à pas très prudents. Même dans sa fuite, il n'avait jamais posé le pied hors du pavage. Il n'avait même pas laissé ne fût-ce qu'une empreinte partielle.

À part le cheveu. Parri l'analysait, mais pour obtenir des réponses il fallait du temps et elle sentait qu'elle n'en avait pas beaucoup à sa disposition.

Il a barbouillé la porte de l'appartement de Marini avec une peinture couleur de sang, songea-t-elle.

C'était un détail discordant qui la désorientait.

Tu n'arraches pas le cœur de la poitrine d'un homme pour ensuite utiliser de la peinture afin d'intimider ceux qui te traquent alors que tu sens déjà leur souffle dans ta nuque.

Ces deux actes semblaient avoir été commis par des personnalités très différentes : la première, féroce ; la seconde, faussement cruelle. Mais quelle probabilité y avait-il pour que les deux événements et la visite de l'inconnu chez elle soient liés ?

— Je l'ai peut-être trouvé ! s'écria une voix et, avec l'enthousiasme qui l'enflammait, elle se propagea dans toute la salle.

La jeune fille agita la main vers Mendler. Teresa rejoignit le directeur et ils lurent ensemble la page qu'elle leur indiquait.

Elle comportait une date et un événement : le 29 juillet 1943. Concert pour l'administration fasciste. Le *podestà* célébrait ainsi l'anniversaire du *duce*, qui venait d'avoir soixante ans. Un étudiant du conservatoire avait exécuté un solo : la sonate pour violon en sol mineur de Tartini.

À la lecture de ce nom, Battaglia se sentit la nuque parcourue d'un frisson : Carlo Alberto Morandini, né en 1928. À l'époque de la disparition d'Aniza, il avait dix-sept ans.

Plus tard, quelqu'un avait barré ce nom d'un trait, une *damnatio memoriæ* qui ne l'avait cependant pas entièrement effacé. Une note en marge en expliquait le motif : en septembre de cette année-là, Carlo Alberto Morandini s'était joint à la lutte des partisans.

62

Carlo Alberto Morandini, nom de guerre dans la Résistance : « Cham ». Cham, comme le fils que Noé maudit avec toute sa descendance. L'homme était décédé depuis quinze ans.

Battaglia avait pris cette information en compte, mais à présent elle ne pouvait nier qu'elle se sentait comme devant un signal de fin de parcours prématurée. Tout ce qu'elle pouvait souhaiter récolter, c'étaient les souvenirs de ceux qui l'avaient le mieux connu.

Pourtant, la femme qui était devant elle, emmitouflée dans un chandail en laine boulochée, réduisit aussitôt ses espérances à néant.

— Je ne connaissais pas cet homme, murmura-t-elle distraitement en relevant et en rabaissant sa manche sur son avant-bras. C'était un étranger qui fréquentait notre maison et qui parfois se souvenait que j'existais. Enfin, ça ne lui arrivait pas souvent.

Teresa éprouva de la pitié pour cette femme.

— C'était tout de même votre père, dit-elle.

Les yeux de Maddalena la transpercèrent. C'était un petit mouvement de colère, non pas envers le commissaire, mais contre son géniteur absent. Le manque d'amour de ce père demeurait encore un fardeau lourd à porter.

— Je serais plus capable de vous décrire son dos que son visage. Je me souviens à peine de sa voix, continua-t-elle. Même quand il était sur le point de mourir, cela ne l'intéressait pas de m'avoir près de lui. Il n'y avait que mon fils à son chevet. Le petit-fils : le seul membre de la famille qui semblait l'intéresser. (Elle alluma une cigarette. Ses mains tremblaient.) Il me l'emmenait des journées entières.

— Où cela ?

— Son obsession, c'était la montagne, une passion qu'il a vécue jusqu'au bout. Ils partaient souvent ensemble en excursion.

— Je voudrais parler à votre fils.

La femme éclata d'un rire amer.

— Moi aussi, je voudrais bien. Cela fait deux ans que je n'ai plus eu de nouvelles. La dernière fois que je l'ai appelé, un message de l'opérateur m'a sorti que ce numéro n'était plus attribué. Mon fils a oublié de m'avertir.

— Je suis désolée.

La femme haussa les épaules.

— Alessandro ne me hait pas. Entre nous, il n'y a pas de problèmes. Il est seulement… comme son grand-père. Dans leur vie, les autres sont des ombres. Des ombres de passage.

Teresa regarda Marini. Il avait l'air tendu et il n'était pas difficile de deviner ses pensées : il se demandait si sa propre absence n'allait pas aussi détruire l'enfant dont il cherchait désespérément à s'éloigner.

— Votre père n'a jamais parlé de la guerre avec votre mère, ou avec vous ? demanda-t-elle encore à la femme.

Maddalena écrasa sa cigarette dans son cendrier et en alluma une autre.

— Uniquement pour nous faire remarquer notre insignifiance. Nous ne pouvions pas comprendre, comme il disait. Nous n'avions jamais gagné notre liberté, pas comme lui.

— Qu'est devenu son violon ?

— Je n'en ai aucune idée. Il n'était pas dans ses affaires.

Battaglia lui demanda si elle avait une photo de son père à lui montrer. La femme releva le visage et recracha la fumée, comme elle aurait sans doute voulu recracher la rancœur qui la rongeait encore.

— J'ai retiré tous ses souvenirs de cette maison, répondit-elle. Ils sont restés enfermés dans une caisse au grenier pendant des années, avec mon ressentiment, jusqu'à ce que j'aie trouvé la force de m'en libérer. La seule photo de lui que je n'ai pas détruite est celle que vous trouverez sur sa tombe, au cimetière.

Teresa se rendit au cimetière. Elle vit la tombe envahie de mauvaises herbes. Elle vit le vase désespérément vide d'où s'élevait une odeur putréfiée, symbole de la coupe vide qu'était devenue sa fille sous l'influence de cet homme. Une coupe jamais remplie d'aucun amour.

Et finalement, elle vit Cham.

Elle le connaissait déjà.

63

L'homme que Battaglia cherchait était dans la réserve de bois, où il réorganisait les piles de bûches avec l'énergie d'un jeune homme. Francesco ne se retourna pas, mais d'une manière ou d'une autre il avait saisi l'identité de la personne qui venait d'arriver dans son dos.

— Le bois est rempli de gens à vous, dit-il en s'essuyant la sueur dans son cou avec un mouchoir. De l'aube au coucher du soleil, ils ne font que fouiller, mais ils n'ont pas encore trouvé Emmanuel.

Battaglia observa ses mains, elles attrapaient les bûches et les soulevaient apparemment sans aucun effort. Au ton de sa voix, elle n'avait pas réussi à comprendre si la présence de la police dans la vallée était pour lui un motif de contrariété. Il ne semblait pas étonné de l'impasse momentanée dans laquelle l'enquête s'enlisait. Cela signifiait simplement que la forêt, avec ses crevasses, ses plateaux boueux et ses gravières qui d'un coup pouvaient s'effondrer et vous expédier des centaines de mètres plus bas faisait son travail : garder ceux qu'elle cachait. C'était un piège qui assurait la survie de ses habitants.

— Vous m'avez menti, lança-t-elle en s'asseyant sur une planche découpée dans un tronc de pin.

Il finit par se retourner, une main à la taille et l'autre poing fermé sur son mouchoir. Son regard passa de Battaglia à Marini, mais il ne baissa pas un instant les yeux. Il s'assit à son tour sur un billot dont il retira la hache.

— Il n'est pas courtois d'entrer dans la maison de quelqu'un et de l'accuser d'être un menteur, répliqua-t-il sans animosité.

— Je ne fais pas de visites de courtoisie quand je travaille, rétorqua-t-elle sur le même ton posé, et pour ma part, je me borne à une constatation. Je me trompe ?

Il ne répondit pas.

Elle lui montra le tirage papier d'une photo : c'était le portrait d'un homme mûr, les cheveux encore épais et bouclés, comme ils l'étaient dans sa jeunesse. C'était le portrait de Cham, la photo qu'elle avait prise de l'image sur sa tombe.

— Il n'avait pas beaucoup changé, n'est-ce pas ? dit-elle.

L'expression de Francesco changea. Il était bouleversé, comme s'il avait devant lui un mort ressuscité venu le traîner en enfer.

— Il s'appelait Carlo Alberto Morandini, continua-t-elle. Cela, vous ne pouviez peut-être pas le savoir, mais vous saviez certainement qu'il s'agissait d'un partisan et que dans les derniers jours de la guerre il était dans ces montagnes. C'est lui qui vous a donné le fusil avec lequel vous avez tiré ce jour-là et touché la charrette de cet Allemand.

Il ne fit même pas mine de prendre le feuillet qu'elle lui tendait.

— Comment avez-vous compris ? demanda-t-il dans un soupir.

— Je l'ai reconnu. Alessio Andrian l'a peint sur un tableau. Il a peint toute la scène. Il vous observait. C'est Cham qui vous a donné ce fusil, pas vrai ?

Il opina, les coudes appuyés sur les genoux et les mains jointes devant les lèvres. Elle échangea un regard entendu avec Marini.

— Pourquoi m'avez-vous menti concernant les incursions allemandes ? Pourquoi passer sous silence la mort de ce Résian devant le peloton d'exécution ? demanda-t-elle à Francesco.

Il baissa la tête.

— Par honte. Une honte profonde, admit-il, qui après soixante-dix ans ne semble pas vouloir s'estomper. Ce peloton d'exécution a agi en représailles après le coup de fusil que j'ai tiré sur cet Allemand, mais cela ne s'est jamais su. Ma sœur Ewa et moi n'avons rien raconté à personne de ce qui s'est vraiment passé. Et un garçon innocent est mort sans savoir pourquoi. Il est mort abattu sous nos yeux, devant nos lèvres scellées.

— Vous avez conclu un pacte, suggéra Battaglia.

Il regarda au loin, peut-être dans le passé.

— Oui, souffla-t-il. Un pacte maudit.

64

Mars 1945

L'arrivée des Allemands fut annoncée par le grondement des moteurs qui tractaient les camions dans les lacets de la route. Les gaz d'échappement montaient du défilé jusqu'au premier village, signes avant-coureurs d'un changement qui chamboulerait pour toujours ce petit monde qui, jusqu'à ce moment, avait échappé à la guerre.

Francesco les vit aborder le dernier virage, mais il ne comprenait pas encore ce qu'ils étaient venus faire. Ils étaient différents du soldat qui venait tous les jeudis sur sa charrette chercher du pain sorti du four. Ils étaient enragés.

Sa sœur Ewa l'attrapa par le bras et le poussa en direction de la maison. Ils n'arrivèrent pas assez vite pour se cacher derrière la porte. Les camionnettes encerclèrent le hameau. Des militaires descendirent l'un après l'autre de l'arrière des camions bâchés, aussi agiles que des loups affamés et de la même couleur que leur vareuse. Ils empoignèrent leurs armes, et ils les regardaient comme s'ils n'avaient pas eu des êtres humains devant eux.

Francesco pensa que la guerre était bien étrange. Il suffisait d'une ligne invisible tracée, Dieu seul sait par qui, dans la terre pour décider de la haine ou de la fraternité. Le fait de naître d'un côté ou de l'autre faisait de vous des amis ou des ennemis.

Il comprit que les soldats étaient là à cause du coup de feu parti du fusil qu'il avait eu entre les mains. Maintenant ils allaient le réprimander et son père se mettrait en colère contre lui.

Il regarda Ewa et se sentit trembler, mais sa sœur serra plus fort sa main et lui plaça un doigt sur les lèvres.

— *Franchincec*, tu as juré, dit-elle.

Ils s'étaient promis le silence. Ce qui était arrivé mourrait avec eux.

Les soldats entrèrent dans les maisons, firent sortir les hommes, les femmes, les enfants et les vieux sur la place. Ils braquèrent leurs armes contre ces poitrines anxieuses.

Leur chef, superbe aux yeux de Francesco, dans son uniforme qui semblait tissé de ténèbres et de fierté, aboya des ordres à la figure de Gilberto Turan, le maire. Gilberto connaissait un peu cette langue sèche et anguleuse, et répondit dans un mélange de peur, de mots inconnus et de supplications en italien.

Personne ne cachait d'armes, lui avait-il dit. Personne n'avait tiré sur l'un des leurs.

Francesco baissa les yeux, et les premières larmes qui montèrent le brûlèrent. Il les garda fixés sur ses doigts entrelacés à ceux d'Ewa, symbole d'un pacte qu'il ne fallait pas trahir, là où tout avait commencé.

Les loups étrangers encerclèrent les agneaux et choisirent parmi eux celui du sacrifice. Gwèn avait à peine quinze ans, dans quelques jours il allait devoir conduire à l'alpage les rares vaches qu'il leur restait. Il redescendrait à la fin de l'été. Il n'avait jamais empoigné un fusil de sa vie.

Francesco releva les yeux et vit Aniza dans la foule. Elle regardait en direction du bois avec une expression pleine d'expectative et de désespoir, comme si d'un moment à l'autre quelqu'un devait arriver et les sauver.

Les enfants de la vallée n'avaient pas connu la guerre, jusqu'à cet instant.

Il découvrit qu'elle avait une odeur bien précise – celle du sang, du métal des armes, des coups qui ouvrent des déchirures dans la chair. L'odeur étrangère des envahisseurs, de cuir des bottes qui écrasaient les fleurs sous la violence des pas.

Elle avait le son des rafales de mitraillette, d'une langue inconnue et aboyée, des douilles vides qui tintaient sur la pierre. Des pleurs hystériques d'une mère, de ceux aphones du père. Du corps d'un jeune garçon qui tombe à terre, dans les corolles des crocus piétinés. Du tremblement final de ses membres, dans les bras d'une femme qui n'a plus de souffle pour hurler. Et même le son de cette larme qui roula du visage de Gwèn jusqu'à terre, tachée de rouge : Francesco l'entendit avec clarté, ou peut-être était-ce seulement celui de l'innocence de son âme qui allait se mélanger au sang.

Les premiers coups de feu vinrent de la forêt et effrayèrent les loups. Les partisans descendirent des arbres en crachant des balles. Le chaos de l'enfer éclata entre les maisons.

Francesco se sentit soulevé au milieu des cris. C'était Aniza, qui le prenait dans ses bras, tandis qu'Ewa s'accrochait à sa robe. Il y avait un homme avec elle, qu'il n'avait jamais vu, et ne reverrait jamais plus ensuite. Il avait un mouchoir rouge noué autour du cou et ses doigts salis de couleurs serrés sur son fusil. Il protégeait leur fuite et les poussait loin de là, à l'abri. Il ne cessa pas un instant de tirer, jusqu'à ce qu'ils soient en sécurité.

Dans le grenier du moulin, alors qu'Aniza surveillait par une brèche entre les poutres le village redevenu silencieux, Francesco regardait Ewa, malgré les larmes, le goût salin de la morve sur la langue. Il la vit serrer les lèvres et ranger sous sa robe d'un geste discret le trésor volé à l'Allemand.

Mais ce trésor, à présent, lui apparaissait souillé. Il ruisselait de sang et de vie humaine.

65

Massimo écouta le récit de Francesco, la gorge nouée. C'était une boule palpitante qui ne remontait pas, ne descendait pas, et qui transperçait la chair.

Francesco semblait avoir devant ses yeux les échos visuels d'un passé douloureux.

— Maintenant, il me semble me souvenir, murmura-t-il. Ce jour-là, un partisan nous a aidés à fuir ces tirs croisés. Il était venu droit vers Aniza, vers nous. Andrian. Ce devait être lui.

Il se prit le visage dans les mains.

— Je ne me pardonnerai jamais mon silence. Le souvenir de Gwèn me tourmentera toute ma vie, lâcha-t-il, rageur. Je sens encore l'odeur de son sang, mais je vous jure que ce fusil n'aurait pas dû être chargé. C'était seulement un jeu, j'avais mis en joue l'Allemand, par jeu. Ewa et moi passions beaucoup de temps dans les prés hors du village et nous avions déjà rencontré ce partisan. Il nous avait laissés jouer avec son fusil deux ou trois fois, quand la grappa le mettait de bonne humeur, mais ce n'était pas un inconscient, il retirait toujours les balles.

— Sauf ce jour-là, suggéra Battaglia.

Il les regarda tour à tour.

— Je n'ai jamais réussi à me souvenir si je l'avais vu faire ou non, dit-il. Ce jour-là, le fusil a tiré et il a blessé l'Allemand, une simple éraflure. À cause d'une écorchure, à cause d'un jeu, ils ont abattu Gwèn.

Massimo perçut en lui-même le sentiment de culpabilité écrasante qu'éprouvait cet homme. Il avait la sensation très nette que cette histoire cachait encore quelque chose, dissimulé à une profondeur telle que c'était pour le moment une sombre silhouette qu'il ne réussissait même pas à entrevoir.

— Ce partisan se faisait appeler Cham, lui apprit Battaglia. Vous le saviez ?

— Non. Nous n'étions pas dans la confidence. Il ne s'agissait pas d'amitié. Pour lui, nous étions… une distraction.

— Vous saviez qu'il jouait du violon à la perfection et qu'il s'était produit devant le *podestà* de Trieste en jouant le « Trille du diable » ?

Le regard atterré de l'autre lui apprit qu'il n'en savait rien.

— Alors c'était lui dans le bois, cette nuit-là, murmura-t-il.

— Nous clarifierons son implication dans la disparition d'Aniza, répondit le commissaire. Qu'il ait été présent dans le bois, c'est une certitude : le camp des partisans était proche. Que ce soit lui qui ait joué ce soir-là, cela me paraît plus que probable. Qu'il ait tué Aniza en dissimulant le cadavre, cela reste encore entièrement à établir. Un mobile éventuel ? Désir irrépressible, pulsion sexuelle… Peut-être l'a-t-il agressée, elle lui a opposé de la résistance, et le garçon aura perdu toute maîtrise.

Francesco ferma les yeux.

— Si c'est lui qui a fait du mal à Aniza, alors, avec mon silence, j'ai tué deux fois.

Ses mains posées sur son ventre tremblaient et Massimo sentit ce tremblement lui pénétrer les entrailles d'une douleur contagieuse.

Parce qu'il comprenait ce qu'il ressentait. Il le savait.

D'un regard, il rechercha le salut ailleurs, oubliant le commissaire et ce vieil homme qui errait dans le passé. Il avait besoin de se perdre dans les parfums salvateurs du bois et de se créer l'illusion que rien d'autre ne comptait, que l'homme, avec ses malheurs, n'était rien de plus qu'un minuscule point sans importance dans le grand tableau grouillant de vie qu'était le monde. Il avait besoin de changer de perspective, sans quoi il allait devenir fou. Il sentait qu'il avait atteint un point de non-retour : avec Elena, avec sa propre vie. C'était l'instant où on se rendait compte que rien ne pourrait plus être comme avant. Rien de ce qu'on fera ne pourra plus jamais réduire cette déchirure. Ce qu'avait fait Massimo était comme la mort : irrémédiable.

Voilà pourquoi il voulait éloigner Elena de son cœur. Il voulait l'éloigner de ses mains dangereuses. Pourtant, désormais, une chaîne les liait, et elle était constituée de son propre ADN. L'enfant les emprisonnait, avec son cordon ombilical. À cette idée, il éprouva une angoisse pleine de désespoir, et plus ce sentiment affleurait et prenait forme, plus il se sentait infâme.

Il ferma un instant les yeux. D'un souffle, il expira l'inquiétude qui l'empoisonnait. Il recula d'un pas, puis encore d'un autre. Et d'un autre. Jusqu'à ce que ce recul se mue en retraite.

66

Teresa était restée pétrifiée. Elle s'était retournée et Marini n'était plus là. Elle l'avait vu jeter une dernière fois un œil vers elle avant de monter dans la voiture, de démarrer et de s'enfuir comme si de cette fuite dépendait sa propre survie.

Elle n'avait pas cessé de le regarder, alors qu'il était loin maintenant, disparu au-delà du virage. Elle scrutait son visage, imprimé dans sa mémoire. Ce qu'elle y avait entrevu l'avait convaincue qu'il ne lui restait plus beaucoup de temps. Il lui fallait comprendre ce qui le déchirait, tenter de le sauver, d'une manière ou d'une autre. L'explication n'était pas dans le dossier qui avait précédé son arrivée à la brigade. Du moins, pas entièrement. Les informations contenues dans ces pages ne l'avaient pas étonnée, elle s'attendait à ce cursus impeccable, à ses notes élevées et à sa conduite irréprochable : c'était la coupe étincelante d'un vainqueur prédestiné. La réussite de Massimo Marini était le fruit d'une quête personnelle menée avec l'énergie du désespoir. D'une volonté de rachat. Quête salvatrice, certes, mais encore inachevée.

Il avait pourtant suffi de quelques mentions, quelques lignes plus bas, pour ternir cet éclat. Elle n'était pas préparée à ce qui suivait : la description aseptisée, en termes juridiques, d'un fait tragique qui avait probablement conditionné chaque instant de la vie du jeune inspecteur.

Elle avait cependant la sensation qu'il manquait quelque chose. Il y avait autre chose, qui demeurait en suspens : du tourment, et pas seulement de la douleur. Un sentiment de culpabilité.

Elle chercha un numéro dans son répertoire téléphonique, qu'elle composa en grommelant. Ce n'était pas son genre de réclamer des faveurs, de frapper à une porte et de dire : « Je suis ici parce que tu as une dette envers moi. »

Pour Massimo, c'est pourtant ce qu'elle fit.

— Ce n'est pas rien, ce que tu me demandes, répondit la voix à l'autre bout de la ligne, après qu'elle eut expliqué ce qu'elle voulait.

— On ne peut pas ? demanda-t-elle alors, sur un tout autre ton.

Il y eut un soupir.

— On ne peut pas et on ne doit pas. Mais je vais le faire quand même.

L'appel terminé, elle était descendue non sans difficulté au village, où les équipes de recherche passaient encore les bois au crible, sur les traces d'un corps sans cœur qu'on ne retrouvait pas. Elle repensa à Blanca, à Smoky, et décida qu'était venu pour eux le moment d'entrer à leur tour dans la partie.

Il lui fallut appeler la préfecture et expliquer à un De Carli stupéfait que quelqu'un devait venir la chercher, et vite, parce que Marini avait décidé de s'enfuir. Elle savait, elle en était certaine, que le policier n'en ferait part à personne, sauf à Parisi. C'était leur cercle : un cercle de confiance, d'honneur, de valeurs qu'on ne pouvait expliquer, si ce n'est par l'idée d'« appartenance ». C'étaient les mêmes valeurs, songea-t-elle, avec malgré tout un sourire, que celles des guerriers de l'Antiquité. Et c'était à elle de guider ces guerriers, jeunes, forts et impétueux. Et parfois tourmentés, comme Marini. À elle qui n'était pas capable de faire trois pas un peu vite sans se retrouver le souffle court.

C'était son mental, l'arme la plus affûtée dont elle disposait, et non pas son corps, non pas la vigueur physique, mais maintenant qu'il avait entamé sa chute dans le vide, elle sentait qu'elle n'était pas à sa place, comme jamais auparavant. Une usurpatrice, une menteuse. Voilà en quoi pouvait se transformer un amour sans espoir, y compris l'amour de son travail.

Elle consulta l'heure sur son portable, pendant qu'autour d'elle la chasse continuait, sous la forme d'hommes qui échangeaient des ordres rendus fragiles par la fatigue, de talkies-walkies qui croassaient des mots tronqués, de chiens excités venus en remplacer d'autres désormais épuisés, de cartes géographiques étalées sur les coffres des véhicules. Le temps avait encore changé et le vent chargé d'humidité en soulevait les coins. L'une d'elles échappa aux mains qui la tenaient prisonnière et voltigea en l'air avant d'atterrir aux pieds de Teresa. Elle la ramassa, jeta un œil à la grille que quelqu'un y avait tracée au feutre rouge.

Elle la rendit à son propriétaire et le regarda rejoindre les autres, avec ses bottes maculées de boue jusqu'aux genoux.

Devant elle se déroulaient des scènes qu'elle avait déjà vues, déjà vécues de si nombreuses fois.

— Teresa.

Elle ferma les yeux. Il suffisait que cette voix susurre son nom pour sentir d'un coup le froid : c'était une tempête portée par le vent.

Elle se retourna.

— Préfet Lona, le salua-t-elle.

Albert Lona avait la posture raide dans sa veste coûteuse, une écharpe en lin autour du cou de la même couleur que ses yeux, celle d'un lac un jour de pluie. Elle n'était pas surprise de le trouver là. Il aimait savourer le pouvoir que sa fonction lui conférait sur les autres, la tension qui se propageait en sa présence. Et quand quelqu'un semblait immunisé contre cette contagion, comme Battaglia, cela l'exaspérait.

— Ils ne progressent pas, lâcha-t-il en décalant le regard loin derrière elle.

Elle suivit ce regard.

— Ces bois sont vastes, souligna-t-elle. Une succession de forêts qui s'enchaînent. Le corps pourrait être n'importe où.

— Tu es en train de me dire qu'ils ne le trouveront pas ?

— Ils le trouveront. Mais ça prendra du temps.

— Tu en parles comme si ce n'était pas un problème. C'est un problème, je te le garantis.

Elle n'opposa aucune résistance à sa fureur composée : ç'eut été comme de prétendre qu'une vipère ne mord pas, ou qu'un boa n'étouffe pas. C'était dans sa nature.

— J'ai la solution, se contenta-t-elle de dire. J'ai quelqu'un qui peut donner un nouvel élan aux recherches.

— Et qui serait ?

— Un profil externe.

— Encore cette histoire ? Je t'ai déjà répondu. C'est non.

— Une collaboration…

Le visage de Lona pivota d'un coup vers elle.

— *Non*. Pas de civil. Aucune collaboration. Ce seront mes hommes qui trouveront ce maudit cadavre et qui résoudront l'affaire.

Elle n'avait jamais eu de doutes sur le sort qui serait réservé à sa proposition, mais elle avait tout de même voulu essayer. Elle avait espéré se tromper.

Albert Lona faisait passer son prestige personnel avant toute chose : les victimes, les familles qui suppliaient pour avoir une réponse et même l'assassin qui attendait leur prochaine initiative. Il allait devoir patienter lui aussi, songea-t-elle non sans sarcasme. Il se demandait probablement ce qu'ils pouvaient bien fabriquer à tourner en rond dans la forêt.

Il est fort. Il connaît son territoire et il a bien caché ce qu'il ne veut pas qu'on trouve. Pas encore.

Elle soupira et il se produisit une chose qu'elle n'aurait jamais imaginée. La main d'Albert se posa sur son visage en une chaude caresse.

— Combien de fois faudra-t-il encore que tu perdes avant de comprendre que tu ne peux pas y arriver toute seule ? dit-il, et elle n'avait pas besoin de lui demander quelle était la signification véritable de cette phrase pour comprendre qu'il se référait à tout autre chose que l'affaire de la *Nymphe endormie*.

Elle se vit de l'extérieur et, pour la première fois, elle ne trouva pas que le vide derrière elle.

Elle avait ses garçons à surveiller, et même l'un d'eux dont il lui fallait s'occuper.

Elle avait Blanca, maintenant, et son quadrupède au flair incomparable.

Elle avait les victimes qu'elle avait aimées comme une mère, en quarante années de travail. Un amour aussi puissant doit forcément laisser quelques fruits, même chez ceux qui ne s'en étaient pas sortis. Elle le sentait l'envelopper, la nuit. Elle sentait leur protection.

Elle avait les familles des victimes qui avec le temps étaient un peu devenues les siennes.

Ses amis, comme Parri et Ambrosini.

Mais surtout, elle avait elle-même.

Elle lui attrapa le poignet. Elle serra fort, puis elle retira sa main, l'éloigna d'elle.

— Je ne suis pas seule, répliqua-t-elle.

Le regard d'Albert Lona changea, comme un serpent fait sa mue. Il se défit de la peau factice qu'il avait revêtue et révéla le manteau luisant de ses écailles.

— Alors je vais faire le vide autour de toi, lui jura-t-il comme s'il lui promettait l'amour.

Elle sourit malgré elle de cette capacité à désorienter sa proie qui lui était propre.

— Vas-y, essaye, répondit-elle, mais même comme ça, tu ne m'auras jamais.

Il la regarda en silence quelques instants, puis il lui tourna le dos et s'en alla.

Ce fut seulement à cet instant qu'elle se rendit compte que De Carli était arrivé et qu'il l'attendait près de la voiture.

Elle le rejoignit, certaine qu'il en avait déjà trop vu. Le policier s'empressa de lui ouvrir la portière.

— Commissaire, je ne vais pas vous poser de questions, mais…

— Très bien, abstiens-toi alors, l'interrompit-elle en jetant son sac sur la banquette.

— Sérieusement… ?

— Chut.

— Je ne le répéterai à personne, promit-il en faisant le tour du véhicule.

Il monta en vitesse et démarra.

— Tu as intérêt, siffla-t-elle en chaussant ses lunettes de vue pour examiner un paquet qu'il lui remit.

Il y avait son nom dessus.

— C'est la fille de Morandini qui a déposé ça en préfecture, expliqua-t-il.

Elle l'ouvrit en déchirant le papier : des clichés de paysages de montagne, quelques-uns très beaux. Ils étaient accompagnés d'un mot manuscrit.

Ce sont les photographies prises par mon père, les seuls objets personnels que j'ai oublié de détruire.

Votre visite a rouvert des blessures profondes. Ne cherchez plus jamais à me revoir.

Elle prit un mouchoir et passa les photos en revue en faisant attention de ne pas les toucher plus que nécessaire. Parmi les panoramas, elle avait tout de suite reconnu le Val Resia et ses villages.

Cham ne s'était jamais vraiment éloigné de ces parages. Elle se demanda ce qui l'avait tant obsédé.

Elle attrapa son téléphone et appela la centrale. Elle se fit passer Parisi.

— Il me faut une expertise urgente sur les photos qu'a laissées la fille de Morandini. Avertis la scientifique, je les leur apporte, ordonna-t-elle. Ils doivent rechercher des empreintes à confronter avec celle anonyme relevée sur le tableau. Et appelle le substitut du procureur : j'ai besoin d'une autorisation du juge pour enquêter sur les biens de Carlo Alberto Morandini.

Elle clôtura l'appel avec le cœur dans la gorge. Sa main eut le réflexe d'attraper son sac avant que son cerveau ne lui rappelle qu'elle n'y trouverait pas ce qu'elle cherchait.

Son journal était entre les mains de celui qui avait tué. Elle en était sûre. Elle se sentait feuilletée, page après page. L'assassin la lisait. Il apprenait à la connaître. Il descendait dans son enfer.

À la fin, elle le savait, ce serait là qu'ils se rencontreraient.

67

Le vent détachait prématurément les feuilles les plus anciennes du peuplier séculaire. Il faisait de la place aux plus jeunes et nettoyait l'arbre de tout l'inutile qui s'y était accumulé. Il passait comme un peigne dans sa chevelure et la libérait.

Une rafale descendait parfois vers le pré au ras des corolles odorantes qu'elle venait agiter. Des brins d'herbe et des pédoncules se pliaient docilement sous l'onde fraîche, suivaient promptement ses changements de direction dans un ballet synchronisé qui rappelait celui des vols de martinets arrivés du sud. C'était un reflet en miroir du ciel sur la terre.

Le vent faisait vibrer les pages du journal. Il semblait capable d'alléger la douleur qui le lestait de mélancolie et d'angoisse.

Le *Tikô Wariö* effectuait un périple dans la souffrance que Teresa Battaglia avait emprisonnée dans ces mots, d'une écriture aussi impétueuse que son esprit. La policière aux cheveux rouges et à la langue bien pendue n'était pas aussi dure qu'elle le paraissait et pas aussi incontrôlable qu'elle voulait l'afficher.

Elle gardait en elle un univers émotionnel complexe.

Elle gardait un secret et elle avait peur. Elle tenait à quelqu'un plus qu'à elle-même : ce jeune homme qu'elle avait toujours à côté d'elle, presque comme si elle se sentait obligée de le protéger, préoccupée par l'instinct autodestructeur qui menaçait de l'anéantir.

Elle n'était pas inébranlable, mais forte, et intelligente. Elle savait recourir à l'intuition là où la rationalité était incapable d'aller. De sorte qu'elle savait y voir là où les autres n'entrevoyaient que l'obscurité.

Teresa Battaglia était une redoutable chasseuse mais à présent elle était dans l'autre camp. Maintenant, son cœur était à nu. Elle était vulnérable.

68

Massimo se rendit compte qu'il ne savait où aller. Il avait conduit poussé par une impulsion irrépressible, s'éloigner de Francesco et du sentiment de culpabilité qui en émanait, de Battaglia et de son regard inquisiteur constamment posé sur lui, aujourd'hui plus que jamais.

Il ne comprenait pas pourquoi le commissaire continuait de donner la chasse à son secret. Elle l'avait sous les yeux, écrit noir sur blanc dans le dossier qui le concernait et qu'elle avait forcément dû recevoir, qu'elle avait forcément dû lire. Il avait attendu cette confrontation depuis le premier jour, mais elle ne lui en avait jamais parlé.

Quoi qu'il en soit, désormais, la tombe de son passé avait été violée. La dalle qui le scellait était détruite. Un nom était inscrit dessus, qu'il ne se permettait plus de prononcer depuis une éternité.

C'étaient les derniers événements passés sur sa vie qui l'avaient littéralement rasée, ruinée : Elena et l'enfant qu'ils attendaient, mais pas seulement. Il lui semblait que la *Nymphe endormie* l'attendait elle aussi, comme Battaglia, avec un enfant jamais venu au monde.

Et puis la fille de Carlo Alberto Morandini : son désespoir à cause d'un père qui ne l'avait jamais aimée l'avait bouleversé. Pour lui, c'était comme de scruter son avenir et de se voir en tenue sacrificielle.

Enfin, Francesco, qui n'en finissait pas de se déchirer intérieurement parce qu'il avait été un instrument de mort, à son insu.

Il sentit monter la nausée et dut se ranger sur le bas-côté. Il lâcha la pédale d'embrayage, et le moteur cala avec un soubresaut, tandis que les autres voitures le doublaient en klaxonnant.

Il posa le front contre ses mains agrippées au volant. La peau était froide, moite de panique.

Il regarda le portable abandonné sur le siège côté passager. Les notifications clignotaient. Qui sait combien de messages, combien d'appels. Il savait de qui ils provenaient, mais il ne pouvait leur permettre de regarder encore en lui et de les laisser voir ce qu'il était vraiment. Teresa Battaglia lui avait semblé être une corde qu'on lui avait lancée au milieu du néant. Il s'y était agrippé avec cœur, mais maintenant il ne pouvait l'entraîner au fond elle aussi.

Il prit le téléphone. Le numéro qu'il composa était celui de la seule personne avec laquelle il partageait son secret. Pour lui, il n'était jamais facile de l'entendre, il s'était éloigné de ses racines parce qu'il avait besoin de marquer une distance par rapport au passé et elle, dans ce passé, elle s'y enfonçait. Il se demandait ce qu'elle éprouverait en le regardant, en se souvenant de ce jour où Massimo avait cessé d'être un enfant pour devenir autre chose.

Quand elle répondit, il ne reconnut pas sa voix tout de suite. Elle semblait plus froide que d'habitude, plus éteinte.

— Maman, dit-il seulement.

Il y eut une hésitation.

— Il est arrivé quelque chose ? demanda-t-elle, épouvantée.

Il avait suffi de deux syllabes entrecoupées pour l'alarmer.

Il aurait pu recourir à mille mots différents pour expliquer, mais c'était inutile. Elle savait.

— Je vais devenir père et je ne peux rien y faire, murmura-t-il contre le micro.

Il entendit le sifflement ténu de la ligne téléphonique ponctué d'un hoquet, comme une impulsion vitale isolée dans un électrocardiogramme plat. Sa mère se mit à pleurer et ce n'étaient pas des larmes de joie. Elle connaissait bien le démon qui tourmentait son fils. Elle l'avait vu en face.

— J'ai peur, souffla-t-il à ces pleurs d'une femme lointaine. J'ai peur.

Alors qu'il se répétait ce mot intérieurement, il sentit la colère croître comme une faim soudaine. Il en avait besoin pour repousser la douleur.

Enfin, il savait où aller.

69

Teresa savait qu'elle rêvait. Cela lui arrivait souvent, dernièrement, de sombrer dans le sommeil et de s'agripper en même temps à la réalité. En un sens, elle était une naufragée qui restait à flot.

Ses pensées rationnelles barbotaient aux frontières de l'esprit avec d'autres soliloques et bizarreries. Par exemple, à propos des naufragés du *Titanic*, que tout le monde savait bien qu'il y avait aussi de la place pour Jack sur cette porte à la dérive au milieu de l'océan. Rose n'avait pas le derrière assez grand pour occuper tout l'espace. Même le sien à elle n'aurait pas suffi.

L'image des deux jeunes gens frigorifiés tremblota avant de finalement révéler deux nouveaux visages dans cette scène : le sien et celui de Marini. Elle était sur le radeau improvisé, et lui, recroquevillé dans l'eau avec un glaçon pendant à une narine. « Je pourrais avoir la vie sauve moi aussi, lui disait-il, non sans effort, sur une musique de claquements de dents, si seulement vous ne vous étiez pas empiffrée de tous ces bonbons. » Elle se vit lever la main et la lui appuyer sur la tête, pour finalement le noyer. Adieu, Jack – adieu, inspecteur Massimo, et va te faire foutre.

Elle se réveilla en sursaut. Elle était convaincue d'avoir crié, les lèvres pressées contre la peau du divan, avec dans la bouche le goût amer du revêtement synthétique. Elle se trouvait dans la salle de réunion de la préfecture. Quelqu'un l'avait couverte d'un plaid. Elle l'écarta et se hissa en position assise.

L'horloge lui indiqua qu'elle avait dormi un peu plus de deux heures.

La porte s'ouvrit doucement et Parisi passa la tête.

— Je suis réveillée, dit-elle.

Il entra et posa une chemise sur la petite table devant elle.

— On m'a remis ce dossier pour vous. Concernant l'information que vous m'avez demandée, il me faut encore un peu de temps. Un café ?

— Non, merci. Vous avez trouvé où est passé Marini ?

— Non, commissaire, mais les résultats sur les empreintes partielles du couloir, chez vous, sont arrivés : chaussures de sport d'homme, taille quarante-trois. D'ici peu, nous aurons la marque.

Ellc opina, en s'étirant le dos.

— De Carli et toi, vous avez pris du repos ? s'enquit-elle.

Il sourit.

À crédit, comme vous. Ah, et puis le préfet sera absent du bureau jusqu'à demain.

— Une excellente nouvelle.

— Il ne nous cassera plus les couilles pendant au moins quelques heures, commissaire.

— Mon Dieu, Parisi, tu te mets à parler comme moi.

— Ça vous choque ?

— En effet, je suis très choquée. (Elle chaussa ses lunettes.) Maintenant, disparais.

Restée seule, elle prit le dossier. L'enveloppe scellée était accompagnée d'un feuillet imprimé.

Je sais que tu en feras bon usage. Maintenant nous sommes quittes.

Le message était anonyme, mais s'il avait comporté une signature, elle y aurait vu celle du Gardien. C'était ainsi que l'on surnommait le responsable des archives des mineurs, l'unique fonctionnaire autorisé à accéder à la base de données où étaient conservés les dossiers relatifs aux homicides « particuliers », ceux que certains appelaient dans un esprit un peu morbide « le Mal en couches-culottes ». Des affaires traitées avec une confidentialité absolue, à tel point qu'on n'y trouvait aucun patronyme complet. Ces procédures empruntaient des voies différentes, plus rapides, et ne laissaient pas de traces. Dans certaines circonstances, elles étaient même mises sous scellés, parce que personne ne devait savoir. Il fallait vite oublier.

Teresa brisa le sceau et ouvrit le dossier : la partie dépénalisée, prescrite, et donc plus accessible des actes relatifs à un enfant répondant au nom de Massimo Marini.

C'étaient des mots qu'elle aurait préféré ne jamais lire et des photos sur lesquelles il était douloureux de poser les yeux.

Elle dut s'arrêter, respirer à fond, reprendre courage.

Quand elle croyait être enfin arrivée au mot « fin » du dossier, elle tourna une page et encaissa le coup le plus éprouvant.

Elle lut plusieurs fois, parce que le cerveau refusait de pactiser avec cette vérité. Elle aurait pu tout imaginer, sauf ça.

Maintenant, elle comprenait. Maintenant, elle portait en elle la douleur de cet enfant.

Elle s'attarda sur les expertises médicales et les procès-verbaux des témoignages, vérifia les tampons de cote des photographies, les confronta aux avis médicaux. Tout correspondait, mais elle ne s'arrêta pas là, elle recommença depuis le début, à plusieurs reprises. Elle savait qu'elle recherchait une erreur à communiquer à cet enfant, pour lui dire : « Maintenant, tu peux être libre. »

Mais je ne la trouve pas. Je ne la trouve pas.

À la fin, elle laissa retomber les bras le long de son corps. Elle ne pourrait pas l'aider. La seule chose qu'elle avait à lui offrir, c'étaient des paroles de réconfort qui n'auraient fait aucune différence. Aussi sincères, convaincantes, chaleureuses soient-elles, elles n'auraient jamais atteint son inconscient et balayé la pourriture déposée là par des décennies de tourments.

Une pensée obsédante se mit à lui tarauder l'esprit.

Peut-être n'était-ce pas la vérité qu'elle devait chercher. Elle regarda son téléphone, le prit en main.

Si je passe cet appel, je ne pourrais plus revenir en arrière.

Parri répondit à la deuxième sonnerie.

— J'ai besoin de ton aide et je ne peux rien t'expliquer, le prévint-elle.

L'éclat de rire de son ami fut pour elle une vague de soulagement.

— Dis-moi juste ce qu'il te faut.

Peu après, Parisi revint avec l'information qu'elle attendait. Elle referma le dossier et se frotta brièvement les yeux des deux mains, mais elle n'était pas sûre d'avoir été assez rapide. Le policier n'émit aucun commentaire. Le moment des plaisanteries était révolu. Il lui remit une note, en silence : le nom d'une femme et l'adresse d'un hôtel.

— Nous avons aussi retrouvé Marini, commissaire.

70

Pratiquer la lutte au corps à corps dans les arts martiaux mixtes était l'une des nombreuses échappatoires que Massimo s'était inventées pour endiguer les effets de cette tare maudite dont il était atteint : une sorte de violence congénitale héritée de son père. Une souillure de l'âme qui lui interdirait de jamais constituer une famille et de garder près de lui la personne qu'il aimait.

Enfermé dans la cage au centre d'un cercle de mâles hurlants et enragés qui les incitaient, son adversaire et lui, à frapper plus fort, à faire mal, il se sentait affranchi, libéré. Libre d'être ce que la nature commandait. Et il frappait, frappait avec toutes les fibres de son être.

Sous ses mains, le corps de Christian Neri était un nœud de tendons, d'os durs et de muscles bandés. Un corps qui ne se laissait pas terrasser, mais qui rendait coup pour coup toute la violence qu'il recevait.

La rivalité qui les avait toujours enflammés en salle de sport avait enfin trouvé son champ de bataille, mais ce n'était pas le jeune carabinier que Massimo avait sous les yeux en cet instant. Il n'avait jamais été que le destinataire de sa colère. C'était son père qu'il cherchait à abattre, ou peut-être seulement lui-même.

Des images d'Elena, de leur enfant à naître, de lui dans le futur – seul –, d'une mère-victime qui ne lui avait jamais pardonné, se succédaient dans sa tête et lui embrumaient la raison.

Pendant une seconde, rien qu'une, son regard croisa ceux de la foule exultante, comme alerté par un appel silencieux, mais puissant. Quand il aperçut au milieu du public les yeux furibonds de Teresa Battaglia, il se figea.

Il éprouvait une chose qu'il ne savait pas définir. De la honte, ce fut le premier mot qui vint danser devant ses yeux, comme un poing prêt à s'écraser sur sa figure. Du soulagement, ce fut le second. Elle était venue le sauver ; une pensée incohérente à laquelle il se raccrocha pourtant de tout son être.

Le coup au visage arriva, mais cette fois il était bien réel. Ce fut celui du knock-out.

Il sentit sa tête rebondir sur le tapis, un feu d'artifice lui explosa dans les yeux et ses oreilles sifflèrent si fort que sur le moment le monde s'éteignit. Son cerveau n'était plus qu'un milk-shake à l'intérieur de la calotte crânienne.

Quelqu'un compta les secondes. Au silence succéda une ovation pour le vainqueur. Pour Massimo, ce fut le froid du caoutchouc sous la joue et la sueur qui brûlait ses blessures.

Lucius était à côté de lui, il lui tamponnait le visage avec une serviette, il parlait dans sa langue maternelle, sur un débit précipité. Les mots du danseur combattant n'évoquaient nullement des propos sucrés. L'odeur de la pommade hémostatique précéda de peu les mains qui lui palpaient le visage, comme pour repérer un os fracturé à remettre tout de suite d'aplomb. Massimo goûta la saveur du sang sur sa langue : c'était libérateur. C'était la paix. Il avait réussi à se punir.

D'autres mains vinrent lui soulever la tête : cette fois, c'était un contact plus aimable, qui jurait avec la voix qui le secoua.

— Qu'est-ce que tu cherches à faire, bordel ?

C'était elle, Battaglia, montée sur le ring peut-être pour l'aider, ou peut-être pour lui fracasser ce crâne qui, ces derniers temps, ne donnait plus trop l'impression de fonctionner.

Le ton de la voix était différent de ce qu'il était d'habitude : un mélange de colère et de préoccupation affectueuse. Les liens des sentiments étaient tendus comme des fils en rangs si serrés qu'il ne pouvait en discerner ni l'origine ni la fin. Ils ne faisaient qu'un.

C'était le ton de voix d'une mère peinée pour son fils.

71

— Je pourrais faire fermer cet endroit.

Marini ouvrit un œil, l'autre était recouvert de neige carbonique. Ils l'avaient allongé sur un banc dans le vestiaire.

— Commissaire, s'il vous plaît…, fit-il d'une voix enrouée.

À côté de lui, une Teresa furibonde lui maintenait la jambe en l'air.

— Tu es un petit connard, l'apostropha-t-elle. Je te l'ai déjà dit ?

— Trois fois, commissaire.

Elle le repoussa et se leva d'un coup. Elle l'aurait bouffé.

— Tu te rends compte que tu es en train de tout foutre en l'air ? hurla-t-elle. Tu es en train de bazarder tout ton avenir.

Elle le vit baisser les yeux, puis les relever. Il tenta de sourire, d'encore se cacher.

— On dirait ma mère, dit-il sur un ton de plaisanterie forcée.

Elle en doutait. Sa mère n'était pas là, parce que sa mère faisait partie de son problème. Elle comprit qu'elle ne pouvait plus se cacher elle non plus.

— Je connais ton secret, lâcha-t-elle.

Ce ne fut qu'un murmure, qui aurait pu être pris pour un soupir.

Il eut une expression factice qui se figea sur son visage comme un masque froid et rigide.

— Il n'y a aucun secret, répondit-il sèchement. C'était clairement écrit dans mon dossier, depuis toujours.

— En partie, en effet, le corrigea-t-elle.

Il se releva en position assise, lentement. La glace tomba par terre. Ses mains s'agrippèrent au banc. Sa poitrine se soulevait et s'abaissait et elle s'imaginait ce cœur mortellement blessé, mais encore palpitant, frapper la cage thoracique jusqu'à en éprouver de la douleur. Elle aurait tenté n'importe quoi pour le soulager, mais avant, elle devait fendre ce cœur pour en extirper le monstre qui s'en repaissait. Il fallait que Marini regarde ce monstre en face. Il fallait qu'il le voie, car il suffisait d'un souffle pour disperser le fantôme qui le tourmentait. Il suffisait de l'absoudre.

Elle le vit hausser les épaules.

— Un homme qui frappe sa femme et son fils, ça ne fait plus les gros titres depuis longtemps, commissaire, rétorqua-t-il. Ce n'était pas le premier et ça ne sera pas le dernier. Vous connaissez les statistiques mieux que moi, non ?

Teresa osa faire un pas vers lui.

— Ce n'est pas toi qui l'as tué, dit-elle.

Elle le vit haleter, courber le dos comme s'il avait reçu un autre coup.

— Vous divaguez.

Elle fit un autre pas vers l'enfant qu'il avait été.

— Ce n'est pas toi qui l'as tué, répéta-t-elle plus fort.

Il secoua la tête.

— Taisez-vous, fit-il.

Elle le répéta.

— Taisez-vous ! hurla-t-il alors, une main levée comme pour l'arrêter, comme pour l'implorer de ne pas rompre l'équilibre précaire qu'il avait tenté si difficilement de rétablir.

— Tu n'étais qu'un enfant, Massimo. Tu n'es pas coupable.

Il trembla, traversé d'un violent frisson. Quelque chose en lui était au bord d'exploser.

— Je l'ai poussé, siffla-t-il. C'était moi.

— *Non*. C'était lui. Tu n'étais qu'un enfant de dix ans contre un homme de quarante. Il était ivre, au point de ne plus tenir debout.

— Ça suffit !

Elle sortit quelques feuillets de son sac : des photocopies de vieux rapports d'autopsie.

Ton père avait une fracture préexistante au décès, attaqua-t-elle en lui montrant les notes rédigées à côté de la radio de la projection postérieure d'un crâne. À un emplacement juste au-dessus de la ligne nuchale, on notait une sorte de lézarde, partiellement calcifiée. Le trauma de la chute, tel qu'il s'est produit, n'aurait tué personne, mais le crâne de ton père était aussi fragile qu'un morceau de poterie : la fracture préexistante lui a été fatale, et elle l'aurait été tout autant si quelqu'un lui avait donné un petit coup.

Il leva les yeux sur elle. On pouvait y lire un besoin éperdu de la croire, mais le passé faisait encore résistance.

— Comment vous êtes-vous arrangée pour vous procurer ces documents ?

Elle ignora sa question.

— Ils auraient dû le signaler clairement à ta mère et à toi, ajouta-t-elle, mais à l'évidence il a été décidé que c'était sans importance : dans tous les cas, tu n'étais pas coupable.

Il ouvrit la bouche à deux reprises, avant de réussir à parler.

— Cela n'avait pas d'importance ? bredouilla-t-il.

— On peut parler d'incompétence, de dilettantisme, du je-m'en-foutisme de celui qui a mené l'enquête : de tout ce que tu veux, mais pas d'homicide.

Elle s'agenouilla à côté de lui.

— C'est comme ça, lui souffla-t-elle. Tu ne l'as pas tué. (Elle ouvrit grand les bras.) Massimo, tu n'es pas un assassin. Tu t'es seulement défendu. C'était une tragédie. Ils auraient dû l'écrire noir sur blanc, car c'est indéniable, et maintenant tu sais.

— Allez-vous-en !

Elle repensa à la photo dans son dossier, à ce dos d'enfant, maigre, couvert de bleus. À cette mère incapable de protéger son fils comme elle avait été incapable de se protéger elle-même. Elle repensa à toutes les piques qu'elle lui avait sorties, quand elle l'avait houspillé ces derniers mois pour découvrir ce qui l'avait poussé à se réfugier dans une petite ville de province, à la formidable maîtrise de soi dont il avait fait preuve quand ils avaient travaillé ensemble sur une affaire de violences sur mineurs.

Elle lui mit le tirage sous les yeux et l'obligea à regarder.

— Arrête de jouer les enfants traumatisés, fais un peu le policier et dis-moi ce que tu vois !

Il parcourut cette vision en clair-obscur avec une expression de désespoir qui finit par s'apaiser, avant de se recroqueviller dans un sanglot libérateur.

Elle laissa tomber les rapports d'expertise d'une autre affaire classée, qui ne concernaient pas le père du garçon qu'elle avait devant elle et, avec ces pièces, c'était aussi une petite part de son intégrité qui tombait.

Tant pis, si cela servait à sauver Massimo. Elle avait choisi délibérément de ne pas consigner ce souvenir dans son nouveau journal. Elle avait découvert que la maladie pouvait lui offrir une liberté que son sens de la déontologie lui aurait toujours interdite : celle de falsifier une preuve et de continuer à vivre dans la sérénité. Elle le serra fort dans ses bras. Elle le bloqua, tandis qu'il se débattait et la repoussait, tandis que son visage la cherchait et s'appuyait contre son épaule. La lutte se mua en étreinte désespérée. Elle fit sienne cette douleur, l'absorba comme elle l'aurait fait d'un poison. Désormais dilué, n'étant plus mortel, il continuerait de circuler dans son sang tant que son cœur continuerait de battre.

Ils restèrent un long moment silencieux, tout près l'un de l'autre, la tête de Marini appuyée contre l'épaule de Teresa.

Si quelqu'un qui les connaissait les avait vus ainsi, ce quelqu'un aurait trouvé cela pour le moins bizarre.

Elle attendit avec patience que Massimo soit prêt à parler, comme s'il n'y avait pas d'assassin en liberté qui aurait pu encore frapper à cet instant. Elle devait d'abord prendre soin de lui.

— J'ai passé ma vie à croire que j'avais quelque chose de lui en moi. Quelque chose de malade, l'entendit-elle avouer.

Elle s'imagina vue de l'extérieur. Comme elle était petite, et pourtant c'était elle, à présent, qui soutenait ce garçon. Si elle avait changé de place, ne serait-ce qu'un peu, si elle avait porté le regard ailleurs que dans son cœur, il se serait effondré.

— Et tu le crois encore, compléta-t-elle.

— Le gène du Mal. J'ai lu ça dans quelques articles de psychiatrie.

— Ah, théorie fascinante, mais qui reste entièrement à démontrer. Cela aussi, tu as dû le lire quelque part.

— Vous n'y croyez pas ?

— Je crois qu'il est toujours rassurant d'imputer le Mal à un facteur que nous pouvons contrôler, et ensuite si c'est une tare génétique, c'est encore mieux. Mais cela ne te concerne pas, Marini.

— Nous en sommes déjà revenus au patronyme ?

— À l'origine des crimes atroces, il peut y avoir des psychoses sévères, c'est vrai, mais parler d'un véritable « gène du Mal » me semble pur fantasme. L'expérience vécue est déterminante, le milieu est déterminant, comme des dizaines d'autres variables. Tu le sais très bien.

— Peut-être que je me sentais simplement contaminé par le Mal.

Elle retint une caresse.

— Tu l'es. Tous ceux qui ont subi la violence dans leur corps le sont.

— Vous aussi.

— Moi aussi. Mais nous sommes plus forts. Tu possèdes une trempe exceptionnelle.

Il releva le visage pour la regarder.

— Je crois que c'est la première chose gentille que vous me dites.

— Vraiment ? Je me rattrape tout de suite, alors : comme lutteur, tu fais vraiment peine à voir. Il t'en a collé combien ?

Il rit en se tenant les côtes.

— Ben je l'ai pas mal amoché aussi.

— Tu veux rire ? Celui-là, il serait capable de courir un marathon là, tout de suite.

Ils se turent.

— S'il y avait en toi quoi que ce soit de mauvais, Marini, reprit-elle, si le moindre soupçon s'était présenté, tu ne serais pas ici. Ils ne t'auraient jamais permis de devenir policier.

— Ma mère ne m'a jamais pardonné, lui confia-t-il. Malgré tout, elle continuait d'aimer son mari. Depuis ce jour-là, elle ne m'a plus jamais regardé en face.

Elle lui prit le menton et chercha ses yeux.

— Tu te trompes. Si elle ne te regarde pas, c'est parce que le sentiment de culpabilité qu'elle éprouve est trop grand. La peur l'a rendue complice et tu as dû te sauver tout seul. (Il tenta de faire non de la tête, et elle le serra plus fort.) Elle ne te regarde pas dans les yeux parce qu'elle a honte.

Elle vit l'espoir lui relâcher les traits.

— Je n'ai jamais dit de conneries, si ? demanda-t-elle.

— Jamais.

— Alors il me semble que tu peux te fier à moi.

En guettant le nombre de ses battements de cils, elle compta les pas du doute qui le quittait.

— Je ne devrais pas le dire, mais je pense que c'est une injustice de la vie qu'elle ne vous ait pas donné d'enfant, confia-t-il enfin.

— J'ai un fils, soupira-t-elle. Il n'est jamais né, mais il est là. Et puis je vous ai vous, dans la brigade, qui ne me créez que des soucis. Je passe plus de temps à faire la maman que le commissaire.

Elle se leva et désigna les douches.

— Maintenant va te récurer. Nous avons une affaire qui attend d'être résolue. Si tu te sens d'humeur, tu pourrais apporter ta contribution inutile habituelle.

Il rit.

— Je me sens d'humeur, commissaire.

Elle opina d'un hochement sec.

— Parisi va te ramener chez toi. Demain matin, fais-moi le plaisir d'être ponctuel.

— Demain ? Pourquoi demain ?

Elle se retourna, une main sur la poignée de la porte.

— Tu as autre chose de plus important à faire, maintenant. Tu dois la libérer, elle aussi.

Elle le vit ravaler sa salive.

— Comment ? demanda-t-il.

— Dis-lui que tu la pardonnes. Ta mère n'attend rien d'autre pour recommencer à vivre. Je le sais mieux que quiconque.

Il se remit debout.

— Je dois vous poser une question, commissaire. Albert Lona est votre ex-mari ?

Elle fut surprise de cette question, mais surtout de son courage. En d'autres circonstances, à un moment mal choisi, elle l'aurait massacré.

— Non, mon ex-mari, ce n'est pas lui.

Elle le vit hésiter. Marini avait encore une autre question sur le bout de la langue. Elle fut tentée de le dissuader de la lui poser en le clouant d'une plaisanterie bien sentie, mais ce qu'ils venaient de partager ne le lui permettait pas. Et ne le lui permettrait peut-être plus jamais.

— Albert Lona était l'un de mes collègues. Même âge, caractère et valeurs à l'opposé, exposa-t-elle. Il s'est rendu compte de ce qui m'arrivait, des hématomes sous le fond de teint, de la peur que j'avais dans les yeux et même de ma grossesse. Il m'a proposé ce qui selon lui était une issue de secours. Je ne l'ai pas acceptée et cette même nuit j'ai perdu mon enfant parce que je n'ai pas été capable de le défendre.

Dans le silence qui suivit, elle pouvait presque sentir leurs cœurs battre, décoordonnés.

— Lona a proposé de l'arrêter ? s'enquit Massimo dans un souffle.

Elle sourit, amère.

— Non. Il m'a conseillé de m'armer.

72

Pour le *Tikô Wariö,* tuer avait été facile. La peur s'était empressée de guider la lame dans la poitrine desséchée d'Emmanuel. Elle s'était enfoncée dans la chair au chant d'une grive, au milieu des grattements d'un écureuil fouillant le feuillage à la recherche de glands. Le vieux était tombé comme un arbre creux et mort depuis longtemps, avec un soupir que l'on aurait pu confondre avec le léger sifflement du vent dans les arbustes ligneux de myrtilles noires.

Lui prendre son cœur avait alors été un geste naturel : dévorer pour ne pas être dévoré. Un acte bestial et innocent.

Il avait été facile de tuer, mais cela avait comporté des conséquences que son impétuosité n'avait pas envisagées.

Ce qui s'était accompli pour protéger avait eu pour effet de faire transpirer le secret.

Mais peut-être était-ce seulement le besoin de libération qui avait animé sa main, qui avait mis inconsciemment en mouvement un mécanisme effrayant, mais désormais indispensable.

Ses racines étaient enfoncées si profondément qu'elles faisaient mal. Elles étaient devenues carnivores et se repaissaient de la vie. Il y avait des liens qui étaient tout et d'autres qui portaient la mort. Il y avait des liens qui nourrissaient tandis que d'autres détruisaient.

La lame encore souillée de sang brillait à la lumière de la lampe-torche. La terre fut retirée, la main squelettique ressurgit de l'obscurité du bois silencieux. Le couteau fut déposé entre les phalanges usées qui avaient été des doigts.

Le Mal se transmet. L'amour est la faute. L'amour avait tué.

Le reste était seulement dévotion et sacrifice.

73

Le Mal ne se transmettait peut-être pas de père en fils comme une malédiction infligée par un dieu courroucé et vindicatif. Pour la première fois, Massimo s'autorisait à l'espérer. Il se raccrochait aux paroles de Teresa Battaglia afin de s'extraire définitivement de la prison de la peur. Elle l'avait guidé en lui traçant un sentier avec sa propre douleur : elle lui avait montré le passé qu'il abritait encore dans son cœur. Cela n'avait pas dû être facile, pour elle, vu comme elle était faite, vu le rôle qu'elle assumait. Il lui en serait éternellement reconnaissant.

Il la rejoignit à l'adresse qu'elle lui avait envoyée par SMS, mais avant de monter à l'appartement, avec le lever du soleil, il suivit son conseil.

Quand sa mère répondit au téléphone, il ne lui laissa même pas le temps de lui dire bonjour.

— Je sais que ce que je suis sur le point de te dire est douloureux, fit-il d'abord.

Il l'imaginait s'asseyant dans le petit fauteuil à côté de la crédence, avec le téléphone dans sa main aux doigts sans bagues. Peut-être tremblaient-ils.

— Quand c'est arrivé… quand il est mort, continua-t-il, je croyais t'avoir sauvée, maman. Nous étions enfin libres. Je ne comprenais pas ton silence, je ne comprenais pas pourquoi tu ne me regardais plus dans les yeux. J'avais l'impression d'être un monstre.

Sa voix se brisa sur ces derniers mots et un sanglot entrecoupé lui parvint de l'autre bout de la ligne.

— Et maintenant tu as compris ?

— Oui, je crois que oui.

— Dis-le-moi, Massimo. Je t'en prie.

— Je te pardonne, maman.

Le mur qui les séparait commença de se dissoudre dans les larmes de sa mère. Ce ne serait pas facile de récupérer les années d'incompréhension et d'isolement réciproques. Quelque chose s'était rompu et ne redeviendrait peut-être plus jamais comme avant, mais on pouvait en tout cas essayer de recoller les morceaux. La surface de leurs sentiments resterait irrégulière, comme une cicatrice qui labourerait les regards et les mots, mais qui, d'une certaine façon, les unirait de nouveau.

— Je n'ai pas été capable de te protéger, dit-elle après qu'elle se fut calmée, mais toi, tu es différent : de moi, de lui, du désert de sentiments dans lequel tu as grandi. Tu seras un père fort et affectueux. C'est ta chance d'être heureux.

Il ne lui dit pas qu'il avait déjà payé sa renaissance d'un prix trop élevé : Elena était partie la veille.

Il était resté toute la nuit devant son hôtel, à regarder le ciel noir entre les réverbères, assis sur le trottoir. Il avait résisté à son impulsion de courir à la gare, comme s'il avait été possible de la retrouver encore là-bas, où elle l'aurait attendu, personnage principal d'un conte à l'issue heureuse.

Elena n'avait pas répondu à ses appels, les rôles s'étaient inversés. S'il n'avait pas sauté dans sa voiture et s'il n'avait pas roulé des heures pour la rejoindre, c'était seulement parce qu'il y avait un assassin en liberté, c'était seulement parce que quelqu'un avait badigeonné la porte de son appartement avec de la peinture rouge sang, un acte d'intimidation qui restait à éclaircir. C'était seulement parce qu'à côté de lui, elle n'aurait pas été en sécurité, fût-ce pour des raisons différentes de celles qu'il avait imaginées jusqu'à cet instant.

Il ne pouvait la ramener ici, et il ne pouvait non plus abandonner le commissaire Battaglia. Parfois, faire la chose juste était un geste qui requérait de la froideur, pour lequel il fallait se dépouiller de toute pulsion et se parer de distance. Cette nuit, pourtant, avait été la première où il avait réussi à éteindre la lumière. Il n'y avait plus de monstres.

Il dit au revoir à sa mère avec la promesse de la contacter bientôt, le visage tiédi par les rayons rosés du soleil, et il monta à l'appartement où l'attendait Battaglia. Ce fut Blanca qui lui ouvrit.

— Salut, lui lança-t-il en glissant un sourire sincère dans le ton de sa voix.

— Salut, lui répondit-elle.

Il observa, fasciné, sa capacité à plonger ses yeux dans les siens rien qu'en remontant le chemin de la voix. Il lui suffisait d'un seul mot pour tracer la carte du visage de son interlocuteur et repérer son regard. Elle ne le faisait probablement pas pour elle-même, mais pour mettre à l'aise celui ou celle qui était en face d'elle.

Elle l'invita à s'asseoir. L'intérieur était spartiate, humble, et il eut le ventre noué en repensant à quel point il avait eu envers elle une attitude désagréable. Il aurait dû accueillir cette jeune guerrière avec considération et respect.

Smoky le regardait d'un air affligé, depuis le divan, la tête entre les pattes. Il ne l'avait jamais vu si déprimé.

— Qu'est-ce qui lui arrive ?

— Il est puni. Il a fait une grosse bêtise.

Il huma l'air. Cela sentait le bouillon.

— J'ai apporté le petit-déjeuner, fit-il en lui remettant le paquet de la brioche encore chaude. Mais vous en êtes déjà à la préparation du déjeuner à ce que je vois.

Blanca eut un sursaut, et il entendit un toussotement dans la cuisine. Le paquet glissa au sol et ils se baissèrent tous les deux pour le ramasser.

— Je m'en charge, proposa-t-il.

Blanca était écarlate et semblait mal à l'aise. Il l'aida à se relever.

— Tu vas bien ? s'inquiéta-t-il.

Battaglia surgit de la cuisine.

— Elle va bien, oui, jeta-t-elle en coupant court. Pourquoi ne t'installes-tu pas au salon ?

Massimo regarda le divan. C'était le seul siège et il était occupé par un chien qui ne lui avait jamais manifesté de sympathie. Il se tourna de nouveau vers le commissaire.

— Je préfère la cuisine.

— En cuisine, ce n'est pas possible.

Un bruit d'objet brisé indiqua la présence de quelqu'un d'autre dans la maison. Teresa et Blanca s'éclipsèrent dans une autre pièce, avec une mine préoccupée qui le sidéra. Peut-être un parent de la jeune fille, pensa-t-il, mais alors rien n'expliquait l'intervention du commissaire.

Resté seul, il considéra Smoky. Il lui faisait presque de la peine, avec ses yeux tristes et ses oreilles avachies.

Il s'approcha pour tenter une caresse et eut à peine le temps de retirer la main avant qu'un claquement de mâchoire fulgurant ne se referme sur le vide.

— J'en étais sûr, s'écria-t-il. Tu fais un peu peur, tu le sais, ça ?

La bestiole avait repris sa posture d'immobilité malheureuse.

Dans la cuisine, une casserole bouillonnait rageusement, le couvercle en métal se rabattit plusieurs fois en claquant comme une cymbale devenue folle, et l'eau qui dégoulinait sur la flamme finit par l'éteindre.

Il posa son paquet sur la table et se dépêcha d'aller fermer le gaz. La cuisinière était baignée d'une flaque de bouillon poisseux à l'odeur prenante.

— Adieu déjeuner, murmura-t-il en soulevant le couvercle avec un torchon.

Le hurlement lui échappa sans qu'il puisse le réprimer, et il tituba à reculons entre des chaises qui se renversèrent et Smoky qui accourut en aboyant.

— Nom de Dieu !

Le chien manqua son mollet de peu, mais il s'attaqua avec furie aux chaussettes, et tira tant sur le tissu qu'il finit par l'arracher. C'était le cadet des soucis de Massimo, car dans la casserole, à moitié immergé dans ce bouillon, c'était un crâne qui l'avait regardé avec une expression presque étonnée.

Il sentit monter en lui la colère.

Elle. Elle savait.

— Commissaire ! cria-t-il, encore en pleine bagarre avec Smoky.

Battaglia arriva, très calme, éloigna le chien et replaça le couvercle sur la casserole.

Il n'arrivait pas à y croire. Bientôt elle dirait que c'était sa faute. Il se releva, sans même vérifier les dégâts sur son pantalon, et pointa l'index vers la cuisinière à gaz.

— Il y a un crâne humain là-dedans, martela-t-il.

Le commissaire ne sembla nullement dérangée par sa véhémence.

— Je suis au courant, Marini.

— Et ça vous paraît normal ? rétorqua-t-il, d'une voix étranglée.

— Je devais le stériliser, expliqua Blanca. (Elle était de retour elle aussi, et semblait consternée.) Smoky l'avait chipé, il jouait avec. Contaminé par son odeur, il n'aurait plus jamais pu servir à son dressage. (Elle se tordit les doigts, très embarrassée.) Ennuyeux, pas vrai ?

Il était effaré. Il regarda Battaglia et leva les mains en l'air.

— Je ne veux rien savoir, fit-il, battant en retraite. (Il pointa le doigt sur elle.) Vous êtes folles, toutes les deux, là-dessus, vous vous êtes bien trouvées.

Il fit volte-face et n'avança même pas d'un pas. Elena était devant lui. Apparemment, elle venait de se réveiller, elle était encore en pyjama et les cheveux décoiffés.

— Qu'est-ce que tu fais ici ? lança-t-il après un instant de désarroi.

Son cœur s'était emballé. Il la vit hausser le sourcil, et il se rendit compte qu'il n'aurait pu poser de question moins judicieuse.

— Teresa se faisait du souci pour moi, répondit-elle sèchement. Et Blanca a eu la gentillesse de me loger. Elle cherchait une colocataire et je ne pouvais pas continuer de séjourner à l'hôtel.

Il déglutit, mais à vide. Il s'était conduit en idiot.

— Comment allez-vous, tous les deux ? demanda-t-il avec plus de douceur.

Elle se caressa le ventre.

— Bien, mais j'ai des nausées.

Tu m'étonnes, pensa-t-il. Il y avait un crâne qui bouillait au fond d'une casserole dans la pièce voisine.

— Avec cette odeur, c'est normal, lâcha-t-il.

Elle battit des cils.

— Quelle odeur ?

Il se souvint du paquet avec lequel il était arrivé. Il le prit et le lui tendit.

— J'ai apporté le petit-déjeuner, dit-il avec tout l'amour qu'il éprouvait pour elle.

Pour eux deux.

Mais Elena ne sourit pas comme il l'avait espéré. Il la vit porter la main à sa bouche et pâlir, avant de se pencher en avant.

Il songea qu'il y avait vraiment de la magie dans la grossesse. Un sortilège assez puissant pour lui faire trouver normale l'odeur d'ossements humains et révoltante celle du sucre et de la vanille.

Elena venait de vomir sur ses chaussures.

74

Teresa avait les yeux plongés dans l'histoire d'Alessio et d'Aniza. Une fois encore, à la maison du peintre, elle observait le cadre dans lequel Francesco enfant assassinait sa propre innocence, avec un fusil entre ses petites mains et dans les yeux la peur d'un geste trop grand pour lui, qui lui apprendrait le sens des mots remords et culpabilité.

Elle admira de nouveau la maestria avec laquelle Alessio Andrian avait peint l'enchaînement des émotions sur les visages des personnages, la ressemblance entre Francesco et sa sœur, qui à la différence de son frère avait des yeux aussi clairs que la glace d'une terre lointaine, et le dynamisme vif et puissant de leurs corps. C'était un tableau classique, très matiériste, à tel point qu'il lui semblait tenir les personnages entre ses mains. Toutefois, son amalgame de vernis et de couleurs comportait un ingrédient qui la perturbait dans le tréfonds de son inconscient. Elle ne réussissait pas encore à lui donner un nom.

— Je ne vous ai pas encore remerciée. Je vous serai éternellement redevable.

Elle se retourna vers Marini. Le visage du jeune inspecteur n'était enfin plus obscurci par les ombres du passé. Le sparadrap sur le front, les lèvres tuméfiées et une légère contusion à une pommette semblaient être les dernières séquelles d'une guerre désormais gagnée.

— Elena t'a pardonné ?

— Non.

Elle retira ses lunettes et les nettoya avec sa manche.

— Alors attends-toi à ce qu'elle te remplace rapidement.

Il sourit.

— Je le mériterais, commissaire.

— Je le crois aussi.

Raffaello Andrian l'appela depuis le couloir. Son oncle était prêt à recevoir des visites.

Alessio Andrian était étendu sur le lit, mais il ne dormait pas. Les coussins dans son dos le maintenaient suffisamment en hauteur pour lui permettre de ne pas perdre le contact visuel avec le bois qui semblait l'obséder.

À présent, elle le voyait avec les yeux du passé : elle l'imaginait adolescent, en jeune homme qui tentait de survivre à une guerre que, comme ses camarades, il n'avait pas voulue et ne comprenait pas non plus.

Un héros romantique, aux yeux d'Aniza. Il l'avait protégée au péril de sa propre vie, durant l'incursion des envahisseurs. Elle imagina leurs rencontres clandestines, les baisers volés dans la nuit, la forêt pour unique témoin.

La *Nymphe endormie* n'était pas une œuvre aberrante peinte avec la mort, mais le portrait d'un amour perdu à jamais, un acte désespéré pour la garder à ses côtés.

Elle s'était fait remettre par Marini les photos qu'elle n'avait pas encore insérées dans le dossier de l'enquête.

La confirmation que l'empreinte étrangère retrouvée sur la *Nymphe endormie* appartenait à Carlo Alberto Morandini était arrivée une heure auparavant. La comparaison avec les empreintes digitales relevées sur les photographies conservées par la fille ne laissait aucune place au doute. Le partisan violoniste était à côté d'Andrian quand il avait peint le tableau. Peut-être l'avait-il touché en tentant de le dissuader de commettre une folie, ou avait-il voulu s'accaparer aussi ce souvenir d'elle. Il voulait la dérober à celui qui l'aimait, au propre comme au figuré.

Elle coucha les photos sur le lit, tout près des mains d'Alessio. Elles montraient Cham, à peine âgé de dix-sept ans, peu avant qu'il ne renonce au conservatoire pour se dédier au maquis et s'unir aux partisans.

Elle s'assit à côté du vieil homme.

— Nous savons que Cham était là avec toi et Aniza le soir où elle est morte, dit-elle. C'est lui que tu vois quand tu regardes ce bois, n'est-ce pas ?

Pour la première fois depuis qu'elle le connaissait, les yeux d'Andrian quittèrent la forêt du regard et se posèrent sur ce visage du passé.

Les doigts se déplacèrent sur les clichés, non sans difficulté, avec une lenteur qui trahissait tout le poids de ces années passées dans l'immobilité. Ils se refermèrent enfin pour écraser ces images.

Raffaello s'approcha en toute hâte.

— Mon oncle, non, le supplia-t-il.

Teresa lui fit signe de le laisser faire. Elle approcha son visage de celui d'Andrian.

C'est Cham qui l'a tuée ? Comment ? demanda-t-elle.

Andrian était redevenu une statue. Elle essaya encore, à plusieurs reprises, d'établir un contact avec lui, mais l'homme s'était réfugié dans son monde de souvenirs et de silence et il en avait barré l'accès.

Avec un soupir, elle se releva et se dirigea vers la sortie, quand un cadre tomba au sol, du haut de la table de chevet. Elle revint sur ses pas et le remit en place. Quand elle fut de nouveau à la porte, le cadre tomba une nouvelle fois.

Elle regarda Marini et comprit qu'il avait eu lui aussi la même pensée : c'était Andrian qui l'avait poussé, d'un mouvement imperceptible de l'épaule.

Le cliché était un portrait de son neveu, Raffaello.

75

Parisi ouvrit la portière, Blanca et Smoky descendirent du véhicule de service, et tous les regards convergèrent sur eux. Ils étaient arrivés sur la scène de crime où Emmanuel Turan avait été mis à mort, où ils allaient se lancer dans une entreprise téméraire : retrouver la trace du corps de la victime et leur démontrer à tous que ce chien pelé et cette jeune fille qui le guidait étaient aussi exceptionnels qu'on le prétendait. Teresa avait cherché à tempérer la renommée qui les avait précédés, mais elle avait dû néanmoins fournir quelques informations. Les conducteurs de chiens de la brigade canine avaient réservé à la jeune fille un accueil au paternalisme irritant. Ils estimaient avoir déjà relevé le défi saugrenu que représentait selon eux l'initiative du commissaire.

— Nous avons systématiquement quadrillé la moitié de la forêt. Si nous ne l'avons pas encore retrouvé, cela signifie que le corps n'est pas ici, leur avait soutenu peu de temps auparavant le responsable des recherches.

Elle était convaincue du contraire, mais elle n'avait pas réfuté son affirmation : cela aurait signifié qu'elle les accusait d'avoir échoué, lui et la brigade qu'il dirigeait. Elle voulait répondre avec des faits.

Le brouhaha amusé se tut dès que Blanca appuya sur le sol sa canne pour non-voyant. Elle effectua ses premiers pas dans un silence assourdissant qui semblait hurler « tu es handicapée » et « ce n'est pas un endroit pour toi ». Pourtant, le cliquètement de sa canne répondait pour elle : rapide et décidé. Sans appel, en un certain sens.

Elle la regarda avancer avec un orgueil qu'elle ne prit pas la peine de masquer.

— Ils vont la manger toute crue, entendit-elle souffler Marini.

Il était soucieux.

— Je ne crois pas qu'elle les laissera faire, répondit-elle, mais quoi qu'il en soit, nous sommes là, nous aussi.

Le chef de la brigade canine les rejoignit, l'air furibond.

— C'est une plaisanterie ? éclata-t-il.

— Je n'ai aucun sens de l'humour, tout le monde le sait, riposta-t-elle sans même le regarder.

— Cette fille est aveugle !

— Mais mon chien voit très bien, lui, rétorqua Blanca dans son dos.

Battaglia laissa échapper un sourire. Qui sait quel effort avait exigé d'elle cette repartie tranchante. L'homme se retourna, gêné. Devant cette silhouette menue et pacifique, il perdit toute son agressivité.

— Jeune fille, je ne veux pas être impoli, mais…

— Alors ne le soyez pas.

Il regarda le commissaire. D'un signe d'assentiment qui aurait pu signifier tout et son contraire – aussi bien son appui, arraché au dernier moment, qu'une prise de distance devant cette folie –, il se retira au milieu de ses hommes.

Les bergers allemands de la brigade canine avaient commencé de manifester des signes d'impatience, qui se transformèrent en aboiements rageurs dès que Smoky alla tranquillement uriner sous leurs naseaux. Il venait lui aussi de mettre les choses au clair.

Teresa prit Blanca et Marini à part.

— Comment te sens-tu ? demanda-t-elle.

— Prête.

Elle lui serra doucement le bras.

— Prenez tout le temps qu'il vous faut, lui conseilla-t-elle. Et ne faites pas attention à nous.

La jeune fille opina.

— Nous n'avons aucune idée de ce que l'assassin a pu faire du corps, continua Battaglia, mais je suis quasi certaine qu'il se trouve ici, quelque part. Le transporter ailleurs n'aurait eu aucun sens : trop risqué, et cela aurait demandé beaucoup trop d'efforts.

Blanca leva le visage, comme à la recherche du vent. Elle semblait humer dans l'air les traces olfactives qui guideraient Smoky jusqu'à une tombe dissimulée. La réverbération de la forêt, cette tonalité particulière d'ombres et de lumières que Francesco avait qualifiée de « lagune verte », se reflétait dans ses iris opaques et y allumait des reflets.

— Dans ces bois il y a des sangliers, un peu partout : on retrouvera difficilement un cadavre entier s'il n'a pas été tout de suite récupéré ou enseveli, expliqua la jeune aveugle.

— Par où veux-tu commencer ? voulut savoir l'inspecteur.

Elle réfléchit, tira sur la fermeture Éclair et la capuche de son hoodie. Le vent s'était levé et lui agitait les cheveux autour du visage, en vagues bleues aux parfums de fleurs.

— Des berges de la rivière, ou bien là où il y a de l'eau, répondit-elle, sûre d'elle, parce que les animaux emportent et consomment leur nourriture là où ils peuvent se désaltérer. Quelqu'un a une carte ? On peut vérifier, s'il vous plaît ?

Autour d'elle, les hommes s'empressèrent comme des chevaliers servants, arrachant un sourire à Teresa.

— Il nous faut subdiviser la zone en carrés d'environ dix mètres par dix, continua-t-elle. Nous contrôlerons que les chiens aient bien flairé partout, le moindre trou, la moindre anfractuosité. Les sépultures sont repérables à leur superficie, distincte de la végétation environnante. La terre sera plus sombre, plus molle, remuée, avec des plantes coupées ou arrachées. Si la végétation a déjà repoussé, ne serait-ce qu'un peu d'herbe, elle sera plus fournie que celle qui l'entoure.

Ils délimitèrent la zone concernée sur la carte : environ un kilomètre carré, à partir de l'endroit où avait été tué Emmanuel Turan jusqu'au lit du *Wöda*. Ils commenceraient par là.

— Combien de temps avons-nous avant le retour de Lona ? s'enquit Massimo à voix basse.

— Pas assez, ça c'est sûr, répondit le commissaire. Préparons-nous au pire.

— On ne sent plus le vent, prévint Blanca.

Elle se fit passer un sac à dos et en sortit un flacon. Marini se pencha à l'oreille de Battaglia.

— Du *talc ?* chuchota-t-il.

— Chut. Laissons-la faire.

La maîtresse de Smoky versa un peu de poudre parfumée dans sa paume et la dispersa entre ses doigts. Elle était si impalpable qu'elle indiqua la présence d'une brise infime.

— De quel côté ça souffle ? demanda-t-elle.

— Nord-est, répondit l'inspecteur.

Elle hocha la tête et s'accroupit à côté de son chien. Battaglia ne réussit pas à entendre ce qu'elle lui disait, elle imaginait que ses paroles ne devaient être qu'un chuchotement. Encouragement, confiance, affection, union, symbiose, ce n'étaient là que quelques-uns des termes qui vinrent à l'esprit du commissaire. Elle comprit que ce chien était pour cette jeune femme bien plus qu'un compagnon capable de rendre les difficultés du quotidien plus acceptables : il était une extrémité vivante de son être, un sens supplémentaire lui permettant de percevoir le monde. Et certainement une part palpitante de son cœur.

— Entamer les recherches contre le vent aide les chiens, expliqua-t-elle en se redressant. Ils suivent le « cône d'odeurs » jusqu'à la source. Les molécules olfactives leur parviendront aussi de loin, si nous avons de la chance.

Elle replia sa canne télescopique et la rangea dans la poche arrière de son jean. Le commissaire essaya d'imaginer ce que cela devait être de marcher dans l'obscurité, en terrain accidenté, en plein bois, la crainte permanente de faire un faux pas, la sensation déstabilisante de ne jamais savoir ce qui se présentait sous ses pieds, qui ou quoi, si ce serait le vide ou un obstacle susceptible de la blesser. Blanca ne courait pas de risques, Smoky et les autres opérateurs seraient constamment avec elle, mais c'était peut-être l'aspect le plus difficile : faire confiance, au point de remettre son sort entre les mains des autres.

Teresa avait une théorie concernant sa décision de renoncer à l'emploi de la canne pendant la battue : Blanca voulait plonger ses sens dans le monde qui fourmillait autour d'elle, descendre à une profondeur telle qu'elle puisse le percevoir avec la netteté du désespoir de celle qui s'y noie. Durant leurs soirées passées à bavarder, elle lui en avait donné un exemple lumineux.

— Il ne t'est jamais arrivé de chercher quelque chose à tâtons, à l'aveuglette ? lui avait-elle demandé. Tes clés, un mouchoir dans ton sac. C'est là, tu le sais, mais tu pourrais y consacrer des heures sans les trouver. Dans cet espace restreint, des dizaines d'objets te passent entre les doigts, que tu as le plus grand mal à identifier.

Le commissaire avait acquiescé. Cela lui arrivait souvent, quand elle était pressée.

— Ensuite, il suffit d'un rapide coup d'œil, quelques secondes, et tu réussis à retrouver ce que tu cherches. Les sens ont enregistré les coordonnées et redessiné la carte. Tu sais pourquoi ? Parce que tu crois connaître ce qui t'entoure, mais en réalité tu n'en possèdes qu'une image, et encore, même pas très précise. Tu ne sais rien ou presque rien de la forme des objets, de leurs proportions, de leur poids, de leur surface. Tu le comprends lorsque l'image s'obscurcit et quand la vue t'abandonne. J'ai dû apprendre à voir avec le toucher, l'ouïe et l'odorat. Ce que je réussis à percevoir avec les sens est encore inaccessible à la plupart des gens.

Pour Battaglia, c'était éclairant.

Elle la regarda chercher les sangles du harnais de Smoky et s'éloigner du même pas que lui dans la forêt en suivant le périmètre idéal de la grille tracée sur la carte. Pour elle, on avait tendu des fils entre les arbres, afin de permettre à ses sens de se raccrocher aussi à une information matérielle. La corde divisait en secteurs la zone à explorer, mais la mort ne suivant aucune indication, il leur restait à espérer que le flair du chien puisse l'isoler, où qu'elle soit, même si elle ne flottait que quelques instants sur un souffle de vent.

— C'est un océan de ronces et de cavités, de bois épais et de pentes instables, murmura Marini au bout d'un moment. Pour réussir à le trouver, il faudra qu'ils soient plus forts que tout le monde.

— Ils le sont, répliqua-t-elle.

— Il se pourrait qu'on ne cherche pas au bon endroit.

— Moi, au contraire, je n'ai aucun doute. La victime était âgée et de petite taille, un corps épuisé, mais malgré tout adulte. L'assassin n'a pas pu le transporter sur des kilomètres, et je ne crois absolument pas qu'il l'ait sorti du bois pour l'emmener autre part : quel intérêt ? Il avait ici à sa disposition une cachette parfaite.

— Là-dessus, il n'y a pas de doute, l'échec des recherches le prouve. Au pire, c'est juste une question de temps.

— C'est l'unique ressource dont nous ne disposons pas.

Le commissaire se tourna vers la route. Elle redoutait l'arrivée d'Albert, la capacité qu'il portait en lui d'annihiler toutes les intentions et toute motivation.

Massimo sembla lire dans ses pensées.

— Donc Lona se comporte comme ça parce que vous l'avez éconduit.

Elle secoua la tête sans le regarder.

— Il est comme ça parce que c'est sa nature. J'ai payé cher ma liberté. Il m'a offert un raccourci qui en réalité m'aurait mise exactement dans la situation à laquelle je cherchais à échapper : ce n'était qu'un homme comme un autre, avide de contrôle. Et il n'a pas changé. Sa violence est psychologique, pas moins répugnante que la brutalité physique.

Elle ferma les yeux. À l'instant, la forêt devint floue. Peut-être était-ce le poids des souvenirs, peut-être celui de la maladie. Elle les rouvrit, mais sa vision était encore brouillée. Elle dut s'appuyer contre un arbuste. L'inspecteur vint aussitôt la soutenir.

— Que se passe-t-il ?

— Un vertige.

Il l'aida à s'asseoir et s'agenouilla à côté d'elle.

— C'est peut-être une baisse de tension, dit-il en lui prenant le pouls.

— Ce n'est rien.

— Les pulsations sont très rapides.

Elle retira son bras.

— Bon sang, ce n'est rien, je t'ai dit.

— Vous avez fait votre injection d'insuline ?

Elle ne répondit pas.

— Commissaire ?

Je ne m'en souviens pas. Je n'en ai pas la moindre idée.

La sensation de malaise allait croissant, la soif s'était faite dessèchement.

Elle attrapa son portable : l'écran affichait plusieurs alertes automatiques dont elle n'avait pas tenu compte. Elle n'avait pas entendu la sonnerie et l'heure de l'injection était dépassée depuis un bout de temps.

— Merde, murmura-t-elle en luttant contre la nausée.

Elle chercha le stylo à insuline dans le fond de son sac, en priant pour qu'il y en ait un à libération rapide.

— Je vous aide.

Il le trouva, mais elle s'en empara.

— Je m'en charge, fit-elle.

À cet instant, le stylo lui échappa des mains.

— Commissaire, bouclez-la, et laissez-moi faire !

Elle se tut. Elle l'aurait volontiers rembarré, si seulement elle en avait eu la force.

— Allez, dites-moi comment procéder.

Le ton de Marini était résolu, mais posé. Elle savoura son calme, c'était si réconfortant. Elle se rendit à l'évidence : elle avait besoin d'aide. Elle avait besoin de lui.

Elle lui donna les indications, en détournant le visage, les yeux regardant ailleurs, les fleurs en bordure de la route, un papillon qui s'y posait, des pensées belles mais forcées. Non loin d'ici, il y avait la colline où Andrian avait peint le tableau qui représentait le petit Francesco. Elle pouvait en entrevoir la cime : la cime du tilleul, qui oscillait sous un vent paisible.

— Personne ne vous regarde, l'entendit-elle la rassurer.

Comme si c'était ça le problème.

— Tu as des yeux, me semble-t-il, répliqua-t-elle vertement.

Il rit tout bas en soulevant son pull, tandis qu'elle écartait la ceinture de son pantalon.

— Je parie que vous me les crèveriez volontiers, lui répliqua-t-il. Vous aussi, vous avez appris sur mon compte des choses que j'aurais préféré taire. Donnant-donnant. Cela me paraît équitable.

— Quoi ? De me mater le cul ?

— Commissaire, si vos fesses étaient placées là, vous auriez des soucis à vous faire.

Elle finit par sourire à son tour. Peut-être était-ce un acte involontaire, une manière instinctive de refuser cette prise de conscience de sa peau nue et vieille sous son regard, des bourrelets de graisse sur le ventre qui devaient paraître plus horribles à ce garçon fort et entraîné qu'ils ne l'étaient en réalité. Elle ne s'était jamais sentie aussi exposée, aussi fragile et décrépite.

Le stylo fit son œuvre et il rabaissa le rideau de scène sur le corps de Teresa.

— Il existe des appareils électroniques qui pourraient vous faciliter l'existence, lui signala-t-il.

Elle le savait, mais ces derniers temps elle était tellement occupée par le simple fait d'essayer de ne pas effacer ses souvenirs que le diabète, les pompes à insuline et tout ce qui s'ensuivait avaient été relégués en bas de la liste des choses importantes à faire.

— Merci, bougonna-t-elle.

Elle était en colère contre elle-même.

— De rien. Je vous raccompagne chez vous ?

Elle se releva, avec précaution.

— Il n’en est pas question.

— Où est-ce que vous comptez aller ?

— À mon poste, qui n’est pas à l’arrière.

Parisi les rejoignit.

— Commissaire, Francesco Di Lenardo a téléphoné et vous a demandée. Il a besoin de vous parler.

Elle regarda Marini, puis de nouveau son collègue.

— Il a expliqué le motif ?

— Non, mais cela semblait urgent. Il était agité. Il a seulement précisé qu’il ne pouvait plus attendre.

Le visage de Massimo se fit attentif.

— Krisnja nous a dit que Francesco avait ses tourments, dit-il. Et s’ils étaient des « secrets » ?

76

La maison des Andrian était bordée par un bois en plaine. Rien à voir avec la majesté des forêts plus au nord, où la région s'étendait au-delà de la ligne de partage des eaux alpines et se détachait géographiquement de l'Italie pour rejoindre le bassin hydrographique de la mer Noire. Une terre si proche et si lointaine. À tout point de vue.

Ces bois de plaine avaient de la douceur et peu de sauvagerie. Ils étaient comme la fourrure veloutée d'un chat domestique, comparée à celle, hirsute et grasse, d'un lynx à l'état sauvage : en apparence similaires, mais profondément différentes.

Ils étaient toutefois assez épais pour cacher l'ombre qu'observait le vieux peintre. Patiemment, depuis longtemps, le *Tikô Wariö* scrutait le masque de sénilité et de rancœur qu'était devenu le visage d'Andrian. Comme un vieux cerf, le peintre était blanchi sous le harnois du poids de la couronne de cornes qu'il portait, souverain d'un monde perdu depuis longtemps. Pourtant, il n'aurait pas hésité à l'enfoncer avec force dans la poitrine de l'adversaire, s'il avait pu. Son regard noir, même de loin, était une déclaration de guerre qu'il continuait de bramer depuis des décennies.

Le *Tikô Wariö* sortit de la végétation et chemina vers lui. À chaque pas, il voyait son expression changer imperceptiblement, comme le ciel printanier qui les dominait : d'humeur si volubile, et si violent dans chacune de ses réactions.

La tombe vivante qu'Andrian avait faite de son propre corps l'ancrait dans le monde. Le « féroce gardien » se demandait si l'immobilité amplifiait la perception de la réalité et du danger. Il le croyait, oui.

Il s'approcha de la fenêtre, ses yeux dans les siens. Il vit ceux du vieillard se dilater au milieu de son visage décharné, aussi pâle que le marbre d'un sépulcre.

La bouche d'Andrian s'ouvrit en un hurlement muet, et le *Tikô Wariö* l'imita.

77

Ce nouveau journal ne me met pas très à l'aise. Ce serait comme de remplacer une personne qu'on ne trouverait plus : comment peut-on ? On continue de la chercher. On se rend folle, pour elle. On ne vit plus. C'est son absence, paradoxalement, qui la rend toujours plus présente et tangible. C'est le vide qui définit son importance, vous remplit de larmes qui vous submergent et au-delà. C'est une pluie à l'envers, qui monte vers le ciel.

Je me demande ce que l'assassin tente de lire de lui-même entre ces lignes. Si son esprit psychotique s'y reconnaît, et s'il y puise de la pitié envers lui-même.

Peut-être un jour le comprendrai-je en le regardant dans les yeux.

Francesco les regardait avec résignation. Il les avait fait entrer sans dire un mot. Courbé, il laissait paraître d'un coup tout son âge.

Le poids de la culpabilité, songea Teresa. Elle l'affronta sans tergiverser, décidée à ne pas repartir sans avoir obtenu ce qu'elle était venue chercher : la vérité.

— C'est le moment de vous libérer de ce poids, lui dit-elle.

Il hocha la tête.

— C'est pour cela que je vous ai appelés. Je suis prêt.

— Le pacte que vous aviez passé cachait un secret, n'est-ce pas ? Un secret qui vous lie jusqu'à la mort.

Francesco soupira. Une longue expiation.

— Ce jour maudit, commença-t-il à raconter, après avoir touché l'Allemand avec le fusil, nous sommes allés voir s'il était mort. Rien qu'Ewa et moi, nous nous tenions par la main, tout tremblants. Le partisan, lui, est resté caché au milieu des arbres en nous disant de ne pas faire ça, parce qu'il y en avait peut-être d'autres. Il savait déjà ce que serait la terrible vengeance du commandant allemand.

Il s'interrompit, mais Teresa ne pouvait lui permettre de se cacher à nouveau.

— Qu'est-ce que vous avez vu ? demanda-t-elle.

— Du sang, mais pas autant que je m'y attendais. Je me souviens d'avoir pensé qu'il n'y en avait pas assez pour un mort. Plus tard, j'ai compris que j'avais raison : le soldat s'était juste évanoui. Un mauvais coup à la tête à cause de la chute et une égratignure au bras, là où le projectile l'avait effleuré en ricochant. Il est revenu se venger avec ses camarades, mais ce n'était pas seulement cela qu'il cherchait.

Elle fut aussitôt plus attentive.

— Que voulez-vous dire ?

Francesco soutint son regard, mais on comprenait que cela lui coûtait.

— Nous l'avons volé, avoua-t-il d'une voix tremblante. Nous avons volé un homme que nous avions cru mort.

Elle éprouva pour lui de la compassion. Tant de tourment, pour une bêtise de gosses.

— Vous étiez des enfants, dit-elle, vous ne pouviez comprendre la guerre et la mort.

Il haussa les épaules, les yeux brillants.

— Peut-être, ou alors nous avons seulement été méchants, qui peut le dire ?

— L'Allemand a récupéré ce qui lui avait été dérobé ? demanda Marini.

— Non, il n'en a pas eu le temps. L'arrivée des partisans, les coups de feu… Il a décampé avec ses camarades et ils ne sont plus jamais remontés jusqu'aux hameaux. La guerre touchait à sa fin, ils le savaient tous désormais. Les Allemands ont levé le camp quelques jours après. De toute façon, lui non plus n'aurait pu dévoiler notre secret, puisque nous avions détroussé un voleur.

Elle se pencha vers lui, l'encouragea d'un signe de tête à continuer.

— Sur lui, emmaillotée dans un linge et attachée à son torse avec une sangle, nous avons trouvé une icône, poursuivit-il. C'était l'effigie d'une Vierge, qui sait dans quelle église il l'avait volée. Une Madone si belle et resplendissante. Je me souviens de ses traits superbes, l'argent et l'or qui la faisaient étinceler au soleil comme une étoile dans nos mains. Mon Dieu, ces ailes déployées des anges qui l'honoraient ! Ici dans la vallée, il n'y avait jamais rien eu de pareil.

Nous n'avions jamais vu une chose aussi belle. Nous en étions les esclaves.

— Que s'est-il passé après ?

— Ewa l'a prise et elle s'est enfuie. Emmanuel et moi, nous l'avons suivie.

Battaglia croisa le regard interdit de Massimo.

— Emmanuel Turan ? Il était avec vous ? demanda-t-elle.

Francesco opina.

— Il nous suivait tout le temps, Emmanuel. Parfois, nous l'autorisions à rester avec nous, d'autres fois nous le chassions. Il avait toujours été étrange, différent, et puis les enfants peuvent être cruels.

— Vous êtes retournés vers Cham ?

— Non, non ! Nous avons ignoré ses appels et nous nous sommes réfugiés dans les bois. Il nous avait vus, il savait ce que nous avions fait, et il voulait l'icône. Il nous a harcelés des jours entiers. Il nous suivait en cachette. On le voyait nous observer entre les arbres. Nous avions peur, il nous terrorisait. La nuit, il lançait des cailloux à la fenêtre de notre chambre. Pourtant, Ewa refusait de la lui remettre. Comment abandonner notre petite Madone entre ses sales mains ? disait-elle. Non, on ne pouvait pas. Ensemble, on a décidé de faire la seule et unique chose possible.

— C'est-à-dire ? insista Marini pour qu'il continue.

Francesco leva les yeux vers lui.

— Nous avons jeté l'icône dans le fleuve, carrément sous ses yeux. Nous l'avons vu plonger pour la récupérer, mais elle avait déjà disparu dans les flots. Nous l'avons laissé là, seul, désespéré, immergé dans l'eau glacée du *Wöda*. Depuis lors, je ne l'ai plus jamais revu.

Carlo Alberto Morandini ne s'était plus montré aux enfants, mais cela ne signifiait pas qu'il s'était éloigné, pensa Teresa. Il était revenu, il avait continué de graviter autour d'eux et de la vallée, comme une planète autour d'un soleil, prisonnier de sa force. L'icône était peut-être l'obsession qui ne l'avait jamais quitté. Battaglia demanda à Francesco ce qu'elle était devenue.

— Elle s'est perdue dans les flots, pour toujours, répondit-il. Elle fait partie de cette vallée, à présent, avec ses pierreries et sa marqueterie d'argent.

Exactement comme Aniza, songea-t-elle.

Marini s'éloigna pour répondre à un appel et peu après lui fit signe de le rejoindre.

— Nous avons un problème, annonça-t-il, avec un sérieux extrême.

Battaglia crut se sentir mal.

— Blanca ? dit-elle.

— Oui. Elle est convaincue d'avoir retrouvé les restes… Des restes qui ne sont pas humains, commissaire.

78

— Salut, Grande Vierge, glorieuse porte du Ciel. Le jour s'achève et la nuit est presque venue. Le soleil se couchera bientôt et les étoiles vont surgir. C'est le rite sacré du Soir, pour achever le jour de lumière.

L'obscurité fut éclairée de flammes dociles.

— Avec l'allumette, j'allume le feu sur l'autel préparé pour toi, ô Glorieuse. Les larmes blondes de l'encens nocturne brûlent, pour que mon âme puisse s'ouvrir à ton mystère.

Des volutes grises au parfum aromatique s'élevèrent de la résine.

L'icône resplendissait sous les lueurs du feu sacré. L'or et l'argent luisaient comme des fragments d'astre tombés du ciel. Le visage de la Madone s'entrevoyait à peine sous le voile noir qui la cachait. C'était un reflet qui semblait suivre le regard de celui qui l'observait. Sa beauté était un condensé de l'univers.

— Je porte en moi le *Tikô Wariö*. Je monte la garde. Et je porte en moi le *Tikô Bronô.* Je te protège. Je te fais cadeau des mots inscrits dans la pyramide magique d'Unas, les mots des grands mystiques du passé, les chants suaves de Pindare et d'Apulée.

Des mains jointes et une tête inclinée la saluèrent.

— Je t'appelle de tes Grands Noms, ô Mère. Génitrice des Origines. Reine des esprits. Souveraine miséricordieuse des silences désolés des Enfers. Celle qui la nuit barre la porte du monde souterrain. Grande magicienne qui guérit. *Regina Cœli.* Reine des Cieux.

Les genoux se plièrent, le front toucha terre.

— Le Ciel t'honore et l'Enfer te respecte. Les étoiles, les saisons et les éléments t'obéissent. Toi qui fais tourner les planètes et illumine les Ténèbres. La Gentille. L'Unique. *Hent. Héqet.*

Les lèvres baisèrent la poussière.

— Fidèle disciple, je m'incline devant Toi, *Mater Dei*. Mère de Dieu.

79

Teresa se fraya un passage au milieu de la foule des curieux. La nouvelle que la police avait enfin trouvé quelque chose dans le bois avait déjà transpiré. Ce quelque chose, pourtant, n'était pas ce qu'elle avait espéré.

Elle franchit la rubalise qui délimitait la zone interdite aux civils et s'enfonça dans la forêt. À chaque pas, elle sentait la main de Marini la soutenir par le coude. Elle se mordit la langue et le laissa faire, parce que ronchonner devant ces hommes aguerris et prêts à la charrier n'était pas une alternative à prendre en considération. Pas en la circonstance, alors que son autorité se devait plus que jamais d'être solide et qu'il lui fallait protéger ceux qui se fiaient à elle.

— Merde, éructa Massimo.

C'était l'une des rares fois où elle l'avait entendu jurer.

Il avait une bonne raison, elle le comprit quand elle leva les yeux : Blanca était au centre d'une section de terrain où la zone à passer au crible avait été subdivisée. Devant elle, le chef de la brigade canine et le technicien cynophile. Parisi et De Carli, au milieu du groupe, séparaient les esprits qui semblaient sur le point de s'affronter. En fait, ils s'affrontaient déjà. On haussait le ton. Blanca avait le visage écarlate, les traits figés. Elle semblait sur le point de pleurer de rage.

Mais c'était l'homme qui se tenait à l'écart, à quelques pas de distance, qui avait arraché ce juron à l'inspecteur et qui avait glacé Battaglia. Comme alerté par ses pensées, Albert Lona la regarda, l'air furieux, mais avec une nuance de satisfaction : il savourait d'avance le moment où il allait lui faire payer l'initiative qui l'avait privé de son autorité.

Elle se prépara à l'affrontement, affûta mentalement ses armes en priant une divinité quelconque, afin que la maladie ne se manifeste pas de nouveau justement à cet instant. Elle se voyait déjà balbutier des propos confus, l'air hébété, le regard vide. Non, pas maintenant.

— Tu n'interviens pas, ordonna-t-elle à Marini. Sous aucun prétexte.

Elle voulait affronter Albert la première. Elle passa en vitesse devant Blanca, en l'effleurant d'une caresse dont la jeune fille comprendrait certainement le sens.

Mais le préfet l'arrêta aussitôt dans son élan.

— Ne dis rien, l'enjoignit-il du ton calme qu'il employait quand il voulait détruire quelqu'un.

Teresa fut assaillie par les remontrances de la brigade, à tel point qu'à un certain moment elle dut hurler pour rétablir l'ordre.

— Faites-moi voir, ordonna-t-elle sèchement.

La fosse ouverte était là, tout près. Une cavité à l'aspect naturel qui aurait pu contenir un corps humain recroquevillé, mais c'étaient des cornes qui pointaient de celle-ci, longues et ramifiées.

— Un cervidé ancien, à en juger d'après ses bois et le degré d'usure des dents, expliqua le technicien cynophile. L'invagination de l'émail est absente et la dentine est lisse. Je crois que ce spécimen est mort de cause naturelle.

La carcasse affleurait entre le terreau et les feuilles.

— La terre autour a été remuée, observa le commissaire.

— Non, elle s'est déposée dans la cavité depuis les dernières pluies.

Teresa regarda Blanca. Elle la vit frémir sous le poids de cette sentence et ne pouvait rien faire pour elle. Elle tenait Smoky par son harnais. Le chien était agité et continuait de tourner sur lui-même, pour signaler un cadavre qui n'était pas là.

Le chef de la brigade canine eut le tact de prendre le commissaire à part.

— Les chiens sont dressés pour ignorer les carcasses des animaux. Du moins ils devraient l'être, nuança-t-il en se corrigeant. Ce chien n'est pas fiable.

— Non !

La protestation de Blanca le fit se retourner.

— Je suis navré, jeune fille. C'est un faux signalement, répliqua l'homme.

Blanca tendit les mains, comme une demande pressante à laquelle Battaglia répondit aussitôt en les prenant dans les siennes.

— Il y a un corps enseveli là-dessous, insista-t-elle. Smoky ne se trompe pas. Moi, je le crois.

Le commissaire s'efforça de la calmer, tout en se demandant quelle serait la prochaine manœuvre d'Albert, qui les observait là-bas, immobile. Il se demandait si elle était elle aussi disposée à faire preuve de la même foi inébranlable que Blanca.

Elle regarda la fosse, les longues cornes griffées par le temps et par les intempéries. Elles évoquaient celles d'un dieu déchu et négligé. Et elle regarda de nouveau le chien, qui aboyait et s'agitait.

Il sent la mort humaine ? Une odeur si repoussante qu'elle ne peut être ignorée ?

Albert les rejoignit.

— Éloignez le chien et la fille, ordonna-t-il.

Battaglia s'interposa entre les hommes et Blanca. À ses côtés, Marini.

— Parlons-en d'abord, suggéra-t-elle.

Albert la regarda comme si elle venait de lâcher un blasphème.

— Obéissez aux ordres, commissaire, et écartez-vous. Votre implication dans cette enquête ne tient qu'à un fil.

Elle lâcha un juron, suffisamment fort pour que tout le monde l'entende.

— Si j'ai tort, je me retire tout de suite, rétorqua-t-elle, manière de lui tendre une perche. Mais pour clarifier la chose, nous devons d'abord retirer cette carcasse et continuer de creuser.

Elle le vit jauger son offre – la tête de Teresa Battaglia contre un mètre cube de terre à déplacer – et elle savait qu'il ne résisterait pas à la tentation de la voir humiliée en public.

Et en effet, d'un signe de tête, il ordonna aux autres de se remettre à creuser.

Massimo attrapa une pelle et leur prêta main-forte.

Battaglia resta près de Blanca, lui fit sentir sa présence sans rendre leur entente trop évidente aux yeux d'Albert.

— Il est là, l'entendit-elle murmurer.

Smoky avait cessé de s'agiter : sa mission était terminée.

Le soleil disparut derrière les nuages d'un noir de jais. Avec l'arrivée de la pénombre, le voile qui recouvre la mort se souleva. Quand les coups de pelle s'arrêtèrent soudainement, Teresa comprit qu'autre chose affleurait de la terre.

— Commissaire ! l'appela Marini.

Elle s'approcha en vitesse. Au fond du trou humide et noir, entre des enchevêtrements de racines, gisait le corps fragile d'un vieillard.

Emmanuel Turan.

Battaglia s'agenouilla au bord de la tombe.

La position fœtale dans laquelle avait été enseveli le cadavre, les bras croisés comme pour se protéger, ne l'empêchait pas d'entrevoir la poitrine déchiquetée. À la place du cœur, une fleur de couleur pâle et aussi flétrie que lui : une anémone sauvage.

— Des restes humains récents ensevelis sous la vieille carcasse d'un animal, murmura Battaglia.

La portée de cette découverte mettait en lumière l'esprit meurtrier auquel elle donnait la chasse.

— Une tentative presque réussie de la part de l'assassin d'égarer les recherches, murmura l'inspecteur, incrédule.

De toute sa carrière, le commissaire n'avait jamais eu affaire à une stratégie de ce genre. Elle désigna le trou.

— Il s'est servi d'une dépression naturelle du terrain et l'a recouverte, fit-elle.

— Il connaît bien les lieux.

Elle eut à peine le temps d'entrapercevoir Albert, de le voir murmurer du bout des lèvres une promesse de règlement de comptes, qu'il avait déjà disparu. Elle se redressa et donna une petite tape sur l'épaule du chef de la brigade canine. L'homme avait perdu son aplomb.

— La jeune fille est aveugle, dit-elle en citant son premier commentaire à propos de Blanca, mais à ce qu'il me semble, elle y voit mieux que vous tous réunis.

Elle rejoignit Blanca et la prit par la main.

— Tu leur a cloué le bec à tous, lui glissa-t-elle, alors que je n'y suis moi-même jamais arrivée.

Elle la vit sourire, enfin détendue.

— Les hommes ont toujours plus de mal à croire, répondit-elle.

Ce qui était vrai.

Battaglia porta le regard au-delà de la lisière des bois, là où la foule des curieux avait encore grossi. Elle ne parvenait pas à reconnaître les visages, mais elle était certaine que nombre d'entre eux appartenaient à des personnes qu'elle connaissait, et parmi eux, elle en était sûre, il y avait aussi celui de l'assassin. Parce qu'il n'était jamais loin d'eux, et parfois un pas devant.

Il nous observe. Il n'a jamais cessé. Même à cet instant, ses yeux sont braqués sur nous.

Smoky s'agita entre leurs jambes. Teresa vit Blanca battre des cils.

— Qu'est-ce qui se passe ? demanda le commissaire.

— Il veut qu'on le libère. Il a flairé une autre trace.

80

Marini ouvrit la marche, il veillait à ce que les branches et les racines ne blessent pas Blanca ou ne risquent pas de la faire tomber. Teresa suivait quelques pas derrière eux, avec les techniciens de la scientifique. Elle regardait la jeune fille laisser au chien le temps de remonter la piste olfactive du monde inconnu qui l'entourait, quand il sembla s'immobiliser. Ils retinrent tous leur respiration, jusqu'à ce qu'ils le voient reprendre sa progression d'une allure plus décidée.

Blanca leur avait dit « Je sais le lire et il sait me lire » : la jeune fille le faisait avec les mains, Smoky avec les yeux, mais Battaglia était certaine que la conversation la plus importante avait lieu dans leurs deux cœurs.

Plus loin, sur la partie de la piste déjà arpentée, se déroulait une procession silencieuse de visages contractés : des hommes de la police locale, des conducteurs de chiens et, fermant la marche, la protection civile. Personne n'avait plus eu le courage de contredire les décisions du commissaire, mais surtout personne ne mettait plus en doute la piste que la jeune fille et le chien leur indiquaient.

Ils ne savaient pas ce qu'ils trouveraient au bout de ce sentier invisible, mais c'était l'odeur du sang humain qu'ils pistaient. Chaque fois que Smoky identifiait une trace hématique, il se couchait au sol et émettait un bref hululement.

Ce chant animal avait quelque chose d'inquiétant, car les notes de sa musique avaient été écrites par la main de l'assassin : comme dans une fable noire et tragique, il avait semé de minuscules gouttes de sang dans le bois. Pour les guider, il avait dispersé ce qui avait été la vie d'Emmanuel.

Sur l'insistance de Teresa, et non sans quelque hésitation, la scientifique avait accepté entre-temps de faire part de ses premières impressions sur les prélèvements qu'elle effectuait.

« Les traces hématiques obéissent à des motifs d'égouttement passif : gouttes tombées d'un objet sous l'effet de la force de gravité », avait expliqué à contrecœur le technicien.

La forme parle. Elle indique l'origine, la dynamique, la force. L'intention.

Il ne s'agissait pas de giclées qui avaient investi au hasard la végétation environnante, mais de gouttes asymétriques tombées selon des trajectoires perpendiculaires au centre du sentier.

Elle n'avait aucun doute : c'était un geste volontaire. Un assassin trop méthodique, trop intelligent et trop organisé, jusqu'à présent, pour avoir commis une erreur aussi grossière. À peine le chien avait-il signalé la chose et s'était-il redressé que les hommes en combinaisons blanches se penchèrent sur les sections du bois à isoler et où cataloguer ce qui deviendrait autant de pièces à conviction pour l'enquête. Ils avaient retrouvé cinq gouttes de sang, pour le moment.

— Qu'en pensez-vous ? demanda Marini en la rejoignant.

Elle ne répondit pas tout de suite. Elle chercha les mots les plus adaptés, susceptibles de traduire la réflexion instinctive qui lui avait accaparé l'esprit, mais qui lui permettrait en même temps de tenir fermement les rênes de la logique. Elle n'en trouva pas. L'inconscient pesait trop fort et voulait se faire entendre.

Elle leva les yeux vers la voûte feuillue des branches. Elle écouta le chant lointain d'une chouette qui leur parvint porté par le vent. Le hululement du chien plana au-dessus d'eux comme un appel. Elle repensa au cœur noir fixé à l'entrée d'un monde ancien et mystérieux, et aux gouttes de sang qu'on avait répandues sur le sol.

Cinq cailloux minuscules et cramoisis que notre Petit Poucet a laissés dans le chemin.

— À sa manière, il nous raconte une histoire, un conte, murmura-t-elle.

— D'habitude, les contes ont une fin heureuse, répondit Marini.

— C'est pour cela que nous sommes ici : pour lui donner cette fin heureuse. Mais d'abord, comme dans chaque conte qui se respecte, quelqu'un a dû mourir, et quelqu'un d'autre a dû subir des souffrances indicibles.

— Les traces s'interrompent ici, annonça Blanca, coupant court à leurs conjectures. (Elle s'était agenouillée à côté de Smoky et le caressait.) Il ne sent plus rien.

— À ce qu'il semble, le conte..., reprit Massimo, mais il ne termina pas sa phrase.

Il avait changé de visage. Il indiquait un endroit précis où, au milieu des broussailles, se dressait une ombre distordue, nettement découpée.

— Il y a quelque chose là-dessous, dit-il, sûr de lui.

Teresa suivit son regard. C'était un toit.

— À ce qu'il semble, le conte, continua-t-il en se parlant à lui-même, se poursuit dans une cabane au fond des bois.

La ruine était un ancien corps de ferme tombé en déshérence depuis au moins quelques décennies, que la forêt avait reconquis et écrasé sous les spires de lierre et de chèvrefeuille. Les rares pierres restées debout indiquaient les contours des trois salles d'origine du rez-de-chaussée. Une galerie en bois noir et putréfié reliait ce rez-de-chaussée à ce qui restait de l'étage. La toiture s'était à moitié écroulée et les poutres brisées pointaient par les orifices qui jadis avaient été des fenêtres.

La porte d'entrée était encore debout : sur l'architrave, avec la chaux décolorée par le temps et les intempéries, une main hésitante avait tracé le sigle C + M + B.

— Qu'est-ce que ça signifie ? s'étonna Marini.

Rien qu'il faille redouter, Teresa le savait bien. Le passé de sa propre famille le lui avait enseigné. De sa main gantée, elle effleura le bois grisé.

— *Christus mansionem benedicat*, dit-elle. Une tradition rurale chrétienne qui a en réalité des origines païennes. Un puissant talisman contre les forces obscures. Le chef de famille l'inscrivait le soir de l'Épiphanie sur la porte des maisons et sur celle de l'étable pour protéger les habitants et les animaux. Les locaux étaient bénis avec de l'encens.

Elle laissa retomber sa main. C'étaient des souvenirs qui lui semblaient être des fragments de la vie d'une autre.

— J'entre le premier, décida Marini.

Elle le tira par la veste et fut la première à franchir le seuil.

Il n'y avait plus rien ici qui puisse être qualifié d'origine humaine. Il ne restait rien d'autre des murs que de la roche. Taillée, certes, mais sur le point de s'effriter et de retourner à la terre. Ce qui était jadis le foyer autour duquel la famille se réunissait n'était plus maintenant qu'un espace envahi de détritus. Elle trouva les lieux tristes et redoutables. La vie survivait, conquérait tout sous une autre forme. Plus silencieuse, plus cachée, mais malgré tout puissante.

Elle ouvrit la bouche, mais les mots restèrent bloqués. Un détail devant elle les avait suspendus.

Dans une embrasure ménagée entre les pierres, quelqu'un avait collé une feuille. Un petit rectangle de papier qu'elle reconnut comme elle aurait reconnu une partie d'elle-même.

Sur cette feuille, c'était son écriture. C'était une page de son journal.

Elle sentit le froid se substituer au sang dans ses veines et n'osa plus faire un pas. Le morceau de papier, les pensées qu'il renfermait, étaient une preuve.

Si je le laisse où il est, ils sauront tous ce qui est écrit dessus. Ce pourrait n'être rien d'important, tout comme être la déclaration de ma maladie.

Si je le prends et si je le garde pour moi, je serai en sécurité, mais mon intégrité en tant que personne et que policière en aura été diminuée à jamais.

— Prenez-le, vite, glissa Marini derrière elle, avec un coup d'œil derrière lui. Prenez-le et cachez-le.

Elle resta immobile, les yeux fixés sur le rectangle clair fixé contre la pierre.

Elle ne pouvait pas le prendre. Elle ne se serait jamais pardonné ce geste.

Massimo fit les quelques pas qu'elle s'était interdits. Il détacha vite le papier avant que les autres ne s'en rendent compte et, sans la regarder, le plia et le fourra dans sa poche.

Ce fut seulement à ce moment qu'elle se ressaisit ct lc prit par lc bras.

— Qu'est-ce que tu fabriques ?

Il posa sa main sur la sienne et l'éloigna avec gentillesse.

— Je trouverai un moyen de le faire analyser sans que votre identité ne transpire, lui promit-il. Même moi, je ne saurai rien du contenu de ces lignes.

Il avait reconnu la page. Elle ravala son orgueil.

— Pourquoi fais-tu cela ? réussit-elle à lui demander.

Il haussa les épaules, comme si son geste importait peu.

— Parce que je vous dois bien ça. Parce que c'est juste.

Elle chancela. Elle se sentait exposée, vulnérable. Elle devait s'en aller, se frayer un chemin la tête basse entre les hommes qui restaient là.

Devant l'obscurité d'une nouvelle tempête qui s'approchait, devant la nature imposante et impénétrable, ce sentiment se transforma en un feu rageur.

— Je ne me laisserai intimider par personne ! hurla-t-elle face au bois.

Qui que soit celui qui lui avait volé sa mémoire de papier, il était là, quelque part, et il écoutait.

81

Massimo avait appelé Elena plusieurs fois, mais elle n'avait jamais répondu. En fin de compte, il s'était résigné à lui écrire un message :

Je voudrais être avec toi.

Il s'était écoulé plus d'une heure depuis qu'elle l'avait lu, sans répondre.

Cet aveu ne lui avait rien coûté, et il ne s'agissait pas d'un habile stratagème. C'était la vérité. Mais pour le moment, il se trouvait dans une ruine au milieu d'un bois, fatigué, sale, attendant que la scientifique termine ses relevés sur la zone. Le commissaire discutait au téléphone avec la centrale, mais à son ton de voix neutre, il comprit qu'il ne devait pas y avoir de nouveauté.

Quand le portable vibra dans sa main, le nom d'Elena s'affichant en notification, il s'appuya d'instinct à ce qui restait du mur, avant de lire :

Dis-moi.

Il tapa rapidement sa réponse.

Je voulais savoir si vous alliez bien.
Dis-moi à quoi tu penses, Massimo. Tu as assez fui. Tu me manques.

Elle ne répondit pas, alors il lui écrivit de nouveau.

Il faut qu'on parle.
Non. Dis-moi à quoi tu penses !

Il respira à fond.

J'avais besoin de me pardonner. C'est fait. Maintenant je ne veux pas vous perdre.

Sa réponse à elle ne se fit pas attendre.

Aide Teresa. Nous t'attendons.

Il sentit pointer un sourire en lui. Il sortit de sa poche la page du journal, la glissa dans une enveloppe subtilisée peu de temps avant dans une mallette de la scientifique et la colla en signant de sa main sur le rabat. Il appela De Carli et la lui remit.

— Il faut que ça arrive au laboratoire le plus tôt possible, dit-il. J'ai déjà averti Colle. Tu ne la donnes qu'à lui. Qu'il ne pose pas de questions et qu'il se dépêche.

De Carli tourna l'enveloppe entre ses mains.

— J'imagine que ce serait trop demander de savoir de quoi il s'agit, fit-il.

Massimo referma son stylo et chercha le regard du commissaire Battaglia.

— Je peux te dire que tu fais un truc illégal, immoral et qui pourrait te faire risquer ton poste, mais c'est pour une bonne cause. Tu as envie de savoir autre chose ? répondit-il.

De Carli ne se fit pas prier davantage.

— Je dirais que c'est plus que suffisant. J'y vais.

Maintenant que la page du journal était en sécurité, avec la certitude qu'il n'y en avait plus d'autres disséminées dans les parages, Massimo laissa la scientifique faire son travail et s'éloigna. Il s'assit sur l'escalier couvert de mousse. Il flanqua un petit coup de coude à Battaglia. Il n'avait aucune idée de ce que représentait ce cahier pour elle, mais la voir ainsi affectée provoquait en lui une réaction de colère et éveillait un instinct de protection qu'il avait rarement éprouvé dans sa vie.

— Tout est sous contrôle, lui dit-il.

Elle opina, mais garda le silence.

— Là vous m'inquiétez, commissaire : vous auriez dû me répondre que je n'ai jamais absolument rien sous contrôle.

Il la vit réprimer un sourire, avant de reprendre aussitôt son sérieux.

— Je croyais que tu étais un bon petit soldat, mais je me trompais, répondit-elle, les mains dans les poches et regardant droit devant elle. Tu viens de commettre une folie, un truc culotté et potentiellement fatal pour ta carrière.

— Peut-être parce que j'ai l'impression que vous m'appréciez davantage quand je fais des conneries, non ?

— Parce que ce sont des conneries faites avec le cœur.

Massimo lui tendit un bonbon. Le commissaire l'accepta en le regardant, étonnée, tandis qu'il déballait le sien.

— Rien à foutre du contrôle, dit-il.

— Rien à foutre du contrôle.

Ils sucèrent en silence cette offre d'un nouveau départ, formulée en des termes si étranges.

— Et maintenant ? demanda-t-il ensuite.

Elle réfléchit.

— Nous nous rapprochons, je le sens, murmura-t-elle, mais pas assez pour voir son visage. Son intention, la motivation profonde qui l'anime m'échappent encore.

— Nous ne sommes pas face à un mobile simple, selon vous.

Battaglia secoua avec vigueur son casque de cheveux couleur magma.

— Cette affaire est tout sauf simple, Marini. Je perçois un malaise lent, sédimenté, enseveli avec les os cachés dans ces bois. C'est la symbolique puissante qu'il a employée qui m'inspire tout cela.

— Le cœur. Je n'ai jamais été confronté à rien de semblable.

— Qu'est-ce que tu as pensé, au moment où tu as vu ce cœur ? Allez, réponds sans réfléchir.

— À un rite.

Elle hocha la tête.

— On tue d'abord et avant tout par rancœur, par jalousie ou pour des questions d'argent, mais on n'arrache pas le cœur de quelqu'un pour ces motifs, même quand ils se cumulent.

— Et si nous étions confrontés à plusieurs coupables ? demanda Massimo.

— Tu penses à une secte ?

— Oui.

Elle sembla réfléchir à cette idée.

— Dans les années quatre-vingt-dix, aux États-Unis, il existait une secte très active qui procédait à des sacrifices rituels. Les adeptes mangeaient le cœur de leurs victimes. Ils ont été démasqués… c'étaient les clients classiques, insoupçonnables et bien intégrés dans la société. Certains ont payé pour les crimes commis, mais il y en a eu beaucoup d'autres dont on n'a jamais pu connaître l'identité. La secte s'est dissoute et on n'en a plus rien su, mais elle continue d'exister en mode souterrain, c'est presque une certitude. (Elle se leva et épousseta son pantalon.) Pourtant, je ne crois pas que ce soit le cas ici, inspecteur. Notre assassin ne se voile pas derrière le secret : il veut communiquer avec nous.

Massimo se leva lui aussi.

— Par défi et par désir d'affirmation de soi ? Ou parce qu'il a besoin d'expier sa faute ? demanda-t-il.

— Je ne le sais pas encore, mais ta première hypothèse ne me convainc pas. Il a bien plus à dire que simplement « Regardez comme je suis fort ». Si l'on met de côté le profil de l'assassin, de quels éléments disposons-nous, inspecteur ? Qu'avons-nous découvert ?

— Une jeune fille disparue il y a soixante-dix ans, dont l'amoureux a peint le portrait avec le sang de son cœur, avant de devenir fou. Une icône dérobée par les nazis, jetée dans la rivière et qu'on n'a plus jamais retrouvée.

— Continue.

— Un partisan violoniste qui avait une obsession pour cette vallée et qui a probablement assisté à l'homicide de la jeune fille. Andrian et lui se connaissaient. Il a peut-être continué de se rendre dans ces lieux pour récupérer l'icône.

Petit à petit, à mesure que les mots franchissaient ses lèvres, il sentait que tout devenait plus clair. Les rapports étaient évidents. C'était comme de relier des points lumineux dans un ciel sombre.

Elle lui fit signe de continuer.

— Un pacte entre trois enfants, coupables d'avoir tiré sur ce soldat allemand qui avait volé l'icône, ce qui déchaîne des représailles, conclut-il. Un seul d'entre eux est encore en vie : Francesco. Emmanuel Turan a été tué il y a deux jours, son cœur pendu à l'entrée du village.

Battaglia cessa subitement de mâcher son bonbon : elle venait d'avoir une intuition.

— Comment est morte Ewa, la sœur de Francesco ? demanda-t-elle.

Massimo sentit s'accélérer les battements de son cœur : ils tenaient une nouvelle piste.

82

— C'est vraiment nécessaire ? s'enquit Marini, les yeux fixés sur la pierre tombale.

Teresa en était convaincue. Elle avait lu le certificat de décès d'Ewa Di Lenardo, remontant à cinq ans auparavant. Il était survenu suite à des causes naturelles. Ce qu'elle voulait savoir, maintenant, c'était ce qui avait pu se passer avant qu'elle ne rende son dernier souffle. Le juge Crespi était d'accord avec elle et avait signifié son autorisation avant même que la requête ne soit formalisée.

Des trois enfants qui avaient conclu ce pacte, un seul est encore en vie, se répéta-t-elle.

Emmanuel Turan a été assassiné, son cœur accroché à l'entrée du village, exactement au moment où nous nous sommes rapprochés du secret qui le liait aux autres.

— Nous ne pouvons plus nous fier aux paroles prononcées, répondit-elle tandis qu'on retirait la pierre de la sépulture.

La tombe familiale des Di Lenardo se dressait à l'extérieur du périmètre du cimetière municipal, sur la colline qui faisait face à la nécropole. Ce n'était pas la seule : cette pente inaccessible abritait d'autres mausolées, ceux des plus vieilles familles de la vallée. C'étaient de simples niches arrondies, blanchies à la chaux et en partie enfoncées dans le sol. Elles saillaient dans le pré, tournées vers l'est, comme des sépultures d'un autre temps.

Autour de celle des Di Lenardo, au milieu de brins d'herbe d'un vert très dense, poussaient des fleurs de couleur pervenche, une couronne de pétales translucides qui ornait la demeure de la mort.

Teresa en cueillit une. Elle n'avait aucun parfum.

— D'ordinaire, elles fleurissent entre mai et juillet, mais ce début de printemps a des velléités d'été, dit une voix dans son dos.

C'était Krisnja.

Le commissaire lui sourit, avec un sentiment de culpabilité dans l'âme, comme chaque fois qu'elle devait contraindre quelqu'un à assister à un rituel aussi inhumain que celui de porter à la lumière les restes d'un être aimé.

— Je suis désolée, dit-elle simplement, de nouveau incapable de trouver ses mots devant son visage.

La jeune fille sembla ne pas entendre ses regrets. Elle se baissa elle aussi pour cueillir une fleur. Elle en fit tourner la corolle entre ses doigts.

— Ce sont des fleurs carnivores, les grassettes. Étrange, non, qu'elles poussent dans ce genre d'endroits ? murmura-t-elle, la voix assombrie par un voile de tristesse. Elles se procurent les substances nutritives dont elles ont besoin en digérant des organismes vivants. (Elle plongea ses yeux dans les siens. Ils étaient rougis.) C'est ce que font les assassins que vous pourchassez, n'est-ce pas ? Ils se nourrissent d'autres vies.

Battaglia sentit un nœud se former à hauteur de son cœur. À côté d'elle, Marini sembla s'être raidi.

— Quelques-uns, en effet, admit-elle. Ils en ont besoin, comme nous de respirer.

Krisnja regarda au loin, là où un vent impétueux soufflait sur les cimes, soulevant des nuages comme si c'était de la poussière. Un éclair blanchit la roche nue, la rendit spectrale.

— Donc vous croyez que quelqu'un aurait fait d'abord du mal à Aniza, puis à ma grand-mère Ewa…

— Je n'ai pas de preuves qui me permettent de l'affirmer, pas pour le moment.

— Mais nous sommes ici parce que vous en recherchez.

— Oui.

Les yeux de la jeune fille se mirent à briller et reflétèrent les lueurs du ciel.

— S'il en est ainsi, alors il semblerait que quelqu'un veuille effacer ma lignée, l'entendit-elle dire. M'arrivera-t-il la même chose ?

Le regard de Teresa se porta derrière elle et elle vit Francesco qui les observait. Il était difficile de cerner son état d'esprit. Il n'avait échangé que peu de mots avec elle, et non sans effort. Quelque chose s'était brisé. La confiance peut-être, ou le masque qui avait contenu la douleur durant presque toute une vie.

Les mains des fossoyeurs lâchèrent la pierre tombale qui se fracassa avec un bruit lourd et assourdissant. Ils sortirent le cercueil du caveau, brisèrent les sceaux.

Battaglia échangea un regard entendu avec Marini et il se rapprocha de Krisnja.

Elle fit quelques pas vers le trou sombre ouvert sur le passé. Elle regarda la photo : Ewa avait un regard magnétique, clair comme la glace. Elle était différente de son frère et de sa petite-fille.

Teresa baissa les yeux sur la bière. Son instinct l'avait déjà avertie avec un frisson de ce qu'elle y trouverait.

La tombe était vide.

83

— Je répète ce qui est écrit sur le certificat de décès : la mort a été causée par la maladie, un mal dévastateur. Quand elle est venue me voir, il était déjà trop tard. Il s'était répandu dans tout l'organisme. Ewa était l'ombre d'elle-même.

Le médecin avait ouvert la porte de son cabinet à Battaglia sans aucune réticence. C'était lui qui avait apposé sa signature sur l'acte de décès d'Ewa Di Lenardo.

Son calvaire avait commencé deux ans plus tôt, continua-t-il, par une opération pour la pose d'une prothèse au genou. Cela ne s'était pas bien passé et les interventions suivantes n'avaient fait qu'aggraver la situation. À partir de ce moment, Ewa a souffert de douleurs lancinantes. Bien que ce n'ait pas duré très longtemps : trois mois après, mes confrères lui ont diagnostiqué un cancer foudroyant du pancréas. Il n'y avait plus rien à faire. Je lui ai suggéré une thérapie de la douleur, je lui ai parlé de la sédation profonde. Elle n'a rien voulu savoir. Elle a continué de vivre comme si de rien n'était, le temps qu'elle a pu, et elle y est arrivée plus longtemps que je ne l'aurais cru possible : presque dix mois. Je lui en aurais accordé au maximum deux. Ewa est morte dans son lit, dans sa maison. Ainsi qu'elle le désirait.

Le soir était maintenant descendu sur la vallée et le cabinet était éclairé par une lampe au néon qui rendait les propos du médecin encore plus tranchants.

— Vous disiez qu'elle était l'ombre d'elle-même. Vous pouvez affirmer avec certitude que le corps que vous avez examiné était bien celui d'Ewa ? lui demanda Battaglia.

Elle le vit hésiter, mais c'était peut-être seulement la bizarrerie de la question qui l'avait un instant privé de la parole.

— Commissaire, je vous confirme sans l'ombre d'un doute que le cadavre que j'ai étudié était celui d'Ewa Di Lenardo.

Teresa le remercia, mais elle sortit dans la nuit avec la sensation très nette qu'un détail leur échappait. Elle leva les yeux vers le ciel : il s'était finalement apaisé et la pleine lune formait une sphère éclatante.

— Vous n'êtes pas satisfaite, observa Marini.

Elle fit une grimace.

— La *Nymphe endormie* a ouvert une porte sur une histoire plus complexe que je ne m'y serais attendue, bougonna-t-elle.

— Au moins, le préfet ne pourra pas vous accuser de l'avoir pour la énième fois supplanté. Rouvrir la tombe a servi à découvrir qu'un cadavre avait été escamoté : dommage qu'on ne comprenne pas le sens de ce geste.

— Il doit forcément y avoir une signification précise, même si nous ne réussissons pas encore à la discerner. (Elle consulta l'heure.) Les curieux doivent être couchés à présent. Tu es prêt pour le sale travail ?

— Le sale travail ?

— Les tombes, ça ne me plaît pas, commissaire. Et encore moins de nuit.

— Ça ne plaît à personne, Massimo.

— Mais vous ne pouviez pas laisser la scientifique s'en charger ?

— Demain matin. Pour l'heure, je veux voir de mes propres yeux. Lève un peu cette torche.

La lumière bleutée éclaira le visage en noir et blanc d'Ewa Di Lenardo.

— Et cette photo ne me plaît pas non plus, fit Marini. Il me semble qu'elle nous regarde. Et qu'elle n'est pas du tout contente de notre visite.

— Tu fais allusion à un esprit ? Je ne te savais pas si trouillard.

— Prudent. Que cherchons-nous, exactement ?

— Des signes.

— D'effraction ?

— Oui, mais pas seulement.

Il lui braqua la torche au visage.

— Vous croyez que quelqu'un aurait exhumé le cadavre et l'aurait emporté ? demanda-t-il, d'une voix un peu trop haut perchée.

Teresa écarta son bras et sa torche d'une petite tape.

— Eh bien, inspecteur, ou cela s'est passé ainsi, ou Ewa est sortie d'ici sur ses deux jambes. Selon toi, quelle hypothèse est la plus plausible ?

— Il se pourrait que cette tombe n'ait jamais été la sienne.

— Cela se pourrait.

— « Une fois l'impossible éliminé, tout ce qui reste, aussi invraisemblable qu'il puisse être, doit être la vérité. »

Battaglia lui retira la lampe-torche.

— Et bravo à mon Sherlock Holmes. Je parie que tu as appris par cœur cette réplique.

— Pourquoi ai-je tout le temps l'impression de passer un examen, avec vous ?

— Parce que c'est le cas, évidemment. Passe-moi le racleur. Je voudrais retirer cette couche de mousse.

Elle gratta patiemment la patine sombre qui recouvrait l'entrée de la niche. Satisfaite, elle braqua le faisceau de la lampe vers la surface du marbre et y passa les doigts.

— Des griffures, dit-elle, compatibles avec celles que laisse à la surface une barre de métal qui a fait levier pour soulever le couvercle.

Il approcha aussi le visage pour observer.

— La tombe n'a donc pas été violée à une date récente, fit-il. Pas à notre arrivée dans la vallée, mais bien avant.

Elle acquiesça.

— Au moins un an, à en juger par la couche de mousse et de moisissure.

Elle éclaira le caveau. L'intérieur au ciment grossièrement lissé abritait les squelettes des bouquets de fleurs déposés avec le cercueil. L'odeur était mortifère. Pourtant, une autre chose attira son attention. Elle tendit le bras, essaya de se pencher, mais son tour de taille l'en empêchait.

— Glisse-toi là-dedans, ordonna-t-elle. Dans le fond, il y a quelque chose que je veux voir de plus près.

— Pas question !

Elle le regarda.

— Mais de quoi as-tu peur ?

— Je n'ai pas peur, mais je ne descendrai pas, c'est tout.

— Nom de Dieu, Marini ! Il n'y a pas de mort et les seuls vivants, ici, c'est nous. Quel est ton problème ?

Il semblait ruminer ce qu'elle venait de dire, comme s'il cherchait une réponse adaptée, ou pour y puiser de la force. Finalement, il retira sa veste avec des gestes précipités.

— Vous vous rendez compte, hein, que ce n'est pas hygiénique ? râla-t-il en se laissant glisser dans la cavité.

Elle lui passa la torche.

— Tu as des gants, le rassura-t-elle. C'est par terre, tout au fond.

— Oui, j'ai compris.

— Tu le vois ?

— Quoi au juste ? Il y a des fleurs séchées et rien d'autre.

— Un rat.

— Merde !

— Du calme. Je plaisantais.

— Vous n'êtes pas bien !

Il se glissa au-dehors et ouvrit la main.

— Cela ressemble à un vieux nid, dit-il.

Il tenait dans sa paume un enchevêtrement de petites branches où étaient enfilés des cheveux et des plumes. Cet entrelacs ne semblait pourtant pas le fait du hasard.

Elle le prit dans sa main et le renifla. Alors que l'objet était là depuis cinq ans, il conservait une vague senteur de thym.

— À votre avis, qu'est-ce que c'est ? demanda-t-il.

Il avait compris que c'était bien davantage que ce que cela semblait être.

Teresa se rendit à l'évidence.

— Un sceau contre les esprits malins, assena-t-elle.

— De la sorcellerie ?

Elle repensa au berceau naturel qui préservait la pureté des générations lointaines, de la culture très ancienne arrivée jusqu'à ce jour, intacte. À l'isolement, à la mémoire de l'origine.

C'était à un pouvoir primitif qu'elle pensait presque égal à celui de donner la vie.

— Non, ce n'est pas de la sorcellerie, répondit-elle. (Elle regarda autour d'elle. Les ancêtres de ces gens la fixaient d'un regard fier.) Nous devons ouvrir une autre tombe.

84

Hanna. Un nom qui pesait désormais de tout son poids sur l'âme de Teresa, aussi léger pourtant qu'un pétale, mais impossible à ignorer.

Hanna, fille d'Ewa, mère de Krisnja. Descendante elle aussi de la *Nymphe endormie*. Morte, elle le savait à présent, de manière tragique comme son aïeule.

Elle en avait fait exhumer la dépouille mortelle qui reposait maintenant sur une table roulante de la morgue. Parri la déplaçait dans la salle où elle attendait avec Marini. Le médecin légiste venait à peine de conclure l'examen préliminaire des restes. Il acheva de pousser la civière et la lui immobilisa sous les yeux.

Hanna était loin d'avoir figure humaine. Ce n'était guère plus qu'un cocon qui aurait pu trouver place au creux de ses bras, mais d'où ne se serait jamais envolé aucun papillon. L'incendie où elle avait péri treize ans auparavant l'avait consumée avec la grange dans lequel elle se trouvait cette nuit-là.

Quand Parri écarta le drap qui la recouvrait, Teresa n'éprouva aucune répulsion, mais plutôt le désir de pouvoir à nouveau l'envelopper et la protéger des regards terrifiés de ceux qui n'auraient jamais été capables de revoir en elle un être humain, uniquement sensibles à l'horreur.

— Les restes sont exceptionnellement bien conservés, expliquait le médecin. J'ai déjà effectué les prélèvements habituels.

À côté de la table roulante, dans un conteneur en plastique blanc, Parri avait plié le suaire dans lequel la femme avait été inhumée. Quand on avait rouvert la sépulture, Teresa avait cru un instant se trouver en un autre lieu et en un autre temps.

Sur ce léger voilage de coton, quelqu'un avait peint à l'ocre rouge le visage d'une femme, comme pour restituer sa physionomie à la femme de la tombe. Les yeux, le nez, la bouche, l'implantation des cheveux : des traits essentiels qui faisaient ressurgir de la trame de l'étoffe une idée de féminité intemporelle.

Ocre rouge. Un pigment dérivé de l'hématite naturelle : encore elle, comme pour la Nymphe.

Il y avait apparemment des éléments récurrents dans cette histoire.

Parri remarqua son regard.

— Le trousseau funèbre comprenait aussi des fleurs de papier coloré, dit-il en désignant une pochette contenant des matériaux détériorés. Elles étaient disposées autour du visage, mais les processus d'altération du corps les ont abîmées au point de les rendre méconnaissables.

Le suaire en était aussi souillé. Quelques taches incurvaient vers le bas les lignes qui représentaient la bouche, privant même Hanna de cet ultime sourire.

La mère de Krisnja était morte pendant un incendie qui avait éclaté dans la grange de la maison qu'elle partageait avec sa propre mère et sa fille. L'enfant avait huit ans et dormait à la maison avec sa grand-mère. Le mari de Hanna l'avait quittée quand Krisnja était encore dans le ventre de sa mère. Dans cette famille, les hommes semblaient absents ou relégués à l'arrière-plan, comme Francesco.

— Je pourrai être plus précis sur les causes de la mort seulement après que j'aurai reçu les résultats des analyses, ajouta Parri, mais je peux déjà vous dire que j'ai trouvé à l'intérieur du corps des fibres de bois carbonisées.

Teresa n'était pas certaine d'avoir bien compris.

— À l'intérieur ? répéta-t-elle.

Le médecin légiste opina.

— Il y avait un pieu fiché dans la poitrine, avant que le feu ne dévore l'une et l'autre. Le bois n'était pas entièrement consumé : des fragments du tison carbonisé sont encore visibles au microscope, expliqua-t-il en désignant une partie de ce qui avait dû être la poitrine.

— Tu es en train de me dire qu'on l'a tuée ?

— Je suis enclin à croire qu'elle était déjà morte quand les flammes l'ont atteinte. En tout cas, oui, je te le dis : selon moi, on l'a tuée, à moins que nous ne préférions croire qu'elle s'est empalée par hasard sur un pieu acéré.

— Nous avons donc un assassin qui semble traverser le temps avec une fougue sanguinaire inchangée, remarqua Marini.

— Je ne suis pas d'accord avec ce terme de « fougue », murmura-t-elle.

— Cela ne peut être la même personne qui a frappé à soixante-dix ans d'intervalle, intervint Parri.

Les paroles de Francesco revinrent à l'esprit de Battaglia.

— À moins qu'un enfant de neuf ans ne soit en mesure de tuer, dit-elle en évitant de regarder l'inspecteur. Le serait-il ?

Ils savaient tous que la réponse était positive.

85

Depuis le début de l'histoire, l'ombre de Francesco Di Lenardo se mêlait à celles de la vallée.

Il était là quand Aniza foulait pour la dernière fois les rues du village, il était aussi là quand on avait retrouvé le cœur d'Emmanuel. Il y était maintenant que la tombe de sa sœur Ewa n'avait livré qu'une absence inquiétante. Il était présent dans la préoccupation de sa nièce Krisnja et dans les tableaux d'Andrian.

Teresa l'avait fait convoquer à la préfecture. Elle avait voulu l'isoler de son cadre de vie pour l'affronter, le séparer de ce qu'il connaissait – ses monts, ses bois, sa vallée – afin de le priver de ses points de repère qui l'incitaient à se cacher derrière des vérités non dites.

L'aveu auquel il s'était laissé aller ne signifiait pas nécessairement l'innocence, elle le savait d'expérience. Elle avait vu de nombreux assassins collaborer avec les enquêteurs avant d'être démasqués.

Francesco leur avait déjà menti : cela ne devait plus se reproduire.

Battaglia n'avait aucune preuve contre lui, mais trop d'éléments croisaient son nom, le soulevaient comme de la poussière qui pénétrait dans les yeux, chaque fois que son attention de policière la soufflait pour dégager ce qu'elle recouvrait.

— Commissaire, la mise à jour que vous attendiez.

— Merci.

Elle prit le rapport que Parisi lui tendait, la page était encore tiède, à peine sortie de l'imprimante. Elle lut le rapport officieux qu'elle avait réussi à arracher non sans insister lourdement auprès de la scientifique. Le graphique de l'ADN extrapolé à partir du cheveu déposé chez elle concordait presque complètement avec celui de Francesco. Les pourcentages ne laissaient guère de place à l'interprétation : ce cheveu appartenait à un individu consanguin en ligne directe des deux branches de la lignée. Une sœur.

Ewa.

Celui qui était entré chez elle et lui avait volé son journal savait où étaient cachés les restes de la jeune femme.

Ou alors Ewa n'était pas morte.

Elle écarta cette dernière pensée, si éloignée de la rationalité qu'elle s'efforçait de conserver, même si tant de circonstances tentaient de la lui arracher.

Elle trouva Marini dans leur bureau et l'appela d'un signe de tête.

— C'est parti, lui dit-elle.

Ils se rendirent ensemble dans la salle où Francesco les attendait depuis plus d'une demi-heure, sans que personne n'ait daigné lui fournir d'explications. Teresa espérait le découvrir s'impatientant et prêt à l'affrontement. Elle voulait lui faire perdre sa maîtrise de lui-même et voir jusqu'où on pouvait le pousser lorsqu'il se sentait menacé.

Pourtant, quand il la vit entrer, le personnage qu'elle trouva en face d'elle ne trahit aucune émotion. Il semblait déterminé à résister à toute tentative d'assaut. Il restait à comprendre quelle en était l'intention : dissimuler un délit ou garantir sa sérénité ?

Elle s'assit devant lui.

— Vous m'avez déjà menti, dit-elle sans s'encombrer de circonlocutions. Si cela devait se reproduire, je serais contrainte de prendre des dispositions.

— Comme une maîtresse avec un écolier désobéissant ? lança-t-il, un rien querelleur.

— Non. Comme un représentant de la force publique avec un témoin récalcitrant.

Elle le vit se raidir un instant.

— Depuis quand m'avez-vous condamné ? s'enquit-il.

— Vous êtes présent dans tous les plans de ce film, lui répliqua-t-elle en éludant sa repartie.

— Cela fait de moi le coupable ?

« Un suspect » fut la réponse qu'elle garda pour elle.

Il n'a pas de mobile, se remémora-t-elle. Du moins, elle ne réussissait pas à l'entrevoir.

— Quel rapport aviez-vous avec votre sœur Ewa ? reprit-elle.

— D'affection, cela me paraît naturel.

— Vous êtes au courant de certaines pratiques et croyances qui semblent encore se perpétuer dans cette vallée ?

— Plaît-il ?

Elle prit l'enveloppe qui contenait la troisième pièce à conviction récupérée dans la tombe d'Hanna : le cercle de thym lui apparaissait maintenant comme un ouroboros, un très ancien archétype du temps cyclique.

— L'éternel retour, murmura-t-elle en le lui posant sous les yeux, et elle s'autorisa finalement à prononcer les paroles qui désormais lui tournaient dans la tête. Chamanisme. Chamanisme féminin.

Francesco ne répondit pas. Il ne semblait pas capable de détacher les yeux du contenu de l'enveloppe.

— Vous savez ce que c'est ? demanda-t-elle.

— Non.

— Mais vous pouvez l'imaginer.

Il n'y eut pas de réponse.

— C'est un symbole très ancien, qui semble avoir traversé des époques et des cultures diverses en restant inchangé, poursuivit-elle. Un cercle sans commencement ni fin, un serpent ou un dragon qui se mord la queue. Cela représente l'androgyne primordial, l'immortalité.

Il la regarda enfin.

— Il y a du mal à cela ?

— Non, si ce n'est que nous l'avons trouvé dans la tombe d'une femme tuée avec un pieu enfoncé dans le cœur, puis brûlée, et dans la tombe d'une autre dont quelqu'un a dérobé le corps.

Ce n'était pas de cette manière qu'elle aurait voulu le lui annoncer, mais elle voulait le faire réagir.

— Hanna a été assassinée ? s'étonna-t-il d'une voix aussi plate que le fil d'une lame.

— Oui.

— Et je suis ici parce que vous croyez que je suis l'assassin.

— Vous êtes ici pour me raconter ce qui est arrivé la nuit où la fille de votre sœur a fini brûlée dans une grange à quelques centaines de mètres de votre maison.

Francesco eut à peine un battement de paupières.

— Je ne peux vous dire ce qui s'est passé, tout simplement parce que je dormais. Banal, n'est-ce pas ? Et horrible : pendant qu'Hanna mourait, j'étais en train de rêver.

Teresa le trouva glaçant. L'aplomb de cet homme la frappait et, en même temps, la préoccupait, mais dans l'esprit humain peu de choses sont aussi simples qu'elles semblent l'être, et Francesco avait eu lui aussi son petit effondrement. Un œil peu exercé n'aurait pas remarqué de quelle manière le langage non verbal contredisait ses propos : de petits mouvements de la tête, des négations incontrôlables, lancées vers la surface depuis son inconscient. Une part de lui-même, cette part irrationnelle, n'était pas d'accord avec ses propres assertions. Une oreille peu exercée n'aurait pas remarqué l'intonation montante de sa voix, à certains moments, comme s'il tentait de la dompter, comme si au lieu de réponses ses phrases étaient des questions : est-ce que ce que je dis est juste ?

Il en savait peut-être plus qu'il n'était disposé à avouer, ou peut-être se protégeait-il simplement du remords de ne pas avoir été là où l'on avait besoin de lui.

Elle savait que sur le terrain de l'âme humaine il fallait avancer en regardant bien où l'on mettait les pieds.

Le Mal égare, se dit-elle. Mais il ne la surprenait plus. Il était incapable de s'exhiber en nouvelles arabesques imaginatives. Et heureusement.

Elle se pencha vers lui.

— C'était peut-être la nuit où vous dormiez, dit-elle. Il se peut que cela n'ait rien à voir avec sa mort. Quoi qu'il en soit, vous avez la possibilité de m'aider à clarifier ce qui s'est passé.

Il se pencha aussi vers elle et lui parla sur le même ton.

— Je vous ai reçus dans ma maison. Je vous ai parlé des miens et je vous ai ouvert mes souvenirs les plus douloureux pour répondre à vos questions, et maintenant vous me traitez comme si j'étais le coupable. Vous voulez la vérité ? Demandez-la à ceux qui étaient présents cette nuit-là. On a longtemps murmuré à propos de Matriona. Elles étaient ensemble, quand Hanna est morte. Vous le saviez ? Je suis sûr de vous l'avoir dit.

Elle accusa le coup.

Me l'a-t-il dit ? Il ment ? Je l'aurais oublié ? Peut-être l'ai-je noté dans mon journal, ou peut-être n'est-ce jamais arrivé.

Francesco la regarda avec intensité, comme s'il voulait la scruter dans le tréfonds de son âme.

— Je vous vois en proie à la confusion, commissaire, lui dit-il, comme s'il était au courant de la maladie qui lui tourmentait l'esprit.

Elle se demanda si c'était lui qui détenait son journal ou si la maladie commençait à transparaître même quand elle était convaincue d'avoir réussi à la tenir en respect. Peut-être sa paranoïa la poussait-elle à lui faire soupçonner tout le monde. Ou peut-être était-il excellent acteur.

Marini s'approcha et lui montra un message qu'il venait de recevoir sur son portable : c'était la confirmation que sur la page de journal retrouvée dans la ruine, il n'y avait pas d'empreintes digitales, hormis celles de Teresa.

Elle regarda Francesco, mais il restait impénétrable.

Elle sentit l'inquiétude la broyer au point de lui briser les os.

Il me semble pourchasser un fantôme, songea-t-elle, mais la frustration se transforma vite en détermination nouvelle. Elle savait désormais où chercher. Elle avait Matriona et elle avait un fantôme ; or, les fantômes, d'ordinaire, ne quittent jamais les lieux où ils sont morts.

86

Krisnja s'emmitoufla dans son chandail et pressa le pas vers le bois. De la fenêtre de la cuisine, elle avait vu le chat s'aventurer dans le sentier et disparaître entre les arbres. Elle n'était pas sûre : depuis quelques jours, un renard rôdait dans le pré autour de la maison.

L'aube était un fourmillement de gouttes qui glissaient sur la nature, une luminosité de roses et de violets qui recouvrait la vallée comme une poussière, jusqu'aux cimes. La forêt formait des limbes incolores. La brume se levait du sous-bois en volutes vivaces qui s'enroulaient et se déroulaient autour de ses pas. La vapeur montait des ruisseaux tranquilles qui sillonnaient le manteau d'aiguilles et d'humus. Krisnja trouva insolite ce silence assourdi. Le sommeil des bois, prolongé au-delà des heures nocturnes, avait quelque chose d'artificiel.

Il lui sembla voir une queue se faufiler derrière un arbuste, un peu plus loin devant elle.

— Orfeo ! appela-t-elle en le poursuivant et elle entendit l'écho de sa propre voix dans la brume.

Deux corneilles traversèrent le sentier en rase-mottes et lui arrachèrent un cri de frayeur.

Le silence revint se poser sur la forêt, mais sa respiration anxieuse le brisait en morceaux. C'était le flux et le reflux de l'inquiétude en elle, une irruption de pensées qui l'agitaient.

Elle se sentait observée. Ce qui était né comme une sensation de malaise indéfinissable avait désormais revêtu les contours d'une présence cachée.

Pour la première fois, les lieux de son enfance lui faisaient peur. Le brouillard s'était paré de nuances sombres, qui s'étaient mises à tournoyer et à former des figures connues. Les visages lugubres d'Ewa, de sa mère Hanna et d'Aniza bouillonnaient dans la brume.

Elle se passa une main sur les yeux. Quand elle les rouvrit, les visages avaient disparu.

Elle se retourna, regarda l'endroit par où elle était arrivée, mais le sentier semblait se dissoudre dans un mur de fumée. Il y avait pourtant quelque chose pas très loin d'elle. Quelque chose qui marchait – non, qui ne marchait pas. Ce que faisait cette chose, comment elle le faisait, n'était pas définissable en termes humains. Krisnja entendait le bruit des os qui se brisaient tandis que la chose les remuait pour arriver jusqu'à elle. Elle entendait le gargouillement de ses humeurs, le claquement des tendons. L'odeur.

Un râle que ses oreilles ne pourraient plus jamais oublier s'échappa de sa gorge. Elle s'enfuit sans savoir dans quelle direction elle s'était précipitée. Elle s'était enfoncée dans un monde nocturne et maléfique du ventre duquel s'élevait un hurlement bestial.

Krisnja se retrouva dans une prison de ronces qui lui arrachèrent ses vêtements, lui ouvraient la peau du visage et des bras avec leur armée de minuscules harpons. Elle tira avec la force du désespoir pour échapper à leur emprise et à la blancheur de la brume se mêla le rouge du sang. Chaque mouvement ne faisait que resserrer autour d'elle les pointes des épines. Elle se rendit compte trop tard que cette chose horrible l'avait poussée exactement là où elle voulait : dans un piège.

Une autre respiration s'unit à la sienne. À ses pleurs terrorisés un rire guttural fit écho.

Krisnja était un papillon prisonnier d'une toile d'araignée : elle ne pouvait remuer que les yeux. Elle trouva le courage de les lever, et perdit la parole.

Devant elle, il y avait le *Warwar*, le gardien dont sa grand-mère Ewa lui racontait l'histoire.

Il portait deux noms, tout comme sa nature était double.

Tikô Wariö : celui qui monte la garde.

Tikô Bronô : celui qui protège.

Le « féroce gardien » des légendes avait des cornes recourbées et des yeux de sang. Et un visage de femme.

87

Dans la grange où Hanna était morte, le temps s'était arrêté. La dévastation s'était cristallisée dans le charbon noir, dans les poutres dévorées, dans le dallage qui laissait affleurer les fondations.

Personne n'avait pensé à la reconstruire, ou n'avait peut-être voulu. Elle se dressait sur la colline qui gardait le pays. Teresa se demanda si c'était un monument consacré dont l'objet lui échappait.

Elle n'avait pas encore parlé avec Krisnja de la nuit où sa mère était morte. Elle était passée la chercher chez elle, mais la jeune fille n'y était pas.

L'unique détail que Francesco lui avait mentionné était que la fillette avait vu le brasier cette nuit-là. Sa grand-mère avait couru avec elle dans ses bras pour arrêter les flammes, mais rien n'avait pu être tenté. Ses hurlements avaient fait accourir tout le village.

La grange était une dépendance où Krisnja vivait à l'époque avec sa mère et sa grand-mère. Un chêne imposant poussait entre les deux bâtisses. Une balançoire de bois et de corde pendait d'une branche.

Elle oscillait sous le vent, comme si une présence invisible en jouait paresseusement.

Krisnja n'était pas la seule personne avec laquelle elle devait parler. Elle avait envoyé Parisi et De Carli surveiller la maison de Matriona, derrière la pension. Elle lui rendrait bientôt visite, mais avant de se confronter à elle, elle voulait rechercher les traces de l'homicide survenu en ces lieux.

La mort ne laisse jamais ce monde intact, songea-t-elle. Elle se déplace sur deux pieds humains, touche la réalité du bout des doigts qui la marquent d'empreintes, se répand avec une salive tiède. Comme un fantôme, elle n'abandonne jamais le lieu des défunts. Les prélèvements dans la grange avaient commencé depuis une heure et, assez vite, elle en était certaine, ils auraient retiré la patine qui recouvrait le passage de la mort. Elle savait ce qu'elle devait chercher et avait donné des indications précises à cet égard.

— À quoi pensez-vous ? lui demanda Marini.

Elle mordilla les branches de ses lunettes.

— Au feu, répondit-elle. Dévastateur, hypnotique et furieux. Sacré.

— Vous ne croyez pas que l'incendie se soit déclaré par hasard.

— Je ne le crois pas, et je te dirai plus : le but n'était pas seulement d'effacer les traces de l'homicide. Pas seulement.

— Il a une signification particulière ?

— Plus d'une. Beaucoup de gens n'y pensent pas, mais le feu est le fantasme le plus destructeur et le plus violent que l'esprit d'un assassin puisse engendrer. Les flammes consument et réduisent en cendres un être humain. Il n'y a rien – rien – de plus annihilant. Ce n'est pas pour rien que chez les sujets borderline la pyromanie est considérée comme un indicateur de l'existence de maux plus profonds.

Un technicien de la scientifique les appela à l'autre bout de la bâtisse. Quand elle le rejoignit, il la regarda comme si elle était devineresse.

— Vous aviez raison, lâcha-t-il, incrédule. C'est exactement ce que vous disiez.

Il s'écarta et leur montra une partie du dallage, après déblaiement des débris. Quelques incrustations étaient marquées par les balises identificatrices utilisées pour les relevés.

Elle s'agenouilla et Marini fit de même.

Avec un gant, elle effleura le sol. Le technicien avait en partie raclé la couche noirâtre qui le recouvrait, en révélant le cœur rouge.

— De la cire, murmura-t-il, stupéfait.

Une demi-lune de bougies rouges allumées, pensa Teresa.

C'étaient les signes qu'elle cherchait. Dix ans après, ils étaient encore là.

Les restes d'un bûcher rituel.

88

— Il se passe quelque chose dans la partie habitation, commissaire. Plusieurs femmes de la région sont arrivées. Elles ont commencé à l'aube.

De Carli tint Battaglia informée de la mystérieuse procession qui avait pour épicentre la maison de Matriona.

Les femmes de la coopérative l'avaient rejointe en un cortège silencieux, l'une après l'autre, d'un pas rapide. Le seul homme, un jeune que le commissaire n'avait jamais vu, semblait défendre le passage comme un gardien nerveux et aux aguets. Quand il la vit arriver avec Marini, il disparut à l'intérieur de la bâtisse. Peu après, Matriona en sortit.

La femme vint à leur rencontre d'un pas altier et le visage fermé.

— Ce n'est pas le bon moment, leur dit-elle.

— Que faisiez-vous dans la grange ? lança Teresa sans détour. Hanna et vous, que faisiez-vous avant que n'éclate l'incendie ?

Elle la vit encaisser le choc avec une grimace de douleur, comme si c'était un coup réel, et pas seulement une secousse émotionnelle.

— Il m'a fallu plus de deux ans pour convaincre le village de ne plus répandre de rumeurs à mon sujet, commissaire, répliqua-t-elle, et tout autant pour me gagner la confiance de Krisnja, qui ce soir-là a vu mourir sa mère. Je n'ai aucune intention de revivre ces tourments.

— Racontez-moi ce qui s'est passé, répéta-t-elle avec dureté.

Un sourire triste s'esquissa sur le visage de Matriona, mais le regard restait dur.

— Je vais vous faire voir.

Elle retira ses mitaines et les laissa tomber. Elle retroussa les bandages qui lui recouvraient les mains et en montra le dos au commissaire. La peau était comme liquéfiée et épaissie. Elle les retourna, exposant les paumes : les plaies ouvertes laissaient entrevoir la chair à vif.

— Elles ne guériront jamais, malgré tous les onguents que je peux utiliser. Quand il me semble reprendre espoir, elles se rouvrent. Depuis cette nuit-là, la douleur fait désormais partie de ma vie.

Elle reprit les gants et les renfila, sans détacher le regard de Teresa.

— Je suis arrivée trop tard pour sauver Hanna et il n'y a rien d'autre à ajouter, si ce n'est que les flammes étaient déjà hautes. Comme vous pouvez le voir, j'ai quand même essayé de me frayer un passage, mais ensuite il m'a fallu décider de vivre ou de mourir avec elle. Quand Ewa est arrivée en courant dans la grange, avec Krisnja qui pleurait dans ses bras, il n'y avait plus rien à faire. Rien !

— Hanna vous attendait ? insista le commissaire.

— Non, mais je savais que je la trouverais là.

— Pourquoi ?

Matriona ne répondit pas et Battaglia décida de le faire pour elle.

— Les prélèvements ont mis en évidence des traces de cire rouge partiellement consumée parmi les vestiges de la grange. Un cercle ésotérique ? Je suspecte que vous vous étiez égarées toutes les deux dans un jeu qui vous dépassait et que quelque chose a mal tourné. Un jeu qui a un nom précis : le chamanisme.

— Ce n'est pas un jeu, commissaire.

— Vous le dites presque sur le ton de la menace. J'ai quelque chose à craindre ?

— Non, si vous venez en paix.

— Il n'y aura pas de paix tant qu'il y aura des morts auxquels il ne sera pas rendu justice. Hanna a été mise à mort, mais cela vous le savez peut-être.

Elle la vit contracter la mâchoire, la suspicion prenant le dessus sur la détermination dans son regard.

— Et vous croyez que c'était moi ?

— Vous étiez là.

— J'étais là parce que les derniers mois avant sa mort, Hanna était étrange, toujours plus distante et souffrante. Je voulais rester avec elle. Je voulais être là pour elle. Je suis arrivée trop tard, et je n'ai pas réussi à la sauver. Je le regretterai toujours. Si quelqu'un l'a tuée, alors je comprends à présent ce qui l'accablait : la peur.

Teresa l'observa en silence.

— Ne vous éloignez pas du village. Il est probable qu'au cours des prochaines heures nous ayons à vous entendre de nouveau, l'avertit-elle.

— Il semble que c'est vous maintenant qui me menacez.

— Nullement. Il est aussi dans votre intérêt de mettre au clair une bonne fois pour toutes cette histoire. Je me trompe ?

— Je dois en parler avec Krisnja, fit la femme en mettant un pas de distance entre elles deux. Les fantômes ne doivent pas revenir nous séparer.

Teresa regagna quelques centimètres de terrain et, quitte à la défier ouvertement, elle s'avança encore un peu plus.

— Ne vous approchez pas d'elle, répliqua-t-elle calmement. C'est un conseil que vous devriez suivre, au vu des circonstances.

— C'est Francesco qui vous l'a dit, n'est-ce pas ? C'est lui qui a encore jeté le soupçon sur moi. (Matriona tremblait de colère.) Il a toujours été jaloux de la famille uniquement composée de femmes qu'Ewa avait autour d'elle et de laquelle il était exclu.

Un hurlement de femme éclata dans la maison : à la fois angoissé et rageur. Ce fut comme un signal qui libéra le chant psalmodié des femmes et les battements de tambour qui les accompagnaient sur un rythme croissant et obsédant.

— Qu'est-ce que vous fabriquez, là-dedans ? s'enquit Marini, inquiet.

Matriona les regarda tour à tour. Elle était redevenue calme et altière.

— Si vous voulez le découvrir, il vous faudra un mandat, lui signifia-t-elle.

Elle leur tourna le dos et s'en fut. Battaglia entendit distinctement la clé tourner deux fois dans la serrure.

Le hurlement s'éleva de nouveau, cette fois plus étouffé, sans être pourtant moins pénible à entendre.

L'inspecteur chercha son holster, sous sa veste, mais elle l'arrêta.

Quelque chose dans ce cri l'avait réduite au silence.

— Commissaire ?

Elle lui fit signe de garder son calme.

— Les femmes comme elles ont un nom ancien, murmura-t-elle en s'étonnant d'abord de ses propres souvenirs. *Doula*. Elles s'occupent de la vie, mais aussi de la mort. Depuis la nuit des temps, ce sont elles qui suivent les accouchements et qui pratiquent les avortements dans les villages. Écoute : il n'y a pas d'expérience plus mystique.

Dans cette maison, à cet instant, à l'intérieur d'un cercle sans début et sans fin de bras féminins et d'énergie indéfinissable, un bébé était sur le point de naître.

89

— Nous avons vraiment besoin de ce mandat.

Massimo avait éprouvé le besoin de briser le silence tout en conduisant en direction de la ville. Ces dernières heures, Battaglia n'avait prononcé que peu de mots. La rencontre avec Matriona, les sons de ce rite archaïque auquel ils avaient assisté semblaient l'avoir projetée dans une autre réalité. Même Blanca n'avait pas réussi à se gagner son attention. Ils étaient allés les chercher, elle et Smoky, sur la zone d'exploration, qui s'était désormais élargie comme une tache d'huile sur une étendue d'eau : l'intention était de trouver un autre corps enseveli dans le bois, celui d'Ewa, mais ils n'avaient aucun point de repère par où commencer. Blanca et Smoky avaient patiemment commencé les opérations de recherche, qui seraient longues et complexes.

— Commissaire ? l'interpella Massimo dans son silence.

— Hmm.

— Vous n'avez rien à dire ?

— Laisse-la tranquille, bâilla Blanca, pelotonnée avec le chien sur la banquette arrière.

— Nous n'avons pas le temps de rester tranquilles, murmura-t-il avec un soupir.

Le commissaire Battaglia détacha enfin le regard du paysage.

— Nous devons apporter au juge Crespi autre chose de plus qu'une intuition pour espérer obtenir un mandat, glissa-t-elle d'une voix traînante. On ne peut entrer dans le domicile des gens parce qu'on a la sensation qu'ils cachent quelque chose.

— Mais cette femme cache quelque chose.

— Qui ne cache rien ?

— Et voilà que vous avez déjà changé d'idée à son sujet.

— Non, mais il y a eu par le passé une enquête sur la mort d'Hanna et sur l'incendie, et Matriona n'y figurait même pas comme suspecte. Crespi ne prendra pas la responsabilité de rouvrir le dossier et de mettre en cause le jugement de ses collègues sans un motif qui le justifie, ce qui, en d'autres termes, signifie sans « indices graves, indubitables et concordants ».

— Comment ont-ils fait pour ne pas comprendre qu'on l'avait tuée ? demanda Blanca.

— C'est parce que aucune autopsie n'a été ordonnée. Les indices parlaient clairement : l'incendie était parti des bougies que la famille utilisait dans la grange. Il n'y avait pas d'électricité. Il manquait les éléments qui auraient conduit à suspecter un homicide, expliqua encore le commissaire.

— Mais à présent nous les avons, répliqua Massimo. Le juge Crespi devra en tenir compte.

Ils étaient arrivés à la maison de Blanca.

— Vous montez ? demanda-t-elle.

— Moi, oui, répondit Battaglia. (Elle se tourna vers lui.) Toi, que fais-tu ?

Massimo regarda la fenêtre éclairée.

— Moi, peut-être, souffla-t-il, agrippé au volant.

— Courage, elle ne va pas te manger.

— Vous êtes sûre ?

Elena n'avait pas l'air de vouloir le dévorer. Quand il ouvrit la porte, il eut l'impression qu'elle était soulagée de le voir, comme si au fond d'elle-même elle n'avait pas cru aux mots qu'il lui avait écrits dans ses SMS.

Je ne peux prétendre à sa confiance, se dit Massimo. *J'ai trahi la sienne.*

Battaglia et Blanca trouvèrent tout de suite un prétexte pour les laisser seuls, un prétexte tellement bancal que ç'en avait presque été gênant.

Massimo était agité comme cela lui arrivait rarement. C'était comme de tout recommencer. Comme le premier rendez-vous, le premier baiser. En équilibre entre le paradis et le refus.

— Salut, dit-il, jouant les idiots.

— Salut.

Elle était si belle en leggings et T-shirt tout simple tendu sur son ventre. Ce ventre qu'il pointa du doigt.

— Il grandit déjà, dit-il, émerveillé.

Elle suivit son regard et se couvrit aussitôt en croisant les bras.

— Je suis toute gonflée. Manger semble le seul remède contre les nausées. C'est un supplice…

— Je suis désolé. Je ne voulais pas laisser entendre que tu avais grossi.

— Grossi ?

— Et alors, et si tu avais grossi ? Tu es superbe, même comme ça.

Les yeux d'Elena transpercèrent les siens.

— Comme quoi ?

— Plus ronde.

Le silence qui suivit lui provoqua un fourmillement à la base du cou, une démangeaison qu'il n'osa pas soulager : elle le fixait comme si elle était sur le point de lui sauter à la jugulaire.

— Elena ?

— Je ne te croyais pas si con.

Il lui prit la main avant qu'elle ne puisse s'en aller.

— Je me suis conduit en con, mais c'est terminé. Je vous veux dans ma vie, lâcha-t-il très vite.

— Moi, je ne suis plus certaine de te vouloir dans la mienne.

— Permets-moi de passer le reste de l'existence à te faire changer d'avis.

— Comment ?

— Je suis sûr d'être aussi capable de ramper.

— Vantard.

Il se laissa tomber à genoux et la prit par les hanches, de ses deux mains.

Elena rougit.

— Ta chef pourrait te voir, lui fit-elle.

— Penses-tu, elle ne regarde pas.

— Massimo…

Il posa la tête contre son ventre. Il lui prit la main et lui effleura l'annulaire du bout du pouce.

Il ferma les yeux et, à cet instant, toute son existence défila devant lui. Le Bien, le Mal. L'amour et la haine. La mort et la renaissance. Pour la première fois, il les voyait comme des parties nécessaires de ce qui était.

Et il le sentit enfin, ce lien primordial et mystique avec la créature qui croissait en elle. C'était un appel puissant à ce qu'il la protège.

Elena se préparait à devenir la porte par laquelle un être humain viendrait au monde. Elle livrait son corps à une expérience féroce et prodigieuse, que Massimo, en tant qu'homme, ne pouvait que considérer comme surhumaine.

Il repensa à la vallée où le sacré du féminin était préservé et transmis en même temps qu'une sagesse ancienne. La femme avait réussi à se protéger elle-même ainsi que la déesse qui était en elle. Le divin féminin était préservé en chacune d'elles, comme en Aniza et comme dans la représentation de la *Nymphe endormie*. Et une icône de la Vierge était même arrivée, à travers la mort, dans les mains des enfants de la vallée. Qui sait comment avait dû leur apparaître le visage resplendissant de Notre Mère des Cieux, à eux qui étaient chaque jour en contact avec ce pouvoir secret ?

Massimo rouvrit les yeux. Il enferma la main d'Elena dans la sienne et garda pour lui la proposition qu'il était sur le point de lui faire. Il se releva.

— Si je pouvais, je vous emmènerais avec moi, lui promit-il en déposant un baiser sur ses lèvres, mais mon appartement n'est pas sûr.

À contrecœur, il s'écarta d'elle.

— Où vas-tu ? demanda Elena, désorientée par sa volte-face.

Il lui sourit.

— Chercher le commencement d'une histoire, afin de pouvoir en écrire la fin.

— Je n'arrive pas à croire que tu ne lui aies pas déjà demandé !

Massimo secoua la tête.

— Je savais que vous écoutiez, s'écria-t-il.

— Comment peux-tu avoir l'idée de te mettre à genoux et de ne rien lui dire ? Tu te fous du monde.

— Je veux que ce soit un moment parfait.

Battaglia lâcha un juron.

— Les moments parfaits, ça n'existe pas, il n'y a que des moments inoubliables. Et ça aurait pu en être un.

— Ça aurait pu, si nous avions été seuls et pas avec vous qui espionniez à la porte.

— Remercie Dieu qu'elle ne t'ait pas expédié à coups de pied. Moi, c'est ce que j'aurais fait. Et après ça, tu t'en es sorti avec cette formule digne de l'inspecteur Derrick. Tu n'avais que l'affaire en tête, tu t'en rends compte ?

— Je pensais à nous, à notre fils. Et à un assassin qui circule encore librement et qui est arrivé à la porte de chez moi. Je considère que c'est un problème un tantinet urgent, qu'il faut régler avant de faire revenir Elena dans ma vie. Bien, nous sommes arrivés.

Battaglia lâcha de nouveau un juron.

— C'est une plaisanterie ? lui demanda-t-elle, devant le commandement provincial des carabiniers.

— Je voudrais tant que ce soit le cas. Vous imaginez la tête de Lona s'il nous voyait demander de l'aide à l'ennemi ?

— Merde. C'est ce que nous sommes en train de faire ?

— Non. Nous profitons d'eux.

— Formulé comme ça, je préfère.

Ce fut Christian Neri qui les accueillit à l'entrée et vint aussitôt au-devant de Battaglia.

— Commissaire, c'est un honneur de faire votre connaissance, dit-il en lui serrant la main. Je suis le lieutenant Neri.

Elle le toisa avec intérêt.

— Il me semble vous avoir déjà vu, répondit-elle. À moitié nu et sur un ring.

Christian sourit.

— Eh bien oui. J'espère que cet antécédent ne joue pas en ma défaveur, ironisa-t-il.

— Non, lieutenant. J'apprécie un certain degré de rébellion face aux règles.

— Ah oui ? intervint Marini. Cela m'avait échappé.

— Par ici, je vous prie, les invita Neri. Je vous souhaite la bienvenue de la part de l'escadron de protection du patrimoine culturel. Notre activité principale consiste à retrouver ce que nous appelons les « biens culturels détournés illégalement », mais pas seulement.

Massimo les regarda s'engager dans le couloir en bavardant comme deux vieux amis.

— Vous n'aviez pas une appellation plus pompeuse ? demanda-t-il sur un ton acerbe, mais ni l'un ni l'autre n'y prêtèrent garde.

Christian les pria de prendre place dans son bureau.

— Je vais être sincère : l'affaire de la *Nymphe endormie* aurait dû nous être confiée, commença-t-il, mais je comprends le choix du substitut du procureur Gardini. Vous, commissaire, vous êtes une garantie de succès.

Battaglia réagit par un sourire.

— J'ai la chance de diriger une excellente équipe, nuança-t-elle.

— Et maintenant nous avons la chance de collaborer avec vous.

Massimo ne supporta pas plus longtemps ces démonstrations d'affection.

— Collaborer n'est pas un terme approprié, les interrompit-il. Comme je te l'ai expliqué au téléphone, cette rencontre n'a jamais eu lieu.

Christian posa à peine le regard sur lui.

— Et comme je te l'ai dit, je serai heureux de donner un coup de main au commissaire Battaglia.

— Jeunes gens, je suis flattée de vous voir étaler tant de testostérone rien que pour moi, mais j'ai soixante ans et cela ne me fait plus guère impression, donc… veuillez ranger vos grandes queues de paon et venons-en aux faits, si vous le voulez bien, fit-elle pour les départager.

Christian ne put réprimer un gloussement.

— Je vois que votre franchise légendaire est fondée, commissaire.

— Tu ne sais pas à quel point, fit Massimo, coupant court.

— Je vous écoute, dit Battaglia pour avancer. Pourquoi sommes-nous ici ?

— Pour la base de données sur les biens culturels détournés illégalement, répondit Christian, qui est unique en son genre et à la disposition de toutes les polices du monde. Nous en sommes plus que fiers. Elle compte plus de sept millions d'œuvres d'art répertoriées, avec une sorte de carte d'identité pour chacune d'elles, intitulée *Object-ID*.

— J'ai parlé au lieutenant Neri de l'icône dérobée par les nazis, puis portée disparue, précisa Massimo.

Neri tapa rapidement sur son clavier.

Malheureusement, vous ne m'avez rien appris de nouveau. Pendant la Seconde Guerre mondiale, les envahisseurs ont volé des millions d'œuvres d'art, dont seule une partie a été retrouvée. Hermann Göring, le bras droit de Hitler, fut l'inspirateur de ces actes de spoliation du patrimoine artistique des pays occupés. Pour vous fournir un simple exemple, nous parlons de l'entièreté du patrimoine artistique polonais, pillé en 1939. Ce fut encore lui l'année suivante qui destina un tiers des œuvres pillées au Louvre à sa collection privée.

— C'est énorme, observa Battaglia.

— Impressionnant, oui. Mais dans cet océan de tableaux et de sculptures, je crois avoir repéré votre icône.

Christian marqua un temps de silence, comme pour leur laisser le temps de mesurer l'importance de ses propos.

— En février 1945, les Allemands firent irruption dans l'église du sanctuaire de Castelmonte, à quelques kilomètres de votre vallée, et dérobèrent la peinture du retable. Elle se composait d'un petit triptyque en forme de livre, orné de sérigraphies d'or, d'argent et de pierres précieuses. On estime qu'elle datait d'une époque antérieure à la période byzantine romaine tardive. C'est une pièce paléochrétienne d'une valeur inestimable. On en trouve la trace dans les registres sous séquestre à la Kommandantur nazie implantée à l'entrée du Val Resia. Le tableau du retable a été démonté et les trois panneaux ont été répertoriés séparément. D'après les registres, l'icône aurait dû se trouver sur un train direct pour Vienne, où elle n'est jamais arrivée.

— Elle avait été volée par le soldat sur qui on l'avait retrouvée, commenta Teresa.

Christian opina.

— Il n'était pas rare qu'au cours des derniers jours de cette guerre désormais perdue, les soldats allemands subtilisent des œuvres d'art facilement transportables sous le nez de leur Kommandant. Cela rend infiniment plus complexe le travail de récupération de celles-ci.

Massimo et Battaglia se regardèrent. Un élément supplémentaire venait de s'ajouter à cette histoire.

— Nous vous remercions, lui dit-elle en se levant. Vous nous avez été d'une grande utilité, et nous ne l'oublierons pas.

Christian Neri les regarda, stupéfait.

— Vous ne voulez pas la voir ?

Il fit pivoter l'écran vers eux et ils furent saisis par cette image qui les réduisit au silence.

C'était une madone pour le moins inquiétante.

90

— C'est une *Virgen Nigra* : une madone à la peau sombre.

Anastasiu Constantin avait observé avec grand intérêt le tirage papier de l'icône que Christian Neri avait remis à Teresa Battaglia. C'était le lieutenant qui leur avait indiqué le nom de l'expert qui collaborait souvent avec l'escadron pour les expertises d'authentification des œuvres retrouvées.

À son entrée dans la boutique de l'antiquaire, au milieu des anges baroques taillés dans l'ébène et des chandeliers en argent massif, Teresa avait dû abaisser le regard de manière significative pour croiser le sien. Constantin était affecté de nanisme.

— Les *Virgen Nigra* sont présentes dans quantité de cultures, partout dans le monde, continua l'antiquaire en lissant le foulard de cachemire qu'il portait noué autour du cou comme une fraise, mais quelques-unes seulement renferment, si j'ose dire, un certain secret.

Il tenait la photographie originale de l'icône entre ses doigts, tous ornés d'une bague en or sertie de pierres précieuses. Le cliché d'origine était en noir et blanc, mais pour insérer l'œuvre dans la catégorie *Object-ID* de la base de données, elle avait été retravaillée de manière à montrer les couleurs telles qu'indiquées par les témoins oculaires et les registres qui dressaient la chronique de ses péripéties.

— Quel secret ? s'enquit-elle.

Constantin ne répondit pas. Il monta deux marches et s'installa sur une chaise haute. Il posa la photographie sur le bureau de sa pièce de travail et dirigea le faisceau de la lampe vers le visage de la Madone. Il était dissimulé par un voile noir, à peine transparent, qui laissait transparaître les traits exotiques, les yeux marron qui semblaient regarder l'observateur, quelle que soit sa position. Le cou et les mains révélaient pourtant une peau sombre, comme celle de l'Enfant Jésus que la Vierge allaitait.

— En réalité, peu de *Virgen Nigra* sont d'authentiques Vierges noires, expliqua-t-il. La coloration est due à la fumée des cierges votifs qui au cours des siècles a noirci les toiles et les panneaux jusqu'à se fondre avec la peinture. D'autres fois, à l'inverse, il est arrivé que la peinture ait été appliquée plus tard, pour cacher et protéger des éléments décoratifs particulièrement précieux. Dans d'autres cas encore, la peau sombre est un hommage aux origines de la Vierge. L'icône que nous observons sur cette photographie n'a aucun lien avec tous ces cas-là.

— Vous parliez tout à l'heure d'un mystère. C'est à cela que vous faites allusion ?

— Précisément. Vous voyez, dans de très rares cas, qui se comptent sur les doigts d'une main, la peau sombre de la *Virgen* est indicative de son identité réelle.

Regardez l'icône : ce que vous voyez, c'est l'image même du blasphème. Elle diverge complètement de l'iconographie mariale. Observez les doigts de la main, ils sont levés, ils indiquent le nombre trois, symbole de la trinité. Cette femme nous dit : « Je fais partie de cette trinité. Non pas l'homme, mais la femme. » Sa robe est rouge, comme celle du Christ : ce n'est pas un symbole du sang versé sur la croix, mais de celui que chaque femme rend à la terre par l'intermédiaire de son corps. La mante est bleue comme le ciel d'où elle descend. Cette représentation est typique du Christ Pantocrator de l'époque byzantine.

Teresa commençait à deviner le message secret caché dans le tableau.

— Vous n'avez pas l'impression que l'auréole si parfaitement ronde ressemble à un disque solaire ? Ces anges aux ailes de faucon ne sont-ils pas les plus étranges que vous ayez jamais vus ? Et que dire de l'Enfant Jésus allaité au sein : on dirait que ses traits sont ceux d'une fillette.

Il les regarda, l'air satisfait.

— Vous comprenez ? Cette icône nous dit que la divinité est féminine.

— Une déesse qui génère des déesses, murmura-t-elle.

— Et pas une déesse quelconque : Isis, la Grande Déesse. Déesse de la Fertilité, de la Maternité et maîtresse de la Nuit. Celle que l'on appelait du surnom *Héqet :* la Déesse Magicienne. Le milan était son animal symbole. Le culte d'Isis est énigmatique, profondément lié au savoir ésotérique. Voilà la raison de cette peau sombre. Ce n'est pas Marie, c'est Isis.

Regardez-la : une adolescente qui possède en elle le plus grand pouvoir au monde.

— Un culte païen caché sous les apparences du christianisme, fit Battaglia à voix basse. Dans le sanctuaire, depuis des siècles, les fidèles se sont agenouillés devant Isis, convaincus de prier la Vierge Marie.

— Pourquoi ce voile noir sur le visage ? C'est un signe de deuil ? demanda Marini.

— Oh non. Plutarque nous l'explique, dans son traité *Isis et Osiris :* le grand biographe et philosophe mentionne une inscription qu'il a vue à Memphis, dans le temple dédié à la déesse. Aux pieds d'une statue, il était écrit *Ego sum omne quod fuit, quod est, quod futurum est. Velum meum nemo mortalium rilevavit.* Ce qui signifie : « Je suis tout ce qui a été, qui est et qui sera. Et nul mortel n'a encore osé soulever mon voile. » Certains traduisent *velum* par « péplos » et associent l'expression à la virginité de la déesse. En réalité, soulever le voile d'Isis signifie avoir accès au savoir.

Battaglia observa la photographie de l'icône, la symbolique des couleurs.

Rouge : le cycle vital.

Blanc : la première lumière de la vie.

Bleu : le contact avec le divin.

Noir : mort et régénération. Le culte des ancêtres.

Et puis le vert du fond : la sapience végétale.

Les couleurs des femmes guérisseuses.

91

« Ils veulent effacer ma lignée », avait dit Krisnja.

Teresa ne pouvait plus s'empêcher de penser à cette phrase susurrée à mi-voix par la jeune fille devant la tombe de sa grand-mère Ewa. Maintenant qu'elle connaissait la signification cachée de l'icône, ces mots revêtaient des contours encore plus inquiétants. Elle était certaine qu'un pouvoir occulte rampait dans la vallée, préservé comme un secret qui possédait quelque chose de sacré. Pour le sacré, il était possible de mourir. Et il était possible de tuer.

— Elle est encore ici, murmura-t-elle en scrutant le bois où Blanca, Smoky et la brigade canine passaient au crible la zone qui bordait la rivière, à la recherche des restes d'Ewa.

D'ici peu, ils se déplaceraient plus à l'intérieur.

— À qui faites-vous allusion ? demanda Marini.

— À l'effigie d'Isis. L'icône n'a jamais été perdue.

— Vous croyez que Francesco a encore menti ?

Elle secoua la tête.

— Non, il a dit la vérité. Il croit à son souvenir. Je pense que quelqu'un l'a récupérée et continue aujourd'hui encore de la vénérer ici, dans la vallée.

— Cham ?

— Peut-être. Mais lui, il est mort.

— Dans cette histoire, pourtant, trop de cadavres ont disparu. Devrons-nous aussi ouvrir sa tombe ?

Elle ne répondit pas. C'était une éventualité que pour l'instant elle espérait pouvoir mettre de côté.

— Pourquoi tuer ? continua Massimo. Le culte d'Isis est un credo de paix et de fraternité.

— Le christianisme également.

— Je persiste à ne pas voir de liens avec l'assassinat d'Emmanuel Turan.

— C'est Emmanuel, le lien. Entre la mort la plus ancienne – celle d'Aniza – et aujourd'hui. C'est sûrement un témoignage. Le témoignage d'un secret.

Le portable de Marini vibra.

— C'est De Carli, dit-il.

Il écouta brièvement et son visage se fit de glace. Il mit fin à l'appel.

— Francesco a signalé la disparition de Krisnja.

Comme sa grand-tante Aniza, la jeune fille était entrée dans le bois et n'en était plus revenue.

Cette fois, pourtant, nous sommes là, et nous la cherchons. Nous la trouverons.

Teresa se l'était promis. Sur la zone du dernier signalement, elle avait demandé tous les hommes engagés dans les recherches.

— Je l'ai vue de la fenêtre de ma chambre, répétait Francesco, très agité. Le soleil n'était même pas couché. Krisnja marchait dans le sentier, elle avait juste un chandail enfilé sur son pyjama. Et ses baskets. Elle a disparu entre les arbres.

— Vous ne l'avez pas appelée ? s'étonna l'inspecteur.

— Non. Je savais qu'elle va quelquefois chercher le chat dans les environs : il disparaît tout le temps et elle s'inquiète. Elle le tient en permanence à l'œil parce que les renards viennent parfois jusqu'aux abords des maisons. La voyant habillée comme ça, j'étais convaincu qu'elle ne serait sortie que quelques minutes.

— Et en fait ?

— En fait, il y a une demi-heure je suis allé chez elle. La porte d'entrée était grande ouverte et sur le fourneau allumé il y avait une cafetière de café brûlé. Krisnja n'est jamais rentrée. Il lui est arrivé quelque chose.

La panique de cet homme semblait authentique.

Parisi arrivait en guidant Blanca, avec Smoky qui les précédait en remuant la queue. La jeune fille tendit la main.

— Teresa ? s'écria-t-elle.

— Je suis ici, fit-elle en la rejoignant, et elle lui prit la main.

Elle la fit se rapprocher d'elle, de manière à ce que les autres ne puissent pas entendre leurs propos.

— Krisnja a disparu, lui apprit-elle. Vous devez m'aider à la trouver, tous les deux.

À son tour, Blanca approcha son visage du sien.

— Tu sais que nous ne suivons que le sang, murmura-t-elle.

C'était comme de lui demander si dans ses pensées Krisnja était déjà morte. C'était possible. Battaglia arracha à ses lèvres les mots qui lui coûtaient tant.

— Aidez-moi à trouver n'importe quoi d'elle.

Blanca hocha la tête et appela Smoky à ses côtés.

— Conduisez-moi là où elle a fait ses derniers pas, suggéra-t-elle.

Marini lui prit la main et la posa sur son bras. Ensemble, ils descendirent la pente jusqu'au sentier. Quand ils pénétrèrent dans la forêt, Francesco était aussi avec eux.

— J'ai couru jusqu'ici, là où je l'ai vue disparaître, expliquait-il, le souffle court, et j'ai continué durant une centaine de mètres. (Il s'interrompit.) Ensuite, j'ai compris. J'ai compris que je ne la trouverais pas, et je vous ai appelés.

Il regardait Teresa. Elle savait que cela lui coûtait de s'en remettre à elle, après les désaccords qu'ils avaient eus.

— Pour moi, c'est comme de revivre cette autre nuit, la dernière nuit d'Aniza, murmura l'homme.

Teresa éprouvait de la peine pour lui, qui était resté comme arrêté à cette journée d'un lointain passé.

— Maintenant je continue seule, dit Blanca en lâchant le bras de Massimo.

— Fais attention.

L'inspecteur continua de la suivre de près, en guettant chacun de ses pas.

Tout à coup, Smoky prit une autre direction que celle indiquée de prime abord par Francesco.

— Elle n'a pu aller par là, protesta ce dernier. Krisnja ne se serait jamais aventurée seule, à cette heure-là et dans ces conditions.

— Elle suivait peut-être le chat, c'est vous qui l'avez dit, lui fit remarquer le commissaire en évitant d'ajouter que ce que le chien flairait, c'était l'odeur du sang humain.

Il secoua résolument la tête.

— Cette bête a encore plus d'instinct de conservation que je n'en ai moi-même. Elle ne se serait jamais faufilée aussi profondément dans les bois. Il y a des sangliers, des renards. J'ai vu des effraies avec des ailes d'une envergure d'un mètre et demi : elles auraient emporté le chat sans trop de difficulté.

— Elle est allée par là, insista Blanca, avec douceur, mais résolument.

— Nous vous suivons, l'encouragea Teresa.

Krisnja avait abandonné le sentier pour s'enfoncer dans le sous-bois. En bordure d'un ravin recouvert de végétation, Smoky s'arrêta, et montra des signes d'agitation. Blanca tenta de le calmer, mais il se dégagea de l'étreinte caressante de la jeune fille pour se lancer dans les fourrés.

Sa maîtresse semblait perplexe et peut-être même effrayée.

— Il ne s'est jamais comporté comme ça. C'est la première fois qu'il s'éloigne de moi, s'écria-t-elle.

Ils l'entendirent glapir, un peu plus en contrebas.

Battaglia appela Parisi.

— Reste avec elle, lui dit-elle en désignant Blanca d'un signe de tête.

La descente fut difficile. Le commissaire trébucha plusieurs fois et faillit tomber, mais pour rien au monde elle ne serait restée en retrait pendant que Marini la précédait dans cette exploration. Il ne la pressait pas, il l'attendait et la soutenait dans les passages les plus périlleux.

Elle sentait que là, plus bas, quelque part, il y avait Krisnja, mais surtout elle avait l'intuition que cette affaire était sur le point de prendre un tour qui allait changer à jamais le cours des événements.

Le glapissement se fit plus proche. Elle prit la main que Marini lui tendait et dépassa un rocher accroché au ravin.

Smoky était quelques pas plus loin. Il était agité, il fixait un point entre les arbres.

La scène qui surgit devant leurs yeux était glaçante.

Dans un maquis encombré de ronces, défigurée, les vêtements en lambeaux, Krisnja paraissait soulevée de terre dans la position du Christ en croix. Elle était immobile, mais apparemment elle respirait encore. Le sang était si abondant que le visage était méconnaissable.

L'inspecteur lâcha un juron, retira sa veste et se l'enroula autour du bras. Il essaya de se frayer un chemin dans l'enchevêtrement d'épines, mais les tiges étaient si grosses et si solides qu'elles formaient une barrière impénétrable qui repoussait chacun de ses assauts.

Ils durent se résigner.

— Je vais chercher de l'aide. Il nous faut des tronçonneuses.

Teresa s'approcha de ce piège naturel. Les spires bardées de pointes portaient des traces de sang. Elles s'enroulaient autour du corps de la jeune fille et au-dessus de sa tête. Elle n'avait pas pu tomber là-dedans, le ravin se trouvait de l'autre côté de la clairière et il y avait tout autour des arbres hauts de plus de vingt mètres.

Krisnja était entrée dans cet enfer toute seule.

Elle se demanda ce qui avait pu l'épouvanter au point de la pousser à se battre contre ces épines tranchantes dans l'espoir de réussir à fuir.

Le masque de sang que Teresa avait devant elle eut un frémissement et les paupières s'ouvrirent d'un coup.

Krisnja la regardait, les pupilles dilatées, et semblait avoir entendu ses pensées.

— Le diable…, souffla-t-elle.

Comme si elle le voyait encore devant ses yeux, elle poussa un hurlement qui sembla lui vider l'âme et qui résonna en Teresa.

Les ombres du bois semblèrent prendre vie. Elles avaient une odeur. Des sonorités. Une voix basse, grondante.

Quand Marini fut de retour, Battaglia était immobile et glacée, les yeux fixés sur un point obscur dans le bois, où une silhouette noire semblait s'être tapie. Qui était encore là et qui la fixait.

Son expression devait parler pour elle, car l'inspecteur s'empressa d'aller vérifier. Quand il se retourna pour la regarder, le commissaire comprit qu'il n'y avait rien d'autre au fond de ce ravin, si ce n'était la projection de son esprit.

Des hallucinations alimentées par le pouvoir de suggestion, se dit-elle, étonnée de s'apercevoir que sa maladie, dans cette situation critique, puisse en somme se révéler si rassurante, puisque toute autre possibilité eût été innommable.

92

— Maintenant, vous pouvez me le dire, qu'avez-vous vu dans le bois ?

Marini avait à peine murmuré sa question, dans le couloir des urgences, à quelques pas de la chambre où Krisnja était hospitalisée.

Elle leva les yeux vers lui. Il la scrutait avec une attention trop insistante.

— Vous étiez épouvantée, commissaire. Dites-moi ce que vous avez vu.

Elle était vraiment épouvantée, en effet. Elle avait cru regarder l'enfer droit dans les yeux, mais en réalité, c'était elle-même qu'elle avait vue : elle-même malade. Son médecin le lui avait confirmé au téléphone, une demi-heure auparavant.

Les hallucinations, visuelles et auditives, font partie du parcours, lui avait dit la praticienne. Il s'agit d'altérations délirantes de la réalité. Il pourrait un jour t'arriver de subir un choc en te regardant dans le miroir, parce que tu ne te reconnaîtrais pas, ou parce que tu ne comprendrais pas que tu as vieilli. Tu pourrais aussi regarder le reflet d'un rideau et croire qu'il s'agit d'une personne.

— D'un fantôme ? lui avait-elle demandé.

— Oui, aussi. Les hallucinations s'accompagnent fréquemment de délires paranoïaques : peurs, phobies, convictions de nature persécutoire.

— Que puis-je faire ?

— D'ordinaire, cela aide d'en parler. Je conseille toujours aux parents du malade de l'aider à raisonner, afin qu'il arrive de lui-même à la conclusion qu'il s'agit d'une interprétation erronée de la réalité. Chercher par tous les moyens à préserver l'agilité cérébrale est fondamental.

La question suivante avait coûté à Teresa une bonne dose d'amour-propre.

— Et si je ne peux en parler à personne ?

— Alors tu dois chercher par tous les moyens à te raccrocher à ta propre capacité de raisonnement. Deviens encore plus méthodique, exerce ta logique. Doute toujours et dissèque le moindre fait. Tu dois te sauver par toi-même.

Bref, rien de neuf. Pour cela, j'ai l'habitude, avait-elle songé.

— J'ai vu une ombre, répondit-elle à Marini. Rien de plus. Si j'étais effrayée ? Évidemment. N'importe qui l'aurait été, là-bas, seule.

Antonio Parri les rejoignit en vitesse. Il était arrivé à l'hôpital dès que le commissaire lui avait appris la nouvelle et s'était occupé de récupérer immédiatement des informations sur Krisnja. La jeune fille se trouvait en état de choc, mais elle était consciente. Battaglia n'avait pas encore pu lui parler.

— Les yeux sont intacts, grâce à Dieu, leur annonça-t-il.

— Le visage ? s'enquit-elle.

— Très abîmé. Il restera quelques cicatrices.

Elle dut détacher le regard un instant.

— On a retrouvé dans le sang de la jeune fille des doses importantes de scopolamine et d'atropine, commenta le médecin légiste. Ce sont des alcaloïdes hallucinogènes.

— L'origine ? demanda-t-elle.

— Naturelle. Ces substances proviennent des graines et des feuilles d'une plante adventice très courante, le *datura stramonium*. On l'appelle communément l'herbe du diable ou des sorcières.

Teresa et Marini se regardèrent.

— C'est une plante psychotrope, comme l'opium, la mandragore et le lotus bleu. Par le passé, on s'en servait pour ses propriétés médicamenteuses, pour soulager l'asthme bronchial. Toutefois, une dose excessive entraîne la paralysie des muscles respiratoires et une mort terrible par suffocation lente.

— Quelqu'un a drogué la jeune fille. Voilà l'origine de ses hallucinations, réfléchit-elle.

— Elle ne cesse de répéter que quelqu'un a voulu lui effacer le visage, reprit Parri. Quand elle dit cela, elle se réfère à une présence maligne. Elle est vraiment convaincue d'avoir rencontré le diable. Les médecins veulent qu'elle se repose quelques heures. J'ai dit que tu serais d'accord.

Elle opina, plus éprouvée qu'elle ne voulait l'admettre.

Ce n'étaient que des hallucinations, se répétait-elle avec force. *Les siennes et les miennes. Il n'y avait aucune présence.*

— La dose à laquelle les alcaloïdes déclenchent des hallucinations est très proche de la dose toxique, expliqua encore le médecin. Celui qui a voulu la droguer savait ce qu'il faisait.

— Ou alors il voulait la tuer, murmura-t-elle.

Elle pensa au savoir féminin, à l'art d'employer les herbes pour soigner la vie. Ou pour l'ôter.

93

Il existe deux villages : Vérité et Mensonge. Ceux qui y vivent, de par leur nature, ne peuvent se soustraire à la Règle : vérité inconditionnelle ou mensonge absolu. Un voyageur recherche Vérité. Il croise un homme sur son chemin, à une bifurcation : il sait que l'homme vient d'un de ces deux villages.

Quelle question doit-il lui poser pour que l'inconnu ne l'égare pas ?

Les mandats de perquisition étaient enfin arrivés. Pour Battaglia, il n'était jamais agréable d'entrer dans la maison de quelqu'un et de fouiller dans sa vie, d'ordonner à d'autres d'ouvrir les tiroirs et les portes d'une intimité qui ne serait plus jamais la même. On flairait le Mal, on le débusquait par la force du repaire où il avait trouvé refuge. Mais c'était dans tous les cas un acte chargé d'une agressivité chirurgicale et invasive.

Quelquefois, on se trompait. On ouvrait la vie d'une personne comme avec un couteau inséré entre les valves d'une huître, en tranchant net le muscle, rien que pour découvrir qu'il n'y avait pas de perle noire à l'intérieur.

Teresa avait maintenant la sensation de tenir cette lame entre ses mains, et de trancher les derniers fils du lien qui avait pu la rattacher à Francesco.

Depuis qu'ils s'étaient présentés à son domicile avec l'ordonnance du juge, l'homme n'avait plus proféré un mot. Il s'était mis à l'écart et il les avait laissés envahir ses lieux. Assis à la table de la cuisine, il s'était retranché dans son propre corps, replié comme pour déranger le moins possible. Pourtant, ses yeux brûlaient de rage. Et cette rage était dirigée contre elle, Teresa le savait. Francesco ne lui pardonnerait probablement jamais d'être arrivée dans la vallée comme une amie et de s'être ensuite révélée une menace pour son équilibre.

Elle s'approcha de lui, les yeux dans les yeux. L'homme n'avait pas cessé un instant de la regarder.

— Je devrais être à l'hôpital, lui dit-il, près de Krisnja.

— Nous ne serons pas très longs, assura-t-elle. Je voulais seulement vous dire que si j'avais pu, je vous aurais évité cela. Krisnja a été empoisonnée. Nous devons comprendre comment et quand.

— Fouillez chez elle, alors.

— C'est le cas.

— Vous ne trouverez rien ici.

Je l'espère, aurait-elle voulu répondre, parce qu'elle avait encore besoin de croire que cet homme était aussi limpide que sa vie le laissait penser. Que le chagrin qu'il ressentait n'était pas feint.

Malgré son caractère repoussant – comme le sien.

Malgré les vérités cachées – comme les siennes.

Ils n'étaient finalement pas si différents.

La réponse à l'énigme encore en suspens se matérialisa avec un tremblement des lèvres.

Quelle question doit-il lui poser pour que l'inconnu ne l'égare pas ?

De quel village viens-tu ? doit lui demander le voyageur.

Si l'inconnu vient de Vérité, alors la réponse sera vraie.

Si son village est Mensonge, il lui indiquera de toute façon Vérité.

Elle songea que parfois, pour arriver à la vérité, il fallait simplement flairer le mensonge et le suivre. Elle se demanda si c'était le cas de Francesco. L'inspecteur la prit à part.

— Devant la maison de Matriona, les hommes sont prêts, mais nous n'avons pas encore réussi à lui mettre la main dessus. Elle est introuvable, depuis des heures, mais nous avons été contactés par son avocat. Il la cherche lui aussi. Vous comptez quand même procéder à la perquisition ?

Elle n'avait aucun doute.

— Fais inscrire au procès-verbal l'urgence et la disparition. Nous recherchons une substance hallucinogène : naturelle ou pas, pour moi, il s'agit de drogue. L'intrusion est justifiée. Appelle le substitut du procureur et avertis-le. Et signale à l'avocat qu'il a une demi-heure pour être présent sur les lieux.

Après presque quarante ans de perquisitions, pour Teresa, les lieux dans lesquels un crime avait peut-être été commis se divisaient en deux catégories. Ceux qui, bien plus que les mots, racontaient des histoires faites de briques amalgamées avec des vies interrompues et d'un ciment d'humeurs et d'espérance.

Et ceux qui la privaient de sommeil et ne le lui rendaient plus, parce qu'ils semblaient posséder une conscience et lui paraissaient dotés de sens qui la sondaient de part en part.

La maison de Matriona était de ceux-là. Chaque objet semblait émaner du passé, comme si la maîtresse de maison les avait recueillis au cours d'une existence qui s'étirait sur des siècles. Céramiques peintes, bassines en cuivre et chaudron en bronze. Peu de meubles, massifs et marquetés. Le parfum des herbes qu'elle cultivait et récoltait s'élevait de paniers et de sachets de coton.

Un aspect inoffensif, lui vint-il à l'esprit, *et pourtant...*

Et pourtant il n'y rien de plus effrayant que la normalité, quand un détail faux la corrompt.

Le rire d'un enfant, quand il n'y a pas d'enfant. Le halètement d'un chien, mort depuis longtemps.

Un bruissement sous les couvertures, quand il n'y a personne à côté de soi dans le lit.

Dans cette maison, le flux de la normalité était interrompu par une vibration sourde qui s'attaquait à Teresa. La demeure semblait vivante et mécontente de cette invasion.

Reste lucide.

Une force inconnue l'invitait au contraire à se défaire de toute prudence rationnelle et à descendre plus en profondeur. Si elle y cédait, l'hostilité s'éteignait comme un souffle de vent fatigué.

C'était son inconscient qui voulait s'imposer pour la guider.

Elle se détacha de l'équipe. Elle chercha le silence et la solitude, dans ces pièces. Les bruits se brouillèrent et les images de l'activité méthodique de la perquisition pâlirent.

Sur l'arrière de la maison, il y avait un local qui avait l'aspect d'une apothicairerie à l'ancienne, avec des vases en majolique contenant des herbes séchées et des poudres. Peut-être l'un de ces récipients contenait-il des graines de *Datura stramonium*, mais elle ne s'y attarda pas. Elle cherchait autre chose. Elle cherchait ce qui, elle le savait déjà au fond d'elle-même, devait exister ici.

C'était le chant ancien entonné par Matriona quand le cœur accroché à la porte de la vallée dégoulinait encore sous leurs yeux qui le lui avait soufflé : cela lui avait évoqué un rite, et elle une prêtresse.

C'étaient les bocaux remplis de cendres de *Babaz* conservés dans la pension qui le lui avaient soufflé : des résidus de bûchers par lesquels on exorcisait le passé et brûlait un fétiche masculin.

C'était ce que continuait de répéter le vieil Emmanuel, fantôme dans ses pensées, avec un gouffre dans la poitrine et le regard de celui qui a connu un secret.

Derrière une paillasse sur laquelle étaient disposés des tiges de plantes inconnues et un mortier, une porte lui faisait signe. Elle la poussa, l'ouvrit sur l'obscurité.

L'atmosphère de cette pièce était empreinte d'odeurs indéfinissables. Le battement de son cœur était celui des tambours qu'elle avait entendus vibrer à la naissance de l'enfant.

Un rais de lumière bleutée s'alluma derrière elle. Marini l'avait rejointe en silence.

— Ferme la porte. Que personne d'autre n'entre pour l'instant, lui souffla-t-elle.

Il n'y avait pas d'interrupteur. Sur les murs à l'enduit irrégulier et peints d'une couleur sombre, des niches étaient creusées. Elles contenaient des bols remplis de cire.

Comme si elle connaissait déjà les lieux, Battaglia frotta une allumette et alluma les mèches une par une. Un lueur tremblotante surgit dans la pièce comme une aube rose.

Les murs et le plafond étaient peints en ocre rouge. Il n'y avait pas de fenêtres, uniquement des orifices d'aération sur un côté. Elle en avait vu d'autres similaires dans d'anciennes habitations troglodytes et dans des églises rupestres du christianisme primitif.

— Oppressant, murmura Marini.

Un ventre, telle était l'image qui la saisit. Un ventre de femme. Rouge, obscur et tiède.

Son regard se posa sur des tambours pour le moment silencieux placés sur des nattes à même le dallage. Elle s'agenouilla pour en observer un.

— Battements de tambours et chants psalmodiés, murmura-t-elle, une pensée qui prenait forme entre les mots. Dans l'Antiquité, on s'en servait pour atteindre un état de transe, lors des cérémonies.

— Impressionnant.

— La science a démontré qu'ils aident à atteindre un état mental particulier correspondant à l'onde thêta, celle des premiers stades du sommeil paradoxal. L'activité électrique des tissus nerveux cérébraux se « syntonise » et l'état de conscience descend dans les profondeurs. Il est avéré que les prêtresses antiques de Dendérah jouaient du tambour quand les femmes enceintes entraient en travail.

— Dans les profondeurs, pour y faire quoi ?

— Pour rencontrer les esprits. Les ondes thêta créent un état de type hypnagogique. De véritables extases.

— Vous n'y croyez pas, quand même ?

— Même le christianisme primitif en craignait les effets, et d'ailleurs il en interdit l'usage.

Marini se retourna.

— Enfin qu'est-ce que c'est que cette pièce ?

Elle n'avait aucun doute.

— Le lieu le plus sacré, avant que les grandes religions monothéistes ne donnent le pouvoir au mâle en étouffant la divinité féminine, murmura-t-elle en se relevant. C'est un mammisi. Une salle d'accouchement antique.

— Vous en faites une guerre entre les sexes ?

— Tu es bête. Si tu deviens père d'une fillette, alors tu comprendras.

— Je comprendrai quoi ?

— L'exigence d'en devenir le gardien.

Elle lui désigna quelques dessins sur un mur. C'étaient des figures humaines stylisées qui, en quelques traits, révélaient des fesses exubérantes et des seins gonflés. Le long de la colonne vertébrale, remontant jusqu'à la tête, on voyait des pointillés blancs.

— Matriona prend au sérieux son rôle de guérisseuse, songea Marini. Cela ressemble à des peintures rupestres.

Elle chaussa ses lunettes et approcha la torche.

— Ces dessins parlent, marmonna-t-elle.

— Je suis convaincu que vous allez me surprendre. Je vous écoute : que racontent-ils ?

— Tu vois ces pointillés blancs ? On les retrouve dans d'innombrables représentations préhistoriques, dans des cultures diverses, même très éloignées dans le temps et dans l'espace. Elles représentent des phosphènes.

— Qui seraient ?

— Qui seraient ceci.

Elle lui appuya le pouce sur un œil.

— Mais vous êtes dingue ?

— Tu as vu des éclairs blancs ?

— Oui !

— Et voilà, ce sont tes phosphènes : des phénomènes visuels qui consistent en des perceptions d'étincelles ou de points lumineux, mais en l'absence de toute lumière.

Il se massa l'œil.

— Je ne vois plus rien.

— Ils sont causés par la pression sur le globe oculaire, par l'hyperventilation, par le stress physique ou par la méditation profonde. Ou alors par l'ingestion de substances enthéogènes. Tu arrives à suivre, inspecteur ?

— Cela veut dire que Matriona et les femmes de son cercle pratiquent des rites guérisseurs qui prévoient l'emploi de plantes hallucinogènes ?

— Mais que tu es fort…

— Il y a un instant vous disiez que c'était une salle d'accouchement.

— Quel acte est plus guérisseur qu'une femme mettant un enfant au monde ? Suspendue plus que quiconque ne pourrait l'être entre la vie et la mort. Avec un acte féroce de la nature, elle devient une porte à travers laquelle une âme passe d'un monde inconnu à ce monde-ci. Elle met son propre corps et sa survie au service de l'espèce.

Teresa sentit le frémissement de ce jeune homme qui s'apprêtait à devenir père. Elle était certaine qu'à cette minute ses pensées allaient à sa compagne et à la vie qu'elle lui donnait à travers elle-même.

Le commissaire s'intéressa à d'autres objets. Il y en avait un grand nombre sur les nattes et sur les consoles en bois. Certains étaient pendus aux murs. Elle examina une statuette en terre cuite : une jeune femme filait d'une main, et de l'autre tenait le bouclier d'un guerrier.

— Elle file la vie et la protège, observa-t-elle, perplexe. C'est le symbole de la sage-femme, aussi ancienne que la civilisation humaine. Souvent c'était une herboriste ou une rebouteuse.

Il inspectait l'autre partie de la pièce.

— Ce n'est pas le genre d'objets qui se trouvent partout en vente libre, remarqua-t-il.

Battaglia perçut de nouveau l'énergie qui l'avait secouée à son arrivée dans la maison : encore son inconscient, qui voulait réagir à sa place.

— Ce ne sont pas simplement des objets, lui fit-elle observer.

Elle avait besoin de faire le point. L'air lui semblait avoir des mains porteuses de l'odeur d'un monde qu'on croyait éteint et qui au contraire, ici, avait survécu.

Les tourbillons, les spirales et les méandres peints sur les récipients en terre cuite n'étaient pas de simples embellissements abstraits, comme elle l'avait cru, mais des symboles de l'eau sacrée si intimement liés au ventre féminin et à la vie qu'il engendre. Les statuettes informes lui apparurent pour ce qu'elles étaient vraiment : des Vénus stéatopyges, divinités féminines à peine ébauchées dans la pierre, ou peut-être seulement consumées par le temps. Il y en avait des dizaines, peut-être une centaine.

Vieille Europe.

Elle ne se rendit pas compte d'avoir prononcé ces mots avant d'entendre Marini lui demander de quoi elle parlait.

— La « vieille Europe », c'est une expression que l'anthropologie récente utilise pour définir une société qui, selon toute hypothèse, était prospère, sur les terres balkaniques, sur les rives du Danube et en Anatolie, jusqu'aux côtes de la mer Caspienne. Une société matriarcale où la femme était le centre de la vie spirituelle, sociale, politique et artistique de la communauté, où les fortifications et les armes étaient absentes, qui a transmis jusqu'à nous des milliers de statuettes de l'époque néolithique presque intactes représentant la Grande Déesse.

— Des statuettes comme ces répliques.

Elle ne croyait pas qu'il s'agissait de répliques.

Elle lui retira des mains un long bâton aux extrémités arrondies et à l'aspect usé, avec une prévenance presque affectueuse. Elle était incapable de croire à ce qu'elle découvrait.

— Treize encoches, fit-elle en passant un doigt sur les signes qui en griffaient la surface. Treize, comme les cycles vitaux d'une femme en âge d'être fertile.

— Qu'est-ce que cela signifie ?

— Qu'au contraire de ce qui est enseigné depuis très longtemps, dans les tribus primitives, le bâton du pouvoir n'appartenait pas à l'homme chasseur, mais à l'accoucheuse, expliqua-t-elle en reposant l'objet dans l'écrin qui le protégeait. Et que ce n'était même pas un bâton de pouvoir, comme on l'a toujours cru. Ce que tu as sous les yeux, c'est un calendrier lunaire, inspecteur, pour prévoir les accouchements et scander les périodes cérémonielles.

Petit à petit, Marini changeait de visage.

— Vous croyez que ces objets sont des originaux ? lui demanda-t-il, interdit.

Elle balaya la pièce du regard. Les flammes vacillaient dans les niches, l'ombre et la lumière tremblaient sur les visages des divinités féminines, sur les ventres proéminents et sur les spirales.

— Tu ne la sens pas ? lui glissa-t-elle. L'odeur des siècles. Des millénaires. Il est là le mobile qui a entraîné la mort d'Emmanuel Turan, autour de nous : un sentiment d'appartenance si puissant et si total que la volonté de le conserver pousse à tuer.

Ils gardèrent le silence, tous deux dépassés.

— Alors nous avons trouvé l'assassin, conclut-il. Il reste seulement à comprendre ce qui relie Matriona à la mort de la *Nymphe endormie*. Je parie que dans la salle voisine, ils ont déjà trouvé du *datura*.

— Trouver les graines d'une plante et démontrer que ce sont les graines sœurs de celles administrées par un moyen ou un autre à Krisnja sont deux choses très différentes, répondit-elle, la tête ailleurs.

Un signal sonore venait de lui signaler la réception d'un message sur son portable. C'était une information de la préfecture qui résumait les résultats des recherches qu'elle avait ordonnées sur le patrimoine de Carlo Alberto Morandini, le partisan violoniste.

Quand elle le lut, elle éprouva le besoin de fermer un instant les yeux.

— Commissaire, tout va bien ?

Cela n'allait pas bien du tout.

— La partie vient de prendre un tour différent, inspecteur. Radicalement.

94

Il y a des vies qui naissent déjà contaminées. Elles renferment une graine qui se fera de la place en la dérobant à l'âme. Elle générera des rêves et des peurs qui appartiennent à d'autres.

C'est un enracinement lent et irrésistible, comme une maladie dégénérative, une dévastation tranquille.

Il y a des vies qui ne sont pas des vies : elles ne sont que l'image, déformée et voilée, d'autres vies.

Alessandro aimait la montagne, tellement qu'il avait décidé d'y passer sa vie, de l'étudier, de se préparer à une profession qui lui permettrait d'en prendre soin : celle de technicien forestier.

Alessandro aimait la montagne, ou peut-être pas. Il ne le savait probablement même pas lui-même.

Quand elle l'avait rencontré sur ce sentier, le jour où Francesco lui parlait des mystérieuses interconnexions du bois, Teresa s'était surprise à penser que la vision de ce jeune homme pacifique et timide qui arpentait ces pentes éreintantes sous le soleil rien que pour mesurer la circonférence de centaines d'arbres était réconfortante. Cela lui avait presque fait l'effet d'un conte de fées, celui d'une authentique passion.

Elle ne savait pas qu'elle avait eu devant elle le petit-fils de Carlo Alberto Morandini. Elle ne savait pas que le fiancé de Krisnja était le descendant en ligne directe de Cham, le partisan violoniste qui, d'une manière restant à établir, avait été le témoin ou l'auteur de la mort de la grand-tante de la jeune fille.

Alessandro avait coupé les ponts avec sa mère et s'était dédié corps et âme à la mission du grand-père, quelle qu'elle fût.

— Il a toujours été ici, fit Marini, incrédule, en observant la maison du jeune homme à l'entrée de la vallée, reçue en héritage à la mort de son parent.

— Il ne pouvait pas s'en aller, répondit Teresa. Sa conception du dévouement et de la loyauté ne le lui aurait pas permis.

— Je ne réussirai jamais à comprendre ça.

— Parce que tu n'as pas subi les mêmes conditionnements que lui. L'esprit d'un enfant est comme l'argile entre les mains d'un adulte. Et cet adulte peut la modeler à son image et selon son apparence, ou sa nécessité. Cham l'a façonné, l'a soustrait jour après jour à l'influence de sa mère, qu'à ce stade, je crois, il considérait comme un obstacle, presque comme une menace. Peu importe qu'Alessandro soit un garçon intelligent et instruit : la cage que son grand-père a construite autour de lui ne sera pas facile à abattre. Je crois que l'on peut considérer cela comme une véritable programmation psychologique.

— Il vit de mensonges.

— Il se les raconte avant tout à lui-même. Il vit la vie de son grand-père.

L'inspecteur se retourna pour la regarder.

— Tôt ou tard, toute votre empathie finira par vous faire du mal, l'avertit-il, préoccupé.

Elle sourit, avec lassitude.

— Elle me fait déjà du mal.

La maison était une habitation de montagne typique, qui montrait quelques signes de négligence, comme le pré tout autour. Les volets auraient eu besoin d'être repeints et les gouttières débordaient de feuilles mortes, déposées pendant l'hiver. Une végétation spontanée envahissait ce qui avait dû être des parterres de fleurs, mais ce n'était désormais plus que des rangées disparates de cailloux qui pointaient des fourrés.

Il n'aime pas cet endroit, mais il fait des efforts pour y arriver. Une violence quotidienne.

Ils montèrent les marches qui conduisaient au patio.

— Il n'est pas chez lui, indiqua Parisi, mais la voiture est garée derrière.

Teresa l'imagina arpentant un sentier dans le bois. Cherchant peut-être un peu de paix.

— Nous attendrons, décida-t-elle. D'ici là, vous pouvez commencer à inspecter l'intérieur.

— Il y a une paire de grosses chaussures, en bas, remarqua Marini.

Ils s'approchèrent du bûcher, il enfila des gants et les ramassa. Il retourna la semelle vers elle.

— Taille quarante-trois, comme les empreintes relevées chez moi.

Elle hocha la tête, en silence. Si c'était Alessandro qui avait commis cet acte d'intimidation, elle le rangerait dans la catégorie des tentatives désespérées, irrationnelles et maladroites de se protéger soi-même, ainsi que la mémoire de son grand-père.

Mais la psychose ? La psychose qui pousse à amputer le cœur d'un homme, où est-elle ?

Elle ne réussissait pas à l'apercevoir dans cette vie qui respirait la solitude et le mal-être. Elle s'était imaginé l'assassin comme une personnalité dotée d'une force de maîtrise exceptionnelle.

Dans le profil qu'elle avait défini, la peinture et le sang humain n'étaient pas compatibles : c'était comme de comparer le mauvais tour joué par un jeune garçon au sadisme de Jack l'Éventreur.

Dans l'idée qu'elle s'était faite, et qu'elle n'avait pas encore partagée avec l'équipe, celui qui avait souillé la porte de l'appartement de Marini n'était pas la même personne que l'individu qui avait violé son domicile et volé son journal. Ce n'était pas lui qui avait tué Emmanuel Turan. L'assassin semblait se servir de l'ombre des autres pour se cacher. À moins qu'elle n'ait commis une erreur et sous-évalué l'œuvre de démolition et de reconstruction accomplie sur l'esprit d'Alessandro.

— Il faudra mettre sous scellés les vêtements et les chaussures et confronter le dessin des semelles aux empreintes relevées, fit-elle. Si nous avons de la chance, nous trouverons aussi des résidus de peinture.

Et si je me trompe sur son compte, nous trouverons aussi mon journal.

Elle les laissa travailler et se dirigea vers l'habitation. C'était comme si le printemps s'était arrêté à quelques pas d'ici. Les vestiges de l'hiver résistaient dans les couleurs sombres et dans les restes pourrissants de vieille végétation non encore digérée. La position de la maison, dans une plaine ouverte vers le nord et en face d'une paroi rocheuse, l'exposait rarement au soleil.

Les volets étaient ouverts et elle en profita pour regarder à l'intérieur, les mains en visière. Ce qu'elle vit confirma ses soupçons.

Les murs du salon étaient recouverts de papier peint vert mousse et de trophées de chasse. Dans le même ordre d'idées, des photographies de la vallée alternaient avec des gros plans de Krisnja. Aucun de ces derniers n'étaient des portraits posés, mais plutôt des clichés volés.

Il a tout le temps été près d'elle, songea Battaglia. *Pas Alessandro, mais son grand-père, Cham.*

Dans une vitrine à côté de la cheminée noircie, comme une relique d'ostensoir, un violon trônait en évidence, avec son archet. Elle savait que c'était celui sur lequel avait été joué le « Trille du diable » alors qu'Aniza se mourait dans les bras d'Alessio.

Elle se sentit gagnée par une douloureuse tristesse, qui la fit battre en retraite.

Quelle part de son obsession le grand-père avait-il transmise au petit-fils ? Elle se demanda si Alessandro s'était lancé à la recherche de l'icône perdue et ce qu'il était disposé à faire pour la récupérer.

Peut-être l'a-t-il déjà retrouvée et il la protège.

Teresa marcha courbée en direction du bois. Elle ne se rendit compte de l'ombre qui se déplaçait entre les arbres que lorsqu'elle entendit une branche se briser et leva les yeux.

Au même instant, Alessandro la vit. Le garçon n'eut aucune hésitation et fila dans le maquis.

Battaglia lui courut après, dans la mesure de ses capacités. C'était une réaction instinctive, dictée par l'urgence qu'il y avait à aboutir à la vérité avant les autres, de le regarder en face et de voir s'il avait vraiment les yeux d'un assassin.

— Arrêtez ! cria-t-elle en écartant d'un geste rageur les branches qui la fouettaient.

Fatigue, colère, sueur, souffle court. Elle détestait ce poids mort qu'était devenu son corps. Un obstacle à franchir avec tant d'autres, physiques et mentaux.

Elle avançait à chaque pas plus lentement et plus pesamment, puis elle fut obligée de s'appuyer à un arbre, essoufflée, avec dans les oreilles le bourdonnement du sang et le halètement de sa respiration.

Elle se rendit compte qu'elle était seule. Dans une situation de danger potentiel, elle s'était éloignée sans avertir ses collègues, enfreignant une règle de fer qu'elle avait imposée à l'équipe.

Elle savait pourquoi elle avait fait cela : poussée par un maudit instinct de protection envers ce jeune homme.

Elle fut envahie d'une sensation qu'elle connaissait désormais : celle de perdre tout point de repère. Le vide s'annonçait.

Je dois faire demi-tour. Revenir en lieu sûr.

Elle se retourna et se retrouva face au garçon qu'elle avait vu s'échapper dans le bois. Il était pâle, en sueur, malgré la fraîcheur de l'air.

Il s'approcha d'elle, presque à lui effleurer le torse.

— Je ne suis pas un assassin, siffla-t-il.

Il était agité, au point de manger les mots.

— Pourquoi, tu devrais en être un ? lui demanda-t-elle, après un moment d'hésitation.

Le jeune forestier secoua la tête, en la regardant sans comprendre.

— Vous me traquez pour une faute que je n'ai pas commise, hurla-t-il, tout près de son visage, si près qu'elle pouvait presque sentir la dureté de ses dents contre elle.

Elle voyait ces deux rangées blanches se fermer et se rouvrir comme les mâchoires métalliques d'un piège.

Le jeune homme porta ses mains tremblantes à son cou.

— Mon grand-père a cherché cette maudite Vierge toute sa vie, mais ce n'est pas lui qui a tué Aniza, dit-il, au bord de l'hystérie et prêt à éclater en sanglots. Il m'a harcelé pour que je mette les mains sur l'icône et je l'ai déçu.

Elle ne savait pas quoi répondre.

— L'icône ? bredouilla-t-elle.

Elle ne savait pas de quoi il parlait, ni qui il était. Le jeune homme serra plus fort les poings.

— Nous ne sommes pas des assassins. Ni l'un ni l'autre. Il ne l'a pas tuée, répéta-t-il.

— *Tuée ?*

Elle tenta d'éloigner ses mains, mais il était trop fort.

— Quand mon grand-père est arrivé, la fille était déjà mourante et le peintre était fou. Il peignait ce portrait avec son sang… Mon grand-père m'a expliqué qu'il avait essayé de le lui retirer des mains et de le forcer à s'éloigner, mais il n'y est pas arrivé. Il semblait possédé.

— Qui ? Qui a fait du mal à cette jeune fille ? réussit-elle à demander.

Le récit se fit plus frénétique, entre les sanglots et les jurons rageurs.

— Attends ! le supplia-t-elle, réussissant enfin à le faire reculer.

Elle chercha son stylo dans sa poche, mais elle se rendit compte qu'elle n'avait même pas un bout de papier à portée de main : dans la fougue de la poursuite, elle avait fait tomber sa besace.

— Je sais que cela peut te sembler fou, dit-elle en remontant ses manches jusqu'au coude, mais pourrais-tu m'écrire ce que tu m'as dit sur le bras ?

Il écarquilla les yeux.

— Vous êtes dingue ou quoi ? Vous devez le dire aux autres que ce n'était pas moi !

Elle avait envie de hurler. Elle n'aurait pas su expliquer comment et pourquoi la réalité se dérobait sous ses pieds. Mais elle était certaine d'une chose : il fallait qu'elle laisse des traces de ce qu'elle vivait en ce moment d'obscurité. Des traces qu'elle pourrait ensuite suivre.

— Je suis Teresa Battaglia. Je suis Teresa Battaglia, répéta-t-elle, mais seulement parce que c'était écrit sur le bracelet qu'elle portait au poignet.

— Commissaire !

Ils se retournèrent tous les deux vers l'homme qui arrivait. Le garçon tenta de s'enfuir, mais au bout de quelques pas, le terrain s'éboula et sa fuite se transforma en roulé-boulé au fond du précipice. Elle le vit tournoyer de plus en plus vite entre des rochers en chute libre, les bras repliés dans une position surnaturelle, une jambe retournée à hauteur de la tête. C'était une marionnette à la merci des éboulis. À la fin, il était là, gisant, désarticulé, au pied de la falaise.

Teresa se sentit défaillir. Elle tomba au sol, le stylo encore serré dans la main. Elle savait qu'elle avait peu de temps avant que les souvenirs ne sortent de sa tête. Les noms s'étaient déjà envolés avec le vent. Il restait l'histoire.

Elle se dépêcha de l'écrire sur sa peau.

L'hélicoptère appelé au 118 s'éleva dans un grondement de pales et de turbine.

Elle le suivit du regard, aussi abasourdie qu'elle aurait pu l'être après avoir ressuscité, rouvrant sa propre tombe à coups de tête.

— Selon vous, il a dit la vérité ? lui demanda Marini.

Elle n'en avait aucune idée. Elle avait réussi à lui expliquer que les dernières paroles du jeune homme se voulaient une défense. Extrêmement affligé, il s'exonérait de tout, ainsi que son oncle, mais elle avait du mal à mettre de l'ordre dans ses conjectures, à appeler les choses par leur nom. Et même à se souvenir de lui.

Au risque de paraître obsessionnelle, elle avait contraint Massimo à récapituler plusieurs fois les points cruciaux de l'enquête, à répéter les noms et les rôles, jusqu'à l'épuisement.

Ce qu'il avait pris pour un exercice de simple révision était pour elle un apprentissage vital.

— Peut-on se fier à une personne habituée à mentir tous les jours de son existence ? questionna-t-elle à un certain moment.

Elle ne parlait pas seulement d'Alessandro, mais aussi d'elle-même.

Il la regarda dans le fond des yeux avec une douceur brûlante, et ce fut seulement à cette minute que ressurgit en elle le vague souvenir de ce qui avait été le secret de cet homme en face d'elle. Un secret qu'elle avait exhumé.

— Peut-être pas, répondit-il, mais parfois cela vaut la peine d'essayer. Cela vaut la peine de comprendre la douleur de l'autre.

Cela vaut parfois la peine de faire confiance.

Elle remonta la manche de sa veste et lui tendit le bras.

— Ne me demande pas pourquoi ou comment, murmura-t-elle. Et surtout, ne te fâche pas.

95

Le substitut du procureur Gardini était arrivé dans la vallée et il avait diffusé à la presse le communiqué officiel, mais les questions continuèrent à fuser, même micros éteints. Jusqu'à ce moment, les enquêteurs et les habitants avaient opposé un mur compact à l'assaut médiatique, mais il n'était plus possible de poursuivre dans cette voie de la confidentialité absolue. Le commissaire Battaglia avait encouragé la diffusion de ce communiqué, elle en avait même dicté le ton et le contenu. Avec ces mots-là, Gardini ne s'adressait pas aux journalistes, mais à l'assassin.

— Je ne vais pas vous poser de questions, lui glissa Marini, une main encore sur son bras, mais il faudra me dire ce que vous prenez, parce que c'est de la came de premier ordre. Sérieusement : vous devriez vous faire examiner dès que possible.

Teresa se prit à sourire, mais elle lui laissa croire que l'étourdissement qui l'avait saisie était dû au fait que quelqu'un l'avait peut-être droguée. Le produit stupéfiant qui de temps en temps la transformait en une inconnue possédait un nom clinique et un principe actif à la durée prévisible, mais elle était d'accord : quelqu'un aurait dû frapper cette substance d'illégalité et trouver le moyen de la lui extraire de la tête.

Sur le bras qu'elle tendait au regard perplexe de l'inspecteur, des symboles ésotériques dansaient en un cercle primordial.

Elle en était toutefois fascinée : son cerveau avait trouvé le moyen de traduire dans une langue pour le moment encore mystérieuse ce qui, sur l'instant, avait dû lui paraître incompréhensible. Les quelques mots qui les accompagnaient ne semblaient rien révéler.

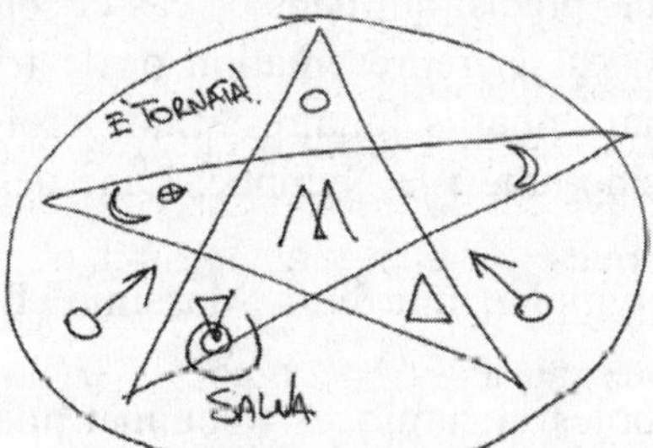

« ELLE EST DE RETOUR »

« SAUVE »

Marini prit quelques photos.

— C'est un message plutôt inquiétant, dit-il.

— Hmm.

— Savoir de quoi vous parliez, Alessandro et vous, cela m'aiderait…

Je ne m'en souviens pas, Marini, et si à ce stade tu ne l'as pas encore compris, c'est que tu es en encore plus mauvais état que moi.

— De son implication dans l'homicide d'Emmanuel. *Je suppose*. Et de celui de son grand-père dans la disparition d'Aniza. *Probablement*.

Il se frotta les yeux d'une main.

— Le pentacle est un symbole ésotérique.

— En effet.

— Il y a un rapport avec le diable ?

— Non. Seulement si le pentacle était à l'envers, mais ce n'est pas le cas de celui-ci. Encore une fois, cette figure nous parle d'un pouvoir ancien. Féminin. Le pentagramme inscrit dans un cercle est composé de signifiants précis, qui dans ce cas-ci sont en partie modifiés. C'est la représentation de la trinité féminine, liée aux phases lunaires. Lune croissante : la Vierge. Pleine lune : la Nymphe. Lune descendante : la Vieillarde.

— La Nymphe, murmura Massimo. Et les deux triangles ?

— Symboles alchimiques : sommet pointé vers le haut pour le feu. Vers le bas, pour l'eau.

— Il y a un tourbillon associé à l'eau. Je l'ai déjà vu dans le mammisi de Matriona.

— Sur les cruches et les coupes sacrées. J'ai écrit « sauve » : de l'eau qui sauve de quoi ?

— Nous avons le feu : Hanna est morte dans un incendie. L'eau représente peut-être le salut de quelqu'un d'autre.

— Peut-être. Les deux symboles égaux et disposés en miroir sont ceux qui en astronomie sont liés à Mars, continua-t-elle, ils représentent le masculin. Le bouclier et la flèche du dieu du Feu et de la Guerre : à leur place, on trouve communément deux serpents qui s'affrontent, l'homme et la femme.

— À l'inverse, ici, nous avons deux hommes..., réfléchit Marini à voix haute.

— Regarde la flèche.

— Pointée vers le haut.

— Pointée vers la pleine lune, le corrigea-t-elle. Pointée vers la Nymphe.

Marini leva les yeux vers elle.

— Tu as compris qui sont les personnages de cette histoire ? demanda-t-elle.

— Trois femmes : Krisnja, Aniza et Ewa. Ou plutôt Hanna, Aniza et Ewa.

— C'est Hanna. Le symbole du feu sous la lune croissante me fait penser à elle : elle est morte dans un incendie. Ce que nous savons, c'est que la Vieillarde est « revenue ». Ewa.

— Revenue où ? Pour faire quoi ?

— Je n'en ai aucune idée.

— Considérant que son corps manque à l'appel, je dirais que l'hypothèse d'un retour est alarmante. Que signifie la croix à l'intérieur du cercle à côté de la lune montante ?

— C'est l'unique symbole que je ne reconnais pas, mais il est certainement associé à Ewa.

— Vous devriez le savoir : c'est vous qui l'avez écrit.

Teresa secoua la tête. Elle ne se souvenait pas de l'avoir jamais vu.

— Au centre, un M : Matriona ? s'enquit-il.

— Cela se pourrait.

— Ce message dit beaucoup de choses et rien en même temps.

Elle observa le dessin en silence.

— Pourquoi n'ai-je pas simplement écrit ce qu'il me disait ? s'interrogea-t-elle, contrariée.

Tu savais que tu n'en avais pas le temps. Tu as une histoire complexe sous les yeux. Lis-la.

— Matriona était la seule à ne pas avoir été présente à l'époque des faits, reprit-elle en levant le bras pour mieux observer ces lignes et ces courbes.

— Mais elle pourrait être l'assassin que nous cherchons aujourd'hui, objecta Massimo. D'autre part, le symbole de la spirale se relie à elle.

— Oui, cela se pourrait.

Elle parcourut du doigt le récit qu'elle s'était tracé sur la peau.

Au début, il y avait une femme, premier sommet du pentacle : Aniza. Ensuite, deux autres ont suivi, ses descendantes : Ewa et Hanna. La phase lunaire de leurs sommets nous indique l'âge et la place de ces deux-là. À un certain moment, Ewa est revenue. Nous ne savons pas où, comment ou pourquoi, mais à ce stade l'élément de l'eau est fondamental. D'une source jaillit le salut. Le destin d'Hanna, en revanche, est indiqué dans le sommet sous la demi-lune : le feu qui consume. Il y a deux hommes qui se disputent la Nymphe : ils ne sont pas dressés l'un contre l'autre, mais ils s'adressent à elle. L'un des deux arrive trop tard : c'est Cham, qui laisse une empreinte sur le portrait qu'Alessio a peint.

— Pas l'un contre l'autre, répéta Marini.

— Je ne crois pas que ce soit Cham qui ait tué Aniza. Il est arrivé quand tout était déjà achevé.

— Et alors qui ?

Teresa le regarda sans répondre. L'énigme n'avait pas encore de solution.

Comme un contrepoint ironique, à quelques pas d'eux, un chroniqueur en direct sur une chaîne nationale expliquait que la police avait découvert de nouvelles preuves et que la solution de l'affaire de la *Nymphe endormie* était proche.

C'était Battaglia qui avait poussé pour que la nouvelle devienne publique.

— Il se peut qu'il se soit agi d'un hasard, envisagea Marini.

Elle le craignait elle aussi, mais elle savait également que le moment était venu d'oser.

— L'assassin a frappé parce qu'il se sent menacé, souligna-t-elle. Nous devons essayer de lui faire peur.

— Il pourrait chercher à tuer de nouveau.

— Cette fois, nous serons prêts.

Parisi les interrompit.

— Commissaire, nous avons reçu un signalement. Une femme a appelé à la préfecture après avoir vu le reportage. Elle dit que son fils lui a raconté qu'il est tombé sur la main d'un squelette, dans ces bois. Il y a quelques jours, la famille avait fait une randonnée dans la vallée et le gamin s'était perdu.

— D'autres détails ?

— Pas pour l'instant, mais la mère affirme qu'elle croit son fils : depuis ce jour-là, il fait des cauchemars la nuit. Quelque chose lui est arrivé.

Elle chercha du regard dans la foule.

— Faites-les venir, qu'ils nous montrent la zone exacte, ordonna-t-elle. Où est Blanca ?

Elle l'entrevit au milieu du va-et-vient des cameramen des chaînes télé, des journalistes et des agents qui campaient devant la maison d'Alessandro Morandini. Elle était assise à l'écart, les mains enfoncées dans les poches de son sweat-shirt et le museau de Smoky appuyé contre son genou.

Battaglia observa le ciel et maudit l'écoulement du temps : il s'assombrissait et elle avait encore un sacrifice à lui demander.

Elle la rejoignit, tout en l'appelant par son nom. Blanca suivit d'un mouvement de son visage le son de sa voix et sourit. Elle avait le menton sali de terre et une éraflure à la joue.

Teresa la lui effleura.

— Parisi ! Vous n'êtes même pas capables d'assurer sa sécurité ? s'écria-t-elle.

— C'est ma faute, dit la jeune fille. Parfois, je suis trop pressée. Je voulais terminer avant ce soir.

Battaglia soupira.

— Je dois te demander…, commença-t-elle.

— Je sais, l'interrompit-elle. J'ai entendu. Dès que l'enfant sera prêt, je serai prête.

— La nuit tombe, prévint Marini.

Blanca se leva.

— Pour moi, c'est tout le temps la nuit, le rassura-t-elle. Cela ne fera aucune différence.

Battaglia lui prit la main.

— Nous sommes proches de la vérité, lui confia-t-elle, voilà pourquoi je ne peux pas attendre.

— Commissaire…

Le ton de voix de Marini l'inquiéta, au point de la faire se retourner d'instinct vers la direction où il regardait. Sa main lâcha celle de Blanca, ses jambes se mirent en mouvement, de plus en plus vite, jusqu'à courir vers la femme qui arrivait au bras de Francesco.

Krisnja la regardait, sous ses bandages. Les yeux brillants et pleins de peur.

Battaglia retira sa veste et lui couvrit la tête, l'inspecteur en fit autant, en tendant la sienne devant le visage de la jeune femme, juste avant que les flashs ne se mettent à lancer des éclairs autour d'eux.

Le commissaire chercha Parisi et De Carli du regard et d'un signe de tête ordonna d'éloigner les journalistes, pendant qu'ils conduisaient Blanca à l'écart, vers la rue.

— Mais enfin, que comptiez-vous faire ? invectiva-t-elle Francesco.

— C'est moi qui le lui ai demandé, s'empressa de répondre Krisnja, d'une voix brisée. Je voulais seulement rentrer chez moi. J'ai signé la décharge.

— Nous avons entendu la nouvelle à la radio, à propos de l'accident de Sandro, fit l'homme. Nous ne pouvions pas ne pas venir.

Battaglia ne leur dit pas qu'Alessandro Morandini n'avait pas seulement eu un accident. Il avait tenté de fuir devant un officier de police, il avait implicitement admis qu'il était partie prenante de l'histoire sanglante de la *Nymphe endormie*. Il avait menti à la jeune fille qui maintenant était en larmes devant elle, avec une cruauté à certains égards morbide.

Elle prit la jeune fille à part en l'éloignant de son oncle. Krisnja regarda derrière le commissaire.

— Où est Alessandro ? demanda-t-elle. Je veux aller le voir.

Elle l'arrêta.

— Il vient d'être transféré à l'hôpital. Où tu devrais être toi aussi.

Elle secoua la tête, fermement décidée.

— Je vais bien, fit-elle, implorante. Ce ne sont que des égratignures.

Des égratignures qui auraient pu lui laisser des marques définitives sur le visage. Teresa se mordit la langue, mais ensuite elle décida qu'elle ne pouvait éviter de lui poser la question qu'elle avait au bord des lèvres.

— Alessandro ne t'a jamais parlé d'une icône ancienne ?

Le front de Krisnja se rida.

— Non. Francesco m'en a parlé.

Battaglia et Marini échangèrent un regard entendu.

— Que t'a-t-il raconté ?

— J'étais enfant. Il me parlait d'un trésor caché dans la vallée : une icône couverte d'or et de pierres précieuses, que personne n'avait jamais réussi à retrouver, même pas lui. C'étaient les effraies et les renards qui la gardaient, et l'esprit du vieux cerf. C'était une fable.

— Je ne crois pas qu'il s'agissait d'une fable et je crois également qu'Alessandro la cherchait.

Le regard de Krisnja changea : elle avait compris.

— Vous ne pensez pas qu'il puisse être l'assassin ?

Battaglia ne répliqua pas. Malgré ses doutes, la réponse aurait pu être « oui », pour Alessandro comme pour Francesco. Ou pour Matriona, qui n'avait pas réapparu. Elle lui demanda si elle savait où l'on pourrait la trouver.

— Elle ne s'est pas enfuie, affirma Krisnja, l'air sérieux, devinant ses soupçons. Elle ne ferait jamais ça, jamais. Elle passe des journées entières dans les bois ou sur les plateaux, à cueillir des herbes. Elle a dû partir à l'aube. Elle sera bientôt de retour, avant la nuit.

— Des herbes comme le *datura stramonium* ? voulut savoir le commissaire, qui éprouvait de la peine.

Si c'était une journée comme une autre, elle lui aurait ouvert les yeux sur le cercle de mensonges qui s'était refermé autour d'elle.

La jeune fille ne répondit rien.

— Tu avais connaissance des rites que célébrait Matriona ? lui demanda-t-elle encore.

Elle la dévisagea, l'air surpris.

— C'est une sage-femme, dit-elle. Elle a fait naître beaucoup de bébés dans la vallée. Tout le monde le sait.

Battaglia ne répliqua pas.

— Je vais te faire raccompagner chez toi, proposa-t-elle en la confiant de nouveau à Francesco.

L'homme semblait avoir pour elle une affection sincère. Il la regardait avec une expression inquiète que Teresa n'avait vue que chez les pères. Mais les pères pouvaient être eux aussi le Mal incarné.

— Reste avec elle, ordonna-t-elle à Marini, et surveille tout le monde, même Francesco.

— Où allez-vous ?

— À la maison d'Emmanuel Turan : l'unique lien entre le présent et le passé. Cet homme a été exécuté parce qu'il avait trahi. Quelque chose a dû nous échapper.

96

La maison du vieil Emmanuel Turan était comme le cœur dont le commissaire gardait le souvenir : un écho d'absences dissimulées sous des accumulations d'objets, des tombes dans lesquelles avait été inhumé le bonheur.

L'électricité était restée coupée et le resterait peut-être toujours. Les faisceaux de lumière bleutée de la lampe-torche jetaient des spectres sur les restes d'une carcasse. La maison était morte avec son propriétaire.

Elle se demanda si le vieillard s'était jamais rendu compte de la douleur à laquelle se résumait sa vie, s'il n'avait jamais désiré quelque chose de plus : probablement pas, car il ne connaissait pas d'autre existence que celle-là. Mais quand elle posa les yeux sur les coupures de journaux enfermées dans leurs cadres, elle eut honte de sa propre négligence : cette malheureuse créature savait de quoi était fait l'amour, il le désirait dans l'intimité de son nid.

Elle poursuivit son inspection. Elle se rendit compte qu'elle était devenue plus méthodique, plus attentive.

La peur de perdre des souvenirs la poussait à observer le monde avec une attention accrue.

C'était comme si, face à la flétrissure de la mémoire, une intelligence omnisciente et en même temps secrète en prenait la place : Teresa *sentait*. Son corps se souvenait, pas son esprit. Quand une chose se révélait différente de la fois précédente où elle l'avait croisée, elle était prise d'une sensation de malaise. C'étaient des points de repère inscrits sur la carte de l'inconscient qui sautaient, et cela la perturbait.

C'était aussi ce qui lui arrivait dans cette maison. Pour entrer, elle avait brisé les scellés, elle devait donc être telle qu'elle l'avait laissée, et pourtant elle n'était plus pareille. À moins que ce ne soit à cause de la nuit.

— Les photos, fit-elle à De Carli.

L'agent lui passa la tablette avec les clichés réalisés lors des relevés. Elle les parcourut avec attention, en marchant entre les rebuts d'une vie.

Elle observait, elle confrontait, et ne trouvait rien qui justifie son inquiétude.

Assise sur un tabouret, l'unique parcelle d'espace dégagé, elle plaça la lampe-torche sur ses genoux et se résigna à prendre note de ses dernières démarches dans le cahier qui n'avait pu prendre la place du journal volé : elle le faisait non sans peine et non sans ennui, et commençait souvent certaines phrases sans les achever.

— Comme ça, tu ne fais du mal qu'à toi-même, grommela-t-elle en chaussant ses lunettes.

Son stylo tomba au sol et roula jusqu'au tapis.

Elle le chercha en s'aidant du cône de lumière et son regard se figea.

— De Carli ! s'exclama-t-elle, sans tendre le bras pour le reprendre. Le dallage est en pente.

Le policier examina le plancher usé.

— C'est une vieille maison de montagne, commissaire. La charpente est en bois, elle a fléchi en certains endroits. Dessous, c'est un sous-sol. Nous l'avons déjà inspecté.

— Le tapis. Il a été déplacé.

Il vint derrière elle, pour regarder par-dessus son épaule la photo qu'elle examinait.

— Je n'ai pas l'impression.

— Mais si. (Elle se leva.) C'est presque imperceptible, mais il a été déplacé.

Il s'approcha, mais un grincement dans le bois l'arrêta.

— Soulevons-le.

En attrapant chacun un coin du tapis, ils le tirèrent sur le côté.

— Bordel ! s'écria De Carli.

Quelqu'un avait retiré des lames de plancher, en les sciant à la va-vite. On entrevoyait la trame des lattes au-dessous, puis l'obscurité.

Une trappe. Encore quelques pas, et elle aurait pu se blesser avec les éclats de bois ou tomber dans le trou.

— Plus de lumière.

Les lampes-torches illuminèrent un petit royaume de désordre construit tout au long de décennies de maladie mentale.

— Il faut qu'on descende là-dedans, dit-elle.

— On peut accéder de l'extérieur.

Elle se releva, prise de vertige.

Tout ce qu'il lui fallait, c'était un peu de sommeil, se rassura-t-elle, mais à l'entrée, elle s'immobilisa. Il lui avait semblé être sortie, alors qu'elle devait entrer. Elle était là pour perquisitionner cette maison. Elle abaissa la poignée et poussa la porte.

— Commissaire, où allez-vous ?

— Nous avons les photographies des relevés ? demanda-t-elle.

Elle eut l'impression que la réponse de son subordonné peinait à venir.

— Vous les avez…

Elle actionna plusieurs fois l'interrupteur.

— Il n'y a pas d'électricité, marmonna-t-elle, mais elle entra quand même et s'avança dans la maison, sûre d'elle.

— Commissaire, attention !

La sensation d'un vide inattendu sous ses pieds déclencha un frisson au creux de son ventre, dans ce cerveau secondaire doté d'un système nerveux étendu. Ce frisson se propagea à son homologue de la région supérieure, où il se réfugia, pour ensuite exploser dans la région reptilienne. Ce fut en elle une suite de stimuli et de réactions en chaîne. Uniquement dans son esprit, cependant, car le corps demeura inerte et elle ne leva les bras pour chercher un appui qu'après avoir déjà atterri à l'étage inférieur, en s'enfonçant dans un monceau de guenilles et de cartons.

— Commissaire, ça va ?

Elle refaisait surface, mais se sentait désorientée. C'était comme si elle évoluait dans un monde à la gravité redoublée. Elle leva le visage et la lampe-torche l'éblouit.

— Ça va, répondit-elle.

— J'arrive.

— Oui, mais fais le tour, soupira-t-elle en récupérant sa torche.

Elle braqua le cône de lumière sur le mur devant elle.

Il y avait une page plaquée dessus. Avec une sensation de déjà-vu, elle s'approcha des mots écrits. Elle les avait déjà lus, déjà entendus. C'étaient les siens.

Je développe un sixième sens par rapport à lui, comme celui d'une mère avec un enfant. Une mère qui a besoin de le protéger, mais aussi de le faire grandir en vitesse, avant de le laisser.

Cela ne me fait pas du bien de penser à Marini en ces termes, cela me fragilise, cela me met le cœur à nu. Il n'est pas salutaire de se lier à quelqu'un surtout maintenant que je dois me préparer à lui dire adieu. Et puis... je me demande, si je devais choisir, dans des circonstances maudites, entre un innocent et lui, que ferais-je ? Ce sentiment m'expose à un éventuel chantage, mine mon intégrité.

La feuille arrachée à son journal était une page d'intimité contaminée : violée par des yeux aux intentions malveillantes, souillée par une écriture étrangère qui avait laissé un message.

Qui choisiras-tu ?

Un cercle presque parfait emprisonnait le nom de Marini. Elle l'avait éloigné du front de l'enquête pour le mettre en sécurité. Il allait devenir père et elle ne voulait pas le savoir trop proche de l'assassin. Mais cette décision l'avait au contraire isolé de l'équipe.

Elle avait failli. Elle était tombée dans un piège, alors que c'était elle qui voulait en tendre un, mais le traquenard de l'assassin ne se limitait certainement pas à cette trappe dans le plancher.

J'étais sur le point de le priver de ce qu'il avait de plus cher et maintenant c'est lui qui veut m'en priver.

Elle songea avec horreur à l'esprit capable de prévoir ses mouvements, d'avoir évolué jusqu'à présent comme un fantôme qui ne laisse pas de traces et d'un coup changé de mode opératoire, en traçant ce message de sa main. Cela ne signifiait qu'une seule chose : il ne la craignait pas, car il n'avait rien à perdre.

L'inspecteur Marini était en danger.

97

Le café était bouillant et trop sucré, mais Massimo y fit à peine attention et finit de le boire en deux gorgées rapides, le regard perdu au-delà du reflet de son visage, dans le carreau de la fenêtre. La nuit serait longue.

La maison de Krisnja donnait sur le bois, qui n'était plus qu'une masse sombre ployant sous le vent. À cet instant, la lune surgit du contour de la chaîne de montagnes et illumina la clairière. Un peu plus loin, les vestiges carbonisés de la grange réapparurent, ressortis de la nuit comme le squelette d'un très ancien pachyderme. Et encore un peu plus loin, les lumières ténues de la maison de l'oncle de la jeune fille scintillaient.

Massimo était à l'affût. Il y avait une silhouette à côté de la balançoire qui oscillait à mi-chemin entre les deux bâtisses. Elle était loin, mais il la reconnut : c'était Francesco. L'homme se tenait debout dans la nuit, immobile, et semblait le fixer.

Il regarda Krisnja du coin de l'œil : elle ne s'était pas rendu compte de son trouble, avec son doigt elle traçait des dessins mystérieux sur le plateau de la table et semblait absorbée.

Il scruta de nouveau la clairière : elle était déserte. Il tenta de discerner Francesco parmi les ombres qui bougeaient au vent, mais il semblait s'être dissous dans l'obscurité.

Ou peut-être s'est-il seulement rapproché.

— Il vaut mieux fermer aussi ces volets, décida-t-il en fermant l'accès.

C'était le seul de la maison dont il n'avait pas encore fait coulisser la barre de sécurité.

Krisnja ne répondit pas et ce silence l'alarma. La jeune fille semblait attendre quelque chose d'inévitable, les mains rougies de cicatrices et de teinture désinfectante posées sur la table, dans une sorte de reddition déchirante. Le visage n'était plus celui de la *Nymphe endormie*, il était strié de douleur. Quand elle s'était retiré ses pansements devant le miroir, Massimo aurait voulu l'en empêcher, mais il était demeuré pétrifié. Pas à cause de ce qui était apparu sous les bandages, mais de la vision de cette créature blessée, qui lui avait évoqué un animal traqué. Avec la même expression de stupeur, de supplication, d'espérance ingénue, Krisnja s'était regardée dans ce miroir comme dans les yeux d'un chasseur.

— Je ne voulais pas t'effrayer, dit-il. Il ne se passera rien.

Elle ferma un instant les yeux avant de répliquer.

— Pourtant tu es ici. Pour me défendre contre quelqu'un.

Il tenta de sourire en se demandant à quel point il devait lui paraître sot, ou menteur.

— S'il avait voulu te tuer, il l'aurait fait dans le bois, quand tu étais une proie facile, lui répondit-il.

— Et alors qu'est-ce qu'il veut ? Qu'est-ce qui anime sa main ?

Massimo ouvrit grand les bras.

— Au début, la peur. La pulsion instinctive de protéger sa vie contre un bouleversement qui aurait risqué de le submerger psychologiquement. Un attachement malsain à une chose qu'il craignait de se voir voler. Il a cherché à protéger cette chose.

— À n'importe quel prix ?

— À n'importe quel prix, même au prix d'une vie humaine.

Krisnja baissa les yeux. La lumière du lampadaire projetait l'ombre de ses longs cils sur ses joues.

— Tu parles comme ton commissaire, lui dit-elle. Comme quelqu'un qui a de la peine.

Il ne savait pas si ce terme, « peine », pouvait décrire ce qu'il ressentait, et il ne savait même pas s'il avait un sens proche de la compassion. Il s'agissait peut-être davantage d'identification : il éprouvait le besoin de le comprendre, parce qu'il avait été un assassin, lui aussi. Et il en était encore un.

Tu ne cesses jamais d'en être un. C'est comme un baptême.

— En tout cas, comme ça, il s'est découvert, continua la jeune fille, réclamant son attention.

Massimo posa la tasse vide sur la table. Il vit que ses mains tremblaient, malgré la fermeté de la voix.

— Je ne crois pas que de tels calculs soient possibles quand l'impulsion t'aveugle et te fait plonger la main dans le cœur d'un autre.

Les yeux de Krisnja se braquèrent sur lui, comme pour suivre un appel puissant.

— Je me demande parfois s'il est possible de sentir le cœur battre, de sentir son dernier frémissement à travers la lame qui l'effleure, souffla-t-elle. C'est peut-être ce qu'il a ressenti avec Aniza, et avec Emmanuel.

Elle se retourna brusquement vers le couloir.

— Tu as entendu ? lui lança-t-elle.

— Quoi ?

— De nouveau ! Il est là !

Elle se leva, en renversant sa chaise.

— Calme-toi, enjoignit-il. Je n'ai rien entendu.

Elle plaça l'index contre ses lèvres. Elle avait les pupilles dilatées.

— Il y a quelqu'un, chuchota-t-elle d'une voix que la panique rendait méconnaissable.

À son tour, il entendit : un raclement sourd.

Comme un ongle qui gratte.

Il lui fit signe de ne pas bouger.

Il suivit le bruit, qui s'était maintenant transformé en pas claudicants. Cela venait de la chambre au bout du couloir. C'était celle d'Ewa, mais Massimo était déjà allé dans cette pièce, il l'avait inspectée comme toutes les autres : Krisnja et lui étaient seuls.

Il s'approcha de la porte close, y colla l'oreille pour écouter.

Un coup soudain frappé contre le chambranle le fit presque hurler.

Il y avait vraiment quelqu'un et qui maintenant marmonnait. Des paroles incompréhensibles semblaient sortir de la serrure. Un bruissement parcourut la porte comme si de l'autre côté quelqu'un y passait la main, dans une lente caresse.

Il dégaina son arme de service de son étui et retira le cran de sécurité. Sa respiration s'était faite pesante, le sang battait à ses tempes. Toutes ses notes sur les théories de l'approche tactique, sur le champ de tir et la couverture réciproque (dont il ne disposait pas) défilèrent devant ses yeux. Il pensa à Krisnja, éventuelle victime d'un tir croisé : il ne voulait pas en arriver là, mais ce serait peut-être inévitable, et à très brève échéance.

Il fallait qu'il réclame des renforts, mais une voix inconnue, qu'il n'aurait jamais cru entendre à nouveau, lui fit oublier toute intention.

D'un coup, il ouvrit la porte, et la lumière parut trembler.

La chambre était spartiate, avec quelques meubles anciens : un lit, une commode et un secrétaire. Il ne semblait y avoir personne, pourtant il l'avait entendu.

Les ombres se déplacèrent, formèrent un cercle autour de lui, avant de grandir et de composer une silhouette masculine. Dans ce visage de fumée, une bouche se dessina et s'ouvrit en un gouffre pour prononcer encore une fois son nom.

Elle venait de l'enfer, maintenant il le savait, et il en avait à peine franchi le seuil.

Comme provenant d'une autre dimension, il entendit retentir le carillon de la porte d'entrée, mais même au prix d'un effort, il n'avait plus la volonté de hurler à Krisnja de ne pas ouvrir la porte, peu importait qui se trouvait derrière, parce que la figure qui se dressait devant lui n'était plus humaine : elle avait une longue corne et elle l'appelait avec la voix de son père.

98

Les cellules photoélectriques s'allumèrent. Blanca entendit les déclics des interrupteurs et sentit une chaleur subite sur son visage. Rien d'autre, si ce n'était le noir dans ses yeux qui devint gris.

Des pleurs de gamin s'étaient élevés de la lisière du bois, au milieu des véhicules de police et de la protection civile, comme déclenchés par la clarté des satellites artificiels, des lunes qui créaient ce puits de lumière dans l'obscurité que Smoky et elle devaient investiguer.

La zone avait été délimitée en partant de trois points : celui où l'on avait vu le petit garçon pour la dernière fois avant qu'il ne se soit perdu, l'endroit où on l'avait retrouvé, et celui où la famille avait campé au cours de sa randonnée. Ensuite, on avait tracé un cercle où s'inscrivait ce triangle : la zone à quadriller. Il s'était écoulé plusieurs jours et les pluies avaient pu de nouveau recouvrir ce qui avait affleuré, mais la superficie était restreinte : s'il subsistait là les restes d'un cadavre enterré, Smoky les signalerait.

— Il est terrorisé, remarqua Parisi au sujet du petit témoin. Il ne veut même pas s'approcher des arbres.

— J'aimerais lui parler, fit Blanca. Toute seule, s'il vous plaît.

Elle se laissa guider par le plan tracé, le corps chaud et tendre de Smoky contre sa jambe, à chaque pas, et le cliquetis de la canne au rythme du cœur, comme une ramification vivante d'elle-même. Quand elle atteignit la source de ce chant de peur, elle chercha à tâtons un appui où s'asseoir à côté de lui.

— On m'a dit que c'est toi qui as trouvé le squelette, lui dit-elle, et pendant ce temps elle sentait que Parisi détournait l'attention des parents. Quelle chance tu as eue !

L'enfant renifla.

— Tu n'as pas peur des squelettes ? demanda-t-il.

— Non. Ce sont des morts. Et ils sont rigolos.

— C'est vrai ?

Il ne semblait pas convaincu, elle le comprit à sa voix.

— Je vis avec un de ces squelettes. Il s'appelle Sac d'os.

Elle l'entendit rire, à la fois émerveillé et horrifié.

— Et qu'est-ce que tu fais avec un squelette dans ta maison ?

— À dire vrai, c'est juste un crâne. Il m'aide à en trouver d'autres comme lui.

Elle le sentit aspirer une grande goulée d'air, de stupeur.

— Et il parle ?

— Bien sûr, à sa manière. Il faut faire très attention à bien l'écouter.

Elle se pencha vers lui.

— Eux, ils ont envie qu'on les trouve, lui confia-t-elle. Parfois ils se sont perdus et ils n'ont pas réussi à rentrer à la maison. D'autres fois quelqu'un leur a fait du mal et les a cachés pour que personne ne le sache.

— Ils sont tristes ?

— Oui, très.

— Alors peut-être que cette main voulait juste m'appeler.

— J'en suis sûre. Elle était contente que tu sois arrivé jusqu'à elle.

— Elle m'a fait peur.

Blanca sentit la chaleur d'une larme tomber sur sa main.

— C'est normal. Moi aussi, j'avais peur, au début, lui assura-t-elle.

— Et ensuite, il s'est passé quoi ?

Elle n'avait jamais raconté à personne pourquoi elle avait éprouvé le besoin de « chercher », à un certain stade de sa vie. Chercher des corps. Mais à cet enfant en larmes, à lui, elle pouvait le dire.

— Quelqu'un nous écoute ? demanda-t-elle.

— Non. Ils discutent entre eux.

— J'en cherche un auquel je tiens beaucoup, chuchota-t-elle alors à son oreille. Il m'attend quelque part.

— Tu l'aimes bien ?

— Je l'aimerai bien pour toujours.

— Et qui est-ce ?

— Ma maman.

— Ta maman ne peut pas te faire peur, réfléchit l'enfant, après un silence.

Sa voix s'était de nouveau épanouie, il n'y avait plus trace de terreur.

— Non, elle ne peut pas. Et les autres non plus : qu'est-ce qu'ils pourraient faire, tout secs et démantibulés ?

L'enfant rit de nouveau et elle comprit qu'il ne pleurerait plus à cause de l'expérience qu'il avait vécue dans le bois. Il lui murmura à son tour quelque chose dans l'oreille.

— Tu es sûr ? s'écria-t-elle, étonnée.

— Oui !

— Tu es prête ? demanda gentiment Parisi en lui posant une main sur l'épaule.

Maintenant que l'air avait cessé de vibrer de peur enfantine, elle était prête, en effet.

— Nous avons fait tendre les cordes et je serai toujours à côté de toi, expliqua-t-elle au petit garçon. Si je te gêne, tu me préviens.

Elle se leva, chercha le harnais de Smoky. Excité, le chien lui fouettait la jambe avec sa queue. Il était impatient de se lancer dans ce jeu.

— J'aurai juste une requête, dit-elle tout bas, pas certaine d'y arriver.

— Ce que tu voudras.

— Je voudrais emmener l'enfant avec moi.

Le monde de Blanca n'était pas une bulle obscure hérissée de barrières ainsi que d'autres l'imaginaient. Pas seulement. La réalité lui parlait dans une langue matérielle, faite de formes et de proportions, de densités et de vides, de distances et de trames. Son haleine tiède ou fraîche écrivait des lettres sur sa peau, faites de frissons ou de gouttes de sueur. L'équilibre était une danse perpétuelle sur des déclivités improvisées et des plans inclinés. Pour les autres, une route pouvait être droite ou courbe. Pour elle, elle était mille fois diverse : oblique, ondulée, plissée si ses pas se rapprochaient trop du bord de la chaussée, molle et presque collante si l'asphalte était récent ou le soleil trop implacable. Ses pieds savaient discerner la consistance de la peinture utilisée pour le marquage des passages piétons et son esprit jouait ces notes comme sur les touches d'un piano. D'autre part, le blanc et le noir étaient les seules couleurs qu'elle réussissait à percevoir. Son odorat pouvait distinguer une rue du centre-ville d'une autre en périphérie, comme un four à bois d'un autre électrique, en passant devant une boulangerie : c'était une question d'ingrédients, d'agents liants et de températures.

Le bois présentait une réalité infiniment plus complexe, parce qu'il était vivant et palpitant.

— C'est ici que j'ai vu ma sœur, lui racontait Luca.

Blanca tendit la main et accueillit dans sa paume la tendresse de feuilles lancéolées qui la chatouillaient.

— Je ne me souviens plus de quel endroit je venais, ajouta l'enfant. Je m'étais mis à courir.

Elle leva le visage pour capter sur ses joues un courant d'air plus frais, comme si cet air porteur d'humidité montait en spirale du bas vers le haut. Elle avait senti le terrain s'engager en descente, de manière quasi imperceptible sous ses pas.

— Il doit y avoir une cuvette, un vallon, remarqua-t-elle.

Le papier de la petite carte que Parisi consultait craqua entre ses doigts. Il y avait noté les caractéristiques de la zone.

— Oui, je confirme. Ça commence une dizaine de pas devant nous.

— C'est à peu près à mi-chemin de l'endroit où il a disparu, évalua Parisi.

Elle hocha la tête.

— Nous sommes proches de la sépulture.

Elle le sentait à l'énergie qui émanait de Smoky.

L'enfant se serra contre sa hanche.

— Il fait nuit, murmura-t-il. Il ne faut pas y aller.

Elle lui caressa le visage et desserra son étreinte contre sa cuisse.

— Moi, je vis dans le noir, lui rappela-t-elle.

— Arrête-toi. Où vas-tu ? fit Parisi en lui barrant la route. Je descends le premier.

— Nous devons laisser faire Smoky.

— J'y vais en premier.

Parisi appela deux collègues et leur confia Luca.

— Toi, tu nous attends ici, lui dit-il.

Le ton de voix autoritaire laissait entrevoir un sourire.

Blanca avait du mal à retenir Smoky. Elle sentait vibrer en lui l'excitation et l'inquiétude. Elle imaginait son tempérament illuminé d'instincts primitifs, immergé comme il l'était dans cette forêt nocturne. Le loup qui palpitait encore en lui voulait courir : il semblait qu'un puissant envoûtement l'eût réveillé.

Les pas de Parisi s'éloignèrent. Les oreilles de Blanca l'entendirent descendre dans cet antre.

Le vent se leva de nouveau et apporta une nouvelle odeur. Smoky glapit et aboya, glapit encore. Elle inspira profondément. Cela lui rappelait une situation qu'elle avait déjà vécue.

Du fer. De la rouille. Dans un bois.

Les gémissements de Smoky lui confirmèrent que ce n'était pas une présence bénéfique.

Du fer. De la rouille. Dans un bois.

Un an auparavant, ils avaient été contactés par la famille désespérée d'un homme perdu dans la montagne depuis des mois. Ils voulaient au moins pouvoir pleurer sur sa tombe.

Blanca les avait contentés. Elle avait retrouvé le corps, ou ce qui en restait : il était encore emprisonné dans le piège qu'il était occupé à installer. C'était un braconnier.

Fer. Rouille. Mort.

— Stop ! cria-t-elle à Parisi, mais elle fit un faux pas et le haut devint le bas avant de redevenir le haut, dans un tourbillon de cabrioles qui soulevèrent de la terre, des branches et des cailloux. Elle s'arrêta dans le fond de la déclivité, un éboulis de terre au-dessus d'elle, au milieu des aboiements apeurés de Smoky.

Parisi fut tout de suite auprès d'elle et lui dégagea les jambes du tas de pierres.

— Tu t'es fait mal ? s'inquiéta-t-il.

Son ton de voix n'était plus ni péremptoire ni sûr ni amical. Il était effrayé.

— Des pièges, réussit-elle seulement à répondre, encore tout étourdie.

— Il n'y a pas de pièges, la rassura-t-il, mais quand il lança un caillou au loin, il y eut en réponse l'écho d'une mâchoire métallique qui se referma d'un coup sec.

— Merde !

— Un braconnier, fit-elle en se tâtant la jambe. (Elle n'éprouvait aucune douleur, elle se sentait juste secouée par un tremblement diffus.) Je ne crois pas qu'il n'en ait posé qu'un seul.

Elle se redressa et sentit la main du policier l'attraper par le coude.

— Je ne crois pas non plus, mais ce n'était pas un braconnier. Quelqu'un tient à ce que personne ne s'aventure ici. Nous sommes tout près.

Blanca se remit sur pied et le hululement que poussa Smoky la fit frémir.

— Je ne comprends pas ce qui lui arrive, dit-elle, comme pour s'excuser. Il n'a jamais eu un comportement de ce genre, jamais à l'entraînement, et encore moins pendant une recherche.

Le chien chercha sa main du bout de son museau et la lui releva à plusieurs reprises.

— Moi, si, dit Parisi. Ne bouge pas. Entre tes pieds, il y a un crâne, et il me regarde.

99

L'extérieur de la maison de Krisnja ne laissait filtrer aucun signe qu'il s'y passait quelque chose. La soirée était tranquille et des grillons précoces chantaient. La voiture que Marini avait conduite jusqu'ici était garée dans la rue – une image rassurante.

Cependant, les volets de la bâtisse étaient tous fermés, ils l'entouraient d'un halo d'obscurité, d'une solitude retentissante. Comme un avant-poste, elle était fermée au monde.

D'instinct, Battaglia se demanda si c'était le début d'un assaut, ou le silence mortifère qui le suivait. Elle ressentait de la peur.

Elle avait fait stationner les véhicules de police à l'écart. Comme les autres, elle s'était approchée de la maison à pied et l'observait maintenant depuis l'autre côté de la rue.

Tu dois seulement entrer. Il n'y a aucun autre moyen de comprendre ce qui t'attend au-delà de ce seuil.

Au contraire, elle resta où elle était et appela une deuxième fois le téléphone de l'inspecteur. Quelques secondes de silence, et puis elle l'entendit sonner, non seulement dans l'écouteur de son portable, mais dans l'air ambiant qui la séparait de la maison.

Il était à l'intérieur et ne pouvait répondre.

— Le préfet et Gardini sont en route, l'informa De Carli.

Pour Teresa, ce n'était pas une nouvelle réconfortante. Elle n'aurait rien pu tenter de plus à elle seule.

Peut-être simplement prendre la décision juste.

— J'entre, dit-elle, incapable de retenir son souffle et de tenir sa langue plus longtemps.

— Commissaire, ils ont dit d'attendre.

Ils ont dit d'attendre, répéta-t-elle en son for intérieur avec un geste d'agacement. *Impossible.*

Le vrombissement d'un moteur la fit se retourner. Une Jeep de la protection civile venait d'arriver : Parisi se dépêcha d'en descendre en aidant Blanca à en faire autant. Ils la rejoignirent.

— Nous avons trouvé les restes d'Ewa, annoncèrent-ils presque à l'unisson.

Teresa ne s'attendait pas à un succès dans un délai si bref.

— Vous êtes certains que c'est elle ?

— La prothèse au genou de la jambe gauche le confirme, affirma Parisi. Nous avons aussi trouvé autre chose.

Il posa une chaîne en argent, maculée de terre, dont quelques anneaux étaient écrasés. Un pendentif pour le moins singulier y était suspendu : une douille de balle, longue d'à peu près cinq centimètres. L'acier présentait encore les traces de laque vert foncé. Le culot était plat et portait inscrites ses coordonnées d'origine. Positionnée à six heures, la lettre B indiquait l'établissement, le

Pirotecnico de Bologne. Le numéro à deux chiffres qui suivait, l'année de production : 1942.

— Un Mannlicher-Carcano 6.5, commenta-t-il.

C'était la munition standard en dotation dans l'armée italienne durant les deux guerres et jusque dans les années soixante, mais pour le commissaire c'était bien plus. C'était un indice qui parlait de l'esprit qui l'avait conservé jusqu'à la mort et au-delà.

— Ewa le portait encore autour du cou, ajouta Blanca en formulant tout haut ses propres pensées.

Ce pendentif était une amulette, un totem que la femme gardait toujours au contact de son cœur. Battaglia imagina le fusil entre les mains de Francesco cracher cette balle quand il tira ce coup de feu qui toucha le soldat allemand et elle vit Ewa la ramasser et la conserver comme une relique, parce que ce coup de feu avait changé sa vie, il lui avait fait rencontrer la *Virgen Nigra*. Elle comprit enfin quel était ce détail dans le tableau d'Andrian représentant deux enfants qui l'avait heurtée, inconsciemment. C'était le regard de la fillette : nullement effrayé comme elle l'avait cru, mais *excité*. Un regard mauvais. Le regard d'une enfant mauvaise : une jeune sorcière qui avait appris à défendre sa croyance.

Elle comprit la signification du symbole sur son bras, dessiné à côté de celui d'Ewa. Une croix inscrite dans un cercle : un marquage balistique de l'OTAN frappé sur toutes les balles utilisées par les armées des pays membres. Sur celle qu'elle tenait dans ses mains, ce marquage était absent, parce qu'à l'époque l'organisation n'était pas encore née, mais Teresa avait voulu s'envoyer un message précis à elle-même : c'était Ewa qui avait tiré ce jour-là, métaphoriquement, et non Francesco. C'était l'unique explication pour ce symbole tracé sur la peau : Ewa devait savoir que le fusil était chargé et n'en avait rien dit à son frère.

Cham l'avait raconté à son petit-fils Alessandro, peut-être lui aussi rongé de remords, comme Francesco.

Finalement, elle réussissait à se remémorer le récit d'Alessandro.

Ewa, en ce jour lointain soixante-dix ans plus tôt, avait savouré la sensation d'omnipotence que conférait le fait d'ôter la vie à un être humain. Cette même saveur qu'elle avait goûtée la nuit où Aniza avait disparu.

100

20 avril 1945

Le violon s'était tu mais le manteau d'oppression qu'il avait jeté sur la forêt ne s'éclipsa pas avec les dernières notes.

Aniza ne s'attendait pas à voir ce visage surgir de la végétation. Elle regarda au-delà, craignant qu'Alessio ne se montre d'un instant à l'autre, révélant leur secret, mais il n'y avait aucun signe de lui pour le moment. Alors elle sourit et lui tendit la main.

— Pourquoi es-tu ici ? lui demanda-t-elle dans la langue des ancêtres.

L'étreinte fut si forte qu'elle lui coupa le souffle. Si forte qu'elle lui fit mal.

Ewa s'était jetée sur elle avec un élan différent de l'élan enfantin qui était le sien d'habitude, comme si elle l'assaillait. Aniza fut saisie d'alarme et l'éloigna d'elle.

— Tu ne devrais pas venir dans les bois le soir, l'avertit-elle.

L'enfant la défia avec une moue, très sûre d'elle.

— Et toi non plus ! lui rétorqua-t-elle.

Devant son expression interdite, elle éclata de rire.

— Qu'est-ce que tu es venue faire ? demanda encore Aniza.

Ewa tourna sur elle-même en relevant sa robe de ses deux mains.

— J'ai un rendez-vous, comme toi, répliqua-t-elle.

Aniza la prit par le bras et lui fit cesser sa danse.

— Qu'est-ce que tu racontes ? Qui dois-tu rencontrer à cette heure-ci ?

Le son du violon s'éleva de nouveau dans la forêt, plus près. Aniza comprit et se sentit se figer. Elle resserra sa prise.

— Tu es folle ! siffla-t-elle, mais la fillette se libéra et la griffa au visage.

— Moi je le sais que tu vois le partisan en cachette ! l'accusa-t-elle. Maintenant je vais le dire à grand-père !

— Tais-toi !

Aniza tenta de la calmer, mais Ewa lui échappa des bras en riant. Elle se cacha derrière un tronc en passant ses doigts aux ongles sales sur un moignon de branche coupée.

Aniza s'approcha, lui tendit la main que la fillette saisit en commençant à mimer une danse, que sa tante suivit.

— Je sais que tu veux être son amie, Ewa, mais ce garçon a déjà porté malheur à cette vallée, lui rappela-t-elle, non sans douceur. C'est sa faute si Francesco sera maudit pour l'éternité après avoir provoqué la mort d'un innocent. Je vous ai entendus parler, j'ai entendu la douleur de ton frère. Il ne se pardonnera jamais d'avoir tiré ce coup de feu. Je connais votre secret.

Ewa s'arrêta. Elle continuait de sourire, mais quelque chose dans son regard était resté froid.

Aniza comprit trop tard.

— C'était toi, murmura-t-elle, bouleversée. Dis-moi que ce n'est pas à cause de toi !

La fillette la poussa avec force et elle tomba en arrière.

Cela ne fit pas mal. Seulement, Aniza ne réussissait plus à se relever. C'était comme si quelqu'un avait tranché les fils qui actionnaient son corps. Elle resta affalée contre le tronc, avec cet éperon de bois qui lui ressortait du torse.

Elle leva les yeux sur la fillette, ses lèvres remuèrent en silence.

Sa danse, aurait-elle voulu lui dire, était un ballet mortuaire, qui avait servi à la faire tomber exactement où elle se trouvait.

Il y eut le froid et le silence, et le tremblement de l'âme qui se préparait à accomplir un voyage dans un monde inconnu.

Aniza sentit une larme couler sur sa joue.

Elle vit Alessio. Elle n'entendit pas son hurlement.

Elle vit le jeune homme au violon arriver après lui, et le petit Emmanuel faire son apparition dans le bois.

Elle vit le sourire d'Ewa.

Mais elle n'était déjà presque plus là.

101

— Vous, restez ici, ordonna Teresa et elle s'avança sans se soucier des protestations.

Parisi et De Carli tentèrent de la retenir, mais sa supériorité hiérarchique les empêchait de le faire vraiment. Seule Blanca osa lui barrer la route, avec Smoky qui sautait en tous sens, gagné par l'agitation humaine.

Le commissaire lui prit le visage entre ses mains.

— Je reviens vite, promit-elle.

— Ce n'est pas vrai, tu ne peux pas le savoir !

Elle appuya son front contre le sien.

— Je dois aller le récupérer, dit-elle.

— Tu ne sens pas ? sanglota Blanca. L'odeur.

Aucun d'eux ne s'en était aperçu. Ils durent s'approcher à quelques pas de l'entrée pour la percevoir.

L'odeur d'essence était des plus caractéristiques. Elle filtrait par la porte entrouverte comme une haleine prête à souffler la dévastation.

— Appelez les pompiers, ordonna le commissaire d'une voix altérée, et qu'ils n'arrivent pas sirènes hurlantes.

— Chef, il va leur falloir du temps.

Les mots de De Carli avaient exprimé leur pensée à tous. Battaglia le savait, c'était la première chose à laquelle elle avait songé : ils n'avaient pas le temps, voilà pourquoi il était nécessaire de les obliger à s'éloigner.

— L'école du village et les bureaux de la mairie doivent être équipés d'extincteurs, suggéra Parisi. Et même les magasins.

— Allez les chercher, bougez-vous ! les poussa-t-elle en leur confiant une Blanca récalcitrante.

Elle fit face à la maison.

Sur le seuil, abandonnée au sol comme un objet perdu dans la précipitation ou comme un objet qui ne serait jamais devenu vraiment important et qui, de ce fait, restait superflu, la hotte de Matriona avec ses rubans, qui contenait des herbes récemment récoltées aux tiges et aux pétales encore gonflés. Quelques fleurs étaient tressées aux fibres ligneuses. Elle les connaissait : c'étaient des grassettes.

Des fleurs qui dévorent d'autres vies, songea-t-elle, et elle trouva l'image appropriée pour décrire la femme qui avait versé un sang innocent dans la vallée.

Elle tremblait tant qu'elle se sentait claquer des dents.

Elle regarda derrière elle. La voiture avec à son bord Parisi, De Carli et Blanca s'éloignait en vitesse et disparut peu après de son champ de vision, mais elle se sentit réconfortée, car d'autres véhicules arrivaient gyrophares allumés, comme dans un échange synchronisé et mille fois éprouvé. Albert Lona venait à peine de descendre du véhicule banalisé qui précédait les autres et la rejoignait d'un pas rapide.

— Mais qu'est-ce que tu fabriques ! l'entendit-elle hurler.

Elle alla vers lui, les mains levées comme pour le tenir éloigné, ou peut-être était-ce une manière de le prier de la laisser faire, de ne pas lui voler ces instants précieux et la possibilité de mourir, s'il le fallait vraiment, de la laisser faire la seule chose qu'elle désirait en cette minute.

— Je dois entrer, dit-elle.

— Personne ne bouge d'un pas. Les ordres sont clairs !

— Marini est là-dedans.

Le regard de Lona se fit tranchant.

— Marini est là-dedans parce que tu l'y as envoyé. Je n'ai pas l'intention de faire risquer leur vie à mes hommes.

— Je crois que la personne responsable de la mort d'Emmanuel Turan est dans cette maison et je crois aussi savoir ce que veut cette personne. Je peux accéder à son mental et faire sortir tout le monde sain et sauf.

Il lâcha un juron.

— Mais tu t'entends ? Tu ne réussis même pas à qualifier cette personne d'assassin. Tu es ridicule. Depuis mon entrée en fonction, tu as constamment désobéi à mes ordres, mais ton insubordination s'arrête ici.

Elle respira profondément. À présent, en elle, tout était clair.

— Tu as raison, elle s'arrête ici, dit-elle en retirant son holster. Je te remets mon arme de service. Je ne suis plus à tes ordres.

Elle vit son expression s'éteindre. La colère, l'impulsivité, l'impatience, la haine recomposèrent ses traits, les tendit. Albert Lona était redevenu l'être glacial et impénétrable qu'elle avait l'habitude de voir en lui.

— Maintenant tu es seule, dit-il après un temps de silence.

Il prit son holster et retourna auprès de ses hommes sans un regard.

Un cri jaillit de la maison, inhumain tant il était atroce. C'était Marini.

— J'entre, je suis seule ! cria-t-elle, ne sachant même pas si c'était un avertissement pour Albert et pour ses hommes qui observaient la scène depuis l'autre côté de la route ou un message pour l'assassin qui l'attendait derrière le seuil de cette maison.

Peu avant, dans la frénésie, elle avait réfléchi à la tactique la plus appropriée pour faire irruption dans la maison. Elle avait compté les hommes à sa disposition, tenté d'imaginer l'agencement des lieux. D'après le manuel, il fallait au moins quatre agents pour assurer la sécurité de chaque pièce, et trois pour bloquer tout suspect. Elle n'avait plus besoin de ces calculs.

Elle revint sur ses pas, consciente des yeux d'Albert Lona dans son dos. Ils pointaient comme deux aiguilles effilées d'un rite vaudou qui réclamait son anéantissement.

Elle monta les marches du perron et poussa doucement la porte : il y avait une bougie contre le battant, posée sur le sol.

Elle entra avec une extrême prudence et l'éteignit, puis la jeta au loin dans le pré. À l'intérieur, l'odeur de combustible était encore plus intense. Les exhalaisons toxiques lui irritèrent la gorge, la firent tousser.

La maison était dans la pénombre, à peine éclairée par une lueur tremblante et rougeâtre qui provenait d'une des pièces. Elle la suivit, comme en transe.

L'idée de finir sa vie ici ne l'effrayait pas. L'idée de la douleur ne l'effrayait pas davantage. Ce qui l'anéantissait, en revanche, c'était le risque de le perdre, lui.

Elle avançait lentement en soupesant chaque pas, alors qu'elle aurait voulu courir. Elle savait qu'elle s'était introduite dans un piège.

Elle franchit l'entrée et traversa le salon, se sentant observée par les photographies alignées sur les étagères comme des petits soldats. Elles montraient toujours les trois mêmes femmes : Ewa, Hanna et Krisnja. Sur les clichés, les deux adultes changeaient, l'une vieillissait, l'autre dépérissait. La fillette grandissait. Aucune n'était postérieure à l'incendie. Dans ce récit, la vie s'était arrêtée treize ans plus tôt.

Une photo en particulier retint son attention. Elle était comme les autres, et en même temps extrêmement différente. Ewa était debout, l'air fière et sérieuse. Devant elle, Krisnja regardait l'objectif en serrant une poupée dans ses mains. Sa mère Hanna était à l'écart. C'était la seule à ne pas regarder devant elle. Elle fixait Ewa, les orbites sombres marquaient le visage et un pli des lèvres pouvait trahir sa préoccupation.

De la peur, rectifia Teresa. *Pas pour elle-même. Pour qui ?*

Elle atteignit la pièce illuminée, ses yeux la brûlaient, sous l'effet des émanations et de la transpiration due à sa nervosité.

Ce qu'elle vit lui serra la poitrine.

Marini était au sol, les mains et les pieds ligotés derrière le dos, la corde passée autour du cou, comme une bête destinée au sacrifice. Il s'agitait et appelait son père, rempli de terreur. Le teint cadavérique, baigné de sueur, les pupilles dilatées et agité de réflexes incontrôlables. Il était drogué, elle s'en aperçut.

— Chassez-le d'ici ! Chassez-le d'ici ! suppliait-il, les yeux braqués sur un angle de la pièce où il n'y avait personne.

À deux mètres de lui, Krisnja revenait à elle, une tempe maculée de sang. Elle avait les mains liées dans le dos.

— Ne bougez pas ! les avertit Teresa.

Ils étaient cernés de dizaines de bougies. Toute la pièce en était couverte. La chaleur s'élevait par bouffées et la cire avait commencé de dégouliner lentement vers le sol aspergé d'essence. À quelques pas devant elle, il y avait son journal. Son geste instinctif pour s'en emparer faillit être fatal. Elle se ressaisit avant de risquer de faire couler une goutte de cire incandescente.

Elle se pencha vers eux, tendit les bras pour les rejoindre au-delà du cercle de flammes, mais ensuite les laissa retomber.

La pensée qui lui vint était décourageante. Elle n'y arriverait jamais. Pas à temps. Pas pour sauver les deux.

Je le dois.

Elle commença par les éteindre avec les doigts, mèche après mèche, mais certaines se rallumaient, d'autres la brûlaient. La cire devenait translucide, l'ébouillantait.

— Commissaire, allez-vous-en, entendit-elle Marini la supplier dans un moment de lucidité. Vous ne pourrez pas toutes les éteindre.

Elle s'arrêta. À genoux, le bout des doigts réduit à de la chair à vif, la gorge desséchée, les yeux enflammés.

Je ne suis pas là pour ça, se dit-elle, *mais pour choisir.*

Qui sauveras-tu ? lui avait-on demandé.

Un coup sourd provenant d'une autre pièce attira son attention.

Matriona.

— C'est fini.

Krisnja venait de dire ces mots dans un souffle, le front appuyé contre les genoux.

Je sais ce que je dois faire. Je le sais.

Elle continuait de se le répéter, mais elle resta immobile.

Je sais.

Elle ne se souvenait pas. Elle était entrée ici avec un plan clair en tête. Ce plan s'était évanoui. Les noms qu'elle avait devant elle s'étaient évaporés à la chaleur des flammes.

Teresa pense souvent à la mort. Pourtant, jamais elle n'aurait imaginé que la sienne surviendrait ainsi ; le seul fait de ne pas réussir à se souvenir de ce qui pourrait la sauver ne manque pas d'ironie.

Un incendie sur le point d'éclater, des victimes qui attendent d'être secourues et elle, figée sur place. Son mental l'a abandonnée.

La confusion plonge le dernier acte de la tragédie dans le grotesque, et des yeux implorants, comme deux calices emplis de terreur, la regardent faire la seule et unique chose dont elle est capable en cet instant : rien. Elle qui a vécu toute sa vie en guerrière périra en moins-que-rien, après avoir lâchement baissé les bras.

Guerrière... C'est un peu exagéré. Policière, à la limite. Une femme de soixante ans, malade, qui cherche à jouer les héroïnes alors qu'elle n'est même plus capable d'appeler les choses par leur nom.

Elle pourrait essayer de deviner. Dernièrement, il lui semble que c'est tout ce qu'il lui reste pour survivre : deviner la route à prendre, la direction où regarder, les mots à prononcer ou l'ombre dont il faut se méfier.

Elle doute même de son propre nom, alors comment pourrait-elle se souvenir de celui de l'assassin ? Pourtant, il est là, avec elle ou dans une autre pièce ; en tout cas, il est à l'intérieur de cette maison sur le point d'enflammer l'obscurité de la vallée. Tout ça parce que Teresa a osé défier le mystère engendré en son cœur, alors que les montagnes l'avaient protégé, enseveli au fond de ses précipices, parmi les ossements sacrés et les énergies ancestrales.

Teresa le sait, mais son esprit a oublié.

Parmi les victimes sur le point d'être sacrifiées sur le bûcher, qui est innocent et qui a eu la force d'arracher un cœur encore palpitant de la poitrine d'un homme ?

Qui dois-je sauver ?

Et puis il y a l'autre, qui la regarde comme le fils qu'elle n'a jamais eu. Son nom n'est encore que l'ébauche d'un murmure sur ses lèvres, mais une pulsion viscérale la lie à cet homme. Elle le ressent au fond de son ventre, une brûlure sur une cicatrice, une écume écarlate qui bouillonne dans ses veines.

Les murs semblent se resserrer sur elle. Ils sont parcourus de crépitements, comme les chuchotements qui la tourmentent depuis des jours et qui éclatent à présent aussi forts que des aboiements à ses oreilles : ils incarnent ses peurs les plus terribles.

Le nom de l'assassin. Le nom de l'assassin…

Face à la mort, elle ne songe à rien d'autre qu'à une devinette, entendue elle ne sait où, elle ne sait quand.

Un hurlement. Un cri inhumain l'arrache à sa torpeur, et la ramène au monde réel.

Puis, d'un coup, plus rien.

— Nous l'avons trouvé, l'entend-elle murmurer, comme s'il voulait garder ces mots-là pour eux deux ; il a les pupilles dilatées. Nous avons trouvé le Mal. Il est ici. Il nous attendait.

Il a égrené ces mots comme les perles d'un rosaire diabolique. Il lève l'index entre les cordes qui l'emprisonnent et le pointe vers un angle de la pièce où l'obscurité semble palpiter au rythme de leur peur.

— Nous l'avons trouvé. *Il n'est pas humain.*

Un autre cri, si fort que quelque chose en Teresa se brise.

À présent, elle se souvient de son nom. Mais le destin joue de nouveau avec les cartes de la vie et de la mort, de l'amour et de la haine, impitoyable comme seul sait l'être celui qui a l'éternité devant soi.

C'est en effet le moment de savoir jusqu'où elle est disposée à aller.

C'est le moment de savoir si, pour sauver un innocent, elle est prête à tuer Massimo Marini, l'homme qui la regarde comme le fils qu'elle n'a jamais eu, l'homme qui maintenant tremble comme si c'était un démon qu'il voyait danser dans l'obscurité.

La rationalité et la logique imposaient de sauver celui qui avait le plus de chances de survivre, et ce n'était pas Massimo.

Désespérée, elle leva les yeux au ciel. Elle ne savait pas si elle en aurait la force. Un tableau de la Madone reproduisait son expression, mais ce qui saisit son regard ce fut la broderie sur la poitrine de la Vierge : le monogramme marial. *Mater*. Elle l'avait déjà vu, sur elle-même. Elle releva sa manche, il était là, au centre du pentacle : non pas le M de Matriona, comme elle l'avait cru, mais celui de Notre Mère des Cieux.

Mater Dei. La Grande Déesse. Isis.

L'icône était au centre de l'histoire et elle avait conditionné la vie des trois femmes.

Elle comprit ce qui l'avait troublée dans la photographie qui les représentait ensemble.

La réponse était dans la figure de l'enfant. Sous les cheveux noirs, presque cachée, une main ceignait le cou gracile de Krisnja. C'était la main d'Ewa, le détail dissonant qui avait attiré son attention : elle tenait sa nièce en laisse avec cette main grande et disgracieuse, l'éloignant ainsi de la mère. Elle ne l'étreignait pas pour la protéger, elle n'enlaçait pas ses doigts aux siens pour la conduire. Elle la tenait par le cou. Elle la dominait. Et en même temps Krisnja s'agrippait à sa poupée.

Amour et haine. Dévotion et esclavage.

Elle avait le vague souvenir de mots prononcés au cours de ces journées de frénésie. Des images qui revenaient avec des bribes de discours. Matriona, qui avouait sa crainte pour son amie Hanna, toujours plus distante et préoccupée. Francesco, troublé par le rapport presque symbiotique entre les femmes de sa famille, un lien qui l'excluait du quotidien de cette enfant.

Teresa parcourut à nouveau très vite les signes tracés dans le pentacle, scanda ces mots. Elle les avait écrits dans la partie gauche, la partie « dominée » de la lune montante : Ewa.

Ewa. Elle était revenue. Le triangle de l'eau. Un tourbillon.

— Sauve, murmura-t-elle.

Les lamentations de Marini se turent. Krisnja releva la tête.

Ewa. Eau. Un tourbillon.

— Ewa était revenue en arrière, fit-elle, plus sûre d'elle.

L'effigie d'Isis n'allait pas être détruite. L'enfant n'avait jamais eu l'intention de l'abandonner. Elle l'avait sauvée des eaux : le tourbillon qui jaillissait du sommet du triangle n'était pas là pour représenter les artefacts sacrés retrouvés dans la maison de l'accoucheuse, mais la Gorge, l'anse du Wöda où finissait tout objet noyé. L'enfant devait le savoir, voilà pourquoi elle avait mis en scène la destruction de la *Virgen Negra*.

Elle avait déjà succombé à son envoûtement. Sans même en connaître l'origine, sans en savoir le nom. D'instinct, elle l'avait reconnue pour ce qu'elle était vraiment. Elle s'était déjà vouée à elle.

Comme ses descendants devraient s'y plier à leur tour. Sous peine de mort.

Ewa était disposée à tuer pour protéger son secret sacré. Elle l'avait déjà fait et Alessio Andrian avait tenté de le lui dire de la seule façon qui lui était désormais possible : en faisant tomber la photo de Raffaello, la dernière fois que Teresa lui avait rendu visite. « Neveu », tel était le mot qu'il voulait lui faire entendre. Il savait que c'était Ewa qui avait tué Aniza.

Battaglia devait interrompre la chaîne de mort que la *Virgen Nigra* avait introduite dans la vallée. Elle se répéta mentalement l'énigme qui continuait à tourner dans sa tête.

On rapporte l'histoire d'un chat qui captura un rat pour le manger, mais le rat, couinant de désespoir entre ses griffes, l'implora :

— Oh, chat, offre-moi une chance !

Alors le chat, amusé du supplice de la bestiole, lui répondit :

— Je ne te mangerai pas, tendre raton, si et seulement si tu devines ce que je vais faire...

— Et le rat répondit : tu me mangeras, dit-elle.

Voilà la seule réponse possible ; un paradoxe qui figeait la situation.

La personne qui l'avait menée jusqu'ici ne l'avait pas fait pour lui permettre d'éviter l'incendie et de tous les sauver.

Elle l'avait fait pour se confronter à elle, aux valeurs qu'elle avait toujours cru défendre.

Elle ne leur aurait jamais permis de se soustraire à cette épreuve. Cela signifiait qu'à tout moment, une main – la main qui avait déjà tué – était prête à répandre le feu et la mort.

Cette main était la seule qui pouvait choisir de les épargner.

Si elle voulait qu'ils sortent tous vivants de là, l'unique moyen était de laisser le choix à l'assassin.

Elle devait se fier à sa capacité de déchiffrer l'esprit humain, malgré la maladie, la fatigue, les erreurs commises, et trouver le moyen d'arriver au noyau de son âme déchirée.

Ce fut ainsi qu'elle tendit le bras au-dessus des bougies, jusqu'à toucher Krisnja. Ses doigts effleurèrent le sang qui lui souillait les tempes dénuées de blessures.

Elle sentit le corps de la jeune fille se raidir sous son contact. Les genoux de Teresa avancèrent, gagnèrent quelques centimètres dérobés à la cire.

— Il est temps que tu te pardonnes à toi-même, lui glissa-t-elle à voix basse. Tu ne pouvais rien faire pour ta mère.

Ewa avait phagocyté la vie de sa fille Hanna, grandie dans la peur, et elle avait aussi englouti celle de Krisnja, qui luttait entre l'amour et la culpabilité, au point d'être capable de tuer quiconque aurait pu révéler le secret de la *Virgen*. Un secret si imprégné en elle qu'il avait revêtu l'apparence d'une obsession.

Un culte en bonne et due forme, avec des murs psychologiques aussi hauts que ceux d'une prison.

Pourtant, le chant désespéré de la jeune fille était aussi un appel à l'aide. Prêtresse et traîtresse de la foi, éternellement divisée entre la défense du secret et sa destruction, elle voulait être enfin libérée.

Elle l'implorait, avec le sang versé, avec la mise en scène de ces flammes et de ce sacrifice.

Qui sauveras-tu ?

Krisnja éprouvait le besoin vital qu'à cette demande quelqu'un réponde en prononçant son nom.

Les doigts de Teresa remontèrent sur ses bras, finirent par atteindre ses épaules.

— Tu ne pouvais rien faire pour elle, répéta-t-elle, mais elle n'était pas certaine que l'esprit manipulé de Krisnja puisse vraiment le comprendre.

C'était une créature qui avait mené une vie secrète, durant toute son existence, qui avait vu mourir sa mère, probablement tuée par son aïeule parce qu'elle s'était rebellée contre ce culte, ou parce qu'elle était trop proche de la fillette qu'Ewa voulait garder pour elle seule, pour la faire grandir comme l'adepte parfaite qu'Hanna n'avait pas réussi à être.

— Je te sauve, toi, Krisnja, murmura-t-elle encore. Mais permets-moi de les sauver eux aussi.

Elle la lâcha. La jeune fille releva le visage. Les larmes coulaient sur le maillage des blessures. Ses mains se libérèrent des nœuds factices qui ne la retenaient qu'à peine.

Krisnja se relâcha avec un soupir, les bras ouverts, les paupières closes, la tête renversée comme dans un acte d'abandon ultime.

Ce fut un instant fugace. Une goutte de cire toucha le sol et les flammes jaillirent. Teresa eut à peine le temps de la pousser à l'écart et de se jeter sur Marini.

Le feu léchait ses chaussures et consumait l'oxygène, la chaleur était devenue insupportable et brûlait la peau. Les flammes grimpaient sur les objets, traçaient une ligne de crête qui courait tout autour d'eux.

— Va-t'en ! hurla-t-elle à la jeune fille, mais elle ne bougea pas.

— Pardonnez-moi, lui sembla-t-il l'entendre dire.

Un battement violent retentit non loin d'eux et un courant d'air frais envahit la pièce. Les flammes crépitèrent avec furie, engloutissant l'oxygène renouvelé à leur disposition, grandirent et envahirent une autre partie de la pièce. Les vitres des fenêtres éclatèrent.

— Contre les murs ! cria Battaglia. Il faut rester debout.

Elle s'appuyait contre Marini, pour lui donner un peu de son équilibre. La fumée était épaisse, empoisonnée, et elle se concentrait vers le bas. La respirer serait se livrer à la mort.

À ce stade, quelle différence cela ferait-il ? Cela vaudrait encore mieux que brûler vifs.

Elle ferma les yeux, piqués par la chaleur et la fumée corrosive. Elle les rouvrit quand elle se sentit agrippée avec force. Les hommes qui étaient entrés dans la pièce agissaient vite, se servaient de leurs extincteurs pour tracer des sentiers salvateurs. Elle reconnut son équipe, ainsi que d'autres, des inconnus.

— Il y a une femme dans l'autre pièce ! les avertit-elle en confiant l'inspecteur Marini aux secouristes.

Quand elle vit son journal au milieu des flammes, Teresa voulut se précipiter pour l'attraper, mais Albert la prit dans ses bras.

— Viens par ici, hurla-t-il.

Elle regarda une dernière fois le cahier brûler et elle céda. Elle se laissa emmener, tandis que Parisi sortait en courant avec Matriona dans ses bras. Les habitants de la vallée faisaient leur possible pour aider à étouffer les flammes, suffisamment pour leur permettre de sortir.

C'était fini, ils étaient sains et saufs.

En revanche, sa mémoire de papier était en cendres.

102

L'incendie avait dévoré la maison, l'avait réduite à un tas de braises noires zébrées de feu. La fumée s'élevait en tourbillons vers le ciel nocturne et une pluie de cendres encore enflammées se mélangeait aux pétales arrachés par le vent aux arbres en fleurs.

Teresa était assise dans le compartiment arrière de l'ambulance, portières ouvertes. Les ambulanciers s'occupaient de quelques cas d'intoxication légère à la fumée parmi les habitants accourus pour éteindre l'incendie, et il lui incombait de surveiller Marini. Le jeune inspecteur s'était remis des effets hallucinogènes de la substance que Krisnja lui avait administrée, mais il s'en ressentait encore par instants, comme si c'étaient des cauchemars qui perturbaient le sommeil : il semblait dormir, étendu sur le brancard, et puis tout à coup il se redressait en position assise, délirait, hurlait. À ces moments-là, elle devait le calmer et le rallonger, en s'assurant que ne se détache pas la perfusion qui se versait au goutte à goutte dans ses veines pour lui nettoyer le sang.

— Encore une minute de patience et nous partons, lui dit un opérateur du 118. Tout est sous contrôle ?

Elle acquiesça, même si elle n'en était pas si sûre. De nouveau seule, elle leva les yeux vers la voûte étoilée, les poumons remplis de l'odeur d'un bûcher qui pouvait être à la fois si magique et salvateur, et porteur de damnation.

Elle ne pouvait pas ne pas penser à Krisnja, que déjà des collègues avaient emmenée, à l'enfant manipulée qu'elle avait été, à la mère à laquelle l'avait arrachée celle qui l'avait ensuite élevée en exerçant une si lourde influence sur son esprit : Ewa, grand-mère et bourreau, qui semblait avoir maudit sa propre descendance, qui revenait sous forme de démon dans les hallucinations des voyages chamaniques que se créait sa petite-fille en consommant du *datura*. Elle revenait, parce que c'était l'origine de son mal, aimée et haïe en même temps.

Krisnja avait seulement essayé de se défendre, de se sauver, mais elle paierait à jamais le prix qu'Ewa lui avait imposé, comme une rançon sur sa tête.

Marini se redressa d'un coup, un bras tendu devant lui comme s'il désignait quelque chose. Il bredouilla des paroles incompréhensibles.

Teresa tendit la main et le fit se rallonger sur la civière.

Ses pensées allèrent à Aniza, à la *Nymphe endormie* qui l'avait conduite jusqu'ici. Qui sait si elle avait maintenant trouvé la paix ? Elle l'espérait. Elle le sentait peut-être : il n'y avait plus de mélancolie en elle, rien que de la paix. Elle espéra qu'il puisse aussi en être ainsi pour Alessio Andrian.

Massimo se réveilla.

— C'est déjà le matin ? s'étonna-t-il en observant, l'air perplexe, l'aiguille piquée dans son bras.

Elle observa sa touffe de cheveux, au sommet de son crâne. On aurait dit la crête d'un coq pelé.

— Bonjour, votre majesté, lui dit-elle en réprimant un rire.

Il était ébouriffé, sale et noirci. S'il s'était regardé dans le miroir, lui, si pointilleux, si soucieux de son allure, il aurait été horrifié.

Il se tourna sur le flanc.

— J'ai envie de vomir.

Elle se déplaça un peu vers l'ouverture du véhicule et referma les pans de sa veste. Elle voulait rentrer chez elle, mettre ses pensées en veilleuse au moins jusqu'à l'aube.

Elle l'entendit marmonner quelque chose. Elle remarqua qu'il avait un papier chiffonné dans les mains. Il lui semblait l'avoir déjà vu. Elle plongea les siennes dans ses poches et se rendit compte qu'elle n'avait plus la page de journal retrouvée au domicile d'Emmanuel Turan.

— Rends-la-moi ! ordonna-t-elle.

— Vous devriez avoir honte, commissaire. Je me trompe ou ce papier devrait se trouver avec les pièces à conviction ? bougonna-t-il.

Pour un drogué, il avait une excellente vue.

— Ce ne sont pas tes affaires, Marini.

— Ah mais si, au contraire. Vous parlez de moi. (Il la regarda en ouvrant de grands yeux.) Un *fils ?*

— Il y a aussi des fils qui sont des têtes de nœud, rétorqua-t-elle, sans réussir à reprendre son bien.

Il replia la feuille et la lui tendit en retirant tout de même sa main à deux reprises. Plus que d'un empoisonnement, il semblait sous l'effet d'une cuite monumentale.

— Pardonnez-moi. Je n'ai pas pu résister, lui fit-il avec un soupir. (La voix était douce, comme le regard, ou peut-être juste hallucinée.) Ne le dites à personne.

Elle le lui arracha de la main.

— À propos de fils…, ajouta-t-il en essayant de se lever. J'en ai un que je dois récupérer, si sa mère n'a pas déjà décidé de m'effacer de son existence.

— Tu ferais bien.

— Je sais.

Teresa le dévisagea.

— Tu es sûr de le savoir ?

— Comme jamais jusqu'ici dans ma vie.

— Marini, tu es défoncé.

Il se hissa en position assise, se retira l'aiguille de la veine avec un couinement et, après quelques tentatives, réussit enfin à se lever.

— Et tu comptes aller où comme ça ? lui jeta-t-elle. Tu ne tiens même pas debout.

Il réussit à descendre et à marcher quelques mètres, tout en déclamant les mots écrits dans la page de son journal. Le commissaire retira une chaussure roussie par le feu, le visa et la lança sur lui en centrant bien son tir. L'inspecteur tomba à plat ventre sur le sol et y resta. Un ambulancier se rendit compte de sa présence et, avec un collègue, ils le relevèrent. Cette fois, ils le sanglèrent à la civière, mais à présent il dormait sereinement, bouche ouverte.

Battaglia observa le travail des pompiers et des policiers qui s'employaient à dompter les dernières flammes. Ses souvenirs étaient détruits, perdus à jamais. Cela faisait mal, mais au moins, ce soir, la mort était restée lointaine.

Un homme s'approcha. Elle ne croyait pas l'avoir déjà vu, mais dorénavant elle ne se fiait plus à elle-même.

— Commissaire Battaglia, fit-il en s'adressant à elle.

Ce n'était pas une question.

— Je vous connais ? s'enquit-elle, trop épuisée pour se préoccuper de dissimuler une éventuelle perte de mémoire.

L'homme sourit cordialement.

— Non, nous ne nous connaissons pas.

Il n'avait pas l'accent d'un habitant de la vallée. Ce fut seulement à cet instant qu'elle remarqua l'odeur de fumée de ses vêtements et une marque noire de suie sur sa joue. Par réflexe, elle lança un regard vers les vestiges calcinés de la maison, puis de nouveau vers lui.

L'homme sortit de sa parka un objet noirci.

— Je voulais vous remercier, reprit-il en le lui tendant.

Elle prit son journal dans ses mains. Il était en piteux état, la couverture carbonisée, mais les pages intérieures étaient presque intactes.

— Comment avez-vous fait ? s'étonna-t-elle en le feuilletant.

L'homme ne répondit pas, et elle sentit l'inquiétude monter en elle.

— Me remercier de quoi ? demanda-t-elle alors.

— Vous m'avez aidé à retrouver un trésor que je croyais désormais perdu pour toujours.

Elle entrevit une forme rectiligne sous sa parka et une lueur d'or fugace à la lumière des dernières flammes mourantes.

La *Virgen Nigra*. Elle était restée cachée tout ce temps dans la maison d'Ewa et de sa descendante.

— Qui êtes-vous ? voulut-elle savoir.

Le sourire de l'homme s'effaça.

— Un ami qui vous met en garde : faites attention, très attention. La *Madre d'Ossa* est loin, mais pas tant que cela, et maintenant qu'elle sait que la *Virgen* a survécu, elle ne connaîtra jamais la paix.

Teresa allait répliquer, mais il tourna les talons et disparut entre les véhicules de secours, d'un pas vif. Elle tenta d'analyser, mais dut se rasseoir, le souffle court et le cœur qui s'emballait.

De Carli et Parisi la rejoignirent peu après avec sa chaussure en main. Blanca et Smoky se jetèrent dans ses bras. De Carli prit une vidéo de Marini endormi qui ronflait, mais elle n'eut pas le courage de le réprimander. À cet instant, ils avaient tous besoin de légèreté.

— Qui regardez-vous, commissaire ? lui demanda Parisi en suivant son regard dans l'obscurité.

— Un inconnu, répondit-elle, absorbée.

— Quel inconnu ?

Elle remit sa chaussure, tendit les mains à Parisi et fut de nouveau debout.

— Un homme qui a trouvé une chose qu'il cherchait depuis longtemps, fit-elle à voix basse en continuant de scruter l'obscurité.

Mais c'était une autre histoire et elle n'était plus commissaire.

— Lona m'a dit de vous donner ceci, fit De Carli. Il a dû tomber.

C'était son étui, avec son pistolet.

Elle le regarda sans remuer un doigt. Le reprendre signifiait bien davantage que se réapproprier son métier. Cela voulait dire recommencer à se cacher.

— Garde-le pour le moment, souffla-t-elle.

Elle chercha Albert Lona parmi les secouristes. Un peu plus loin, il s'immobilisa lui aussi un instant, la regarda avant de monter en voiture.

Il était fatigué ou alors il avait simplement l'allure de celui qui venait d'échapper à la mort. Il s'était jeté dans l'incendie après lui avoir promis vengeance et solitude.

Il s'était jeté dans l'incendie pour elle.

Elle mima un « merci » d'un mouvement de lèvres et il sembla opiner, avant de disparaître derrière les vitres teintées.

— Tout va bien, commissaire ?

La voix de Parisi arriva de loin. Elle hocha la tête distraitement, déjà reprise par le cours rapide de ses pensées, lancée sur une autre piste.

Malgré l'épuisement, la mort qu'elle venait de regarder en face, malgré la peur de ne pouvoir aller au bout du défi qu'elle s'apprêtait à relever, elle chercha un stylo dans sa poche et ouvrit son journal. Elle écrivit quelques mots, puis plongea de nouveau les yeux dans la nuit.

Madre d'Ossa. La mère des ossements. Fais attention.

Épilogue

La vallée se teinta de rouge. Le ciel et la terre ne firent plus qu'un, immergés dans une brume cuivrée qui semblait tomber de la voûte céleste autant que se lever des abysses. Elle brouillait les contours, les mélangeait comme des teintes veloutées en des transparences et des poudres, capable d'allumer de reflets opalescents les minuscules particules d'eau en suspension dans l'air. Sur l'étendue de ces nuages terrestres, le *Wöda* semblait être le corps d'un dragon argenté et fuselé qui serpentait et se déployait depuis les grottes karstiques jusqu'aux plaines du plancher de la vallée.

Teresa gravit lentement la colline, où les hommes l'attendaient. Marini, Francesco, Raffaello Andrian et son oncle Alessio contemplaient le panorama sans parler. La rencontre entre le vieux peintre et le neveu de la *Nymphe endormie* avait été intense : sans paroles, sans nul besoin d'expliquer. Rien que des mains entrelacées et une larme sur le visage de Francesco.

Elle était convaincue qu'Alessio savait où reposait la *Nymphe endormie*, et elle était tout aussi certaine qu'il ne le révélerait jamais. Il la gardait en sécurité, en un lieu dans son cœur et dans la terre qui lui avait donné la vie.

Teresa était retournée dans la vallée dans un esprit de paix. Elle y avait trouvé une communauté reconnaissante et unie autour de Francesco : lui aussi, il avait voulu la remercier, mais elle s'était protégée.

— J'ai dû me montrer dure, avait-elle dit, comme pour s'excuser.

— Et moi je me suis montré borné, avait-il répondu en voulant lui serrer la main.

Pour elle, la rencontre avec Matriona et ces femmes si singulières avait été le moment le plus étrange. Il lui arrivait rarement de ne pas savoir comme aborder une relation.

La guérisseuse était venue vers elle avec un sourire et avait levé tous les doutes avec une étreinte qui était bien plus qu'un geste de réconciliation : c'était un nœud qui unissait deux extrémités, une rencontre entre sœurs qui étaient à la fois mères et filles. La femme avait glissé un sachet dans la main de Battaglia.

— Graines de cumin noir, deux grammes par jour. Elles réduisent le glucose à jeun et la résistance à l'insuline. (Puis elle s'était penchée vers elle, avec un murmure.) Et pour l'autre problème, du curcuma, des feuilles de ginkgo et d'huperzia.

À l'expression interdite du commissaire, elle avait réagi avec un sourire rusé.

— L'esprit trouve secours dans une meilleure capacité vasculaire, avait-elle ajouté à mi-voix. Interrogez votre médecin, si vous n'avez pas confiance. Il vous dira que ces plantes vous aideront.

Elle n'avait pas voulu lui demander comment elle avait fait pour comprendre. La réponse l'aurait déstabilisée, elle en était convaincue. Elle avait vu dans ces yeux-là quelque chose qui allait au-delà de la rationalité, et qui venait de loin. Un savoir ancien qui partait du corps et de l'âme pour arriver à l'esprit.

Elle rejoignit les hommes sur la colline. Andrian était cloué dans son fauteuil roulant et plus que jamais absorbé dans son corps, mais ses yeux brûlaient de douceur, maintenant qu'il était tout près de la femme qu'il aimait. Il regardait un point lointain dans la vallée, tout en bas des bois à leurs pieds, avec une intensité qui la bouleversa : Aniza devait être là, protégée par les montagnes et ornée de fleurs. Elle reposait sous la chaîne des monts Musi, qui dessinait le profil d'une femme endormie, le visage tourné vers le ciel. Les habitants de la vallée l'appelaient la « belle endormie ».

Elle le vit serrer sur ses genoux les petits chaussons brodés par Aniza pour leur enfant jamais né et les pousser délicatement du doigt vers la main de Marini, à côté de lui. L'inspecteur se réveilla de ses pensées et, sur l'instant, ne parut pas comprendre. Quand il regarda Teresa, comme pour lui demander conseil, son visage reflétait l'émotion.

Elle opina, sans hésiter. C'était juste. C'était la vie qui continuait. C'était l'espérance.

À peine Marini eut-il pris ce cadeau dans ses mains que le bois fut parcouru d'un frémissement, l'onde immense d'un vent tiède parfumé de corolles et de boutons.

Elle ferma les yeux et se laissa emporter, une émotion assez puissante pour lui enflammer l'âme.

Elle n'était pas croyante, la vie lui avait retiré toute foi, mais elle aurait juré qu'ici, en cet instant, il y avait une présence.

Une femme qui n'avait jamais abandonné la vallée, ni l'homme qu'elle continuait d'aimer.

Aniza, désormais, était fleur parmi les fleurs, terre dans la terre. Elle continuait de vivre dans d'autres créatures, dans les entrelacs de la vie, mais quelque chose d'elle-même, quelque chose d'intangible et de fort, était là, avec son Alessio.

Sept mois plus tard

Imaginant son enfant, Massimo avait toujours pensé à un garçon. Une part de lui-même à son image.

Il n'était pas prêt à recevoir dans ses bras la merveille de cette déesse fragile et impétueuse. À peine venue au monde, elle l'avait réduit en esclavage. La perfection des lois de l'univers gravitait en elle, force d'attraction si puissante qu'elle mettait sa volonté à genoux.

Aniza serait son nord et son sud, l'est et l'ouest de sa vie, jusqu'à ce que son souffle ait réchauffé ses lèvres de père.

Il enveloppait la fillette dans la couverture, jamais las de la sentir sur son cœur.

Il la tendit à la femme qui était devant lui et la vit l'accueillir dans ses bras avec un amour instinctif dont il s'étonnerait toujours. C'était un sentiment qui n'avait besoin ni de mémoire ni d'expérience.

Après des mois passés à ses côtés, il était désormais convaincu de la connaître, mais quand la femme relevait le visage, ce qu'il y percevait réussissait encore à le surprendre.

Il ne se souvenait pas de qui avait prononcé cette phrase qui ces derniers temps ne le quittait pas : « Il y a mère chaque fois que la vie sans défense trouve un accueil. »

Maintenant, il en avait la preuve devant lui.

En dépit du passé. Malgré l'âge. Au-delà des vies qu'elle avait choisies, au-delà de celle qu'elle n'avait pas choisie, Teresa Battaglia était – et serait toujours – une mère.

[…] Car c'est moi la première et la dernière.

C'est moi celle qui est honorée et celle qui est méprisée.

C'est moi la prostituée et la vénérable.

C'est moi la femme et la vierge. C'est moi la mère et la fille.

Je suis les membres de ma mère.

C'est moi la stérile et ses enfants sont nombreux.

C'est moi celle dont les mariages sont multiples et je n'ai pas pris mari.

C'est moi la sage-femme et celle qui n'enfante pas.

C'est moi la consolation de mes douleurs.

C'est moi la fiancée et le fiancé,

et c'est mon mari qui m'a engendrée.

C'est moi la mère de mon père

Et la sœur de mon mari,

et c'est lui mon rejeton.

[…] Gardez-vous de m'ignorer !

[…] C'est moi la prostituée et la vénérable[1]. […]

Nag Hammadi, « Hymne à Isis »,
in *Le Tonnerre, intellect parfait*, VI.2,
Égypte, IIIe siècle ap. J.-C.

---

1. Traduction de Paul-Hubert Poirier, Bibliothèque copte de Nag Hammadi, Presses de l'Université Laval, 1995, www.naghammadi.org.

Note de l'auteure

La Nymphe endormie, avec ses trames narratives entrelacées à l'histoire qui lui tient lieu de toile de fond, m'a accompagnée depuis des années, depuis le jour où, par hasard, je suis tombée sur un article au sujet du Val Resia. Je ne connaissais pas les origines de ses habitants, bien que cette vallée soit à peu de distance de là où je vis. J'avais entendu dire qu'on parlait là-bas une sorte de dialecte russe et que les Résians se ressemblaient tous un peu. Concernant le premier aspect, je croyais à tort que l'invasion cosaque, durant la Seconde Guerre mondiale, était à l'origine de ce legs culturel. En ce qui concerne la répétition de traits de physionomie caractéristiques, je pense que si cela a pu être vrai à une certaine époque, et dû à l'isolement qui façonna tellement les hommes, la culture et le paysage, à présent cette hérédité s'est diluée dans le flux des nouveaux apports génétiques que lui a apportés l'ouverture au monde. En revanche, leurs origines sont toujours inscrites dans leur ADN, qui nous raconte un voyage à travers les siècles, à travers les contrées lointaines.

Si j'ai pu raconter cette histoire du peuple résian – ou au moins une partie –, je le dois à Gilberto Barbarino, mémoire historique de la vallée, qui m'a reçue dans sa maison avec une grande gentillesse et beaucoup d'affection et m'a servi de maître passionné en partageant ses souvenirs d'enfance. Je lui ai même « volé » l'un de ces souvenirs qui, dans le roman, s'est transformé en tableau : enfant, Gilberto était présent quand le fusil d'un partisan tira la balle qui finit par atteindre le harnais du cheval qui conduisait un soldat allemand au four à pain de San Giorgio. Heureusement, les représailles ne furent pas sanguinaires : rien que quelques rafales entre les maisons et un peu de terreur.

Il n'était pas dans mon intention d'entrer dans les événements historiques et politiques qui divisent les Résians sur la question de leurs origines. J'ai écouté une voix, qui est celle de la majorité, et je l'ai trouvée d'une éloquence comme on en rencontre peu. Aux Résians, à tous, je veux seulement suggérer de prendre bien soin de leur identité – quelle que soit l'idée qu'ils s'en font – parce que le patrimoine culturel et naturel qu'ils sont appelés à protéger est extraordinaire et nous l'admirons tous. Mais ils le savent déjà.

J'ai peuplé des lieux réels d'événements imaginaires, mais le contraire est également vrai : les pages de *La Nymphe endormie* sont pleines de petites vérités, et pas seulement au sujet des origines des Résians.

Lesquelles ?

Dans le Frioul, nous avons une Madone noire. Elle est conservée au sanctuaire de la Bienheureuse Vierge de Castelmonte. Naturellement, elle est très différente de la *Virgen Negra* décrite dans le roman et elle ne recèle aucun mystère – à ma connaissance. Ou peut-être n'a-t-il pas encore été dévoilé…

Blanca et Smoky sont des êtres réels et ils s'appellent Cristina et Ice : je leur adresse ma profonde gratitude pour m'avoir fait découvrir le monde fascinant de la HRD (Human Remains Detection). Tout ce que je décris dans *La Nymphe endormie* est conforme à la réalité (à tel point qu'au début, Cristina s'inquiétait un peu du risque de révéler des secrets de dressage ou liés à l'institution) ; dans mes explications, je me suis efforcée de citer avec exactitude les propos de ma source. Les éventuels écarts ne sont là que pour répondre à des exigences narratives ou le fruit de mes propres lacunes. Quand j'écris que tout est vrai, je l'entends à la lettre : même le Sac d'os et son expérience de la marmite (un cuit-vapeur commandé tout exprès avec des points fidélité chez la chaîne Coop).

Pour la définition du profil professionnel de Christian Neri, je suis grandement redevable à Christian Copetti, mon ami de l'Escadron des carabiniers de protection du patrimoine culturel à Udine : c'est lui qui m'a parlé pour la première fois, et non sans fierté, de la base de données des biens culturels détournés illégalement contenant les « cartes d'identité » de millions d'œuvres d'art, à la disposition des polices du monde entier.

Quand j'entame l'écriture d'une histoire que je ressens dans mon cœur, il m'arrive de rencontrer les bonnes personnes qui, en me racontant généreusement leurs expériences vécues, l'enrichissent et lui donnent tout son prix : il en a été ainsi de Gilberto, Cristina et Cristian.

Il y a pourtant aussi des personnes qui participent à la fabrication d'un roman de manière inconsciente, mais non moins fondamentale : *La Nymphe endormie* doit beaucoup à des auteurs comme Daniele Zovi (son livre *Alberi sapienti antiche foreste* sur le savoir végétal m'a éclairée), Marija Gimbutas (*Le Langage de la déesse* et beaucoup d'autres. Ses théories sur la vieille Europe et la Grande Déesse sont l'inspiration fondamentale de ce roman), Morena Luciani (*Donne sciamane*), Leda Bearn (*Le Vergini Arcaiche*), Massimo Recalcati (c'est de lui que vient cette pensée superbe de Massimo Marini : « Il y a mère chaque fois que la vie sans défense trouve un accueil »)… et Plutarque : extraordinaire philosophe, écrivain, clerc et biographe qui continue avec ses témoignages de faire voyager notre connaissance – et mon imagination – à travers les millénaires grâce à des descriptions si vivantes qu'elles excitent et nourrissent l'esprit avec des images lumineuses.

Ainsi, il raconte dans son traité *Isis et Osiris* le mythe de la naissance de la déesse : « Rhéa, dit-on, ayant eu un commerce secret avec Chronos, le Soleil, qui s'en aperçut, prononça contre elle cette imprécation, qu'elle ne pût accoucher dans aucun mois ni dans aucune année. Mais Hermès, qui aimait cette déesse et qui en était bien traité, joua aux dés avec la Lune et lui gagna la soixante-dixième partie de ses clartés, dont il forma cinq jours, qu'il ajouta aux trois cent soixante de l'année. »

En ces jours de lumière gagnés par amour, naquit Osiris, puis naquit Isis, « et Isis et Osiris, épris d'amour l'un pour l'autre, s'unirent dans le sein de leur mère avant même de naître ».

Remerciements

Je ne me lasserai jamais de répéter qu'écrire une histoire est un acte intime et solitaire, mais que la publier requiert le travail et l'attention – souvent aussi la patience – de beaucoup de gens. C'est à eux tous que va ma plus profonde gratitude : merci d'avoir aimé *La Nymphe endormie*.

Stefano et Cristina Mauri, bien plus que des éditeurs, sont toujours présents avec le cœur.

Giuseppe Strazzeri, guide fort et gentil, toujours capable de me rassurer dans les moments que la fatigue rend difficiles.

Fabrizio Cocco, pour l'amitié et le professionnalisme extraordinaire qu'il met au service de mes histoires, et pour sa volonté si forte de voir Teresa Battaglia arriver jusqu'aux lecteurs, et enfin pour avoir continué de croire en elle – et en moi. Surtout, merci de « la sobriété expressive habituelle » – je le cite – avec laquelle il sait m'encourager quand j'en ai le plus besoin.

Viviana Vuscovich, qui fait voyager Teresa de par le vaste monde. Merci de son affection et de sa sensibilité, et de son enthousiasme contagieux. Tu es une véritable amie.

Elena Pavanetto, pour l'appui et les mots splendides qu'elle a su trouver pour *Sur le toit de l'enfer* et pour *La Nymphe endormie*.

Raffaella Roncato, Tommaso Gobbi et Diana Volonte : un service de presse d'exception, qui a réussi à me faire surmonter des limites qui n'étaient que mentales.

Antonio Moro : merci pour le soin minutieux avec lequel tu t'es penché sur mes histoires.

L'extraordinaire Graziella Cerutti, Giuseppe Somenzi et tous les agents de Pro Libro, qui ont tout de suite cru à *Sur le toit de l'enfer* et qui ont réservé à *La Nymphe endormie* un accueil – et une affection – empreints du même enthousiasme.

Merci à tous les éditeurs étrangers qui ont accueilli mes mots et mes songes au-delà des frontières et aux traducteurs qui m'ont prêté leur voix.

Un merci de tout cœur à Gilberto Barbarino : nous avons attendu longtemps, mais « notre » Nymphe a finalement vu la lumière !

À Cristina et Ice, pour la gentillesse, la disponibilité, la sympathie, et aujourd'hui l'émotion à l'approche de la sortie imminente de ce roman. J'espère avoir au moins su restituer en partie le rapport très singulier qui vous lie.

Merci à Christian Copetti d'avoir ajouté un élément important à l'histoire et à Tiziano Quaglia, pour ses conseils précieux concernant les termes de la langue résiane.

À Michele Scoppetta, toujours présent et prêt à balayer le moindre doute, et à tous les amis qui ne se fatiguent jamais de me soutenir.

Un remerciement plein d'affection à ma famille pour son soutien émotionnel et même – très souvent – logistique !

Merci à Jasmine et Paolo, pour leur amour et leur patience, et pour m'avoir accompagnée dans cette folle aventure.

Enfin, merci de tout cœur aux libraires, aux blogueurs et aux lecteurs qui ont rendu tout ceci possible.

POCKET soutient ONE 101 ONE

LA RÉANIMATION EST UN ENJEU

« Les héros ne sont pas seulement dans les livres. Si vous voulez sauver des vies, flashez le QR Code »

Pr Jean-Daniel CHICHE,
Président du Fonds One 0 One

Depuis 2018, le Fonds de dotation 101 (One 0 One) œuvre pour le progrès de la réanimation en finançant des projets d'éducation et de formation des soignants, des projets innovants pour accélérer la recherche ainsi que des actions d'accompagnement pour fédérer les soignants, les patients et les familles pour mieux vivre la réanimation. L'ambition de 101 est de sauver 1 million de vies en 4 ans en investissant le champ des technologies de l'information et de l'IA avec une approche scientifique rigoureuse et déployée dans son réseau mondial de services de réanimation affiliés. 101 est un organisme sans but lucratif habilité à recevoir des dons. one-o-one.eu

Cet ouvrage a été composé et mis en page
par Nord Compo à Villeneuve-d'Ascq

Imprimé en Espagne par
Liberdúplex
à Sant Llorenç d'Hortons (Barcelone)
en mai 2022

Pocket – 92 avenue de France, 75013 PARIS

S31194/04